Politik und Kontingenz

Katrin Toens • Ulrich Willems (Hrsg.)

Politik und Kontingenz

 Springer VS

Herausgeber
Katrin Toens
Evangelische Hochschule Freiburg,
Deutschland

Ulrich Willems
Universität Münster,
Deutschland

ISBN 978-3-531-18363-3
DOI 10.1007/978-3-531-94245-2

ISBN 978-3-531-94245-2 (eBook)

Die Deutsche Nationalbibliothek verzeichnet diese Publikation in der Deutschen Nationalbibliografie; detaillierte bibliografische Daten sind im Internet über http://dnb.d-nb.de abrufbar.

Springer VS
© Springer Fachmedien Wiesbaden 2012

Springer VS ist eine Marke von Springer DE.
Springer DE ist Teil der Fachverlagsgruppe Springer Science+Business Media
www.springer-vs.de

In Memoriam

Michael Th. Greven

7. März 1947 – 7. Juli 2012

Vorwort

Der vorliegende Band entstand aus der Konferenz „Politik und Kontingenz" heraus, die die Herausgeber im März 2007 aus Anlass des 60. Geburtstages von Michael Th. Greven an der Universität Hamburg veranstaltet haben. Für die Publikation haben wir über den Kreis der damals beteiligten Referentinnen und Referenten hinaus weitere Autorinnen und Autoren gewinnen können. Alle Referentinnen und Referenten haben ihre Beiträge für den Band grundlegend überarbeitet. Bei der Erstellung des Bandes haben wir vielfältige Formen der Unterstützung erfahren. Die Thyssen-Stiftung und die Zeit-Stiftung Ebelin und Gerd Bucerius haben die Tagung im März 2007 groß-zügig finanziell unterstützt. Die Universität Hamburg gewährte uns Gastfreundschaft. Die Zeit-Stiftung Ebelin und Gerd Bucerius hat darüber hinaus die redaktionelle Be-treuung des Bandes gefördert. Sonja Hillerich hat den Band zuverlässig und engagiert redaktionell betreut. Manon Westphal hat in der Endphase der Manuskripterstellung einige Beiträge sorgfältig Korrektur gelesen. Unsere Autorinnen und Autoren haben mit großer Geduld den ungewöhnlich langen Produktionsprozess begleitet. Ihnen allen möchten wir an dieser Stelle herzlich danken.

Freiburg i. Br./Münster   Katrin Toens, Ulrich Willems

Inhaltsverzeichnis

Kontingenz und Politik – Interdisziplinäre und politikwissenschaftliche Perspektiven

Katrin Toens und Ulrich Willems

Fragen der Kontingenz als des ambivalenten Bereichs der Unbestimmtheit und des Möglichen sind spätestens seit Richard Rortys Kontingenz, Ironie, Solidarität (1989) aus dem internationalen philosophischen Diskurs zur Moderne nicht mehr wegzudenken. In Deutschland haben Hans Blumenberg (1987, 1988) und Reinhart Koselleck (1979) seit den 1960er Jahren Kontingenz und historisches Bewusstsein als grundlegendes Charakteristikum neuzeitlichen Weltverständnisses und neuzeitlicher Welterfahrung auf die Agenda der philosophischen und historisch-sozialwissenschaftlichen Debatte über die Konstitution der Moderne gebracht. Die empirischen Sozialwissenschaften halten sich diesbezüglich jedoch eher bedeckt, was in einem gewissen Spannungsverhältnis zu ihrem wirklichkeitswissenschaftlichen Anspruch steht. Aufgrund ihrer Bedeutsamkeit für die Geschichte und Politik moderner Gesellschaften hätte die Erfahrung der Kontingenz schon längst in stärkerem Maße das Erkenntnisinteresse sozialwissenschaftlicher Forschung auf sich ziehen müssen.

Ansätze einer systematischen und interdisziplinär angelegten kontingenzsensiblen Forschung sind in den letzten Jahren vor allem in der Soziologie vorangebracht worden (Badura 2007; Esposito 2004; Joas/Vogt 2010; Knöbl 2008; Makropoulos 1997; Vogt 2011; Wagner 2009). Die Aufforderung der „nachholenden Auseinandersetzung" richtet sich daher vor allem an die Politikwissenschaft, wo bisher nur vereinzelt Vorstöße in diese Richtung unternommen wurden (etwa Greven 1999, 2000, 2007, 2011; Holzinger 2006, 2007; Shapiro/Bedi 2007; Wefer 2004). Gerade in den derzeit breit wahrgenommenen Subdisziplinen des Fachs wie den Internationalen Beziehungen und der Europaforschung müsste die empirische Frage, in welcher Weise Kontingenz in gegenwärtigen Gesellschaften erfahren und kommuniziert wird, stärker als bisher in den Vordergrund treten. Denn mit der fortschreitenden Europäisierung und Globalisierung hat die Kontingenz politischer Entscheidungsprozesse eher zu- als abgenommen (siehe die Beiträge von Grande und Lietzmann in diesem Band).

Insgesamt bleibt die Beschäftigung mit aktuellen Ausprägungen des Kontingenzbewusstseins sowie mit den zugrunde liegenden Erfahrungen ebenso ein Desiderat sozial- und insbesondere politikwissenschaftlicher Forschung wie die theoretische und methodische Frage nach der Art und Weise, in der sich der Kontingenzbegriff für die Analyse aktueller gesellschaftlicher Entwicklungen und die Debatte über die institutionellen Rahmenbedingungen und Handlungsmöglichkeiten der Politik fruchtbar machen lässt. Insofern Kontingenz im Mainstream der Politikwissenschaft überhaupt zur Kenntnis genommen wird, erscheint sie eher als Bedrohung denn als Herausforderung. Das gilt vor allem für die empirische Forschung, die mit ihrem Fokus auf Regelmäßigkeiten, Kausalzusammenhänge oder gar Gesetzmäßigkeiten des politischen Handelns das Ausmaß von Kontingenz durch die Projektion von ‚Notwendigkeiten' zu reduzieren trachtet. Als ebenso kontingenzverdrängend erscheinen die gängigen Diagnosen über den politischen Gestaltungsspielraum unter den Bedingungen der Globalisierung. Wo auf der einen Seite neoliberalen Positionen zufolge Handlungsperspektiven auf die vermeintlichen Zwänge und Notwendigkeiten des Sozialabbaus verengt werden, flüchten sich die eher kritischen Perspektiven in Utopien einer sozial gerechten Ordnung oder Vorstellungen von der kosmopolitischen Weltgesellschaft jenseits der Unübersichtlichkeit und Unzulänglichkeit aktueller Politik. Selbst der theoretische und normative Diskurs über die institutionelle Verfassung demokratischer Politik in modernen Gesellschaften ist vielfach Ausdruck eines kontingenzlosen Bewusstseins vom „Ende der Geschichte" (Fukuyama 1992). Denn trotz aller Debatten um das demokratische Regieren jenseits des Nationalstaates ist dieser Diskurs um das Repertoire der Institutionen und Verfahren gegenwärtiger demokratisch verfasster Gesellschaften zentriert. Die Zukunft der Demokratie wird hier allenfalls als Variation ihrer gegenwärtigen Erscheinungsformen vorgestellt (kritisch dazu Blatter in diesem Band).

In der Politik selbst zeigt sich ebenfalls ein problematischer Umgang mit Kontingenz. Hier kann ihre Verdrängung paradoxerweise aus der Erfahrung gesellschaftlicher Kontingenz resultieren, denn je ausgeprägter das Bewusstsein gesellschaftlicher Kontingenz, desto weniger darf gerade die Politik kontingent sein (Wefer 2004: 221). Die Zustimmung und politische Akzeptanz, auf die demokratische Regierungen im Wettkampf um Wählerstimmen angewiesen sind, hängt davon ab, inwieweit es gelingt, Orientierung zu stiften oder diese zumindest vorzutäuschen. Kontingenz wird zum bedrohlichen Anderen einer ‚heroischen' Politik, in der Vertrauen und Legitimität aus der Fiktion der Eindeutigkeit und Alternativlosigkeit resultieren. In Anbetracht der zunehmenden Entgrenzung und Mehrdimensionalität von Politik wird man jedoch eher davon ausgehen müssen, dass die Konsequenzen politischer Entscheidungen immer weniger vorhersehbar, geschweige denn umfassend planbar sind. Wo vordergründig Problemlösung stattfindet, ist Kontingenz längst zur maßgeblichen Erfahrungsgrundlage politischen Handelns geworden (siehe Rüb in diesem Band). Aus einer kontingenztheoretischen Perspektive bildet die Politik den zentralen Ort der Erfahrung wie des Umgangs mit Kontingenz. Enttraditionalisierung, die wachsende Komplexität gesellschaftlicher Produktion und Reproduktion und der wissenschaftlichtechnische Fortschritt nötigen Gesellschaften, immer mehr Sachverhalte politisch zu entscheiden, und sei es durch die Entscheidung, nicht zu entscheiden. Die Erfahrung, dass immer mehr gesellschaftliche Verhältnisse auf (politischer) Setzung beruhen, und das Bewusstsein, dass alles auch anders sein könnte, führt zu der radikalen Erweiterung derjenigen gesellschaftlichen Bereiche, die prinzipiell als politisch gestaltbar, wenn auch nicht determinierbar gelten: Die Gesellschaft wird zur „politischen Gesellschaft" (Greven 1999, 2000).

Die Einforderung einer kontingenztheoretischen Perspektive für die Politikwissenschaft bedeutet jedoch nicht, dass diese einfach zu leisten wäre. Ihr stellen sich zumindest drei Probleme. Das erste und vorrangige Problem jeder kontingenztheoretischen Analyse gegenwärtiger Gesellschaften besteht darin, dass sich die Kontingenz gesellschaftlicher Entwicklungen der unmittelbaren empirischen Untersuchung entzieht. Denn eine sozialwissenschaftliche Methode, mit der sich präzise bestimmen ließe, ob eine gegebene historische Situation notwendig aus einer vorhergehenden Konstellation entstanden ist oder nicht, gibt es nicht. Auch die Frage, „ob nämlich bestimmte Gesellschaftsentwicklungen als gänzlich ‚unmöglich' ausgeschlossen werden können" führt – abgesehen von offenkundig nicht realisierbaren Grenzfällen – „ins Kontrafaktische, also ebenfalls aus dem Bereich des empirisch Untersuchbaren hinaus" (Joas et al. 2002: 7-8). Aus diesem Grund konzentrieren sich soziologisch angestoßene Untersuchungen auf die historische Analyse der Thematisierungen und Konzeptualisierungen von Kontingenz und ihren Veränderungen. Der Fokus liegt überdies auf Zeiten grundlegender gesellschaftlicher Umbrüche, in denen die Wahrscheinlichkeit von Kontingenzerfahrungen erhöht ist, weil die Erwartung der Fortsetzung einer gerichteten Entwicklung durch Abbruch, Richtungsänderung oder alternative Pfade enttäuscht wird. In gesellschaftlichen Umbruchphasen mag viel für die Vermutung sprechen, dass die soziale Entwicklung zumindest dann tatsächlich kontingent ist bzw. dass das Bewusstsein der Kontingenz allgemein geteilt wird. Eine ähnliche Unterstellung bei der Analyse aktueller gesellschaftlicher und politischer Entwicklungen erscheint jedoch als problematisch. Denn in Phasen einer ‚normalen' gesellschaftlichen Entwicklung werden die Erfahrungen und die Interpretationen des Ausmaßes der Kontingenz unter den Akteuren wie den wissenschaftlichen Beobachtern stark differieren. Eine kontingenzsensible Erforschung gesellschaftlichen Wandels wird dieser Differenz insofern Rechnung tragen müssen, als sie den Zugang zu Kontingenz und ihrer Erfahrung primär über eine Rekonstruktion des vorfindlichen Kontingenzbewusstseins unterschiedlicher Akteure und Adressaten von Politik sowie eine Analyse der schicht- und milieuspezifischen Erfahrung von Kommunikation über Kontingenz wird suchen müssen. Dass dies nicht immer gelingt, zeigt die Rhetorik des ‚Dritten Weges', mit der die sozialwissenschaftlich fundierte Politikberatung um die Jahrtausendwende den Um- und Abbau wohlfahrtsstaatlicher Grundsicherungssysteme unter den sozialdemokratischen Regierungen Europas gestützt hat. Gedeutet wurde gesellschaftliche Kontingenzerfahrung nahezu ausschließlich mittelschichtsorientiert, und zwar als die Grundlage einer neuen Risikobereitschaft gepaart mit der Aversion gegen die paternalistische Bevormundung des umsorgenden Staates. Schichtspezifische Ausprägungen der Kontingenzerfahrung und die sich daraus ableitenden unterschiedlichen Bedürfnisse nach sozialer Sicherheit blieben in dieser Debatte weitgehend unberücksichtigt (kritisch dazu Toens 2007).

Ein zweites Problem der kontingenztheoretischen Analyse aktueller gesellschaftlicher Entwicklungen stellt sich, wenn es um die Diskussion des politischen Umgangs mit Kontingenz geht. Hier fällt der doppelte Charakter von Kontingenz ins Gewicht. Denn dass eine bestimmte gesellschaftliche Entwicklung weder notwendig noch unmöglich war, bedeutet keineswegs, dass sie ein Produkt intentionalen politischen Handelns ist. Die Effekte politischer Interventionen können vielmehr auch das Produkt von Zufall, d. h. von Interferenz, Koinzidenz, Komplexität oder Überdetermination sein. Gleiches gilt für den Umgang mit künftigen Möglichkeiten, denn dass bestimmte gesellschaftliche Entwicklungen weder notwendig noch unmöglich sind, bedeutet keineswegs, dass sie sich durch gezielte politische Intervention auch realisieren ließen. Damit stellt sich die Frage nach der Gestaltungsfähigkeit der Politik unter Bedingungen gesellschaftlicher Kontingenz, und zwar sowohl auf der strukturellen Ebene, das heißt mit Blick auf die Institutionen und Verfahren der Politik, als auch hinsichtlich der Regelungsgegenstände von Politik.

Dass kontingenztheoretische Ansätze gleichwohl nicht notwendig in die Diagnose einer durchsetzungsfähigen und erfolgreichen Politik münden müssen, demonstriert eindrucksvoll das Werk Niklas Luhmanns (1995, 1997, 2000). Neben der These von der strukturellen Invarianz der funktional differenzierten Gesellschaft ist es auch seine Diagnose einer zunehmenden Diskrepanz zwischen der Komplexität der Umwelt und der Eigenkomplexität selektierender Systeme, die jedes steuerungspolitische Versprechen letztlich als Suggestion entlarvt: „Die Situation gleicht derjenigen der Hopi-Indianer beim Ausbleiben von Regen. Was dann hilft, ist ein Regentanz in dem Glauben, daß das hilft." (Luhmann 1995: 579).

Der grundlegenden Skepsis Luhmanns gegenüber Vorstellungen und Projekten einer bewussten Nutzung oder gar Gestaltung von Kontingenz kann eine kontingenztheoretische Perspektive gegenübergestellt werden, die die Politik unter bestimmten Bedingungen als fähig erachtet, die vermeintliche Eigenlogik ausdifferenzierter Subsysteme zu verändern. So gesehen wäre davon auszugehen, dass das Vermögen und die Reichweite der Politik selbst kontingent und im Wesentlichen wiederum Produkt von politischen Entscheidungen sind (Greven 1999: 22 f.). Die Durchsetzungsmacht der Politik in einer solchen Perspektive darf jedoch nicht mit Problemlösungsfähigkeit verwechselt werden. Ein Großteil der Disziplin mit seiner empirischen wie normativen Ausrichtung auf ,Problemlösung' geht nach wie vor von einer eher hohen Gestaltungsfähigkeit der Politik aus. Dabei wird Kontingenz jedoch nur einseitig, im Sinne von Offenheit und Möglichkeit, wahrgenommen. Ihre Kehrseite in Form der Nichtvorhersehbarkeit und begrenzten Planbarkeit von Entwicklungen wird dagegen eher verdrängt. Auch mit Blick auf die Frage nach dem kontingenzbedingten Handlungsspielraum der Politik gilt also, dass die Erfahrungen und die Interpretationen der Akteure wie der wissenschaftlichen Beobachter höchst unterschiedlich sein werden und dass der objektiv gegebene Gestaltungsraum der Politik sich immer nur in den jeweiligen Grenzen der subjektiven Wahrnehmung politischer Akteure realisiert.

Doch selbst wenn Kontingenz als Eröffnung von Handlungsspielräumen begriffen wird, kann mit ihr strategisch höchst unterschiedlich umgegangen werden. Grundsätzlich wird man einen risikoaversen von einem risikogeneigten Umgang mit Kontingenz unterscheiden können. Ersterer hält am Bewährten fest, weil man unter Bedingungen des doppelten Charakters der Kontingenz nicht wissen kann, welche Horizonte sich eröffnen werden und ob diese Horizontverschiebung eine Verbesserung darstellt. Letzterer kann mit Richard Rorty der experimentellen Haltung des Selbstzweifels und der Neugier auf Alternativen sowie der Bereitschaft zur Revision zugerechnet werden (Rorty 1989: 320). Strittig ist diese Haltung vor allem hinsichtlich der Ausgestaltung der politischen Ordnung selbst – wegen der größeren Effekte von Änderungen, aber auch aufgrund des Umstandes, dass Kontingenz keineswegs bedeutet, dass alle Entscheidungsfolgen reversibel sind. Schließlich gilt es zu überlegen, wie viel politisiertes Kontingenzbewusstsein Massendemokratien vertragen. Denn es ist keineswegs ausgeschlossen, dass eine Politisierung der Kontingenz in politische Erschöpfung umschlägt, und dass dies wiederum den Wunsch nach ‚einfachen' Lösungen und ‚Entscheidungsentlastung' durch undemokratische Verfahren befördert.

Ein drittes Problem besteht schließlich darin, dass eine kontingenztheoretische Perspektive unter den oben benannten Bedingungen ihre eigene Kontingenz in Rechnung stellen muss. Sie stellt eine Beschreibung der politischen Wirklichkeit vor, die sich explizieren, deren ‚Wahrheit' sich jedoch nicht demonstrieren oder gar beweisen lässt. Denn ‚Wahrheit' präsentiert sich aus kontingenztheoretischer Perspektive allein als kontingentes Ergebnis des wissenschaftlichen Streits bzw. als das, „was im Laufe freier und offener gesellschaftlicher Auseinandersetzung zur Überzeugung wird" (Rorty 1989: 122). Zu den Methoden dieses Streites zählen Rekonstruktion und Vergleich – mit Blick auf die ‚Bewährung' beim Handeln. Das setzt voraus, dass die konkurrierenden Perspektiven hinreichend ausgearbeitet sind. Bisher lassen sich jedoch allenfalls Konturen einer kontingenztheoretischen Perspektive auf die politische Wirklichkeit erkennen. Grundlegend kann zwischen einem historischen und einem relativistischen kontingenztheoretischen Zugriff auf die politische Wirklichkeit unterschieden werden. In der Perspektive des ersteren gilt es, die Genese gegenwärtiger Politik zu rekonstruieren (Greven 1999), also das politische System, seine Institutionen und seinen Problemhaushalt als kontingentes Ergebnis von Entscheidungen und Konflikten zu entschlüsseln. Der relativistische Zugriff zeigt sich bei der Analyse politischer Problembearbeitung. Entgegen der Ausrichtung des Mainstreams der Politikwissenschaft auf ‚Problemlösung' insistiert eine kontingenztheoretische Perspektive darauf, dass angesichts der real existierenden Pluralität von gesellschaftlichen Interessen und normativen Orientierungen kein objektiver Maßstab für die Identifikation von Problemen sowie ihre erfolgreiche Lösung durch institutionelle Innovationen oder die Inhalte der Politik existiert. Auch normativ zeichnen sich kontingenztheoretische Positionen eher durch einen grundlegenden Relativismus aus.[1] So setzt etwa Rorty dem Habermasschen Festhalten an der Erwartung von Konvergenz in Prozessen unverzerrter Kommunikation als Garantie für Rationalität die Aussicht auf eine Geschichte wachsender Bereitwilligkeit zum Leben mit Pluralität entgegen (Rorty 1989: 120-121). Die Rechtfertigung bestimmter Organisationsweisen von Gesellschaften als vorzugswürdig erfolgt wiederum allein über den Vergleich mit anderen Formen sozialer Organisation. In einer solchen Perspektive existieren nur bessere oder schlechtere Alternativen, keine grundsätzlich ausgezeichneten Optionen (Rorty 1989: 318). Zu bemessen sind sie allein am Kriterium der zwanglosen Übereinstimmung bei dem Versuch, gemeinsame Ziele zu erreichen.

Vor diesem Hintergrund zielt der Band auf die kritische Würdigung bestehender kontingenzsensibler sozialwissenschaftlicher und insbesondere politikwissenschaftlicher Ansätze. In der Politikwissenschaft sind hier vor allem Arbeiten von Michael Th. Greven (1999, 2000, 2007, 2011) einschlägig, auf die im zweiten, politikwissenschaftlichen Teil des Bandes immer wieder Bezug genommen wird. Ohne die philosophischen, soziologischen und geschichtswissenschaftlichen Perspektiven auf den gesellschaftlichen Umgang mit Kontingenz und Kontingenzerfahrung wird sich die ganze Relevanz der Thematik für die Politik jedoch kaum erschließen. Aus diesem Grund wird der Band mit einem Blick auf die kontingenzerfahreneren Forschungsperspektiven aus Soziologie und Geschichtswissenschaft eröffnet.

Im ersten Beitrag entwickelt Hans Joas eine kontingenztheoretische Perspektive auf die Moderne. Im Zentrum seiner Überlegungen steht die Auseinandersetzung mit den Konsequenzen, welche die gestiegene Kontingenzerfahrung in der Gegenwartsgesellschaft für die individuelle Glaubens- und Bindungsfähigkeit zeitigt. Dabei wird die Zunahme an Handlungsoptionen in ihrer ganzen Ambivalenz zwischen freiem Willen und Zufall hervorgehoben. Der Befürchtung, dass die Kontingenzerfahrung dem Nihilismus, dem Wertrelativismus und der sozialen Bindungsunfähigkeit Tür und Tor öffne, wie sie sich etwa im Anschluss an Nietzsche und Rorty aufdrängt, setzt Joas die These der kontingenten Gewissheit entgegen. Entsprechend kann das Wissen um die kontingente Entstehung und Fragilität von Werten und Vertrauensbeziehungen die Bindung an konkrete Werte und Personen befördern (siehe auch Joas 2012).

Elena Esposito entfaltet eine systemtheoretische Perspektive auf den Zusammenhang zwischen Kontingenz und Demokratie. Zunächst wird die weit verbreitete Vermutung aus dem Weg geräumt, Kontingenz sei vor allem im abstrakt Möglichen, Zufälligen und Unbestimmten aufzuspüren. Aus der systemtheoretischen Perspektive

---

1   Vgl. Rortys zustimmende Kennzeichnung der Positionen von Blumenberg, Nietzsche und Freud, „dass wir versuchen sollten, an den Punkt zu kommen, wo wir nichts mehr verehren, nichts mehr wie eine Quasi-Gottheit behandeln, wo wir alles, unsere Sprache, unser Bewußtsein, unsere Gemeinschaft, als Produkt von Zeit und Zufall betrachten" (Rorty 1989: 50).

findet sie ihre Bestimmung immer nur in Bezug auf das Reale, das sich vermittelt durch die Beobachtung konkreter Beobachter bzw. „Systeme" erschließt. Demokratietheoretisch interessant ist dann gerade die Unvollständigkeit und Offenheit der Kontingenz, denn diese zehrt immer auch davon, dass es keine letzten Beobachter und Beobachtungsperspektiven gibt. Somit weist Esposito kritisch über den Steuerungspessimismus der Systemtheorie Luhmann'scher Prägung hinaus. Im ständigen Wechselspiel zwischen Regierung und Opposition sieht sie die Chance der permanenten Öffnung der Kontingenz ausgehend von ihrer Schließung durch politische Entscheidungen, die im Rahmen des real Möglichen korrigierbar sind.

Arnd Hoffmann geht davon aus, dass sich die Geschichtswissenschaft nicht ausreichend von der Kontingenzforschung Kosellecks hat inspirieren lassen. Die explizite Beschäftigung mit Phänomenen des Kontingenzbewusstseins und der Kontingenzerfahrung ist Hoffmann zufolge immer noch sehr lückenhaft, weil sich Handlungskontingenz aus dieser Perspektive vor allem im Zufälligen und Überraschenden konkretisiert. Entsprechend sind Hoffmanns eigene Überlegungen auf die experimentelle Erweiterung bestehender geschichtstheoretischer Debatten um Kontingenzbewusstsein und Kontingenzerfahrung angelegt. Er kommt zu dem Schluss, dass vor allem das systemtheoretische Konzept der doppelten Kontingenz nach Niklas Luhmann fruchtbare Anschlussmöglichkeiten für die kontingenzsensible Geschichtsschreibung bietet. Der Grund ist, dass Handlungskontingenz hier aus der Offenheit von gegenseitigen Handlungsdispositionen resultiert. Der Begriff der doppelten Kontingenz geht somit über die eindimensionale (d. h. nur auf einen Handlungshorizont) bezogene Handlungskontingenz hinaus, weil er sich auf die Erwartungen und Erfahrungen mehrerer mit- oder gegeneinander agierender Akteure bezieht.

Der Beitrag von Wolfgang Knöbl widmet sich schließlich der Frage nach den methodischen Herausforderungen für die kontingenzsensible wissenschaftliche Forschung. Ausgangspunkt seiner Überlegungen bildet die Feststellung, dass Kontingenz und Notwendigkeit soziale Prozesse in verschiedenen Konstellationen ihres Zusammenwirkens gemeinsam beeinflussen. Vor diesem Hintergrund wendet sich Knöbl entschieden gegen den ontologischen Dualismus zwischen reiner Kontingenz und strikter Determination. Am Beispiel des Theorems der Pfadabhängigkeit und seiner Verwendung in Soziologie und Politikwissenschaft illustriert Knöbl die Fallstricke einer Forschung, die Kontingenz lediglich punktuell zur Kenntnis nimmt. Der Beitrag verdeutlicht zum einen, dass die kontingenzsensible Forschung hinsichtlich der Lösung methodischer Probleme noch ganz am Anfang steht. Zum anderen zeigt er aber auch, dass die Erwartung der Kontingenz die Wissenschaft vor bestimmten Gefahren schützen kann, so zum Beispiel vor einer vorschnellen Verallgemeinerung und einem unreflektierten Umgang mit den herkömmlichen Methoden.

Der politikwissenschaftliche Teil des Bandes gliedert sich in drei thematische Felder: die Anwendung kontingenztheoretischer Perspektiven auf politisches Entscheiden in der Demokratie, die Veränderung politischer Kontingenz durch Europäisierung und Globalisierung, und schließlich die Frage nach der Tauglichkeit herkömmlicher normativer Vorstellungen von Demokratie und sozialer Gerechtigkeit unter Bedingungen gestiegener Kontingenzerfahrung in den ausdifferenzierten Gegenwartsgesellschaften.

Im Mittelpunkt des Beitrags von Kari Palonen steht die Frage, wie Kontingenzerfahrung in ihrer ganzen Ambivalenz zwischen Freiheit und Entscheidungslast innerhalb der Institutionen und Entscheidungsverfahren repräsentativer Demokratie zum Tragen kommt. Am empirischen Bezugspunkt parlamentarischer Politik entfaltet Palonen eine rhetorische Perspektive auf Kontingenz. Kontingenz liegt hier im deliberativen Reden pro und contra, weil die Stimme der Parlamentarier durch ihren expliziten Verweis auf die Kontingenz und die Möglichkeit von Handlungsalternativen gegen die gewöhnliche Politik der Regierung und Verwaltung („Politics as usual") spricht. Damit erinnert Palonen an die freiheitsverbürgende Kraft der Kontingenz parlamentarischer Politik.

Anna Geis reflektiert die problematische Seite politischen Entscheidens unter Bedingungen der Kontingenz. Kontingenz, so argumentiert Geis, bedeute immer auch, dass demokratische Entscheidungsträger mit der Zunahme an Nichtwissen und Ungewissheit umgehen müssen. Herkömmliche Formen der Politikberatung durch Expertenwissen sind Geis zufolge keine Lösung, weil mit dem produzierten Wissen zugleich das Nichtwissen wächst. Einen Ausweg aus der Krise des Expertentums sieht Geis in der Demokratisierung von Expertise. Dadurch, dass wissenschaftliche Laien und die politische Öffentlichkeit in die Politikberatung mit einbezogen sind, wird Kontingenzerfahrung und -bewusstsein politisiert und offensiv kommuniziert.

Friedbert Rüb fragt danach, wie sich Entscheidungsprozesse in Regierung und Verwaltung unter der Bedingung der Intensivierung von Kontingenzbewusstsein und -erfahrung verändern. In kritischer Auseinandersetzung mit der Fiktion des dezisionslosen „perfekt rationalen" Entscheidens entwickelt Rüb eine Typologie demokratischdezisionistischer Entscheidungen, an deren äußerstem Ende sich die politische Offenheit gegenüber der Kontingenz durch den präventiven Umgang mit ihr wieder zu schließen droht. Statt Zuflucht in den Steuerungspessimismus Luhmann'scher Prägung zu suchen, plädiert Rüb für die Steigerung der Kontingenz durch die systematische Dissensproduktion zwischen Regierung und Opposition. Die Herausforderung für die Politik besteht seines Erachtens darin, die Thematisierung der Kontingenz auf Dauer zu stellen, ohne die eigenen Grenzen einer immer nur kurzfristig stabilisierbaren gesellschaftlichen Ordnung sowie die unsicheren Reaktionen von Publikum und politischer Öffentlichkeit aus dem Blick zu verlieren.

Ein zweites thematisches Feld bilden die Beiträge, die sich mit der politischen Kontingenz im Kontext der Europäisierung und Globalisierung auseinandersetzen. Gegenstand der kontingenztheoretischen Überlegungen von Hans Lietzmann ist die Europäische Union und die Einzigartigkeit ihrer Entwicklung. In Auseinandersetzung mit dem genealogischen Gehalt der Bezeichnung „sui generis" verweist Lietzmann auf die Vielfalt an Motiven, Perspektiven und Erwartungen, die amalgamierend in die Institutionenentwicklung eingeflossen sind. Die Einzigartigkeit und Unbestimmtheit der europäischen Integration ist Lietzmann zufolge auf das politische Spannungsverhältnis, in dem diese unterschiedlichen Motive, Perspektiven und Erwartungen zueinander stehen, zurückzuführen. Der Beitrag zeigt darüber hinaus, dass die Europäische Integration nicht nur auf politischer Kontingenz gründet, sondern diese auch fortwährend bewältigt und erzeugt. In der Einzigartigkeit seiner institutionalisierten Nichtfestlegung und Programmoffenheit, der gegenläufigen politischen Praxen und heterogenen Erwartungen schließt das europapolitische Regime sui generis die nationalstaatliche Politik längst ein.

Edgar Grande entfaltet eine kontingenztheoretische Perspektive auf politisches Handeln im Kontext der Globalisierung. Ähnlich wie Lietzmann stellt auch Grande fest, dass die Politik jenseits des Nationalstaates auf Kontingenz und somit auf politischen Entscheidungen beruht. Da politische Globalisierung Kontingenz immer wieder aufs Neue erzeugt, führt sie Grande zufolge keineswegs zu der Einengung politischer Handlungsspielräume, wie sie etwa durch die so genannte TINA-Rule („There is no Alternative") nahegelegt wird. Die Politik besitzt nach wie vor substanzielle Handlungsmöglichkeiten. Unter den veränderten Bedingungen der gestiegenen Interdependenz nationaler Regierungen und Gesellschaften muss sie sich allerdings neu erfinden, um handlungsfähig zu bleiben. In den neuen Steuerungsformen (Governance) sieht Grande erste Ansätze einer solchen Transformation zugunsten der strategischen Erweiterung von Instrumentarien, Formen und Räumen politischen Handelns.

Ein drittes thematisches Feld bilden die Beiträge der empirisch-analytischen und normativen Theorie. Vor dem Hintergrund der gestiegenen Kontingenzerfahrung in den ausdifferenzierten Gegenwartsgesellschaften wird die Revisionsbedürftigkeit herkömmlicher normativer Vorstellungen von Demokratie und Gerechtigkeit zur Debatte gestellt. Der Beitrag von Joachim Blatter kreist um die Frage, inwieweit sich die politikwissenschaftliche Demokratietheorie der Kontingenzthematik überhaupt stellt. Blatter zufolge bleiben selbst kontingenztheoretische kritische Beiträge in der Politikwissenschaft in den Denkmustern der konstitutiven Grundannahmen moderner Demokratie verhaftet, allen voran den Vorstellungen von Nation, Regierung und dem Verhältnis von Regierenden und Regierten. Im Zeichen der fortschreitenden Kontingenzerfahrung moderner Gesellschaften greifen diese Vorstellungen Blatter zufolge nicht mehr. Eine komplexe Theorie der reflexiven Demokratie müsse daher an der konstitutiven Kontingenz demokratischer Organisationsweisen und konzeptioneller und normativer Positionen ansetzen, die im Rahmen der realen Demokratieentwicklung vorfindbar sind.

Markus Holzinger befasst sich mit der Frage, ob die fortgeschrittene Kontingenzerfahrung die Position des Dezisionismus gegenüber dem Normativismus in der politischen Theorie stärkt. Holzinger widerspricht der weit verbreiteten Annahme einer Unvereinbarkeit beider theoretischer Ausgangspositionen. Im normativen Prozeduralismus von Rawls und Habermas sieht er Synergiemöglichkeiten. Mit dem Anspruch, dass politische Entscheidungen im Kontext gerechter Verfahren zustande kommen, verlagert sich nämlich der normative Gehalt politischer Forderungen von den Politikinhalten in die Entscheidungsverfahren. Eine solche Perspektive kann die Pluralität normativer Standpunkte besser integrieren, weil sie statt auf die endgültige normative Richtigkeit politischer Entscheidungen auf deren Revidierbarkeit in gerechten Entscheidungsverfahren setzt.

Katrin Toens untersucht das Verhältnis zwischen politischer Kontingenz und sozialer Gerechtigkeit am Beispiel der politischen Entstehungsgeschichte der Sozialversicherung. Dabei zeigt sich, dass politische Kontingenz zugleich Triebkraft und Begrenzung der Institutionalisierung sozialer Gerechtigkeit darstellt. Einerseits entfaltet sich der politische Kampf um soziale Gerechtigkeit erst im Horizont des Wissens um die reale Möglichkeit politischer Alternativen. Andererseits stößt die Institutionalisierung sozialer Gerechtigkeit dort auf Grenzen, wo sich normative Gerechtigkeitskontroversen immer wieder neu an der Frage institutioneller Unzulänglichkeiten und Sollbruchstellen gesellschaftlich vorherrschender Standards der sozialen Sicherheit entzünden.

Ulrich Willems widmet sich der Frage, in welchem Verhältnis normative Pluralität und Kontingenz stehen und welchen Herausforderungen sich die politische Theorie durch diese beiden Phänomene gegenübersieht. In einer exemplarischen Analyse der Theorie des Modus Vivendi von John Gray zeigt er, dass auf der Basisannahme eines starken Wertepluralismus normative Pluralität und Kontingenz zwei Seiten einer Medaille bilden. Das bedeutet, dass politische Akteure unter Bedingungen normativer Pluralität sowohl mit Blick auf die alltägliche Politik als auch mit Blick auf politische Ordnungsmodelle regelmäßig zu radikalen, wenn auch nicht grundlosen Wahlentscheidungen genötigt werden. Daraus resultiert eine grundlegende Beschränkung der Möglichkeiten zeitgenössischer politischer Theorie: Ihre (vielfach universalen) präskriptiven Ambitionen werden durch die reale normative Pluralität weitgehend devaluiert; ihr (bisher unzureichend ausgeschöpftes) Potential besteht stattdessen im zeitdiagnostischen Versuch der Identifizierung grundlegender Herausforderungen politischen Handelns sowie in der reflexiven Vergewisserung der gesellschaftlichen und politischen Grenzen wie Möglichkeiten politischen Handelns, kurz: in der Ermöglichung einer illusionsloseren, realistischeren politischen Praxis.

Literatur

Badura, Jens, 2007: Modernité mondiale une esquisse programmatique. Paris.

Blumenberg, Hans, 1988: Die Legitimität der Neuzeit. Erneuerte Ausgabe. Frankfurt a. M.

Blumenberg, Hans, 1988: Die Sorge geht über den Fluß. Frankfurt a. M.

Esposito, Elena 2004: Die Verbindlichkeit des Vorübergehenden: Paradoxien der Mode. Aus dem Italienischen von Alessandra Corty. Frankfurt a. M.

Fukuyama, Francis, 1992: Das Ende der Geschichte. Wo stehen wir? München.

Greven, Michael Th., 1999: Die politische Gesellschaft. Kontingenz und Dezision als Probleme des Regierens und der Demokratie. Opladen (2. aktualisierte Aufl. Wiesbaden 2009).

Greven, Michael Th., 2000: Kontingenz und Dezision. Beiträge zur Analyse der politischen Gesellschaft. Opladen.

Greven, Michael Th., 2003: Sind Demokratien reformierbar? Bedarf, Bedingungen und normative Orientierungen für eine Demokratiereform, in: Claus Offe (Hrsg.): Demokratisierung der Demokratie. Diagnosen und Reformvorschläge. Frankfurt a. M./New York, 72-91.

Greven, Michael Th., 2007: Politisches Denken in Deutschland nach 1945: Erfahrung und Umgang mit der Kontingenz der unmittelbaren Nachkriegszeit. Opladen.

Greven, Michael Th., 2011: Systemopposition. Kontingenz, Ideologie und Utopie im politischen Denken der 1960er Jahre. Opladen.

Holzinger, Markus, 2006: Der Raum des Politischen. Politische Theorie im Zeichen der Kontingenz. München.

Holzinger, Markus, 2007: Kontingenz und Gegenwartsgesellschaft. Dimensionen eines Leitbegriffs moderner Sozialtheorie. Frankfurt a. M.

Joas, Hans, 2012: Glaube als Option. Zukunftsmöglichkeiten des Christentums. Freiburg.

Joas, Hans/Menke, Christoph/Wagner, Peter/Werner, Michael, 2002: Kontingenz und Moderne. Sozialphilosophische, ideengeschichtliche und historisch-soziologische Dimensionen. Projektantrag, Ms.

Joas, Hans/Vogt, Peter (Hrsg.), 2010: Begriffene Geschichte. Beiträge zum Werk von Reinhart Koselleck. Frankfurt a. M.

Knöbl, Wolfgang, 2007: Die Kontingenz der Moderne. Wege in Europa, Asien und Amerika. Frankfurt a. M.

Koselleck, Reinhart, 1989: Vergangene Zukunft. Zur Semantik geschichtlicher Zeiten. Frankfurt a. M.

Luhmann, Niklas, 1995: Politik und Wirtschaft, in: Merkur 49 (7), 573-581.

Luhmann, Niklas, 1997: Die Gesellschaft der Gesellschaft. 2 Bde. Frankfurt a. M.

Luhmann, Niklas, 2000: Die Politik der Gesellschaft. Frankfurt a. M.

Makropoulos, Michael, 1997: Modernität und Kontingenz. München.

Rorty, Richard, 1989: Kontingenz, Ironie, Solidarität. Frankfurt a. M.

Rüb, Friedbert W., 2008: Policy-Analyse unter Bedingungen von Kontingenz. Konzeptuelle Überlegungen zu einer möglichen Neuorientierung, in: Frank Janning/Katrin Toens (Hrsg.): Die Zukunft der Policy-Forschung. Theorien, Methoden, Anwendungen. Opladen, 88-112.

Shapiro, Ian/Bedi, Sonu (Hrsg.), 2007: Political contingency. Studying the unexpected, the accidental, and the unforeseen. New York/London.

Toens, Katrin, 2007: Der Zwang zur Freiheit. Kontingenzerzeugung im Sozialstaat, in: Vorgänge 46 (2), 127-134.

Vogt, Peter, 2011: Kontingenz und Zufall. Eine Ideen- und Begriffsgeschichte. Berlin.

Wagner, Peter, 2009: Moderne als Erfahrung und Interpretation. Eine neue Soziologie der Moderne. Konstanz.

Wefer, Matthias, 2004: Kontingenz und Dissens. Postheroische Perspektiven des politischen Systems. Wiesbaden.

Zachariadis, Nicolaos, 2003: Ambiguity and choice in public policy. Political decision making in modern democracies. Washington, DC.

Soziologische und geschichtswissenschaftliche Perspektiven

Das Zeitalter der Kontingenz[1]

Hans Joas

Dem Bedürfnis nach Zeitdiagnose, das sich in der Öffentlichkeit vor allem im Zusammenhang von Krisen und raschen Wandlungsprozessen meldet, können sich die Sozialwissenschaften nicht entziehen. Gewiss wird jeder solche Versuch, die Gegenwart auf ihren Begriff zu bringen, von vielen professionellen Fachvertretern als frivol betrachtet, und diese Feststellung trifft umso mehr zu, je größer der Anspruch auf Professionalität ist. Die Gründe dafür liegen auf der Hand. Wissenschaftler werden dazu erzogen, bei der Sammlung von empirischen Daten und der Prüfung von Hypothesen für die Erklärung von Zusammenhängen, aber auch bei der Durchleuchtung theoretischer Argumentationen und dem Aufbau umfassender Erklärungsgebäude mit maximaler Sorgfalt vorzugehen. In ihrem Selbstverständnis klafft dementsprechend eine Kluft zwischen einem Wissen, das auf methodische Art gewonnen wurde und sich seiner Grenzen bewusst bleibt, dem von ihnen vertretenen Denkstil also – und vorschnellen Verallgemeinerungen, empirisch ungesicherten Behauptungen und moralischer oder politischer Rede, wie sie in der breiteren Öffentlichkeit dominieren. Die Frage ist natürlich, wie mit einer solchen Kluft zwischen methodisch gesicherten Wissensbeständen und dem Bedürfnis der Öffentlichkeit nach griffigen Formeln der Zeitdeutung verantwortungsvoll umzugehen ist. Wenn die professionellen Sozialwissenschaften die Öffentlichkeit einfach denen überlassen, die mutig – oder skrupellos – genug sind, sich um die Grenzen des methodisch gesicherten Wissens nicht zu kümmern, dann bekommen diese alle Aufmerksamkeit der Medien und allen Einfluss auf die politische Willensbildung der Staatsbürger, was schon an sich nicht wünschenswert ist, aber zusätzlich auch noch die beschriebene Kluft vergrößern dürfte.

Zwei Grundtypen von Zeitdiagnose scheinen mir heute am meisten verbreitet. Den ersten Typus nenne ich „monothematische Diagnosen", den anderen „Erklärungen eines Epochenbruchs". Der erste Typ begann sich auszubreiten, als in den späten 1970er Jahren der Begriff „*Spät*kapitalismus" seine Plausibilität zu verlieren begann, weil sich immer deutlicher herausstellte, dass die kapitalistische Wirtschaft eine neue Dynamik erlebte und die unerhörten technischen Fortschritte insbesondere der Informations- und Kommunikationstechnologie eher die realsozialistischen Gesellschaften als die kapitalistischen gefährdeten. Die berühmteste neue solche Diagnose ist die von der „Risikogesellschaft" (Beck 1986); diese musste, als sie 1986 auf den Markt kam,

---

1   Der folgende Text ist unter dem gleichen Titel in einer leicht veränderten Fassung auch erschienen in: Hans Joas, 2012: Glaube als Option. Zukunftsmöglichkeiten des Christentums, Freiburg et al., 106-128.

im Zusammenhang mit der Katastrophe von Tschernobyl als treffende soziologische Deutung vielen unmittelbar einleuchten. Ulrich Becks sensationeller Erfolg ermutigte viele, ihn nachzuahmen und ähnliche Versuche vorzulegen. Am nächsten an Becks Erfolg heran kam Gerhard Schulze mit seiner „Erlebnisgesellschaft" von 1992; dieser Erfolg blieb allerdings im Unterschied zu Beck im Wesentlichen auf Deutschland begrenzt. „Wissensgesellschaft", „Kommunikationsgesellschaft", „Multioptionsgesellschaft", „Verantwortungsgesellschaft", „Netzwerkgesellschaft", „Entscheidungsgesellschaft" – das sind die Stichworte für einige dieser Diagnosen. Inzwischen hat ein Journalist anhand der Frage „In welcher Gesellschaft leben wir?" Kurzfassungen dieser monothematischen Diagnosen in mehreren Bänden zusammengestellt. Dadurch muss der Eindruck entstehen, als hätten die orientierungshungrigen Zeitgenossen nur die Wahl zwischen einem Dutzend oder mehr solcher jeweils auf ihre Weise einseitigen Analysen und als verkörpere sich die Soziologie in ihnen. Obwohl ich durchaus der Meinung bin, dass alle diese Versuche ihren ernstzunehmenden Kern haben, scheint mir eine „Wahl" zwischen ihnen abwegig; was wir brauchen, ist eine Integration dieser Analysen oder besser eine Diagnose, die eine Integration des rationalen Kerns in einer multidimensionalen Perspektive erlaubt.

Der zweite Typus wird von der Behauptung gekennzeichnet, dass unter unseren Augen eine Epoche ihr Ende erreicht habe und wir Zeugen des Beginns einer neuen Zeit seien. Manchmal ist eine solche Behauptung schon in den monothematischen Diagnosen impliziert. Für Ulrich Beck bedeutet die Heraufkunft der Risikogesellschaft eine Entwertung aller klassischen soziologischen Begriffe wie Klasse und Familie und der Idee wertfreier Wissenschaft. Manche sind bescheidener und beschränken sich deutlicher als Beck auf das Ende einer Komponente der Gesellschaft (etwa in der „post-military society" und vielleicht auch der „post-säkularen Gesellschaft"). Am intensivsten war die Debatte über die Wendung zu einer so genannten „Postmoderne", bei der chronisch unklar blieb, ob es nur um eine Veränderung in den kulturellen Strömungen ging oder um eine neue Epoche auch in sozialstruktureller Hinsicht. Erneut will ich nicht bestreiten, dass viele dieser „post-"-Diagnosen ein fundamentum in re haben, am meisten meines Erachtens die von der „post-industriellen Gesellschaft" bei Alain Touraine und Daniel Bell mit ihrer Betonung der Rolle von Dienstleistung, Bildung und Wissenschaft. Aber die Vielzahl von rasch aufeinander folgenden Epochenbruchsdiagnosen führt zur Ermüdung des Publikums. Ähnlich wie in der Kunst vor dem Ersten Weltkrieg neue Stile und „-ismen" (Fauvismus, Kubismus usw.) sich rasch ablösten, entsteht erst ein Effekt der Aufmerksamkeitssteigerung, da eben niemand bei Lebzeiten den Anschluss verlieren und den historischen Bruch, den andere verkünden, einfach ignorieren will. Aber bald erschöpft die Inflationierung solcher Deklarationen das Interesse und erzeugt Skepsis gegenüber der Künstlichkeit und Forciertheit beim Kampf um Aufmerksamkeit. Man kann eben nicht glauben, dass jedes Jahr eine neue Epoche beginnt, und unter historisch Gebildeten ist es eine alte Weisheit, dass man erst im großen zeitlichen Abstand weiß, ob ein Ereignis wirklich

„historisch" war. Gegenüber diesem zweiten Typus ist also eine bessere Balance von
Kontinuität und Diskontinuität anzumahnen.

Mit dieser Balance und dem Plädoyer für Multidimensionalität sind zwei Desiderate genannt, die eine sozialwissenschaftliche Zeitdiagnose erfüllen muss, wenn sie
sich nicht zu sehr vom theoretischen und empirischen Bestand dieser Fächer und
einem historisch reflektierten Bewusstsein entfernen will. Mein Vorschlag lautet nun,
dass der geeignete Weg in diese Richtung über eine neue Reflexion auf den Begriff
der Kontingenz verläuft, und zwar – genauer gesagt – über eine Neubestimmung unseres Verständnisses von Moderne und Modernisierung im Lichte dieser Sensibilität
für Kontingenz. Ich will im Folgenden zunächst kurz weiter verständlich machen, was
genau mit dieser programmatischen Aussage gemeint ist; dann soll in zwei Hinsichten
wenigstens ansatzweise vorgeführt werden, zu welchen Ergebnissen eine solche Neubestimmung führen kann. Es wird dabei zum einen um das Verständnis sozialen
Wandels gehen und zum anderen um die Gründe, warum unsere Zeit meines Erachtens als ein „Zeitalter der Kontingenz" bezeichnet werden kann.

Die Sozialwissenschaften der ersten Jahrzehnte nach dem Zweiten Weltkrieg waren von zwei großen theoretischen Paradigmen dominiert, die beide sowohl forschungsleitend wie zeitdiagnostisch wirksam waren: der Modernisierungstheorie und
dem Marxismus. Obwohl diese beiden in scharfer Konkurrenz zueinander standen, ist
im Rückblick unverkennbar, dass sie auch viele wesentliche Züge miteinander teilten.
Am auffallendsten ist wohl, dass beide ein „tight coupling", eine enge Koppelung der
verschiedenen gesellschaftlichen Sphären und der Entwicklung in ihnen unterstellten.
Dem Marxismus und seinen Vorstellungen von Basis und Überbau wurde von den
Modernisierungstheoretikern zwar ein empirisch unhaltbarer ökonomischer Determinismus vorgeworfen, der zur Vernachlässigung anderer Wirkkräfte sozialen Wandels
führe. Die damit in Anspruch genommene Multidimensionalität wurde aber insofern
gleich wieder verschenkt, als die vorherrschende funktionalistische Denkweise es nahelegte, etwa aus kulturellen Veränderungen auf unumgängliche Systemanpassungen
in anderen Bereichen zu schließen. Damit bestand die Gefahr, dass dem platten ökonomischen nur ein ebenso platter kultureller Determinismus entgegengesetzt würde.
Noch krasser fällt das Urteil hinsichtlich des zweiten Kriteriums, der Balance von
Kontinuität und Diskontinuität, aus. Die typischen Modernisierungstheoretiker –
allerdings nicht Talcott Parsons selbst – unterstellten einen dichotomischen Bruch
zwischen vor-modernen, so genannten „traditionellen" Gesellschaften und modernen
(dazu Knöbl 2001). Die Geschichte der modernen Gesellschaften wird dann als mehr
oder minder „kontinuierlich" und progressiv geschildert. Kriege, Gewaltregimes und
Genozide werden auf Ausnahmen und Sonderwege zurückgeführt; der Zusammenbruch „antimoderner" Bewegungen und Herrschaftsordnungen gilt als geschichtlich
garantiert. Selbst pessimistische Gegenstimmen zum historischen Optimismus von
Modernisierungstheorie *und* Marxismus – am deutlichsten etwa die „Dialektik der
Aufklärung" von Horkheimer und Adorno – bleiben der Unilinearität dieses Ge-

schichtsbildes insofern verhaftet, als auch sie nur den dialektischen Charakter des einen Prozesses steigender Naturbeherrschung betonen, nicht aber Abstand gewinnen von der Idee der einen Modernisierung. Und wenn, wie im Zeichen von „Postmoderne", „reflexiver" oder „zweiter Moderne", ein drittes Stadium den dichotomisch unterschiedenen zwei Stadien der Modernisierungstheorie hinzugefügt wird, lässt sich feststellen, dass zur Kennzeichnung unserer Zeit oft eben die Behauptungen aufgestellt werden – etwa zum Ende aller Traditionen und fester Bindungen –, die von der konventionellen Modernisierungstheorie bereits auf den Beginn der Moderne bezogen worden waren.

Aus diesem Labyrinth konkurrierender Diagnosen, die aber alle eine homogene Moderne und einen völligen Bruch zwischen ihr und der vorherigen Geschichte unterstellen, kommen wir – und das ist meine These – nur heraus, wenn wir mit dem „fetishism of modernities" brechen. Diesen Ausdruck entnehme ich dem gleichnamigen Buch des kanadischen Politikwissenschaftlers Bernard Yack aus dem Jahr 1997. Er schließt an Herbert Schnädelbachs kritische Interpretation der „Dialektik der Aufklärung" an und spricht von einer Fetischisierung der Moderne überall dort, wo eine Vielzahl heterogener sozialer Prozesse und Phänomene zu *einem* großen Objekt namens Moderne totalisiert wird: Für ihn ist das Resultat dieser vereinheitlichten begrifflichen Operation ein „sozialer Mythos", der Mythos nämlich von der einen Moderne und der einen Modernisierung.

Ich ziele darauf, diese mythisierende Vereinheitlichung rückgängig zu machen. Ich behaupte in der Tat, dass es einen einheitlichen Prozess der Modernisierung mit eng gekoppelten Unterprozessen gar nicht gibt. Wir sollten stattdessen die angeblichen Unterprozesse der Modernisierung als relativ selbstständige, voneinander unabhängige Prozesse sehen, die allerdings in Kausalbeziehungen zueinander stehen. Dann können wir das genaue Maß ihrer Abhängigkeit voneinander, ihre unterschiedlichen Zeitstrukturen, die Spannungen zwischen ihnen und die Integrationsmöglichkeiten je einzeln und ohne funktionalistische Vorannahmen untersuchen. Für ein solches Verständnis der Beziehung zwischen diesen Prozessen bietet sich der Begriff der „Kontingenz" als Gegenbegriff zum „tight coupling" und zu funktionalistischen Ganzheitsunterstellungen an.

Selbstverständlich darf aus der Fetischisierung der Moderne aber nicht einfach eine Fetischisierung und Essentialisierung dieser Unterprozesse werden. Auch diese sind ja nur begriffliche Abstraktionen. Wenn wir etwa von der Säkularisierung als einem solchen (angeblichen) Unterprozess der Modernisierung sprechen und dann verschiedene Schübe dieser Säkularisierung in der Geschichte unterscheiden, müssen wir uns immer bewusst sein, dass das Geschehen in diesen verschiedenen Phasen vielleicht ganz unterschiedlich war und durch den einheitlichen Begriff nur eine falsche Einheitlichkeit vorgetäuscht wird. Gegen diese Gefahr hilft nur, wie schon Max Weber und die amerikanischen Pragmatisten wussten, eine konsequent handlungstheoretische Orientierung. Diese lenkt die Aufmerksamkeit auf die Handlungen, aus

denen sich soziale Prozesse und soziale Ordnungen ergeben und in denen sich diese
realisieren. Damit stellt sich aber auch die Frage, in welchem Maße diese Prozesse
sich tatsächlich aus den Intentionen der Handelnden ergeben und wie sehr die Handelnden die geschichtlichen Prozesse als nicht-determiniert und als beeinflussbar erleben. Dies ist der zweite Kontext, in dem der Kontingenzbegriff bedeutsam wird. Ich
interessiere mich hier mit anderen Worten dafür, ob man unsere Zeit über eine Zunahme individueller Handlungsoptionen charakterisieren kann und wie sich das Bewusstsein historischer Kontingenz herausgebildet hat. Nimmt man die verschiedenen
Bestimmungen zusammen, wird deutlich, dass eine Theorie der Kontingenz das makrosoziologische Gegenstück zu einer kreativitätsorientierten Handlungstheorie ist
(Joas 1992).

Zunächst nun aber zu einer kontingenzbezogenen Revision unseres Verständnisses von Moderne und Modernisierung. Zwei Denkweisen hindern viele an einem solchen Verständnis. Diese lassen sich als Erbe von Marxismus und Modernisierungstheorie verstehen. Als Erbe des Marxismus bezeichne ich die Vorstellung, dass ein
Prozess der „Ökonomisierung", d. h. einer immer stärkeren Durchsetzung einer Logik
rationalen Nutzenkalküls in der Wirtschaft, aber auch in anderen Sphären gesellschaftlichen Lebens, den master trend von Modernisierung ausmache. Als Erbe der
Modernisierungstheorie bezeichne ich die Vorstellung, der master trend liege in einer
immer weiter voranschreitenden funktionalen Differenzierung. Es ist nun hier offensichtlich nicht die Gelegenheit, die beiden Annahmen ausführlich in ihre Schranken
zu weisen.

Ich habe dies in verschiedenen Veröffentlichungen bereits versucht (Joas 1992,
1998). Was die Ökonomisierungsthese betrifft, ist zunächst bemerkenswert, dass die
eigentlichen Begründer und Klassiker modernen ökonomischen Denkens, etwa Adam
Smith, eine solche Idee nicht vertraten. Die berühmten Debatten über das Verhältnis
von ökonomischer Theorie und Moralphilosophie bei Smith wären gar nicht aufge-
kommen, wenn er angenommen hätte, dass alle Sphären menschlichen Lebens bald
von der Logik ökonomischen Denkens durchdrungen würden. Der erste radikale Verfechter dieser Auffassung war vielmehr Karl Marx; der klassische Text, in dem diese
Idee entfaltet wurde, ist das „Kommunistische Manifest". Dort findet sich nicht nur
die berühmte Analyse der Herausbildung eines kapitalistischen Weltmarkts, der ständigen Steigerung wirtschaftlicher Produktivität, der rapiden Effizienzgewinne bei
Transport und Kommunikation, des sensationellen Wachstums städtischer Siedlun-
gen, sondern vor allem die Vorhersage, dass „(a)lles Ständische und Stehende ver-
dampft". Dem Nationalstaat, der Familie, den Professionen, der Religion – ihnen allen
wird das baldige Verschwinden ebenso prophezeit wie allen sozialen Klassen außer
Bourgeoisie und Proletariat.

Alle diese Prognosen oder Prophezeiungen sind aber nicht nur nicht eingetrof-
fen; vielmehr kann man sagen, dass die meisten Phänomene, deren Untergang von
Marx für besiegelt erklärt wird, ihr goldenes Zeitalter eher noch vor sich hatten. Das

gilt für den Nationalstaat in Europa, aber erst recht im Weltmaßstab; es gilt für die Familie und die Bedeutung beruflicher Qualifikation. Und die Prognose vom Verschwinden der Religion war ein krasser Eurozentrismus, wie schon der Vergleich mit den USA zeigt, in denen bekanntlich das 19. Jahrhundert ein Zeitalter absolut und relativ dramatisch wachsender Religionsgemeinschaften war („The Churching of America"). Die Tatsache, dass Marx' Voraussagen so deutlich scheiterten, hindert viele Teilnehmer der heutigen Globalisierungsdiskussionen allerdings nicht, in unserer Zeit dieselben Aussagen zur alles zermalmenden Ökonomisierung zu machen – nur meist des geschichtlichen Rahmens und damit der utopischen Hoffnungen beraubt, die bei Marx und Engels dem Hymnus auf die ökonomischen Transformationen ihre Durchschlagkraft gaben. Von Richard Rorty etwa wurde Marx als Globalisierungskritiker avant la lettre gefeiert, als habe er sich zwar im Zeitmaß seiner Voraussagen geirrt, aber gerade deshalb besonders weit in die Zukunft geblickt. Plausibler scheint mir, dass die Gründe, die schon einmal zum Scheitern der Prognosen führten, dieses Scheitern erneut herbeiführen dürften. Nötig ist es deshalb, der Annahme von der unaufhaltsam fortschreitenden Ökonomisierung sowohl den Gedanken möglicher „zivilisierender" Wirkungen des Marktes entgegenzuhalten wie die Analyse der komplexen institutionellen Voraussetzungen langfristiger wirtschaftlicher Dynamik.

Gegenüber der Ökonomisierungsthese hat nun die große Konkurrentin des Marxismus in Gestalt der Theorie funktionaler Differenzierung den Vorteil, nicht die Ausbreitung *einer* Logik des Handelns durch alle gesellschaftlichen Bereiche hindurch annehmen zu müssen, sondern Komplementaritäten und Kompensationen zuzulassen. Wenn der (marxistische) Historiker Eric Hobsbawm sich mit der bürgerlichen Familie im 19. Jahrhundert beschäftigt, nennt er sie „the most mysterious institution of the age", und zwar deshalb, weil ihm unerklärlich scheint, „Why […] a society dedicated to an economy of profit-making competitive enterprise, to the efforts of the isolated individual, to equality of rights and opportunities and freedom, (should) rest on an institution which is so totally denied all of these" (Hobsbawm 1975: 237). Ein Differenzierungstheoretiker wird hier nichts Mysteriöses finden. Für ihn liegt es nahe, dass eine Disziplinierung der Handelnden mit ihren Leidenschaften zu rationalen, interessebezogenen Akteuren (Hirschman 1980) es geradezu wahrscheinlich macht, nun das außerberufliche Leben mit Leidenschaften und der Sehnsucht nach emotionaler Intensität zu besetzen.

Es gibt überhaupt keinen starken Grund für die Annahme, dass ein Wert sich in allen gesellschaftlichen Sphären durchsetzt und alle anderen Werte verdrängt. Folgen wir Stephen Toulmins bedeutendem Buch „Cosmopolis" (1994), dann entstand die cartesianische Idee einer rationalen Methode der Lösung philosophischer Probleme gerade nicht aus einer Kultur, in der der Wert der Rationalität unangefochten in Geltung war, sondern umgekehrt aus einer verzweifelten Hoffnung, einen Ausweg aus den unlösbar erscheinenden Konfessionskonflikten der frühen Neuzeit zu finden. Auch die Institutionalisierung einer teilweise neutralisierten Sphäre des Politischen und die damit einhergehende Privatisierung des Religiösen wird häufig ähnlich erklärt. Es handelt sich also jeweils um komplexe institutionelle Konstellationen, Arbeitsteilungen, Machtbalancen. All dies wird vom differenzierungstheoretischen Denken viel besser beschrieben als von der Ökonomisierungsthese. Natürlich kann auch diese Idee sinnlos übersteigert werden. Dies scheint mir – mit Verlaub – im Œuvre von Niklas Luhmann geschehen, wenn die Subsysteme wie in sich geschlossene Universen mit je eigenem Code konzipiert werden, statt dass ihre ständige wechselseitige Durchdringung und ihre Einbettung in einen Werthorizont zum Thema werden. Die Theorie funktionaler Differenzierung gewinnt ihre Plausibilität aber nicht nur aus ihrer nicht unbeträchtlichen deskriptiven Adäquanz, sondern auch aus normativen Gründen. Bei dem führenden amerikanischen Vertreter dieser Denkrichtung (in meiner Generation), Jeffrey Alexander, ist der Einfluss von Michael Walzer mit seiner Differenzierung des Werts der Gerechtigkeit nach sozialen Sphären entscheidend. Und bei der „Konversion" führender europäischer linker Sozialtheoretiker zur Differenzierungstheorie, etwa bei Jürgen Habermas und Alain Touraine, ist entscheidend, dass sie in dieser Theorie ein Mittel zur Abwehr neuer totalitärer Versuchungen erkennen.

Während die deskriptive Leistung des Differenzierungs-Vokabulars und ihre normative Attraktivität also nicht zu unterschätzen sind, ist die explanatorische Kraft gering. Dies wird häufig übersehen. Die Ursachen der funktionalen Differenzierung, ihrer unterschiedlichen Gestalt und ihres unterschiedlichen Ausmaßes in verschiedenen Gesellschaften und Epochen bleiben in der Regel in der Differenzierungstheorie völlig ungeklärt; schwer tut sie sich auch mit Akteuren, Gegenkräften und einer Spezifizierung des Zeitmaßes der unterstellten Prozesse. Dies galt schon im 19. Jahrhundert, als William James die Übertragung biologischer Theoriebestandteile auf die Sozialwissenschaften bei Herbert Spencer unnachahmlich karikierte: „Evolution is a change from a non-howish, untalkaboutable, all-alikeness to a somehowish and in general talkaboutable not-all-alikeness by continuous stick-to-getherations and something-elsifications" (James in Myers 1986: 43). Bei Durkheim und Simmel wurde die Bombastik des Differenzierungsjargons durch eine asketische Beschränkung auf die quantitativen Dimensionen von Gruppengröße und -dichte vermieden, bei Talcott Parsons dadurch, dass Differenzierung nur als eine von vier Dimensionen sozialen Wandels betrachtet wird. Aber in der Modernisierungstheorie und bei Luhmann ging dies alles wieder verloren. Auch hierzu kann an dieser Stelle keine detaillierte Argumentation geboten werden (Joas 1992: 326-357). Ziel aber ist der Nachweis, dass uns weder „Ökonomisierung" noch „Differenzierung" wirklich den Stein des Weisen liefern für das Verständnis von „Modernisierung".

Mein Gegenvorschlag lautet, wie angekündigt, die angeblichen Subprozesse der Modernisierung überhaupt nicht aus *einer* verursachenden Dimension heraus zu erklären, sondern in kontingenten Beziehungen zueinander zu sehen. Unter den Klassikern der Sozialtheorie scheint mir am stärksten Jakob Burckhardt in dieser Richtung ge-

dacht zu haben, übrigens einer der wenigen Denker dieser Zeit, der keine Säkularisie-
rungstheorie vertrat. Er unterscheidet in seinen „Weltgeschichtlichen Betrachtungen"
die „drei Potenzen" Staat, Religion und Kultur und baut seine Betrachtungen dann
strikt kombinatorisch entlang der „sechs Bedingtheiten" auf: die Kultur in ihrer Bedingtheit durch Staat und Religion, der Staat in seiner Bedingtheit durch Religion und
Kultur, die Religion in ihrer Bedingtheit durch Staat und Kultur. Hier ist schon im
Theoriedesign jede Annahme *eines* master trends vereitelt. Unter den gegenwärtigen
Soziologen scheint mir der Konflikttheoretiker Randall Collins dem am nächsten zu
kommen, wenn er – übrigens in einer Diskussion des angeblichen deutschen „Sonder-
wegs" – den Begriff der Modernisierung in vier gegeneinander variable Prozesse
(Ökonomisierung, Bürokratisierung, Demokratisierung, Säkularisierung) zerlegt (Collins 1999: 152-175). Ich selbst füge dieser Liste, die ich für höchst brauchbar halte, in
meinem Versuch noch den sozialpsychologischen Prozess der Individualisierung und
die zwischengesellschaftliche Dimension fortschreitender Pazifizierung hinzu.

Der Gewinn dieses Vorgehens ist zunächst ein heuristischer. Wir gewinnen daraus ein „tableau idéologique", ein Schema zur Klassifikation und Übersichtlich-
machung von Zeitdiagnosen und makrohistorischen Thesen: Wir sehen z. B., welche
große Rolle „Bürokratisierung" für Max Webers Verständnis der Moderne spielte und
welche geringe für Emile Durkheims. Pazifizierung zwischenstaatlicher Beziehungen
war für Weber eine abwegige Vorstellung, für Durkheim nicht. Simmel konzentrierte
sich auf ein Wechselspiel von Ökonomisierung und Individualisierung. Wir nehmen
so Einseitigkeiten und Auslassungen in klassischen und gegenwärtigen Zeitdiagnosen
wahr. Aber viel wichtiger als diese metatheoretische Nützlichkeit ist, dass wir auch
die tatsächliche Variabilität der Konstellationen erkennen, die im pseudo-einheit-
lichen Begriff der Modernisierung verschwindet oder in Richtung der Deutung von
Sonderwegen und Irrläufern der Modernisierung weggedrückt wird. Ich selbst habe
mich in den letzten Jahren vor allem mit der Bedingtheit von Säkularisierungsprozes-
sen beschäftigt (Joas 2004, 2007). Dies bedeutet zum einen die Widerlegung der These, dass Modernisierung mit einer Art innerer Notwendigkeit zur Säkularisierung (im
Sinne abnehmender Bedeutung von Religion) führe. Diese Widerlegung kann auf empirische Argumente und auf eine theoretische Kritik am Religionsverständnis der
Säkularisierungstheoretiker aufbauen. Aber sie ist auch darauf angewiesen, nun umgekehrt zu fragen, wie sich Prozesse der Ökonomisierung, Demokratisierung, Individualisierung – um nur einige zu nennen – so auswirken, dass tatsächlich Säkularisie-
rungseffekte entstehen. Die Widerlegung der Säkularisierungsthese meint ja keine
Leugnung von Fällen faktischer Säkularisierung. Die These der „Religionsökonomen"
etwa, dass freier Wettbewerb religiöser Anbieter religiöse Vitalität erhöhe, wird dann
als in sich plausible, selbst aber wieder einseitige, d. h. von rechtlichen und politischen Bedingungen absehende Erklärungshypothese erkennbar. Nur eine systematische Durchführung der „Bedingtheiten" wird der Idee einer kontingenten Relation der
„Subprozesse" gerecht.

Diese Behauptung ist zwar von zeitdiagnostischer Relevanz, insofern sie unser Verständnis von Moderne verändert, soll aber keineswegs nur für unsere Zeit gelten. Warum aber nenne ich dann unsere Zeit ein Zeitalter der Kontingenz? Der Grund ist, dass mir der Begriff der Kontingenz wie kein anderer geeignet scheint, die Zunahme der Optionen unseres Handelns und zugleich derjenigen Widerfahrnisse in unserem Leben, die sich aus den Folgen der massenhaften Verbreitung der Steigerung solcher individueller Handlungsmöglichkeiten ergeben, zu bezeichnen. Diese Zunahme der Optionen lässt sich schnell veranschaulichen, wenn wir an die heutigen Möglichkeiten der Partnerwahl oder der Konfrontation mit einer Pluralität von Religionen, Weltanschauungen und Lebensformen denken. Ebenso vergrößern technologische Entwicklungen die individuelle Mobilität oder die Chance zur Kommunikation mit physisch Abwesenden oder den Eingriff und die Selbstbestimmung in Bereichen (wie denen der biologischen Reproduktion), die noch vor kurzem als unverfügbar betrachtet wurden. Ich behaupte nicht, dass diese objektiv konstatierbare Optionssteigerung für alle Gesellschaftsmitglieder in gleichem Maße zutrifft oder von allen als Steigerung ihrer Handlungsfähigkeit erlebt wird. Gerade auch hinsichtlich der Handlungsoptionen gibt es soziale Ungleichheit, und diese betrifft auch die Chancen zur Entwicklung der Fähigkeit, Optionen überhaupt als Chancen zu sehen und nicht als Gefahr und Überforderung. Orientierungsprobleme können zu einer Sehnsucht nach Optionsreduzierung, ja zu aggressiver Optionsvernichtung führen. Nicht globale Aussagen sind hier erwünscht, sondern genaue Beschreibungen, die dann natürlich jeweils nur einen begrenzten Gültigkeitsanspruch haben können. Ich selbst habe mich in dieser Hinsicht auf das Gebiet der Religion konzentriert, auf die Frage also, welche Wirkungen die Dauerkonfrontation mit religiös-weltanschaulicher Pluralität für die Chancen der Entstehung intensiver Wert- und Glaubensbindungen hat (Joas 2004: 32-49).

Es kann nicht schaden, an dieser Stelle den Begriff der „Kontingenz" zu definieren. Es hat sich eingebürgert, das als „kontingent" zu bezeichnen, was weder notwendig noch unmöglich ist, was also ist, aber nicht sein muss. Die größte Gefahr für ein angemessenes Verständnis des Begriffs ist eine Gleichsetzung mit dem Begriff des „Zufälligen". Dies begegnet mir immer wieder als Missverständnis meiner Ausführungen. Eine Theorie des Zufälligen wäre aber als Projekt recht unplausibel, die These, dass alles zufällig sei, nicht gerade erkenntnisfördernd. Das Missverständnis entsteht daraus, dass der Begriff der Kontingenz auch ein Gegenbegriff zu dem der Notwendigkeit ist – wie der des Zufalls. Aber die Bedeutung von Gegenbegriffen hängt stark von der Bedeutung des Ausgangsbegriffs ab. Wenn unter Notwendigkeit wie in der vorneuzeitlichen Philosophie der wohl geordnete Kosmos verstanden wurde, dann bezog sich Kontingenz – das hat Ernst Troeltsch 1910 in einem brillanten Aufsatz (Troeltsch 1922) dargestellt – sowohl auf die Unvollständigkeit und mangelnde Perfektion der bloß sinnlich-materiellen Welt als auch auf den freien und schöpferischen Charakter von Gottes Eingriffen in die Welt. Ein dramatischer semantischer Wandel spielte sich ab, als die neuzeitliche wissenschaftliche Revolution das

Bild eines wohl geordneten Kosmos durch das eines kausal determinierten Univer-
sums ersetzte, das von den Naturgesetzen wie ein Uhrwerk regiert werde. Durch diese
Umstellung wurde es unmöglich, metaphysische Gewissheit und Ruhe in der Kon-
templation des wohl geordneten Kosmos oder im gläubigen Vertrauen in die vom
Schöpfergott in seinem unerforschlichen Ratschluss eingerichtete Natur zu finden.
„Kontingenz" nahm deshalb, die alte Zweideutigkeit beibehaltend, einerseits die Bedeutung „Zufall", andererseits „freier Wille" an. Die Suche nach Gewissheit wanderte
von der ontologischen auf die erkenntnistheoretische Ebene: Descartes' Glaube an die
Möglichkeit einer Erkenntnisgewissheit verbürgenden Methode ist dafür der klarste
Ausdruck. Seit der so genannten „Sattelzeit" um 1800 mit ihrer radikalen Verzeit-
lichung des menschlichen Selbstverständnisses gab es immer neue Wellen der Einsicht in die Kontingenz der menschlichen Existenz, freilich auch immer neue Mittel
der Kontingenzverdrängung etwa in Gestalt teleologischer oder evolutionistischer
Geschichtsphilosophien. Aber nicht um die Feinheiten der Ideengeschichte geht es
hier, sondern um die zeitdiagnostische Fruchtbarkeit dieses Begriffs. Der Begriff sen-
sibilisiert uns zugleich für die Zunahme der Optionen unseres Handelns und für die
Zufälligkeit der Widerfahrnisse in unserem Leben, die sich wesentlich auch aus der
Steigerung individueller Handlungsmöglichkeiten ergibt. Die gestiegenen Handlungsoptionen produzieren neue Formen und Anforderungen sozialen Lebens. Die alte
Doppelung im Kontingenzbegriff – von „Zufall" und „freiem Willen" – wiederholt
sich also erneut, wenngleich der Begriff nun nicht mehr auf das Handeln des Schöp-
fers oder des idealisierten freien Individuums, sondern auf alle Menschen und ihr Zusammenleben bezogen wird. Und wir müssen bei beiden Bedeutungen zudem objektive Zurechenbarkeit und subjektive Erfahrung voneinander unterscheiden. Gestiegene
Handlungsoptionen können als erlösende Freisetzung, aber auch als belastender
Zwang zur Entscheidung erlebt werden; die Fülle der Widerfahrnisse aus der Freiheit
der anderen heraus kann als intensitätssteigernd und als bedrohlich erlebt werden.

    Aus der Steigerung individueller Handlungsoptionen können sich auch paradoxe
Folgeprobleme ergeben, die geradezu zu einer Restriktion faktischer Handlungsmöglichkeiten der Individuen führen. Der Verkehrsstau ist deshalb so sehr auch eine
symbolische Verdichtung der Probleme heutiger Vergesellschaftung, weil hier anschaulich wird, wie die Aggregation individueller Entscheidungen zu einem Kollek-
tivphänomen führen kann, das individuelle Optionen radikal einschränkt. Während
die ältere Literatur zum Thema Kontingenz – etwa noch John Deweys bedeutendes
Buch „The Quest for Certainty" von 1929 – Hoffnungen auf eine wissenschaftlichtechnische Bewältigung von Kontingenz artikulierte, hat in neuerer Literatur zum
Thema – etwa im Werk von Niklas Luhmann – eine genau gegenteilige Betonung der
paradoxen Konsequenzen von Optionsvermehrung die Oberhand gewonnen. In dieser
Sichtweise wird jede Hoffnung auf ein kollektives Handeln, das die individuellen
Spielräume schützt und paradoxe Konsequenzen verhindert, für hoffnungslos obsolet
erklärt. Damit aber entsteht das selbst paradoxe Bild, dass alles immer kontingenter

werde, aber nichts zu ändern sei, weil sich die Logik funktionaler Differenzierung und der funktionalen Subsysteme ohnehin immer durchsetze.[2]

Auf dem Gebiet der Religion haben wir es freilich mit einer anderen Art von Paradoxie zu tun, für die nicht der Verkehrsstau das Modell liefert. Von vielen Denkern ist die Religion mit dem Faktum des Unverfügbaren in der menschlichen Existenz in Verbindung gebracht worden. Einer der letzten verbliebenen Vertreter der Vorstellung, dass Modernisierung notwendig zur Säkularisierung führe – der amerikanische Wertewandelforscher Ronald Inglehart –, erklärt die Säkularisierung aus einer Abnahme existenzieller Risiken durch Wohlstandsgewinn bei Modernisierung (Norris/Inglehart 2004). Für ihn ist die Verlängerung der Lebenszeit durch medizinischen und wirtschaftlichen Fortschritt entscheidend, weil sie das Risiko des eigenen Todes oder schwerer Erkrankung reduzierten und zugleich die Erfahrung des Verlusts geliebter Menschen vereinzelten. Er nennt dies die „existential insecurity hypothesis" und unterscheidet sich von konventionellen Säkularisierungstheoretikern nur dadurch, dass er auch die demographische Dimension sozialen Wandels einbezieht. Obwohl die Modernisierung zwingend zur Säkularisierung führe, wird die Welt für ihn immer religiöser, da die Modernisierung auch zu geringerem Bevölkerungswachstum oder sogar demographischer Schrumpfung führe, wodurch – überspitzt gesagt – die säkularisierten Völker gewissermaßen aussterben. Es ist freilich ganz einseitig, die Religion nur mit beängstigenden und tragischen Formen von Kontingenz in Verbindung zu bringen und nicht auch mit Begeisterung und dem Gefühl von Dankbarkeit und Gnade. Ebenso ist es kurzsichtig, das Maß von Kontingenz als interpretationsunabhängig gegeben zu unterstellen, anstatt zu sehen, dass es der Sensibilisierung für das Leid anderer bedarf, um dieses überhaupt als sinndeutungsbedürftig zu erkennen. In den Debatten über Religion und Kontingenz geht es um Fragen wie die, ob wir Religion – wie Hermann Lübbe häufig missverstanden wurde – als Kontingenzbewältigungspraxis verstehen sollen, ob – wie Peter Berger dies behauptete – unter Bedingungen hoher Kontingenz überhaupt die Ausbildung fester Wertbindungen verunmöglicht würde, und ob – wie Richard Rorty dies annimmt – unter dem Zeichen der Kontingenz damit auch alle festen Normen und Werte verdampfen und sich ein bodenloser Relativismus durchsetzt. Meine Antworten zu all diesen Fragen sind anders als die genannten. Für mich stellt der Glaube keine Kontingenzbewältigungstechnik dar, sondern die Voraussetzung für einen spezifischen Umgang mit Kontingenz; unter Bedingungen hoher Kontingenz kann es, wie ich argumentiere, sehr wohl zu festen Bindungen an Personen und an Werte kommen, es ändert sich nur die Art dieser Bindung; und nicht Relativismus ist das Resultat von Kontingenzsensibilität, sondern „kontingente Gewissheit", eine Gewissheit, die sich der Kontingenz ihrer Entstehung bewusst ist.

---

2   An diesem Punkt setzt, wenn ich richtig sehe, die politikwissenschaftliche Kontingenz-Theorie von Michael Th. Greven ein, die sowohl die Ursachen des Erscheinungsbildes politischer Gestaltbarkeit wie deren faktische Chancen zum Thema macht.

Die Rekonstruktion des Modernebegriffs und die vorgetragenen handlungstheoretischen Bestimmungen, beide um die Kontingenzthematik gruppiert, müssen in der
Zeitdiagnose wiederum verknüpft werden. Konkret heißt das beim Thema Religion,
dass sich die Ausbildung religiöser Bindungen unter Bedingungen hoher Kontingenz
heute unter der Denkvoraussetzung eines Endes der Leitidee abspielt, Säkularisierung
sei ein notwendiger Bestandteil von Modernisierung. Dies scheint mir die zentrale
Bestimmung der religiösen Lage der Gegenwart in unserer Gesellschaft zu sein. Aber
es gilt ganz grundsätzlich, dass sich die Verarbeitung von Kontingenzerfahrungen jeweils unter den Bedingungen eines spezifischen kulturellen Kontingenzbewusstseins
abspielt. Die hochgradige Kontingenzerfahrung etwa von Kriegen kann Anlass sein
für die Sprengung von Geschichtsbildern, die Kontingenz stillstellen; sie kann aber
auch das Bedürfnis nach solchen Geschichtsbildern verstärken. Das Recht, die Gegenwart als Zeitalter der Kontingenz zu charakterisieren, leite ich von der Wahrnehmung
ab, dass heute die Steigerung individueller Handlungsoptionen generell nicht mehr
durch eine Deutung im Stil alter geschichtsphilosophischer Meta-Erzählungen ver-
arbeitet werden kann, sondern nur durch eine neue Erzählung, die sich selbst aus
kontingenter Gewissheit versteht.

Nur in diesem Kontext wird meines Erachtens verständlich, warum ein empirisch
so wenig abgesichertes und philosophisch so locker gestricktes Buch wie Jean-François Lyotards „La condition postmoderne" von 1979 einen solch starken Eindruck auf
die Zeitgenossen machen konnte. Lyotard hatte gewiss in recht subjektiver Weise
zunächst einmal seine eigene enttäuschte Abwendung vom Marxismus und Links-
radikalismus zur umfassenden These vom Ende aller Meta-Erzählungen sublimiert –
und dies nicht in tragischem, sondern euphorischem Ton, als endlich erreichte Befreiung von den Zwängen überhistorischer Fortschrittsideologien und Freisetzung von
Heterogenität und Gegenwartsorientierung. Doch der Verweis auf die voreilige Verallgemeinerung einer individuellen politischen Desillusionierungsgeschichte prallt
ebenso wie der Hinweis, dass die Deklaration des Endes aller Meta-Erzählungen
selbst auch eine (neue) Meta-Erzählung sei, von der sozialen Tatsache ab, dass sich so
viele in dieser Diagnose wiedererkannten. Tatsächlich brachen die in den Jahrzehnten
nach dem Zweiten Weltkrieg wiederbelebten teleologischen und evolutionistischen
Denkmuster (Marxismus und Modernisierungstheorie) in den 1970er Jahren wieder
zusammen, wodurch die schon um 1900 entwickelten Formen kontingenzsensibler
Theoriebildung wieder an Attraktivität gewannen. Das machte Lyotards Schrift zum
Stichwortgeber. Seinen logischen Selbst-Widerspruch können wir nur vermeiden,
wenn wir diese Wende nicht zum endgültigen Sieg erklären, sondern selbst als eine
kontingente und d. h. hier immer gefährdete Entwicklung behandeln. Der Bruch mit
teleologischen und evolutionistischen Denkmustern entlastet uns ja nicht von der
Aufgabe, eine umfassende Geschichte zu erzählen und diese auf Entstehung und
Schicksal unserer Ideale zu beziehen.

Literatur

Beck, Ulrich, 1986: Risikogesellschaft. Auf dem Weg in eine andere Moderne. Frankfurt a. M.

Burckhardt, Jacob, 1954: Weltgeschichtliche Betrachtungen. Köln.

Collins, Randall, 1999: Macro History. Essays in Sociology of the Long Run. Stanford, Ca.

Dewey, John, 1998: Die Suche nach Gewißheit. Frankfurt a. M.

Hirschman, Albert, 1980: Leidenschaften und Interessen. Politische Begründungen des Kapitalismus vor seinem Sieg. Frankfurt a. M.

Hobsbawm, Eric, 1975: The Age of Capital. 1848-1875. London.

Joas, Hans, 1992: Die Kreativität des Handelns. Frankfurt a. M.

Joas, Hans, 1998: Globalisierung und Wertentstehung – Oder: Warum Marx und Engels doch nicht recht hatten, in: Berliner Journal für Soziologie 8 (3), 329-332.

Joas, Hans, 2002: Wertevermittlung in einer fragmentierten Gesellschaft, in: Nelson Killius/Jürgen Kluge/Linda Reisch (Hrsg.): Die Zukunft der Bildung. Frankfurt a. M., 58-77.

Joas, Hans, 2004: Braucht der Mensch Religion? Über Erfahrungen der Selbsttranszendenz. Freiburg.

Joas, Hans, 2007: Führt Modernisierung zu Säkularisierung?, in: Gerd Nollmann/Hermann Strasser (Hrsg.): Woran glauben? Religion zwischen Kulturkampf und Sinnsuche. Essen, 37-45.

Knöbl, Wolfgang, 2001: Spielräume der Modernisierung. Das Ende der Eindeutigkeit. Weilerswist.

Lyotard, Jean-François, 1982: Das postmoderne Wissen. Wien.

Myers, Gerald, 1986: William James. His Life and Thought. New Haven, Conn.

Norris, Pippa/Inglehart, Ronald, 2004: Sacred and Secular: Religion and Politics Worldwide. Cambridge.

Toulmin, Stephen, 1994: Kosmopolis. Die unerkannten Aufgaben der Moderne. Frankfurt a. M.

Troeltsch, Ernst, 1922: Die Bedeutung des Begriffs Kontingenz (1910), in: Ernst Troeltsch: Gesammelte Schriften. Tübingen.

Yack, Bernard, 1997: The Fetishism of Modernities. Epochal Self-Consciousness in Contemporary Social and Political Thought. Notre Dame, Ind.

Kontingenzerfahrung und Kontingenzbewusstsein in systemtheoretischer Perspektive

Elena Esposito

1

Im systemtheoretischen Ansatz erscheint und wiedererscheint der Begriff von Kontingenz in verschiedenen Hinsichten und mit verschiedenen Problembezügen in der ganzen Entwicklung und in allen Artikulationen der Theorie. Dass es sich um einen zentralen Begriff handelt, kann man jedoch vielleicht am deutlichsten in einer scheinbar einfachen Äußerung aus den sechziger Jahren erfassen, die sich interessanterweise gerade auf den politischen Bereich, dem unser Treffen gewidmet ist, bezieht. In „Komplexität und Demokratie" aus dem Jahre 1969 schreibt Luhmann das, was meines Erachtens als eine Art „Manifest" der systemischen Bedeutung der Kontingenz betrachtet werden kann, in dem Satz: „Alles könnte anders sein – und fast nichts kann ich ändern" (Luhmann 1969: 44). Hier sind alle Elemente vorhanden, die sich dann in den späteren theoretischen Verarbeitungen auf komplexe Weisen entwickeln werden – wie wir sehen werden.

Ausgehend von der Auseinandersetzung mit der Tradition der Logik und den Versuchen einer Formalisierung der Kontingenz, wird in diesem Aufsatz der Begriff auf die systemtheoretische Kategorie der Beobachtung zweiter Ordnung, also auf die für sie bezeichnende Unbestimmtheit zurückgeführt (2.). Aus soziologischer Sicht überträgt sich das Problem in die grundlegende Frage der doppelten Kontingenz, welche nicht nur Kontingenz in der Sozialdimension vervielfältigt, sondern auch ihre Operationalisierung zeigt (3.). Soziale Kontingenz ist in Bezug auf die Zeit und in Bezug auf die Beobachter gebunden, obwohl sie immer ihre grundsätzliche Unbestimmtheit bewahrt (4.). Schließlich werde ich zu zeigen versuchen, wie das im Bereich der Politik der Fall ist, was zugleich die mit dem zunehmenden Kontingenzbewusstsein in moderner Gesellschaft verbundenen Probleme und Gelegenheiten zeigt (5.).

Worum handelt es sich aber, wenn von Kontingenz die Rede ist? Und worin bestehen Neuheit und Originalität des systemischen Ansatzes zur Frage der Kontingenz? Scheinbar nicht in der Definition des Begriffs, die formell mit der gängigen, aus der Logik stammenden Definition übereinstimmt, auf der Basis der Ausschließung von Notwendigkeit und Unmöglichkeit (z. B. Luhmann 1984: 152). Für Luhmann (wie für alle anderen) ist kontingent das, was weder notwendig noch unmöglich ist. Was sich ändert, sind aber Bedeutung und Folgen dieser Definition. Die innere Mehrdeutigkeit des Begriffs ist eigentlich schon in der Art der Darstellung impliziert: Wie Luhmann bemerkt, ist Kontingenz auf *zwei* verschiedene, aber gleichzeitig gegebene Negationen gegründet, die nicht aufeinander reduziert werden können: die Negation der Unmöglichkeit (das, was nicht unmöglich ist, ist an sich möglich, also kann sein) *und* die Negation der Notwendigkeit (welche wieder das Mögliche ergibt, aber hier im „abgeschwächten" Sinne einer niedrigeren logischen Strenge: das Mögliche kann auch nicht sein). Aus der Kombination beider Negationen gewinnt man den Umstand dessen, was sein kann, aber auch nicht sein kann und gerade von dieser Duplizität definiert wird, welche auch den Rest an Unbestimmtheit mit sich führt, die den Begriff immer begleitet: jede eindeutige Bestimmung aufgrund einer der beiden Negationen (x kann) impliziert notwendigerweise den Verweis auch auf die andere Negation (x kann nicht) und beinhaltet deshalb auch eine Komponente von Unbestimmtheit.

In diesem Verständnis ist Kontingenz sehr schwer zu formalisieren, vor allem in einer logischen Anlage mit nur einer Negation, und erfordert (immer noch laut Luhmann) den Einsatz eines komplexeren logischen Apparats als im Fall von Begriffen wie Notwendigkeit und Unmöglichkeit (Luhmann 1992: 97). Die Vermutung ist – gar nicht neu in Bezug auf Modalitäten[1] –, dass die Beschränkung der Binarität verabschiedet werden sollte, um zu mehrwertigen logischen Modalitäten überzugehen – was allerdings bloß das Problem verschiebt, solange nicht geklärt wird, wie die zusätzlichen Werte zu interpretieren sind. Andererseits bleibt auch in den verfügbaren Formalisierungen im modalen Bereich, wie z. B. die nunmehr klassischen Systeme von Lewis (Lewis/Langford 1932), ein Rest an Unbestimmtheit auf der Ebene der Interpretation, also der entsprechenden Semantik, und gerade deshalb können sie nicht auf ein einziges System reduziert werden. Obwohl die große Mehrheit der logischen Kalküle üblicherweise formell von der Begriffsdreiheit (notwendig, unmöglich, kontingent) ausgeht, vernachlässigt sie faktisch den Kontingenzbegriff und ersetzt ihn durch den abgeleiteten Begriff von „Mögliches", der alles einschließt, was nicht notwendigerweise falsch ist (z. B. Hughes/Cresswell 1973, Kap. II) – mit dem bemerkenswerten Vorteil, das schwierige Problem des doppelten Sinnes der Negation zu vermeiden. Und das Kontingente, das außerdem zu sehen erfordert, welche der möglichen Wahrheiten sich tatsächlich verwirklicht, geht verloren. Das Kontingente bezieht sich also auf den unbehaglichen Bereich des Realmöglichen, das nicht bestimmt werden kann, ohne zu überprüfen, was jeweils der Fall ist, und sprengt den Rahmen einer rein formellen Systematisierung (Pape 1968: 270 ff.). Die Kontingenz zwingt dazu, sich auf das Reale zu beziehen und die Möglichkeiten von ihm aus zu projizieren, anstatt von einem Möglichen überhaupt auszugehen, das die Realität als abstrakte Instanz einschließt.

---

1   Der Vorschlag ist schon im Mittelalter gemacht worden: siehe z. B. Baudry 1950: 10 ff. Vgl. auch etwa Rescher 1974: 92-93.

2

Kontingent ist also zuerst das, was ist, aber unter dem Gesichtspunkt seines möglichen Nicht-Seins *und* der Möglichkeit, anders zu sein – also als Projektion von alternativen Möglichkeiten, die in Bezug nur auf die Welt nicht bestimmt werden können (obwohl man immer von ihr auszugehen hat). Wenn man nur das betrachtet, was ist, weiß man noch nicht, was sonst möglich wäre und wie: man muss eine Bestimmung auf einer anderen Ebene suchen[2]. Wo befindet sich diese Ebene? Der entscheidende Schritt, immer noch aus der Sicht der Systemtheorie, ist die Unterscheidung von Beobachtung erster Ordnung und Beobachtung zweiter Ordnung, formuliert ursprünglich von Heinz von Foerster (von Foerster 1981) – also die Unterscheidung von Beobachtung der Welt und Beobachtung der Beobachter. Der Beobachter erster Ordnung beschränkt sich darauf, sich mit einer Welt von gegebenen Objekten auseinanderzusetzen, die mehr oder weniger korrekt und mehr oder weniger tiefgründig betrachtet und erforscht werden sollen – und so behandelt er auch die Möglichkeiten. Der Beobachter zweiter Ordnung, der natürlich selbst seine eigene Welt hat und deshalb unvermeidlich auch Beobachter erster Ordnung ist, unterscheidet unter den möglichen Objekten auch Beobachter, also autonome Perspektiven, die ihrerseits das betrachten, was ihre Welt ist. In der Welt der Beobachter zweiter Ordnung gibt es also so viele andere Welten wie beobachtete Beobachter, weil jeder seine Objekte sieht, sie auf seine Weise sieht, andere, von anderen Beobachtern gesehene Objekte jedoch nicht wahrnimmt. Jede dieser Welten ist relativ zu einer Beobachtungsperspektive und könnte nicht existieren, wenn ihr Beobachter nicht betrachtet würde, oder könnte anders sein, wenn man sich auf einen anderen Beobachter beziehen würde – was genau der Definition von Kontingenz entspricht.

Die Kontingenz wird also auf die Beobachtung von Beobachtern zurückgeführt und findet auf dieser Ebene ihre Bestimmung – eine Bestimmung aber, die immer unvollständig bleibt, weil es keinen letzten Beobachter gibt, der feststellt, welche die richtige Perspektive ist und wie die Dinge beobachtet werden müssen. Diese endgültige Perspektive kann es gerade wegen der „Logik" der Konstruktion nicht geben: Ein Beobachter, der andere Beobachter mit den entsprechenden Welten beobachtet, kann nicht umhin, auch sich selbst als einen Beobachter unter anderen zu betrachten, selbst mit der eigenen Blindheit und den eigenen Einschränkungen, und weiß außerdem, dass er seinerseits von den anderen beobachtet wird und nicht ganz wissen kann, wie sie ihn wahrnehmen. Hier zeigt sich die wesentliche Unbestimmtheit der Kontingenz, die jeden Formalisierungsversuch quält und dem simultanen Vorhandensein von zwei verschiedenen Negationen entspricht: Die Welt (mit allen ihren Daten und Objekten)

---

2 Es reicht auch nicht aus, die Welten in einer abstrakten Sequenz möglicher Welten zu multiplizieren, weil auch in diesem Fall die Frage (mit Suggestionen aus der science-fiction) des unfassbaren „Zugänglichkeitsverhältnisses zwischen Welten" bleibt: Wie kann man von einer Welt zu einer anderen übergehen und wie weit kann man gehen?

ist relativ zu den konkreten Operationen eines Beobachters, also verwirklicht sich faktisch (sie kann sein), aber kein Beobachter ist endgültig, also könnte sie auch nicht sein, oder ein anderer Beobachter könnte eine andere Perspektive einnehmen (die Welt könnte anders sein) – und das weiß der Beobachter selbst, der beobachtet. Was gilt, gilt nur für einen Beobachter und für seine Welt.

Während Kategorien wie das Notwendige und das Unmögliche von dem punktuellen Bezug auf einen spezifischen Beobachter absehen können und so mit der Annahme eines letzten Beobachters (also mit der Neutralisierung der Beobachtung zweiter Ordnung) kompatibel sind, kann das Kontingente nicht auf den jeweils spezifischen Kontext verzichten und erfordert deshalb komplexeren Realitätsbezug und differenzierte Betrachtungsweise. Das zeigen im Negativ alle spätmittelalterlichen Schwierigkeiten und Dispute zur bekannten Frage der kontingenten Zukünfte[3], verbunden letztlich mit der Inkompatibilität mit der Vorstellung eines allwissenden Gottes. Die Aussagen über künftige Ereignisse, sagte man schon zur Zeit Aristoteles, können in der Gegenwart weder wahr noch falsch sein. Die Behauptung, dass sie heute wahr sind, würde nämlich der Behauptung gleich sein, dass sie notwendig wahr sind, also nicht mehr kontingent: Wenn eine künftige Aussage heute wahr ist, muss sie für alle Zeiten wahr sein, auch vor 10.000 Jahren oder in 1.000 Jahren: aber dann ist sie nicht mehr kontingent. Wenn aber, wie man lieber optiert, sein Wahrheitswert unbestimmt bleibt, wie sieht es mit dem göttlichen Vorwissen und mit der Fähigkeit Gottes aus, alles zu wissen? Der Disput ist ungelöst geblieben, trotzt einer Reihe von Verlegenheitslösungen (Unterscheidung von notwendiger und konditionaler Wahrheit, von vorhergehender und konsequenter Notwendigkeit usw.: Vgl. Baudry 1950) – es konnte wegen der Struktur des Begriffs nicht anders sein.

3

Kontingenz, muss man daraus schließen, ist weder Beliebigkeit noch Unbestimmtheit, aber ihre Bestimmung findet man nur in Bezug auf Beobachter – oder in den Termini der Systemtheorie: in Bezug auf Systeme. Dabei wird die zentrale Stellung des Begriffs in der Maschinerie der systemischen Begriffe betont. Wenn die rein logische Ebene verlassen wird, wird der Ansatz sofort viel operativer: Die soziologische Systemtheorie ist bekanntlich ursprünglich auf Basis der Dreiheit Komplexität/Selektion/Kontingenz gebaut worden, die bei genauem Hinsehen alle drei denselben Sachverhalt aus verschiedenen Perspektiven bezeichnen (Luhmann 1984: 45 ff.). Die Welt eines Systems (eingeschlossen das System selbst) ist komplex, weil sie mehr Möglichkeiten einschließt, als aktualisiert werden können; das erfordert, Selektionen zu vollziehen, die dann immer kontingent sind, weil sie (da es mehrere Möglichkeiten gibt) auch anders hätten ausfallen können – das erhöht die Komplexität, erfordert

---

3   Die bekanntlich auf Aristoteles zurückgeht: De interpretatione, Kap. IX.

wiederum Selektionen und so weiter. Aber nicht nur: in soziologischer Sicht radikalisiert sich das Problem weiter, weil das System nicht allein ist, und man dann auch die gegenseitigen Verhältnisse zwischen Systemen berücksichtigen muss, die sich aufeinander beziehen (jetzt könnte man sagen, dass sie sich beobachten) – also die Sozialdimension. Diese weitere Komplexifizierung bringt aber auch (wie wir sehen werden) die Elemente mit sich, die das Rätsel der Kontingenz lösen – oder wenigstens operationalisieren.

In der Sozialdimension dupliziert sich nämlich die Kontingenz und produziert eine Konstellation, in der Luhmann, und Parsons vor ihm, das Grundproblem alles Sozialen aufgefunden hat, mit der Bezeichnung der *doppelten Kontingenz* (Luhmann 1984: 148 ff.; Parsons 1968: 436). Die Verdoppelung bezieht sich natürlich darauf, dass mehrere Systemreferenzen ins Spiel kommen (wenigstens zwei), traditionell als Ego und Alter Ego bezeichnet. Jedes System ist kontingent in dem Sinne, dass sein Verhalten nicht im Voraus bestimmt ist, es also wählen kann. Doppelte Kontingenz bedeutet aber nicht einfach zwei Mal Kontingenz, sondern eine neue Qualität der Kontingenz, verbunden mit der Reflexion der Perspektiven der Beobachter: Die Kontingenz der Einen ist zu der Kontingenz der Anderen relativ, weil ihre Entscheidungen vom Verhalten der Gegenseite abhängig sind, für die dasselbe gilt. Die Unbestimmtheit der Einen hängt von der Unbestimmtheit der Anderen ab, in einer Lage, die aus logischer Sicht leicht in eine Paradoxie mit der entsprechenden Lähmung überführt werden kann: „Ich tue, was Du willst, wenn Du tust, was ich will" (Luhmann 1984: 166) – aber wer fängt an?

Scheinbar hat man hier mit einem neuen Problem zu tun, aber eigentlich setzt immer die Unbestimmtheit der Kontingenz (auch in der „traditionellen" Formulierung) mehr oder weniger implizit einen sozialen Bezug voraus: „es könnte anders sein" – aber für wen? Aus welcher Perspektive? Was aber aus logischer Sicht ein (möglichst zu vermeidendes) Rätsel ist, erscheint in soziologischer Perspektive nur als hypothetischer Zustand, also als eine Konstellation, die in ihrer reiner Form nie vorkommt, sondern eine Art Hintergrundgeräusch hinterlässt, das die grundlegende Unbestimmtheit und die Reflexivität des Sozialen in allen seinen Formen in Erinnerung ruft. In der kommunikativen Praxis löst sich nämlich die doppelte Kontingenz von selbst und hinterlässt allenfalls eine kurze Verlegenheit in Interaktionslagen: Es stimmt wohl, dass man nicht allein ist und das macht die Welt viel komplizierter, aber gerade weil man nicht allein ist, sind Rituale, Verfahren, verschiedenartige Strukturen verfügbar, die in jedem Fall Anhaltspunkte anbieten, um den potentiellen Stillstand zu überwinden – man grüßt, scherzt, spricht über die Kommunikation, und im schlimmsten Fall kann man immer weggehen. In kommunikativen Lagen entspricht Kontingenz einfach dem Umstand, dass es Beobachter gibt, von denen keiner allmächtig ist, und keiner ist allein – die Breite und der Reichtum der resultierenden Möglichkeiten hängen dann von den sozialen Strukturen ab, die die Beziehungen regeln. Es ist eine so grundsätzliche Gegebenheit, dass man sich meistens um anderes kümmert – um die indirekten Formen, die sie in der sozialen Praxis annimmt.

4

Aus dieser Sicht erscheint das Soziale als eine komplexe Anlage zur Verwaltung der Kontingenz, und die Kontingenz selbst wird „korrosiv": sie neigt dazu, ungebremst überhand zu nehmen und dabei jede Suche nach Notwendigkeiten in etwas Kontingentes umzuwandeln (Luhmann 1992: 94) – natürlich nur, wenn man es so sieht, was man erst in relativ neueren Zeiten zu tun tendiert. Die Kontingenz als Problem ist denn wie viele andere eine typisch moderne Frage, wie die Beobachtung zweiter Ordnung modern ist (Graevenitz/Marquand 1998: XII): Aristoteles kannte sicher die Kontingenz, sah sie aber nicht als ein Problem, das die Ordnung der Welt betrifft (außer aus der immer offenen Perspektive der Kompatibilität zwischen menschlicher und göttlicher Ebene, wie in der Frage der kontingenten Zukünfte). Für den Beobachter erster Ordnung existiert die Welt und hat ihre Ordnung, was auch prinzipiell die Entsprechung zwischen Gegenständen und Denken garantiert; man kann sich dann täuschen oder verwirren, aber das hat nichts mit der typisch modernen Sorge über die wesentliche Unbestimmtheit der Welt zu tun – deren Ordnung sogar vom Verhalten von Systemen abhängig sein kann, die versuchen, sich an einer Ordnung zu orientieren[4]. Der Beobachter dieser Lage, in unserem Fall der Soziologe, bewegt sich in einer „supramodalen Sphäre" (Luhmann 1997: 1121, Fußnote), wo man die Kontingenz jeder Notwendigkeit zusammen mit der Notwendigkeit der Kontingenz anerkennt – also ein paradoxer Umstand, da Kontingenz gerade durch Negation der Notwendigkeit definiert worden ist. Wie geht man von dieser Verstrickung aus?

Man könnte natürlich über die Formen der Kontingenz und über die notwendige (!) Blindheit spekulieren, welche die Beobachtung zweiter Ordnung begleitet (blinder Fleck), aus der Unbestimmtheit und immer wieder vorkommende Paradoxien folgen. Hier aber, auch wegen meiner beruflichen Identität als Soziologin, ziehe ich vor, mich bei der anderen bisher eher vernachlässigten Seite des systemischen „Manifests" über Kontingenz aufzuhalten, das ich am Anfang zitiert habe: Es stimmt wohl, dass Kontingenz überhand nimmt, und alles könnte denn anders sein, aber faktisch kann man jeweils fast nichts ändern. Überhandnehmen der Kontingenz bedeutet also nicht Arbitrarität, wie man zu oft und zu rasch zu schließen tendiert: kontingent bedeutet nicht beliebig, also eine Sorte von anything goes, wo jede Bestimmung schließlich jeder

---

4   Wenigstens seit Leibniz sind Ens (die reale Welt, das Seiende) und Ordnung nicht mehr übereinstimmend, und das Prinzip der Weltkonstitution hat sich vom Ersten zum Zweiten verschoben – es kann aber mehrere Ordnungen geben (wie es für Leibniz mehrere mögliche Welten gibt), und die reale Welt ist nunmehr nur eine unter vielen: Vgl. Pape 1968: 270 ff.

anderen gleicht, weil es keine echte Grundnotwendigkeit gibt – man braucht keine Notwendigkeit, um Kontingenz zu binden. Das die Kontingenz kennzeichnende „es könnte anders sein" heißt nicht, „es könnte sein, wie es will", sondern nur, dass die Bindungen auf keine für alle und in jeder Zeit gültige Lage zurückgeführt werden können (laut dem klassischen Verständnis von Notwendigkeit). Wie wir gesehen haben, muss man dagegen immer den Beobachter berücksichtigen, für den in jedem Fall einige Optionen verfügbar sind und andere nicht: auch wenn die Dinge anders sein könnten (sie hätten anders laufen können, oder ein anderer könnte anders damit umgehen), kann man sie in der konkreten Lage trotzdem nicht beliebig ändern, oder nur wenige und nur allmählich. Die Kontingenz ist nicht ohne Bindungen, und das ist, was man untersuchen und verstehen sollte – etwa wie man in der Antike versuchte, die Verhältnisse von Kontingenz und Zufall oder von Kontingenz und Fortuna ohne Rekurs auf eine notwendige Ordnung zu verstehen (und die Kirche war nämlich nie einverstanden) (Haug 1998).

Die Systemtheorie führt diesbezüglich die Unterscheidung von offener und geschlossener Kontingenz ein (Luhmann 2000: 170), die ein wenig an die Unterscheidung von vorhergehender und konsequenter Notwendigkeit der mittelalterlichen Dispute erinnert, aber mit drastisch operativer Umsetzung. Auch hier wird die Zeitdimension in der Form der Zeit vor und nach einer bestimmten Entscheidung eingeführt: Vor der Entscheidung ist die Kontingenz offen, in dem Sinne, dass die Möglichkeiten noch alle verfügbar sind; nach der Entscheidung ist die Kontingenz geschlossen, in dem Sinne, dass eine Wahl vollzogen worden ist und einige Möglichkeiten selegiert, andere exkludiert worden sind. Einmal getroffen, ist diese Entscheidung eine Tatsache und kann nicht vernichtet werden: man kann sie höchstens mit einer anderen Entscheidung korrigieren, aber immer muss man von ihr ausgehen. Das heißt jedoch nicht, dass die frühere Offenheit des Möglichen, die frühere Kontingenz, sich in Notwendigkeit umgewandelt habe: Die Entscheidung bleibt kontingent und man weiß immer noch, dass sie anders hätte sein können – und in der Tat wird sie kommentiert und kritisiert, man kann sie bereuen und korrigieren, aber gerade weil man entschieden hat. Es handelt sich um eine Umwandlung des „es kann anders sein" in ein „es hätte anders sein können", was aber nicht mit einem „es kann nicht anders sein" übereinstimmt – sonst gäbe es kein Problem, während dagegen der Entscheider sich immer mit der Angst auseinandersetzt, später bereuen zu müssen (die Frage des Risikos). Es ist kein Schicksal am Werk.

Wie man nie die reine doppelte Kontingenz trifft, so setzt man sich in den sozialen Verhältnissen immer mit einer zum Teil geschlossenen Kontingenz auseinander: Man beginnt nie bei Null und setzt sich nicht der unbestimmten Offenheit des Möglichen aus (eine grauenvolle Perspektive). Alles könnte anders sein, aber man geht jeweils vom Ergebnis früherer Operationen aus, welche die abstrakt denkbaren Möglichkeiten reduziert haben – aber zugleich haben sie neue Möglichkeiten gerade infolge der vollzogenen Operationen generiert. Aus der Sicht der Beobachtung zweiter

Ordnung sind auch die Möglichkeiten nicht a priori in der Welt gegeben, sondern sie werden von den Operationen der Systeme gerade durch Ausschließung von Möglichkeiten generiert: Wie oben gesagt, bezieht sich die Kontingenz immer auf das Realmögliche, das nicht abstrakt gegeben ist, sondern jeweils auf die konkrete Lage eines Systems bezogen werden muss – die Möglichkeiten (die Welt des Möglichen) werden projiziert ausgehend vom Realen und nicht umgekehrt (laut der Vorstellung der realen Welt als eine der möglichen Welten, Ergebnis einer Reduktion der Möglichkeiten). In diesem Sinne ist Kontingenz unabwendbar, und obwohl nicht veränderbar, führt sie nicht zu einer Notwendigkeit; sie ist aber nicht strukturlos, auch wenn sie sich immer von selbst bindet und dabei kontingent bleibt – aber anders und mit anderen Folgen.

5

Was heißt das auf der konkreten Ebene der sozialen Operationen und insbesondere des mir zugewiesenen Themas? Wie erscheinen in dieser Sicht Kontingenzbewusstsein und Kontingenzerfahrung, Kenntnis und Verwaltung der Kontingenz?

Wir können uns auf den Bereich der Politik beziehen, wo dieser Art Kontingenz besonders deutlich am Werk gesehen werden kann. Voraussetzung der modernen Politik ist nämlich die vollzogene Positivierung des Rechts, also der normativen Basis der kollektiv bindenden Entscheidungen. Das bedeutet, dass Grundlage der Politik nunmehr kontingente Richtlinien gerade in der gebundenen und zwingenden Form der geschlossenen Kontingenz sind: Normen und Vorschriften könnten anders sein, denn sie sind Ergebnis von nicht zwingend so getroffenen Entscheidungen, waren früher anders und können künftig verändert werden – der Punkt ist aber, dass sie als solche gelten und gerade deshalb befolgt werden, nicht wegen einer Notwendigkeit. Die Gesetze könnten anders sein und können verändert werden, aber solange sie gelten müssen sie befolgt werden – gerade weil sie verändert werden können. In Luhmanns Analyse liegt die Grundlage der Demokratie und was sie trotzt ihrer evidenten Defekte zu einer heute unverzichtbaren Form macht – *gerade* in der Verwaltung der Kontingenz. Demokratie garantiert (oder sollte garantieren) das, was in einer etwas veralteten Sprache Erhaltung der Komplexität hieß: heute könnte man sagen, dass sie die ständige Öffnung der Kontingenz ausgehend von ihren Schließung mit politischen Entscheidungen garantiert. In der Demokratie ist es immer möglich, auf die getroffenen Entscheidungen zurückzukommen und anders zu entscheiden: weil die Opposition zur Regierung wird, weil neue Werte und Interessen in den Entscheidungsprozess eintreten oder einfach weil die Verantwortung für die Entscheidungen diffus, also immer beweglich und relativ flexibel ist. Natürlich ist ein solches System komplex und schwer legitimierbar, wie wir sehr gut wissen; dass es aber irgendwie funktioniert und sogar zu einem exportierbaren Muster geworden ist, zeigt andererseits, wie wenig Kontingenz mit Beliebigkeit und Strukturlosigkeit gleich ist: Faktisch kann man jedes

Mal nur sehr wenig und dies nur sehr mühsam ändern (das Problem liegt eher darin –
in der Komplexität und Intransparenz – und nicht in fehlender Notwendigkeit).

Es überrascht auch nicht, dass unter diesen Umständen der Schwerpunkt der politischen Kommunikation sich mehr und mehr von in breitem Sinne ideologischen
Fragen zu Fragen der Kontingenzverwaltung verschiebt: zuerst zur überall anwesenden Frage des Risikos (in der Form von ökologischen Risiken und Umweltrisiken,
aber auch von sozialen Risiken, Sicherheit in den Städten, Fürsorge, Erziehung und
anderem). Risiko entsteht gerade infolge des Kontingenzbewusstseins, wenn man in
der Gegenwart befürchtet, künftig die aktuelle Entscheidung bereuen zu müssen –
also wenn es keine nicht-kontingenten Kriterien zur Verwaltung der Kontingenz gibt.
Man muss dann Formen finden, um die Kontingenz zu binden, aber dabei kontingent
zu lassen – also die Möglichkeit künftiger Änderungen immer offen zu lassen, indem
die heute getroffene Entscheidung korrigiert wird. Das Problem ist, dass man es schon
heute weiß und dass es keine Normen gibt, die demjenigen, der sie befolgt, versichern, später nicht getadelt zu werden, weil man erst nach der Entscheidung weiß,
wie die Welt ist, in der die Entscheidung beurteilt wird: Die Möglichkeiten werden
von der Entscheidung produziert, die sie kontrollieren soll. Das Problem ist also noch
einmal die Unbestimmtheit der Kontingenz mit ihrer doppelten Negation: dass jedes
„es kann" ein „es kann nicht" und vor allem ein „es kann anders" impliziert, und diese
Andersheit unbekannt bleibt, solange man nicht etwas tut.

Literatur

Baudry, Léon, 1950 : La querelle des futurs contingents (Louvain 1465-1475). Paris.

von Foerster, Heinz, 1981: Observing Systems. Seaside/Cal.

von Graevenitz, Gerhart/Marquand, Odo (Hrsg.), 1989: Kontingenz. Poetik und Hermeneutik XVII. München.

Haug, Walter, 1998: Kontingenz als Spiel und das Spiel mit der Kontingenz. Zufall, literarisch, im Mittelalter und in der frühen Neuzeit, in: Graevenitz/Marquand (Hrsg.), 1989, 151-172.

Hughes, G. E./Cresswell, M. J., 1973: Introduzione alla logica modale. Milano (Orig. An Introduction to Modal Logic, 1968).

Lewis, C. I./Langford, C. H., 1932: Symbolic Logic. New York.

Luhmann, Niklas, 1969: Komplexität und Demokratie, in: Politische Vierteljahresschrift 11, 314-325. Auch in: Ders., 1971: Politische Planung. Opladen, 35-45.

Luhmann, Niklas, 1984: Soziale Systeme. Grundriß einer allgemeinen Theorie. Frankfurt a. M.

Luhmann, Niklas, 1992: Kontingenz als Eigenwert der modernen Gesellschaft, in: Ders.: Beobachtungen der Moderne. Opladen, 93-128.

Luhmann, Niklas, 1997: Die Gesellschaft der Gesellschaft. Frankfurt a. M.

Luhmann, Niklas, 2000: Organisation und Entscheidung. Opladen.

Pape, Ingetrud, 1968: Von den ,möglichen Welten' zur ,Welt des Möglichen'. Leibniz im modernen Verständnis, in: Studia Leibniziana Supplementa. Akten des internationalen Leibnizkongresses Hannover 14.-19. November 1966. Wiesbaden, 266-287.

Parsons, Talcott, 1968: Interaction: Social Interaction, in: International Encyclopedia of the Social Sciences, Bd.7. New York, 429-441.

Rescher, Nicholas, 1974: Studies in Modality. Oxford.

Kontingenzerfahrung und Kontingenzbewusstsein aus historischer Perspektive

Arnd Hoffmann

Die theoretische Auseinandersetzung mit dem Kontingenzbegriff ist nicht modisch, sondern notwendig. Sie hat damit zu tun, dass die Frage nach der spezifischen Unbestimmtheit von Objekten, Phänomenen oder Prozessen langsam ins Zentrum des sozial- und geschichtswissenschaftlichen Erkenntnisinteresses zu rücken scheint. Dies wiederum ist auch der methodischen Erfahrung geschuldet, dass ganzheitliche und allumfassende Theorieansätze Grenzen ihres Erklärungsvermögens erreicht oder sogar im schlimmsten Fall ihre Forschungsgegenstände selber zerstört haben. In nuce hat diese Bedrohung Karl Otto Hondrich folgendermaßen formuliert: „Das Problem ist das der Destruktivität von Bestimmtheit. Die Unbestimmtheit einer Sache zerstören heißt: sie selber zerstören" (Hondrich 1985: 67). Deshalb ist ein Perspektivenwechsel gefragt, der von der Analyse notwendiger Bestimmtheit auf die Beschreibung möglicher Unbestimmtheit umschaltet und somit die Dinge in ihrem Verlauf gleichzeitig komplexer und adäquater erfassen kann. Dieser Impuls ist in den Philosophien des 20. Jahrhunderts produktiv aufgenommen und vielseitig aufgefächert worden. Demgegenüber werde die Unbestimmtheitsproblematik bei den empirischen Sozialwissenschaften – so die Ausgangslage dieses Sammelbandes – jedoch immer noch nicht derart verhandelt, wie es eine problemadäquate Herangehensweise an die Komplexität des Begriffes erfordere, ja die methodologische Ausrichtung von Soziologie und Politikwissenschaft sei eher kontingenzreduzierend oder kontingenzauflösend orientiert. Diese wissenschaftstheoretische Situation ähnelt derjenigen, die Reinhart Koselleck schon Ende der 1960er Jahre für die Geschichtswissenschaft konstatierte: Mit kritischem Blick auf die teleologischen, kausalen, funktionalen und historistischen Momente in der Historiographie, die jegliche Unbestimmtheit und Kontingenz des vergangenen Geschehens ausblenden wollen, führt Koselleck die Kategorie des Zufalls in den geschichtstheoretischen Diskurs ein, der für ihn einen letzten „Motivationsrest" zum Geschichten-Schreiben darstellt. Der Zufallsbegriff soll das historische Arbeiten gleichzeitig gegen deterministische Zumutungen, ideologische Übergriffe und methodologische Überforderungen wappnen, so dass – positiv formuliert – die historische Analyse der vergangenen Gegenwarten mit ihren je spezifischen Erfahrungen und Erwartungen nicht in den Interessen ihrer (modernen) Gegenwart aufgeht. Der Zufall ist bei Koselleck als Restphänomen einer offenen Perspektivität gedacht, als ein *Stachel* des Vergangenen, mit dem man theoretische Totalitätsforderungen zurückweisen kann (Koselleck 1989a: 158-175).

Nun ist es nicht so, dass der kleine Essay von Koselleck die geschichtswissenschaftliche Welt in irgendeiner Art und Weise zum Weiterforschen wirklich bewegt
hätte – bis heute nicht oder nur verhalten. Insoweit scheinen die gegenwärtigen *For-
schungslücken* von Sozial- und Geschichtswissenschaften doch sehr ähnlich. Denn
von einem Forschungszusammenhang bezüglich der Begriffe Kontingenz oder Zufall
in der Geschichtswissenschaft lässt sich kaum sprechen, auch wenn man sicherlich
zwischen einem impliziten Einsickern und einer expliziten Beschäftigung mit diesen
Phänomenen unterscheiden muss. Die geschichtswissenschaftliche Skizze zum Thema *Kontingenzerfahrung und Kontingenzbewusstsein* verfährt deshalb folgendermaßen:

1. In einem kurzen Abriss soll zuerst der Problem- bzw. Forschungsstand in der
    Geschichtswissenschaft dargestellt werden, der zwar nicht vorrangig von Histo-
    rikern geprägt ist, aber Aspekte ihres wissenschaftlichen Arbeitens fokussiert. Es
    wird sich dabei zeigen, dass sich die Rede von *Kontingenzerfahrung und Kon-
    tingenzbewusstsein* sowohl auf theoretisch-methodische Fragen der Geschichts-
    theorie als auch auf objekt- bzw. themenbezogene Fragen der Historiographie
    beziehen kann und muss.

2. Daran anschließend wird die mögliche geschichtstheoretische Valenz des Kon-
    tingenzbegriffes diskutiert, und zwar besonders mit Blick auf die Spannung zwi-
    schen den Begriffen Struktur, Ereignis und Handlung. Aus theoriestrategischen
    Überlegungen spielt dabei auch der ereignisbezogene Begriff des Zufalls eine
    wichtige (transzendentale) Rolle für das Verständnis von Kontingenzbewusstsein
    und Kontingenzerfahrung im vergangenen Handlungsraum.

3. Schließlich wird im letzten Abschnitt ein spezifisches Theorieangebot aus der
    Systemtheorie angesprochen und versucht, den dort verhandelten Begriff der
    doppelten Kontingenz für eine geschichtstheoretische Analyse des vergangenen
    Handlungsraumes aufzubereiten. Im Kontrast zu den vorherigen, eher resümie-
    renden Überlegungen hat dieser Gedankengang eher experimentellen Charakter.

1   Kontingenzerfahrung und Kontingenzbewusstsein in der Geschichtswissenschaft

Die Rede von *Kontingenzerfahrung und Kontingenzbewusstsein* muss sich sowohl auf
die Ex-post-Beobachterperspektive der Historiker als auch auf diejenige ex ante der
beobachteten Zeitgenossen beziehen. Ein unmittelbarer Sprung in eine abstrakte Kontingenz des Vergangenen würde nur das Dilemma reproduzieren, mit dem die Geschichtswissenschaft schon immer zu kämpfen hatte: ihre Theorielosigkeit. Gerade an
dem Problemkontext von Zufall und Kontingenz aber kann man studieren, wie eine
produktive Theoretisierung des Unbestimmten möglich ist, um die Beschäftigung mit

Geschichte als moderne – erkenntniskritische und methodisch selbstreflexive – Wissenschaft auszuweisen. Wegen ihres genuinen Bezugs auf vergangenen – einmaligen und irreversiblen – Wandel hatte die Geschichtsschreibung in ihrer eigenen Geschichte ja immer ein methodisches Problem mit der Kontingenz ihres Gegenstandsbereiches, deren Thematisierung den Anspruch des Wissenschaftlichen untergraben konnte: Methodische Kategorien wie historische Notwendigkeit bzw. Gesetzmäßigkeit, Fortschritt, Modernisierung oder Struktur ließen scheinbar eine Beschäftigung mit Kontingenzphänomenen nicht zu, oder andersherum, wie Alfred Heuß es vermutete, wegen der aufdringlichen Allgegenwärtigkeit von historischer Kontingenz gar nicht erst aufkommen (Heuß 1985: 15). Wenn Geschichte also Kontingenz im Reinformat ist, wozu dann eine Auseinandersetzung mit dem Unbestimmten oder Anders-Möglichen? Denn das will man doch gerade auflösen und loswerden, Geschichtsschreibung also als Kontingenzreduktionsunternehmen betreiben!

Die Geschichtsschreibung hat – historiographie- und begriffsgeschichtlich betrachtet – sich mit verschiedenen *Kontingenzerfahrungen* konfrontiert gesehen, so u. a. mit der Planlosigkeit des Weltgeschehens, der Überdeterminiertheit der Empirie oder der faktischen Unbestimmtheit der vergangenen Mannigfaltigkeit. Zumeist haben diese Erfahrungen ihren Ausdruck jedoch in der Nichtthematisierung, Auflösung oder Marginalisierung des Themas gefunden, so dass man sagen könnte, der Erfahrungsbestand hat sich wissenschaftstheoretisch unbewusst gebildet oder: die Historiographie hat diesen Erfahrungsraum in einer Abkehrbewegung durchschritten, ohne die Erfahrung als Erfahrungsgewinn, sondern nur als Bedrohung zu reflektieren. Johann Gottfried Herder z. B. fürchtete das vermeintliche Chaos der Welt, so als ob „die zwei größten Tyrannen der Erde, der Zufall und die Zeit, den Haufen ohne Spur fortführen" müssten (Herder 1966: 41). Humboldt rationalisierte diese Furcht und forderte dementsprechend die „Absonderung des Zufälligen" vom Notwendigen der allgemeinen Ideen (Humboldt 1960: 591), was Johann Gustav Droysen im folgenden Bild zusammenfasste: „[...] nicht die empirischen Zufälligkeiten und Kleinigkeiten machen die Geschichte, sowenig wie die Spitzen und Häkchen, an denen die Spinne ihr Netz anheftet, dies Netz machen" (Droysen 1977: 391). Es ist der „tausendarmige Zufall" (Herder 1971: 294) der historischen Umstände (Ranke 1964: 234), dem die sich etablierende Geschichtsforschung nicht nur im 19. Jahrhundert, sondern auch im 20. Jahrhundert distanziert gegenübersteht. Ein rationalistischer Fortschrittshistoriker wie Edward Hallet Carr z. B. kann der Kontingenz des vergangenen Geschehens wenig Erkenntnis abgewinnen, da sie zu der Umsetzung seiner Forderung, „die Gegenwart im Lichte der Vergangenheit [...] und die Vergangenheit im Lichte der Gegenwart" zu verstehen, nicht tauge. Er schreibt: „Alles, was zu diesem dualistischen Zweck nicht beiträgt, wie z. B. dass Antonius in Kleopatras Nase vernarrt war, ist vom Standpunkt des Historikers aus tot und unfruchtbar" (Carr 1969: 105).

Diese kurze *Erfahrungsskizze* ist natürlich absolut irreführend, wenn damit behauptet werden soll, dass es bis auf den heutigen Tag keine Gegenstimmen (z. B. bei

Friedrich Meinecke, Ernst Troeltsch, Paul Veyne, Karl-Georg Faber, Kurt Kluxen, Thomas Nipperdey) bezüglich der historischen Kontingenz- oder Zufallsproblematik gegeben hätte. Gerade in den letzten dreißig Jahren sickern immer mehr Positionen in den historischen Diskurs ein, die den Begriff der Kontingenz produktiv fassen wollen. Aber diese Gegenstimmen sind wie verstreute Reflexionssplitter, die sich schwerlich zu dem relativen Ganzen eines Diskussionszusammenhanges formen lassen. Eher könnte man die aufgeflammte Diskussion über den Stellenwert von Kontrafaktizität bzw. kontrafaktischen Urteilen in der Historiographie als solch einen durch *Kontingenzbewusstsein* bedingten Forschungskontext auffassen (Hoffmann 2005: 141-158); oder auch die intensiven Versuche jüngerer Sozialhistoriker, das Verhältnis von Ereignissen, Strukturen und Prozessen auf dem Hintergrund eines neuen Kontingenzverständnisses zu dynamisieren (Suter/Hettling 2001). Denn die traditionelle Sozialgeschichte in der Ausrichtung der Historischen Sozialwissenschaften hat Kontingenzen im vergangenen Handlungsraum und mit ihnen die dazugehörigen Kontingenzerfahrungen weitgehend vernachlässigt oder funktional aufgelöst (Hoffmann 2005: 185-361).

Interessanterweise kamen und kommen die für die Geschichtswissenschaft wichtigen Reflexionsschübe bezüglich eines sich formierenden *Kontingenzbewusstseins* aus den Sozialwissenschaften (Max Weber, Niklas Luhmann, Geoffrey Hawthorn) und einer heterogenen Gruppe *Neoaristoteliker*, die man als *Peripathetiker des Historischen* homogenisieren könnte: Hermann Lübbe, Rüdiger Bubner und Paul Ricœur. In deren Texten zum Verhältnis von Historik, Handlung und Erzählung kristallisiert sich ein *Kontingenzbewusstsein* heraus, das historische Unbestimmtheit als movens des Geschichtlichen betrachtet. So lassen sich bei Lübbe mindestens drei theoretische Kontingenzoffenheiten bezüglich des Historischen feststellen. Zunächst bestimmt er die Beschäftigung mit Vergangenheit und Geschichte ganz prinzipiell als „Kontingenzerfahrungskultur" (Lübbe 1977: 269-291). Die Geschichtsschreibung entwickelt dabei ein Kontingenzbewusstsein, indem sie methodisch auf die Frage antwortet, was es bedeute, eine Geschichte zu haben. Denn eine Geschichte hat man nur, wenn den Handelnden etwas dazwischenkommt. Die theoretische Einsicht Lübbes, dass u. a. der Zufall aus vergangenen Handlungen Geschichten macht und insoweit für die Geschichtsschreibung ein konstitutives Element von Diskontinuität bei ihrer gegenstandsadäquaten Rekonstruktion von Vergangenheit darstellt, ist zweitens eine wesentliche Erkenntnis bezüglich des Verlaufsmodus von Geschichten: Wer auf den Markt geht, Bananen kauft, bezahlt und sie dann nach Hause bringt, hat keine Geschichte erlebt und nichts zu erzählen. Er hat nur gehandelt, es ist nichts passiert. Wem aber auf dem Markt der langjährig verschollene Bekannte über den Weg läuft, der dabei sogar noch die fälligen Schulden begleicht, geht um eine Geschichte reicher nach Hause (Lübbe 1977: 54-68). Drittens führt diese Unbestimmtheitsfigur bei Lübbe zum Widerstand des Kontingenten gegen historische Identitätsbildung, wie z. B. im historischen Materialismus. Denn die Aufmerksamkeit für Kontingenzerfahrungen im vergangenen Handlungsraum stellt sich gegen die oft hofierte und beliebte Setzung eines historischen Subjekts, das seine Pläne „durchzieht" und in welthistorischer Mission verwirklicht (Lübbe 1977: 145-154).

Auch Bubners Konzept einer „Handlungskontingenz" legt die geschichtsphilosophischen Fundamente von Geschichte und Geschichtswissenschaft in die theoretischen Tiefen des Zusammenhangs von Handlung und Zufall (Bubner 1984: 35-50). In einer geschichtsphilosophischen Wendung und unter ausdrücklichem Rückgriff auf die aristotelische Zufalls- und Handlungskonzeption hat Bubner mit seinem Begriff der „Handlungskontingenz" in die Diskussion über die Bedeutung von Geschichte(n) und (historischen) Ereignissen eingegriffen, um die prinzipielle Unbestimmtheit des Handelns im Zusammenspiel mit dem Zufall für die Konstitution von Geschichte hervorzuheben, denn die „angemessene Theorie der Geschichte wäre diejenige, die ihrem Gegenstand gerecht wird, insofern sie das Theoretisierbare an ihm erfasst und die Grenze eingesteht, wo mit theoretischen Mitteln nicht weiterzukommen ist" (Bubner 1984: 28). Ohne ein Verständnis für Handlungskontingenz und Kontingenzerfahrung im vergangenen Handlungsraum gibt es keine angemessene Theorie der Geschichte. Es geht also um eine mögliche Begrenzung von hyperrationalen Theorieansprüchen gegenüber der Unauflösbarkeit des prinzipiellen Handlungsbezugs von Geschichte.

Schließlich Ricœur: Bei ihm werden die vergangenen Kontingenzerfahrungen erzähltauglich aufbereitet. Er argumentiert ähnlich wie Lübbe und Bubner, aber mit narratologischem Zuschnitt, wenn er die „wilde Kontingenz" gewesener Faktizität in die bedeutsame und „geregelte Kontingenz" der (historischen) Erzählung überführt und deren signifikante Funktion dabei sogar in den kausalen Modellen und erklärenden Darstellungen der modernen Historiographie wiederfindet. Für die historische Erzählung und die damit zusammenhängende Konfiguration von Zeit sind der Zufall als Element sowie die Kontingenz als Modus einer „Intrige" bzw. Verstrickung des Geschichtsverlaufs unverzichtbar (Ricœur 1986).

Bei den sozialwissenschaftlichen Vertretern hingegen liegt die Betonung bei der Beschäftigung mit historischer Kontingenz eher auf methodologischen Fragen bezüglich kausaler und funktionaler Erklärungsmodelle des Vergangenen. Mit Blick auf Max Weber lässt sich sicherlich nicht von methodischer Kontingenzoffenheit sprechen, wohl aber von einem theoretischen Bewusstsein für den kategoriellen Status von (Denk-)Möglichkeit und Zufall. So fordert der Soziologe in seinem Aufsatz *Objektive Möglichkeit und adäquate Verursachung in der historischen Kausalbetrachtung* (Weber 1988: 266-290) einen methodisch klaren Umgang mit dem Zufallsbegriff bei der Beurteilung historischer Kausalverhältnisse. Er schlägt die transzendentalphilosophische Unterscheidung von „adäquater" und „zufälliger Verursachung" vor, um die historische Urteilskraft bei der Erklärung komplexer gesellschaftlicher Verursachungszusammenhänge zu schärfen sowie kausale Zurechnungen mit Hilfe einer abgestuften Bedeutungsskala wahrscheinlicher Ursachen zu ermöglichen. Der Zufallsbegriff wird bei Weber in der Reformulierung (adäquat – zufällig) der Substanz-

Akzidenz-Differenz zu einer Bedingung der Möglichkeit kausaler Erkenntnis und somit zwar nicht negiert bzw. aufgelöst, wohl aber methodisch neutralisiert. Interessanterweise gehört Weber aber besonders wegen seiner Überlegung zur Bedeutung eines objektiven Möglichkeitshorizontes des Vergangenen zu den „Vätern" kontrafaktischer Reflexionen in der Geschichtswissenschaft, die seine Negations-Methode des „Wegdenkens" (Was wäre geschehen, wenn nicht ...?) jedoch positiv gewendet haben und nun eher nach dem „Was wäre geschehen, wenn ...?" fragen. Man könnte deshalb sagen, dass Webers frühe Beschäftigung mit dem Begriff der Möglichkeit in historischen Kontexten der Kategorie der Kontingenz einen ersten geschichtstheoretischen Zugang bereitet hat.

Historiker hat die Systemtheorie immer befremdet. Die Abstraktheit der Darstellung, der scholastische Charakter des Begriffsapparates sowie die scheinbare Enthumanisierung des Untersuchungsgegenstandes scheinen ihnen dem Historischen gegenüber unangemessen. Wenn Niklas Luhmann dann auch noch konstatiert, dass keine Theorie das Konkrete erreiche, so könnte man wirklich fragen, wie die von ihm freundschaftlich genannten „Geschichtsmenschen", die am Situativen, Individuellen und Konkreten interessiert sind, sich mit seinem systemisch ausgerichteten Kategorienangebot arrangieren sollen (Luhmann 1976: 307). Doch die Frage überblendet. Gegenüber diesen Berührungsängsten gibt es für Historiker vielfältige Möglichkeiten eines theoretischen Anschlusses. Dies gilt besonders für die Kontingenz- und Zufallsproblematik, denn: Die Systemtheorie ist prinzipiell „zufallsempfindlich" und kontingenzoffen angelegt (Luhmann 1994: 151). Mit Blick auf geschichtstheoretische Fragen lässt sich diese Unbestimmtheitsoffenheit konzeptionell folgendermaßen spezifizieren: Schon in den 1970er Jahren hat Luhmann sich mit dem Verhältnis von Geschichte und Evolution beschäftigt und ausgehend von seiner evolutionstheoretischen Kritik am kausalverhafteten Prozessdenken der Geschichtswissenschaft den Kontingenzbegriff theoretisch stark gemacht. Sein Konzept einer „Kontingenzkausalität" stellt dabei den Versuch dar, die Kategorie der Ursächlichkeit in einen theoretischen Zusammenhang mit denen von Wirklichkeit und Möglichkeit zu stellen, so dass kausaltheoretisch bedingte Aporien aufgelöst werden können (Luhmann 1976: 284-309, bes. 297). Wichtig ist dabei besonders Luhmanns Bestimmung von Kontingenz, die er als „Differenz von Möglichkeitshorizont und Wirklichkeit" auffasst:

> „Die modaltheoretische Tradition stellt dafür den Begriff der Kontingenz zur Verfügung, der formal durch Negation der Notwendigkeit und Unmöglichkeit gewonnen wird und besagt, daß Wirkliches auch anders möglich ist."

Und mit einer erfahrungstheoretischen Wende schließt der Soziologe an: „Kontingenz bezeichnet also eine Zwei-Ebenen-Erfahrung, die Erfahrung des Wirklichen im Horizonte anderer Möglichkeiten" (Luhmann 1976: 295). Die perspektivische Umstellung von Bewegung auf Horizont ist für Historiker von Bedeutung, wird doch somit eine erfahrungstheoretische Wende bei der Betrachtung der vergangenen Gegenwart bzw. des vergangenen Handlungsraumes eingeleitet, die zwar von Luhmann makrohistorisch (Entwicklung von Gesellschaftsformationen im kategoriellen Spannungsfeld von Variation, Selektion und Stabilisierung) angedacht ist, aber auch mikrohistorische Relevanz hat, um die Relation von Strukturen und sinnhaftem Handeln komplexer und gegenstandsadäquater beschreiben zu können. Für die reflexive Beschäftigung mit Unbestimmtheit im vergangenen Handlungsraum scheint Luhmanns späteres Konzept einer „doppelten Kontingenz" aber vielleicht noch prägnanter, auch wenn der Systemtheoretiker diesen Ansatz nicht explizit in einen geschichtstheoretischen Kontext gestellt hat. Dazu gleich im dritten Abschnitt einige Vorschläge.

Schließlich kommt der englische Soziologe Geoffrey Hawthorn ohne system-theoretisches Begriffsdesign zu ähnlichen Ergebnissen wie Luhmann. In *Die Welt ist alles, was möglich ist* entwickelt Hawthorn sowohl theoretische Argumente als auch historiographische Beispiele, die den unhintergehbaren Stellenwert von historischer Kontingenz verdeutlichen sollen (Hawthorn 1994). Explizit lotet er dabei die Mög-lichkeitshorizonte der Akteure aus und bestimmt ihr Handeln und ihre Handlungs-möglichkeiten im Rahmen der jeweiligen strukturellen Bedingtheit. In einer eher hermeneutischen Wende reformuliert er quasi Luhmanns Kontingenzbegriff als „Er-fahrung des Wirklichen im Horizont anderer Möglichkeiten", wenn er schreibt: „Wir erhalten dadurch [durch die Beschäftigung mit der Perspektive der Akteure, A. H.] die Art von Verstehen […], die sich daraus ergibt, dass wir etwas Wirkliches in einem Raum von Möglichkeiten orten" (Hawthorn 1994: 30).

Was alle genannten Theoretiker trotz ihrer unterschiedlichen theoretischen Her-kunft vereint, ist das (historische!) Interesse an der Unbestimmtheit des vergangenen Handlungsraumes, dessen Unbestimmtheit sich überhaupt erst mit Blick auf vergan-gene *Kontingenzerfahrung* und vergangenes *Kontingenzbewusstsein* verhandeln lässt. Insoweit entfaltet die Geschichtstheorie in dem Moment ein *reflexives Kontingenz-bewusstsein*, in dem sie ihre gegenwartsgebundene Ex-post-Perspektive auf die Un-bestimmtheitserfahrungen der Zeitgenossen ex ante mitfokussiert. Was können aber nun Kontingenzerfahrung und Kontingenzbewusstsein im vergangenen Handlungs-raum konkret bedeuten? Wie lassen sich Kontingenz und Zufall geschichtstheoretisch – also mit Blick sowohl auf die realgeschichtlichen Phänomene des Vergangenen als auch auf dessen historiographische Formgebung – produktiv und vielschichtig ver-handeln?

2   Kontingenz und Zufall im vergangenen Handlungsraum

Die Frage nach anderen Verlaufsmöglichkeiten historischer Prozesse hat der schon er-
wähnte Geoffrey Hawthorn ausführlich an drei historischen Beispielen dargestellt,
von denen zwei über die Fokussierung kontrafaktischer Überlegungen auf politik-
geschichtliche Entscheidungssituationen hinausgehen. Die dargestellten Fälle beziehen sich zunächst auf strukturgeschichtliche Phänomene wie die Ausbreitung der Pest
in Europa zwischen dem 6. und 17. Jahrhundert und die Geburtenrate in Frankreich
und England in der frühen Neuzeit. Hier argumentiert Hawthorn explizit gegen Brau-
dels These von der Determinationskraft der ‚langen Dauer‘ und legt dabei nahe, dass
den Akteuren sehr wohl Möglichkeiten offenstanden, sich gegen die ‚notwendige‘
Ausbreitung der Pest zu wehren. Man muss dazu aber auch die Möglichkeiten verstehen, die den Akteuren offen standen (Hawthorn 1994: 53-97). Daran anschließend
erläutert Hawthorn den Möglichkeitshorizont der Akteure in politischen Kontexten:
Als Beispiel dient ihm die amerikanische Koreapolitik von 1945 bis zum Koreakrieg
1950-53. Hier kann er zeigen, dass der amerikanischen Außenpolitik zunächst Handlungsalternativen offen standen, die aber nicht immer gleich waren, und schließlich
mit der Zuspitzung des Konflikts abnahmen (Hawthorn 1994: 98-143). Hawthorns
drittes Beispiel ist der Kunstgeschichte entnommen. Am ‚Fall‘ des Malers Duccio
versucht er die traditionelle Wirkungsgeschichte der Renaissance umzuschreiben, um
die konventionelle Sicht auf einen linearen und idealisierten Fortschritt in der Kunstgeschichte aufzubrechen (Hawthorn 1994: 144-179).

Die Dynamisierung des vergangenen Geschehens erreicht der englische Soziologe nicht nur durch die Fokussierung der Möglichkeitshorizonte der Akteure, sondern auch wegen einer methodischen Öffnung des Zusammenhangs von Struktur und
Handlung. Ausdrücklich wendet er sich gegen die Auffassung einer einseitigen, lang
andauernden und notwendigen Determinationsmacht von Strukturen, wie sie von der
Sozialgeschichte oft betont worden ist:

> „Bei all der gesammelten und als zwingend vorgestellten Macht, die der longue durée eig-
> net, wirken Strukturen unter Umständen entschieden weniger strukturell, wenn man sich
> Alternativen ansieht, die eine Untersuchung ihrer Funktionsmechanismen nahelegt. Wir
> könnten geradezu sagen, dass eine Struktur kein unveränderlicher Sachverhalt ist, sondern
> ein Tatbestand, der einfach keinen großen Veränderungen unterworfen war“ (Hawthorn
> 1994: 96-97).

Der hier betonte Handlungsbezug von Strukturen ist signifikant. Zum einen ermöglicht er eine mehrschichtige Relationierung von Strukturen und Handlungen, die die
neuere Sozialgeschichte als wesentliche Momente von Strukturauflösung und Struk-
turbildung aufgenommen hat; zum anderen lässt sich der Kontingenzbegriff auf den
der Struktur beziehen. Wenn Bubner die prinzipielle Kontingenz des Handelns darlegt, so stellt sich für Historiker die Frage nach den Wirklichkeitsbereichen, in denen
diese Handlungskontingenz stattfindet und von denen sie strukturell bedingt ist. Wenn

Kontingenz zusätzlich noch als Erfahrung von Wirklichkeit im Horizont anderer Möglichkeiten verstanden wird, dann stellt sich die Frage nach den Strukturen dieser Wirklichkeit, auf die sich die Handelnden beziehen und die sie gegebenenfalls modifizieren oder ganz ändern wollen. Deshalb ist es sinnvoll den Kontingenzbegriff als Bereichsangabe zu verstehen oder genauer gesagt: als Strukturqualifizierung und -dynamisierung durch kontingenten Handlungsbezug. Solcherart aufgefasste *strukturelle Kontingenz* hat dabei drei methodische Vorteile: 1. Sie hängt nicht im zeitlosen immateriellen Raum einer praxisphilosophischen „Handlungskontingenz", sondern wird in realgeschichtlichen Strukturkontexten verortet; 2. sie stellt sich als Kontingenz von Ordnungsgefügen als relative und perspektivisch bedingte Erfahrungskategorie dar; 3. Strukturen selbst werden durch den ausdrücklichen Handlungsbezug als *kontingenzoffen* analysierbar.

Reinhart Koselleck hat die Unterschiede und Wechselbeziehungen von Strukturen und Ereignissen für die Geschichtsschreibung untersucht (Koselleck 1989b: 144-157). Ein wichtiges Ergebnis ist dabei die wechselseitige epistemologische sowie erfahrungs- und zeittheoretische Bedingtheit der beiden Kategorien: So wie Strukturen die Bedingung der Möglichkeit von Ereignissen darstellen, so andersherum Ereignisse für Strukturen. Ereignisse machen die Latenz von Strukturen bestimmbar. Jeder Verkehrsunfall zeugt davon: Erst der Unfall lenkt den Blick zurück auf die regelmäßige und selbstverständliche Strukturiertheit der Straße, der Ampel, des Verkehrs, des Notrufs, des Krankenwagens, der Sirene …

Für die Beschäftigung mit Zufall und Kontingenz spielt diese Differenzierung nun eine wichtige Rolle: Wenn nämlich Kontingenz eine Bereichs- bzw. Strukturangabe ist, so bezieht sich der Begriff des Zufalls – immer handlungs- und erfahrungstheoretisch verstanden als Erwartungsdurchbruch, Koinzidenz von Handlungsketten oder ein Dazwischenkommen – auf die Kategorie des (historischen) Ereignisses. Der Zufall ist gegenüber der Kontingenz ein Ereignisbegriff, der aber – dem Bedingungsverhältnis von Struktur und Ereignis entsprechend – eine Bedingung der Möglichkeit für Kontingenz, ja für die Erfahrung von Kontingenz darstellt. Der Zufall aktualisiert die Latenz kontingenter Strukturen im vergangenen Handlungsraum, er ermöglicht neben Handlungsinterferenzen oder der Heterogenität der Zwecke die Erfahrbarkeit von strukturierter Kontingenz. Andersherum bedingt die strukturierte Kontingenz die Erfahrbarkeit und Perspektivierung von Zufällen, denn der Bereich, auf den sich der Zufallsbegriff bezieht, darf nicht im Modus notwendiger Determiniertheit bestimmt werden, sondern er muss selber relativ unbestimmt sein: Er muss Unbestimmtheit und Unregelmäßigkeit zulassen, nicht Ordnungslosigkeit. Mit Blick auf die Erfahrbarkeit möglichen Wandels ließe sich das Verhältnis von Kontingenz und Zufall auch folgendermaßen spezifizieren: Veränderungen und Diskontinuitäten werden in Bezug auf Zufall und Kontingenz von den Akteuren jeweils anders erfahren. Der Zufall realisiert in seiner vorgängigen Unbestimmtheit eine Möglichkeit unter vielen anderen, die zwar zuvor anders sein konnte, aber als eingetretene und erfahrbare Faktizität interpretiert werden muss. Der Zufall ist die Erfahrung faktischer Einmaligkeit, die als Interdependenzunterbrechung regelmäßiger Bedingungszusammenhänge zur Bestimmung des Unbestimmten herausfordert. Der Wandel, der beim Zufall erfahren wird, ist also der eines ereignishaften Bruches oder Schnittes, der als signifikante Unbestimmtheit perspektiviert werden muss. Kontingenzen dagegen bedingen einen Wandel anders, sie machen ihn anders erfahrbar als bei einem zufälligen Ereignis, und zwar so, dass das Andersseinkönnen durch Kontingenzen in der Latenz von Strukturen bzw. strukturellen Prozessen selbst angelegt ist und sich in Variationen des Regelmäßigen (strukturelle Abläufe und Prozesse, Mechanismen, Konjunkturen, Wiederholungen) darstellt. Besonders der Handlungsbezug von Strukturen, also die wie auch immer lebensweltlich und pragmatisch zurückgebundene Strukturiertheit von Bereichen, ermöglicht die doppelseitige Erfahrung des Wandels in der Dauer *und* der Dauer eines Wandels. Erst durch diesen Handlungsbezug selbst wird es nämlich deutlich, warum sich der Begriff der Kontingenz auf die Strukturen von Lebenswelten bezieht. Kontingenz ist eine Bedingung für die Erfahrbarkeit von Strukturen und strukturierter Praxis. Dies ist die Erfahrung von Unbestimmtheit als Alternative. Weil sie nicht so radikal ist wie der Zufall, stört sie nicht von außen die Pläne, Erwartungen und Zwecke der Akteure, sondern verweist auf eine Unbestimmtheit des Realen in seiner jeweiligen Ordnung: Kontingenz ist als strukturierte Unbestimmtheit geordnete Zufälligkeit, sie ist strukturierten Ordnungen durch Handlungsbezug immanent und deshalb: strukturierte Kontingenz (vgl. Hoffmann 2005: 48-68).

Wie lassen sich nun die Begriffe *Kontingenzerfahrung* und *Kontingenzbewusstsein* im vergangenen Handlungsraum auf der Basis dieser Differenzierungen entfalten? Thesenhaft formuliert besteht *Kontingenzerfahrung* in dem Erleiden des Unbestimmten, oder wie Wilhelm Busch meinte: „Erstens kommt es anders, und zweitens als man denkt." *Kontingenzbewusstsein* hingegen formiert sich in der perspektivierenden und reflexiven Haltung zu diesem Unbestimmten. Bismarck drückte dieses Bewusstsein überraschend poetisch aus, wenn er feststellte: „Die Welle macht man nicht, man reitet sie." *Kontingenzerfahrungen* werden u. a. als unerwartete und überraschende Erfahrung eines einmaligen und irreversiblen Geschehens (wie z. B. des Zufalls) gemacht, *Kontingenzbewusstsein* nimmt diese Erfahrungen auf und stellt sie zur Disposition: als *Kontingenzbewältigung*, insoweit die Integration des Unbestimmten als Sinn oder Funktion anvisiert wird; als *Kontingenzauflösung*, indem die Möglichkeit von Unbestimmtem grundsätzlich ausgeblendet und negiert wird; schließlich als *Kontingenzreduktion*, die zwar die Erfahrung des Anders-Möglichen anerkennt, aber nur insoweit diese Kontingenz (theoretisch und praktisch) tendenziell zum Verschwinden gebracht werden kann. Besonders wichtig ist es des Weiteren, *Kontingenzerfahrung und -bewusstsein* nicht nur im Sinne eines passiven *Resonanzfells* zu verstehen, sondern auch im Rahmen planender und strategischer Vernunft. Hier noch mehr als mit dem allgemeinen Hinweis auf den basalen Struktur- und Ordnungsbezug von Handlungskontingenz zeigt sich der Charakter von Kontingenz als struktur-

bedingte Bezugsgröße, die vieles, aber nicht alles zulässt. Die Rede von Kontingenzerfahrung und -bewusstsein muss deshalb bei der Beschäftigung mit der Ex-ante-
Perspektivität der handelnden Zeitgenossen sowohl die strukturelle Bedingtheit des
Handlungsraumes als auch seine situative Beschaffenheit im Auge behalten: Erst so
lassen sich Möglichkeitshorizonte ausloten. Eine geschichtstheoretische Phänomenologie von Unbestimmtheit im vergangenen Handlungsraum hätte solche Phänomene
wie Risiko, Gefahr, Mut, Wagnis, Hoffnung, Planung, Strategie, Entscheidung, Krise,
aber auch Spiel und Glück in den Blick zu nehmen, um den aktiven Charakter eines
vergangenen *Kontingenzbewusstseins* zu markieren. So könnte der Begriff der Kontingenzreduktion z. B. als Handlungsstrategie bestimmt werden, die im Konflikt oder
in der Krise versucht, die Handlungsmöglichkeiten der Anderen einzuschränken oder
deren Möglichkeitshorizonte zum Einstürzen zu bringen. Aber auch in Bezug auf das
eigene Handeln (Selbstbeobachtung) versuchen die Akteure Kontingenzen zu reduzieren bzw. aufzulösen: Jede strategische Planung eines Politikers oder – offensichtlicher
noch – eines Attentäters verdeutlicht dies (vgl. Hoffmann 2005: 77-82). Aus einer
anderen Handlungsperspektive wiederum kann man auf Kontingenz auch strategisch
spekulieren und versuchen Möglichkeiten vorwegzunehmen, insoweit man z. B.
etwas riskiert und wagt.

Es wäre eine Aufgabe für sich, die Präsenz von Kontingenzen und Zufällen innerhalb von Mikrostrukturen der praktischen Alltäglichkeit aufzuspüren, denn der
Zufall betrifft die Menschen lebenspraktisch, auch ohne sich ständig zu realisieren.
Gerade in der ‚erwartungshorizontmäßigen‘ Vorwegnahme von Unbestimmtheit liegt
ein wichtiges Moment von Praxis. Der Umgang mit Kontingenzen und Zufällen hat
praktische Konsequenzen für die Lebensführung und formiert sich als Kontingenzbewusstsein: Der Spieler setzt sich dem Zufall als Chance und Risiko aus, der vorsichti-
ge Sparer will ihn mit irgendeiner ‚Absicherungsstrategie‘ oder ‚Wahrscheinlichkeits-
abwägung‘ abwenden; der Reisende hofft auf die zufällige Bekanntschaft, die sein
Leben ändern wird, der Eremit baut sich seine Höhle, damit ihn die oberflächlichen
Zufälligkeiten des Lebens nicht stören; wer nicht zu spät zu einem wichtigen Termin
kommen will, fährt an diesem Tag etwas früher los, damit wirklich nichts dazwischen
kommen kann; Urlaubsflüge sind immer noch beliebt, weil Flugzeugabstürze zufällig
sind, eben unwahrscheinlich gemäß der Erfahrung mit der regelmäßigen Sicherheit im
Flugverkehr usw. Gerade wegen der Abstraktheit des Kontingenzbegriffes scheint
eine Phänomenologie von Kontingenzbewusstsein und -erfahrung unabschließbar.
Das kann für die Geschichtswissenschaft von Vorteil sein, denn auch ihr Gegen-
standsbereich ist phänomenal nicht zu begrenzen. Deshalb soll in einem letzten
Schritt ein theoretischer Ansatz skizziert werden, der Kontingenz und Unbestimmtheit
zwar nicht geschichtstheoretisch, wohl aber handlungstheoretisch und äußerst kom-
plexitätssteigernd aufgreift.

3   Doppelte Kontingenz und Unbestimmtheit

Die Hinwendung zu einem Theorem der Systemtheorie hat keinen ausschließenden Charakter. In der Geschichtswissenschaft gibt es andere Versuche, die Kluft zwischen Struktur und Handlung zu überwinden und somit die spezifischen Dynamiken historischer Prozesse jenseits starrer Determinationsmodelle zu rekonstruieren: Besonders die struktur- und handlungstheoretischen Ansätze von Anthony Giddens und Pierre Bourdieu werden dabei intensiv diskutiert (vgl. bei Suter/Hettling 2001 und Mergel/Welskopp 1997). Die Hinwendung zum Luhmannschen Begriff der „doppelten Kontingenz" hat vielmehr experimentellen Charakter, insoweit sie versucht, Elemente der Systemtheorie an geschichtstheoretische Fragen zu koppeln (vgl. auch Becker 2004). Inwieweit solche Anschlussversuche zu selektiv verfahren und durch die Selektion ihres Interesses wesentliche Theoriekomponenten der Systemtheorie ausblenden und vernachlässigen, kann hier nicht verhandelt werden, ebenso wenig die Grenzen solcher Theorieübernahme für Historiker. Wichtig ist vielmehr die Stoßrichtung des Kopplungsversuches, der hier von zwei geschichtstheoretischen Interessen an systemtheoretischen Elementen motiviert ist: Das betrifft zum ersten den prinzipiellen (sozialen) Handlungs- und Sinnbezug, in dem die doppelte Kontingenz systemtheoretisch gedacht wird; zum zweiten die explizite Beschäftigung Luhmanns mit den Kategorien Erfahrung (auch: Kontingenzerfahrung) und Erwartung, die auch für die Geschichtsschreibung von zentraler Bedeutung sind (vgl. Koselleck 1989c: 349-375).

Die Beschäftigung mit dem Phänomen der doppelten Kontingenz ist bei Luhmann einer Fokussierung auf den Handlungsraum geschuldet, in dem sich verschiedene Erwartungen und Erfahrungen sowie Intentionen, Motive und Pläne überschneiden und durchkreuzen. Die Unbestimmtheit des Handlungsraumes rührt dabei von der Tatsache her, dass es für die Akteure im Geschehen nicht eindeutig ist, wie die anderen Akteure handeln werden: Sie können so, gar nicht oder anders handeln. Doppelte Kontingenz bezeichnet dabei diese prinzipielle strukturelle Handlungsunsicherheit, die auf der wechselseitigen Erfahrung von „Ego" und „Alter" beruht, dass jeder auch anders als erwartet handeln und reagieren kann und dass dieses auch beide Handelnde voneinander wissen. Für Luhmann gehört das „Problem der doppelten Kontingenz zu den Bedingungen der Möglichkeit von Handlungen" oder stellt anders formuliert sogar eine „Grundbedingung der Möglichkeit des sozialen Handelns schlechthin" dar (Luhmann 1994: 149). Das heißt aber auch: Ohne die Unbestimmtheit verschiedener aufeinander gerichteter und sich beobachtender Perspektiven würden sich keine Handlungen entwickeln. Die Akteure müssen sich „deshalb *im Verhältnis zueinander* Indeterminiertheit und Determiniertheit unterstellen" (Luhmann 1994: 156), wodurch eben kein notwendiger oder automatisierter Handlungsmechanismus – oder andersherum: eine aneinander vorbeilaufende bzw. unzusammenhängende Kommunikation bzw. Handlung – entsteht, sondern die Unbestimmtheit des Handlungsraumes, der sich an den wechselseitig aufeinander gerichteten Erwartungen und Erfahrungen der

Handelnden orientiert. Der prinzipielle Sinn- und Handlungsbezug der systemtheoretischen Kategorie der doppelten Kontingenz ermöglicht also geschichtstheoretische
Anschlussmöglichkeiten, die sich mit Blick auf die Frage nach Kontingenzbewusstsein und Kontingenzerfahrung folgendermaßen zusammenfassen lassen: Zum einen
verdeutlicht die doppelte Kontingenz, dass sich Handlungskontingenz bzw. strukturierte Kontingenz nicht nur durch Zufälle und überraschende Ereignisse konkretisiert
(vgl. oben), sondern darüber hinaus durch die Offenheit von gegenseitigen Handlungsdispositionen selber. Zum anderen steigert der Begriff der doppelten Kontingenz
die Komplexität des Kontingenzbegriffs insoweit, als dass es nicht nur um die traditionelle modaltheoretische Fassung einer Denkmöglichkeit oder um die von Luhmann
und auch Hawthorn aufgeworfene Kategorie einer eher eindimensionalen, weil zunächst nur auf *einen* Handlungshorizont bezogene Handlungskontingenz geht (vgl.
oben), sondern um eine Form mehrdimensionaler Handlungskontingenz, die sich auf
die Erwartungen und Erfahrungen mehrerer mit- oder gegeneinander agierender Akteure bezieht. In welchen Bezug stellt Luhmanns Theorem der doppelten Kontingenz
nun die Kategorien Erfahrung und Erwartung?

Sowohl individuelle als auch kollektive (soziale, institutionalisierte) Akteure
bewegen sich in ihren Handlungen entlang an den spezifischen Horizonten von Erwartungen und Erfahrungen. Dabei changieren die gegenseitig aufeinander bezogenen
Erwartungs- und Erfahrungshorizonte in einem Handlungsraum, der die Unbestimmtheit und Bestimmtheit dieser Horizonte gleichzeitig offen lässt und konkretisiert, so
dass sich beide – Erwartungen und Erfahrungen – ständig modifizieren, negieren oder
konsolidieren. Doppelte Kontingenz bedeutet dabei, dass die Akteure bestimmte Er-
fahrungs- und Erwartungshorizonte bezüglich eines Themas, Problems, Konflikts
oder Diskurses gebildet haben, es aber zwischen den Handelnden zunächst unbestimmt bleiben muss, wie sich diese Horizonte konkret auf die je spezifische Situation
mit ihren Entscheidungen auswirken werden. Kontingenzerfahrung als Erfahrung
doppelter Kontingenz bedeutet dabei u. a. die prozessuelle Erfahrung des Anderen als
Gleichen und Anderen oder als Erfahrung von Identität und Nichtidentität der Handelnden:

> „Ego erfährt Alter als alter Ego. Er erfährt mit der *Nichtidentität der Perspektiven* aber
> zugleich *die Identität dieser Erfahrung* auf *beiden* Seiten. Für beide ist diese Situation
> dadurch unbestimmbar, instabil, unerträglich. In *dieser* Erfahrung *konvergieren* die Pers-
> pektiven, und das ermöglicht es, […] ein Interesse an Bestimmung zu unterstellen" (Luh-
> mann 1994: 172).

Gerade die Kontingenzerfahrung lässt Handlungs- oder Systembildungsprozesse an-
laufen und „ist ihrerseits nur dadurch möglich, daß dies geschieht und daß sie dadurch
mit Themen, mit Informationen, mit Sinn gespeist wird" (Luhmann 1994: 170). Kontingenzerfahrung braucht also Stabilität, Bestimmtheit und Kontinuität innerhalb des
Handlungsraumes, an denen sich die Handelnden orientieren können und müssen,
auch wenn die Erfahrung von Kontingenz als Erfahrung von Abhängigkeit (von der

Umwelt, den anderen Akteuren) und Unsicherheit (gegenüber den Inhalten und der Dauer der abgelagerten Erfahrungen) gemacht wird (Luhmann 1994: 252). Interessanterweise charakterisiert Luhmann diese Kontingenzerfahrungen als Preis für eine gelungene Kommunikation, deren Gelingen eine „relative Transparenz [...] trotz intransparenter Komplexität" der Situation ausmacht (Luhmann 1994: 159):

> „Die Bodenlosigkeit des Strukturgewinns wird abgefunden mit dem Pauschalzugeständnis, daß es auch anders sein könnte. Die Kenntnis und Berechnung des Partners wird, weil unerreichbar, durch Freiheitskonzessionen ersetzt, und dann kann man sich auf Kenntnisse beschränken, die zur Handhabung der Kontingenzen beitragen. *Diese Reduktion wird* [...] *am Erleben von Handlung festgemacht* und dadurch gerade über das Zugeständnis von Freiheit gesteuert. Die Sinneinheit Handlung wird als Synthese von Reduktion und Öffnung für Auswahlmöglichkeiten konstituiert" (Luhmann 1994: 159-160).

Neben der Kontingenzerfahrung spielt der dazu komplementäre Begriff der Erwartung eine entscheidende Rolle für das Verständnis der doppelten Kontingenz im Handlungsraum. Die Analyse der doppelten Kontingenz erfordert ein „Mindestmaß an auf Kenntnissen gegründeter Erwartungen", damit gehandelt werden kann (Luhmann 1994: 155). Gleichzeitig versuchen die Akteure durch Kontrolle über die Relation doppelter Kontingenz Unsicherheit zu reduzieren: „Die Unsicherheitsabsorption läuft über die Stabilisierung von Erwartungen, nicht über die Stabilisierung des Verhaltens selbst, was natürlich voraussetzt, daß das Verhalten nicht ohne Orientierung an Erwartungen gewählt wird. Erwartungen gewinnen mithin im Kontext von doppelter Kontingenz Strukturwert für den Aufbau emergenter Systeme" (Luhmann 1994: 158), seien diese nun Personen (Handlungssysteme) oder Institutionen (soziale Systeme). Insoweit dienen Erwartungen auch der Reduktion von Kontingenz oder der Formation eines Kontingenzbewusstseins, das Unbestimmtheiten, Unsicherheiten und Risiken vorwegnehmen, voraussehen und voraussagen will (Luhmann 1994: 171-172). So beschreibt Luhmann schließlich die Personen selbst als „Erwartungskollagen" (Luhmann 1994: 178), die kontinuierlich Entscheidungen (Selektionen) treffen müssen, welche wiederum die Erwartungen enttäuschen oder modifizieren, aber eben auch stabilisieren können. Gerade das Verhältnis von Entscheidung und Erwartung verdeutlicht, „daß die Kontingenz an Erwartungen entlang konstituiert wird, die die Situation strukturieren" (Luhmann 1994: 402). Dazu noch einmal Luhmann:

> „Mit Hilfe der Orientierung an Erwartungen, die strukturell gesichert, also relativ beständig sind, überbrückt die Entscheidung ihre eigene Vorher/Nachher-Differenz. Die Entscheidung ist [...] vor der Entscheidung eine andere als nach der Entscheidung. Vor der Entscheidung liegen die Alternativen, die sich durch das Erwarten bilden, offen zu Tage. Es steht noch nicht fest, welche gewählt wird. Jede Option ist auch anders möglich. [...] Nach der Entscheidung steht die Auswahl fest: Ich [...] muß die Konsequenzen tragen. Daß es eine Entscheidung war, sieht man jetzt daran, daß die getroffene Auswahl als kontingent behandelt wird und die Anschlußhandlungen durch diese Kontingenz (und nicht nur durch die Faktizität des damit erreichten Zustandes) motiviert werden" (Luhmann 1994: 402).

Die Formierung eines Kontingenzbewusstseins steht also nicht nur mit einem Konzept der Kontingenzerfahrung im Zusammenhang, sondern ebenso sehr mit einem Begriff von Erwartung, an dem doppelte Kontingenz erscheint und der für die Strukturierung der zunächst unbestimmten Handlungssituation signifikant ist. Luhmann schafft es so, Handlungszusammenhänge jenseits von einseitiger Determination dynamischer zu beschreiben und die Problematik von Handlungsintention, Handlungsverlauf und Handlungserfolg mehrdimensional bestimmbar zu machen. Denn gerade die strukturelle Bedeutung von Unbestimmtheit bringt auch die Kategorien „Erwartungshorizont" und „Erfahrungsraum/-horizont" in Bewegung und markiert den Handlungsraum als prozessuale Bewegung von Horizonten oder zugespitzt: als Horizontverschiebung. Insoweit scheinen seine systemtheoretischen Überlegungen zu doppelter Kontingenz und Unbestimmtheit geschichtstheoretisch anschlussfähig. Versucht werden müsste deshalb, die theoretischen Ausführungen genauer auf geschichtstheoretische Kategorienbildung und historiographische Rekonstruktionen zu beziehen. Dann könnte man differenzierter sehen, wie auch im vergangenen Handlungsraum mit seinen Akteuren die verschiedenen Relationen von Determination und Indetermination aufeinander beziehbar sind und so die historische Analyse von vergangenen Konflikten und Prozessen verstehen helfen. Wesentlich dürfte es schließlich für Historiker sein, dass sie die Auseinandersetzung mit Unbestimmtheitsphänomenen wie Kontingenz und Zufall aktiv suchen und mit zentralen Kategorien ihrer Arbeit in Beziehung setzen. Die Hinwendung zu Themen wie Kontingenzbewusstsein und Kontingenzerfahrung wird dann im Rahmen ihrer Erzählungen und Beschreibungen ein wichtiges Moment von Unbestimmtheit des Forschungsgegenstandes zu Tage fördern. Inwieweit die Geschichtswissenschaft bei aller Schärfe der historischen Urteilskraft die *Unschärferelationen* innerhalb ihres spezifischen Vorgehens bedenken und dabei methodisch akzeptieren muss, was solches Verarbeiten der Vergangenheit bedeutet, markiert vielleicht einen Aspekt zukünftiger Theoriediskussionen. Reduktionismen oder starre Erklärungsmodelle sind sicherlich nicht zu erwarten.

Literatur

Becker, Frank (Hrsg.), 2004: Geschichte und Systemtheorie. Exemplarische Fallstudien. Frankfurt a. M., New York.

Bubner, Rüdiger, 1984: Geschichtsprozesse und Handlungsnormen. Untersuchungen zur praktischen Philosophie. Frankfurt a. M.

Carr, Edward Hallet, 1969: Was ist Geschichte? Stuttgart.

Droysen, Johann Gustav, 1977 [1857/82]: Historik. Textausgabe von Peter Leyh. Stuttgart.

Hawthorn, Geoffrey, 1994: Die Welt ist alles, was möglich ist. Über das Verstehen der Vergangenheit. Stuttgart.

Herder, Johann Gottfried, 1966 [1784/91]: Ideen zur Philosophie der Geschichte der Menschheit. Textausgabe. Darmstadt.

Herder, Johann Gottfried, 1971: Briefe zur Beförderung der Humanität (1793-1797). Bd. 2. Hrsg. v. Heinz Stolpe u. a. Berlin, Weimar.

Heuß, Alfred, 1985: Kontingenz in der Geschichte, in: Neue Hefte für Philosophie 24/25, 14-43.

Hoffmann, Arnd, 2005: Zufall und Kontingenz in der Geschichtstheorie. Mit zwei Studien zu Theorie und Praxis der Sozialgeschichte. Hrsg. v. Max-Planck-Institut für europäische Rechtsgeschichte. Frankfurt a. M.

Hondrich, Karl Otto, 1985: Begrenzte Unbestimmtheit als soziales Organisationsprinzip, in: Neue Hefte für Philosophie 24/25, 59-78.

Humboldt, Wilhelm von, 1960: Werke. 5 Bde. Hrsg. v. Andreas Flitner u. Klaus Giel, Darmstadt.

Koselleck, Reinhart 1989a [1979]: Der Zufall als Motivationsrest in der Geschichtsschreibung (1968), in: Ders.: Vergangene Zukunft. Zur Semantik geschichtlicher Zeiten. Frankfurt a. M., 158-175.

Koselleck, Reinhart, 1989b [1979]: Darstellung, Ereignis und Struktur (1973), in: Ders., Vergangene Zukunft, 144-157.

Koselleck, Reinhart, 1989c [1979]: ,Erfahrungsraum' und ,Erwartungshorizont' – zwei historische Kategorien (1976), in: Ders., Vergangene Zukunft, 349-375.

Lübbe, Hermann, 1977: Geschichtsbegriff und Geschichtsinteresse. Analytik und Pragmatik der Historie. Basel, Stuttgart.

Luhmann, Niklas, 1976: Evolution und Geschichte, in: Geschichte und Gesellschaft 2 (3), 284-309.

Luhmann, Niklas, 1994 [1984]: Soziale Systeme. Grundriß einer allgemeinen Theorie. Frankfurt a. M.

Mergel, Thomas/Welskopp, Thomas (Hrsg.), 1997: Geschichte zwischen Kultur und Gesellschaft. Beiträge zur Theoriedebatte. München.

Ranke, Leopold von, 1964: Aus Werk und Nachlass, Bd. 1. Hrsg. v. Walther Peter Fuchs/ Theodor Schieder. München.

Ricœur, Paul, 1986: Zufall und Vernunft in der Geschichte. Tübingen.

Suter, Andreas/Hettling, Manfred (Hrsg.), 2001: Struktur und Ereignis, in: Geschichte und Gesellschaft, Zeitschrift für Historische Sozialwissenschaft, Sonderheft 19. Göttingen 2001.

Weber, Max, 1988 [1906]: Kritische Studien auf dem Gebiet der kulturwissenschaftlichen Logik II. Objektive Möglichkeit und adäquate Verursachung in der historischen Kausalbetrachtung, in: Ders.: Gesammelte Aufsätze zur Wissenschaftslehre. Tübingen, 266-290.

Kontingenzen und methodologische Konsequenzen. Vom schwierigen Umgang mit einem sperrigen Thema[1]

Wolfgang Knöbl

> Wenn die Existenz entweder vollständig notwendig
> oder vollständig kontingent wäre, gäbe es weder
> Komödie noch Tragödie im Leben, noch das Bedürfnis
> des Willens zu leben. (Dewey 1998 [1929]: 244)

1 Einleitung

Kontingenz hat Konjunktur, was sich geradezu auffällig in zeitdiagnostischen Arbeiten der jüngeren Zeit zeigt. Es scheint ein Signum unserer Gegenwart zu sein, dass sich soziale Wandlungsprozesse angesichts der zunehmenden Verflüssigung sozialer Verhältnisse kaum mehr den Erwartungen der mit ‚alteuropäischen' Begriffsinstrumenten ausgestatteten Sozialwissenschaftler fügen. Mögliche, aber nicht notwendige, also kontingente Ereignisse und Verläufe werden sichtbar, denen man begrifflich wie theoretisch offensichtlich kaum mehr beikommen kann. Der Fall der Berliner Mauer und der rasche Zusammenbruch der Sowjetunion ist zwar vielleicht der spektakulärste Fall des Einbruchs von Kontingenzen in die geordnet und geregelt gedachte Welt der Sozialwissenschaften. Aber die vielfach konstatierte Zunahme individueller Handlungsoptionen führt offensichtlich auch im Kleinen, auf der Ebene des Alltagslebens, zu kontingenten Ergebnissen, die traditionelle (bzw. moderne) Sozialwissenschaftler emotions- und zunehmend hilflos akzeptieren oder posttraditionelle (bzw. postmoderne) Theoretiker – obwohl genauso ratlos – euphorisch begrüßen. Insofern ist es nicht verwunderlich, dass von verschiedensten Seiten nicht selten Behauptungen eines fundamentalen Epochenbruchs vorgetragen werden, in denen der Kontingenzbegriff – wie versteckt auch immer – eine zentrale Rolle spielt.

Nun soll hier zu derartigen Gegenwartsdiagnosen keine explizite Position bezogen werden, zumal man ohnehin Schwierigkeiten hätte, die Vielzahl diesbezüglicher Thesen auch nur ansatzweise zu diskutieren. Stattdessen will ich nur darauf hinweisen, dass man mit jeder Behauptung einer Zunahme von Kontingenz spätestens dann in Untiefen und Aporien gerät, wenn man es unterlässt, gleichzeitig und mindestens ebenso intensiv auch die Existenz gewissermaßen strukturierter und damit nicht-kontingenter Prozesse zu untersuchen. Kontingenz und Notwendigkeit sind nämlich

---

1 Für viele wertvolle Hinweise danke ich Matthias Jung.

nicht unabhängig voneinander zu denken. Dies ist vor einigen Jahren von zwei Theologen höchst präzise auf den Punkt gebracht worden. Ingolf U. Dalferth und Philipp Stoellger haben völlig zurecht darauf hingewiesen, dass bei jeder Analyse vergangener wie gegenwärtiger sozialer Prozesse noch stets „verschiedenartige Konstellationen von Notwendigkeit, Möglichkeit und Kontingenz" (Dalferth/Stoellger 2000: 3) zu beachten seien: So wenig man einfach nur determinierte Prozesse unterstellen könne, so wenig dürfe man davon ausgehen, dass Alles nur kontingent verlaufe. Letzteres vor allem deshalb nicht, weil – wie Dalferth und Stoellger in ironischer Frageform andeuten – dem Begriff der Notwendigkeit schlicht nicht zu entkommen sei. „[Ist] es kontingent, daß ‚in der modernen Welt […] nichts mehr notwendig und alles kontingent' ist? Dann könnte es auch anders sein. Oder ist es notwendig?" (Dalferth/Stoellger 2000: 3). Wer immer die durchdringende Kontingenz sozialer Prozesse behauptet, muss also zumindest Auskunft geben darüber, was diese Kontingenzzunahme hervorgerufen hat und die vermeintlich zunehmende Steigerung der Kontingenz weiter antreibt. Der in bestimmten theoretischen Lagern der Soziologie hier zumeist erfolgende Verweis auf den Prozess der Differenzierung scheint auf den ersten Blick nahe liegend und plausibel zu sein, führt bei näherem Hinsehen tatsächlich aber in erhebliche Probleme! Denn auch hier ergeben sich unabweisbare Fragen. Ist dieser Differenzierungsprozess selbst wiederum kontingent? Wenn ja, dann könnte auch De-Differenzierung eintreten und damit Kontingenzabnahme. Wenn nein, dann ist zumindest Differenzierung ein notwendiger Prozess und damit einer, der als fundierender Prozess kontingenter Oberflächenphänomene merkwürdigerweise gerade der Kontingenz entzogen ist.

Diese kurzen Ausführungen zu mit dem Kontingenzbegriff arbeitenden Zeitdiagnosen sollten lediglich andeuten, dass die Rede von Kontingenz sehr schnell und mit guten Gründen zu ‚alten' theoretischen Kontroversen zurückführt, etwa zu jenen um das Verhältnis von Handlung und Struktur, von plötzlichen Ereignissen und langfristigen Prozessen, von emergenten neuen Phänomenen und stabilen sozialen Mustern. So alt diese um den Kontingenzbegriff sich rankenden Kontroversen auch sind (und der nachfolgende Abschnitt 2 will einen kurzen, sehr selektiven Eindruck davon vermitteln), so deutlich ist aber auch, dass es großen Teilen der Sozialwissenschaften schwer fiel und fällt, Kontingenz überhaupt in den Griff zu bekommen, also jener oben angesprochenen Forderung nach einer gleich intensiven Behandlung von Struktur *und* Handlung, von verfestigten Prozessen *und* Ereignissen gerecht zu werden. Zwar gibt es in jüngster Zeit gerade in der Geschichtswissenschaft energische Versuche das Phänomen der Kontingenz auch unter theoretischen Gesichtspunkten neu zu diskutieren (Abschnitt 3). Und auch in den Wirtschaftswissenschaften, der Politikwissenschaft und der Soziologie werden am Beispiel der Auseinandersetzung um pfadabhängige Entwicklungen neue Versuche sichtbar, Notwendigkeit und Kontingenz gerade bei der empirischen Analyse makrosozialer Prozesse immer gleichgewichtig zum Thema zu machen (Abschnitt 4). Erstaunlich scheint aber allemal, mit welchen Schwierigkeiten all dies behaftet ist, wohl auch deshalb, weil die Akzeptanz des Auftretens von Kontingenzen zu erheblichen methodologischen Konsequenzen führen müsste. Derartige (durchaus radikale) Konsequenzen, die eine kontingenz-sensible Sozialwissenschaft zu ziehen hätte, sind bislang aber nur allzu selten aus-buchstabiert worden. Wie deutlich werden wird, sind meine diesbezüglichen, eher als ‚tastend‘ zu bezeichnenden Ausführungen (5) zwar überwiegend an das mir am ehes-ten vertraute Feld der *Makro*soziologie gerichtet. Klar sollte aber sein, dass die hier angesprochenen Konsequenzen nicht allein in diesem Feld gezogen werden müssten. Sie betreffen zweifellos die Sozialforschung als Ganze, die sich fragen lassen muss, ob ihre herkömmlichen Methoden und ihr Theorieverständnis tatsächlich alle gleich-ermaßen tauglich sind, um dem Phänomen der Kontingenz gerecht zu werden.

2   Die Öffnung und Schließung der Kontingenzthematik in den Geistes- und Sozialwissenschaften

Es ist hier nicht der Ort, um in eine historische Untersuchung einzutreten, welche die wechselvolle Rolle des Phänomens der Kontingenz für die Theoriebildung in den Sozialwissenschaften darlegt. Eine derartige Geschichte müsste erst noch geschrieben werden. Dennoch lässt sich durch einige wissenschaftshistorische Schlaglichter zu-mindest plausibilisieren, wie schwer doch in den sozialwissenschaftlichen Disziplinen der Umgang mit Kontingenz fiel, dass es zwar immer wieder Bemühungen gab, Kon-tingenz ernst zu nehmen, aber immer eben auch sehr viel einfluss- und diesbezüglich dann erfolgreichere Versuche, kontingente Phänomene aus dem Beschäftigungsbe-reich der Sozialwissenschaften hinauszudefinieren. Diese höchst wechselvolle Ge-schichte der Reflexion über das Phänomen der Kontingenz hat dann letztlich auch dazu geführt, dass eine systematische Debatte über die *methodologischen* Konsequen-zen für eine kontingenzsensible Forschung noch kaum in Gang gekommen ist.

Wenn man nach einem Referenzautor sucht, der sich früh in einer ausgesprochen systematischen Weise der Kontingenzthematik näherte, dann wird man unweigerlich auf John Dewey stoßen, dessen große Werke der 1920er und 30er Jahre sich im Sinne eines Dreierschritts lesen lassen: An eine philosophiegeschichtliche Interpretation der Ursachen und Folgen der Kontingenzverdrängung wird eine handlungs- und wand-lungstheoretische Grundlagenreflexion angeschlossen, die dann auch zu methodologi-schen Konsequenzen führt. Bereits Mitte der 1920er Jahre hatte Dewey in *Experience and Nature* (1925; dt.: *Erfahrung und Natur*, 1995) ganz systematisch damit begon-nen, eine Theorie menschlicher Erfahrung auszuarbeiten, wobei er relativ schnell das

Phänomen der Kontingenz in den Blick bekam.[2] Schon das mit „Das Prekäre und das Stabile als Eigenschaften des Daseins" überschriebene 2. Kapitel des Buches macht darauf aufmerksam, dass die „Welt der empirischen Dinge das Unsichere, Unvoraussagbare, Unbeherrschbare und Zufällige einschließt" (Dewey 1995: 56, 57), dass aber genau dieses Problemfeld einigermaßen systematisch innerhalb der Philosophie wie der Sozialtheorie ausgeblendet worden ist. Bereits bei Aristoteles sei bei aller Aufmerksamkeit für Kontingenzen doch dessen „Vorliebe für das Unwandelbare, Sichere und Vollendete" (Dewey 1995: 62) unverkennbar gewesen, was nicht zuletzt aufgrund des großen Einflusses von Aristoteles auf das gesamte abendländische Denken dazu geführt habe, dass man „das Unwandelbare und Regelmäßige mit der Realität des Seins und das sich Wandelnde und Zufällige mit der Defizienz des Seins identifizierte" (Dewey 1995: 63).[3] Eine für das Abendland höchst einflussreiche, aber eben fragwürdige Metaphysik hätte sich auf derartige Prämissen gegründet – mit dem Ergebnis, dass „Einzigartigkeiten, Mehrdeutigkeiten, ungewisse Möglichkeiten" (Dewey 1995: 61) als nicht weiter relevante Aspekte menschlicher Erfahrung und menschlichen Erlebens an den Rand gedrängt worden seien. Genau dies finde sich gerade in den modernen Wissenschaften, deren Kausalitätsverständnis darauf abziele, derartige Unbestimmtheiten und Mehrdeutigkeiten zu beseitigen. Diese Suche nach Kausalitäten und Regelmäßigkeiten sei zwar nicht *per se* problematisch, wie Dewey als Verteidiger moderner Wissenschaft immer wieder betont. Sie führe aber in Schwierigkeiten, wenn sie auf der Basis der Prämisse erfolge, wonach der Kosmos des Menschen *allein* durch Kausalitäten und Regelmäßigkeiten bestimmt sei (Dewey 1995: 162).[4]

---

2   Hiermit soll natürlich nicht suggeriert werden, dass die im Folgenden referierten Ausführungen Deweys erst in den 1920er und 1930er Jahren entstanden wären: Deweys Beschäftigung mit der Handlungstheorie ist von seiner Lesart der Philosophiegeschichte nicht zu trennen – vieles von dem, was dann in den 1920er und 30er Jahren im Zusammenhang entwickelt wurde, resultiert aus schon sehr viel früheren Überlegungen.

3   Dewey selbst hat dies schon sehr viel früher gesehen und bereits 1909 argumentiert, dass es vor allem dem Einfluss Darwins zu verdanken sei, wenn die (pragmatistische) Philosophie auf die „Erforschung absoluter Ursprünge und absoluter Ziele [verzichtete], um spezifische Werte und deren spezifische Erzeugungsbedingungen zu erkunden" (Dewey 2004 [1909]: 39). Matthias Jung hat mich darauf aufmerksam gemacht, dass es in unterschiedlichen nationalen Kontexten sehr unterschiedliche Rezeptionsweisen des Darwinismus gegeben habe: Während in Deutschland eher eine deterministische Ausdeutung Darwinscher Ideen vorherrschend wurde, betonten die amerikanischen Pragmatisten insbesondere den anti-teleologischen Aspekt von Darwins Theorie und gewannen gerade dadurch einen kontingenzsensiblen Blick für die Kreativität des Handelns und die Offenheit sozialer Prozesse.

4   Hinzuzufügen ist hier freilich sofort, dass die Philosophie des amerikanischen Pragmatismus von Anfang an und damit schon sehr viel früher mit dem Phänomen der Kontingenz beschäftigt war. Charles Sanders Peirce hatte sich bereits in den 1880er Jahren der Rolle des Zufalls gerade auch in den Naturwissenschaften zugewandt und hier die beunruhigende Frage gestellt, warum die ‚Gesetze der Mechanik so sind, wie sie sind', wie die ‚allge-

Wenige Jahre später wird Dewey dies in *The Quest for Certainty* (1929, dt.: *Die Suche nach Gewißheit*, 1998) dann weiter ausführen und die Kontingenzproblematik insbesondere in Bezug auf die Spezifika menschlichen Handelns und sozialen Wandels ausbuchstabieren. Danach sei praktisches Handeln stets mit Ungewissheit behaftet, weil Praxis in „individuellen und einzigartigen Situationen" erfolge, „die niemals exakt wiederholbar sind und hinsichtlich deren dementsprechend keine vollständige Sicherheit möglich ist" (Dewey 1998: 10). Genau deshalb sei das Reich des Praktischen auch dasjenige des Wandels, woraus umgekehrt zu schließen sei, dass auch Wandel immer kontingent sei: „Er hat ein Element des Zufalls in sich, das nicht eliminiert werden kann" (Dewey 1998: 23). Dewey lässt dabei keinen Zweifel daran, dass sich mit derartigen Reflexionen auch das Wesen menschlicher Freiheit bestimmen lasse, die eben nicht mit bloßer Willensfreiheit, mit der Kontingenz des Gewollten, gleichgesetzt werden dürfe. Ein angemessenes Verständnis menschlicher Freiheit müsse vielmehr darauf beharren, dass zur Freiheit ein menschliches Reflexionsvermögen gehört, das darauf abzielt, „die Unbestimmtheit ungewisser *Situationen* zu lösen" (Dewey 1998: 250; Hervorh. im Original). Mit diesem Verweis auf Situationen macht Dewey deutlich, dass Freiheit nicht mit einem leerlaufenden und unbegründeten Willen zu tun hat, sondern mit reflektiertem, freilich letztlich ungewissem Handeln in (strukturierten) Situationen, die sich allerdings nie wirklich identisch wiederholen. Die Freiheit menschlichen Handelns lässt sich ihm zufolge also nur vor der Strukturiertheit der natürlichen und sozialen Welt denken (vgl. auch Dewey 2003 [1928]: 280-291).

In seinem letzten großen Werk *Logic. The Theory of Inquiry* (1938; dt.: *Logik. Die Theorie der Forschung*, 2002) wird Dewey dann fragen, welche Konsequenzen all diese Einsichten im Hinblick auf den unvermeidlich kontingenten Aspekt menschlichen Handelns und menschlicher Erfahrung für die Sozial- und Geisteswissenschaften, nicht zuletzt für die Geschichtswissenschaft haben. In Kapitel XII, das bezeichnenderweise mit „Das Urteil als räumlich-zeitliche Bestimmung. Erzählung und Beschreibung" überschrieben ist, nimmt Dewey zur Frage Stellung, mit welchen Methoden sich die Kontingenz historischer Prozesse überhaupt erfassen lässt, zumal eben auch der Aufmerksamkeitsfokus des Historikers kontingent ist. Dewey stößt hier sofort auf den Begriff des „Ereignisses" und dann denjenigen der „Erzählung". „Da jede Veränderung, die erforscht wird, ein Kreis oder Zyklus von Ereignissen ist, dessen Anfang und Ende durch die unbestimmte Situation, die eine Klärung erfährt, bestimmt (und infolgedessen nicht absolut) ist, kann jede gegebene Veränderung in Begriffen einer unbestimmten Vielfalt von eingeschlossenen kleineren Ereignissen als

---

meine Tatsache zu erklären ist, daß es Gesetze gibt' (Peirce 1991a [1884]: 117). Peirce trieben diese Fragen derart um, dass ihm eine Überprüfung und Revision eines deterministisch-mechanistischen Weltverständnisses dringend erforderlich schien, wobei bei dieser Revision ‚Zufall' und ‚Spontaneität' eine wichtige Rolle einzunehmen hätten (Peirce 1991b [1892]; vgl. hierzu Hampe 2006: 89-91).

Zufälligkeiten, Episoden oder Geschehnissen erzählt werden" (Dewey 2002: 263). Die Perspektivität des Historikers ist nicht aufzuheben, was sich im Begriff des Ereignisses nur allzu deutlich manifestiert:

> „*Ereignis* [*event*] ist ein Ausdruck des Urteils, nicht der vom Urteil getrennten Existenz. […] Genaugenommen ist ein Ereignis [event] das, was herauskommt [*e-venire*], was sich ergibt; die herausragende Konsequenz, die Eventualität. Es beinhaltet einen teleologischen Begriff; es kann nur in Begriffen eines begrenzenden Anfangs, eines Intervalls und einer Beendigung beschrieben und erzählt werden" (Dewey 2002: 264; Hervorh. im Original).

Dies – so Dewey – hat dann natürlich auch Rückwirkungen auf den Status historischer Urteile, die sich stets dessen bewusst sein müssen, dass sie sich auf kontingente Handlungsabläufe beziehen, die sie selbst wiederum unter Bedingungen von Kontingenz deuten und erzählen. Gewissheit ist dem historiographischen Urteil nicht eigen und kann und soll es auch nicht sein, was – so könnte man hinzufügen – nicht sehr viel anders auch für soziologische Rekonstruktionen gelten dürfte.

Diese kursorischen Ausführungen zu Dewey sollten darlegen, dass bereits in den 1920er und 30er Jahren eine einigermaßen ausgefeilte Begrifflichkeit, ja möglicherweise bereits eine Art Programmatik vorhanden gewesen war, um dem Phänomen der Kontingenz ernsthaft auf ,den Leib zu rücken'. Zumindest in der Philosophie schien der Kontingenzbegriff etabliert und mit ihm eine ganze Reihe von daran anschließenden Begriffen (Handeln, Ereignis, Erzählung), so dass die theoretischen Grundlagen durchaus bestanden hätten, auch in der Soziologie eine Umorientierung hin zu einer systematischen Beschäftigung mit der Rolle von Kontingenz in sozialen Wandlungsprozessen herbeizuführen. Tatsächlich gab es dann auch ähnliche, Kontingenzphänomene ernst nehmende Denkbewegungen in Teilen der amerikanischen Sozialpsychologie und Soziologie. Schließlich hatte Dewey als einer der Begründer des amerikanischen Pragmatismus nicht unerheblich auch das Denken der so genannten Chicago-School of Sociology beeinflusst, wobei er selbst wiederum von Figuren aus diesem Umkreis geprägt worden ist. Nicht zufällig tauchen etwa in George Herbert Meads im Jahre 1930 gehaltenen Paul Carus Lectures (postum 1932 unter dem Titel *The Philosophy of the Present* veröffentlicht) Passagen auf, die in ihrer Betonung der Undeterminiertheit der Gegenwart stark an Argumente Deweys erinnern.[5]

Aber natürlich war nicht nur in den USA eine gewisse Sensibilität für Phänomene der Kontingenz vorhanden. Schließlich war es der deutsche Theologe Ernst Troeltsch, der Freund Max Webers, gewesen, der schon 1910 in einem auch heute

---

5   „It is the task of the philosophy of today to bring into congruence with each other this universality of determination which is the text of modern science, and the emergence of the novel which belongs not only to the experience of human social organisms, but is found also in a nature which science and the philosophy that has followed it have separated from human nature" (Mead 1980 [1932]: 14; vgl. dazu Joas 1989: 172-194). Dewey hat dann auch immer freimütig den Einfluss Meads auf sein eigenes Werk eingeräumt (vgl. sein Vorwort zur *Logik*).

immer noch Maßstäbe setzenden Aufsatz (*Die Bedeutung des Begriffs der Kontingenz*) das Phänomen der Kontingenz zu *dem* zentralen Problem der Philosophie und Geistes- wie Sozialwissenschaften (aber auch der Naturphilosophie und Naturwissenschaften) erklärt hatte. Troeltsch war auf die Kontingenzthematik auch vor dem Hintergrund der Auseinandersetzung mit dem deutschen Idealismus und dem Historismus aufmerksam geworden, wo ja auf je unterschiedliche Weise Kontingenzen und Zufälle aus Philosophie und Geschichte hinausdefiniert worden waren (vgl. hierzu Hoffmann 2005): Während der deutsche Idealismus nicht zuletzt in Form der Hegelschen Geschichtsphilosophie eine in sich geschlossene und logisch rekonstruierbare Einheit der Geschichte postulierte und damit historische Ereignisse unter eine alles Akzidentielle zermalmende Entwicklungslogik subsumierte, waren *bestimmte* Strömungen des historistischen Denkens in eine ähnliche Richtung gegangen, zumindest insofern man dort von der Entwicklung und Entfaltung eines Volkskörpers sprach und damit ebenfalls das Individuelle und Kontingente auszuschließen drohte. Troeltsch wehrte sich in seiner Auseinandersetzung mit dem Historismus massiv gegen derartige theoretische Prämissen – nicht zuletzt mit dem Hinweis darauf, dass sich das historisch Neue ohne Kontingenzen überhaupt nicht erklären lasse (Troeltsch 1910: 427). Auch wenn etwa Max Weber stärker strukturtheoretisch argumentieren sollte, so waren in seinem Werk die Argumente von Troeltsch gegen eine allzu rationalistisch oder deterministisch vorgehende Geschichtsbetrachtung doch stets präsent, wurden in seinen historischen Analysen immer auch Phänomene der Kreativität und der Emergenz betont, selbst wenn sie grundbegrifflich keinen Niederschlag finden sollten.[6]

Wenn hier mit Dewey, Troeltsch (und Weber) Autoren aus der Frühphase der sich professionalisierenden Sozial- und Geistesgeschichte zitiert wurden, die sich darum bemühten, die theoretische Reflexion gerade auch auf das Phänomen der Kontingenz zu richten, so darf doch nicht vergessen werden, dass sie damit keineswegs typische Repräsentanten der sich etablierenden Disziplinen waren. Teilen der sich konstituierenden Sozialwissenschaften lag nämlich durchaus auch daran, Kontingenz zum Verschwinden zu bringen. Dort galt es gar als Ausweis von Wissenschaftlichkeit und Professionalität, sich gerade auf nicht-kontingente soziale Prozesse und Verläufe zu konzentrieren. Am deutlichsten zeigte sich eine solche Position zur Frage der Kontingenz in der Auseinandersetzung, die der Durkheimianer François Simiand bereits Anfang des 20. Jahrhunderts mit der (französischen) Geschichtswissenschaft führte, eine Auseinandersetzung, in der es natürlich immer auch um die Profilierung im französischen Wissenschaftsfeld ging.[7] Simiand, Mitbegründer der *Année Sociologique*, hatte 1903 einen einflussreichen Aufsatz mit dem Titel *Historische Methode und Sozial-*

---

6   Grundlegend hierzu natürlich Joas 1992: 69-76.
7   Im Folgenden verwende ich immer wieder Argumente und Formulierungen aus meinem Text *Die Kontingenz der Moderne. Wege in Europa, Asien und Amerika* (Knöbl 2007: 192-198).

wissenschaft (im Original *Methode historique et science sociale*) veröffentlicht, worin er die vermeintlich einzig wahre wissenschaftliche Haltung zum Phänomen der Kontingenz vorstellte. Er war der Auffassung, dass es das Thema Kontingenz aus den Sozialwissenschaften zu bannen gelte, wovon er gerade die Historiker zu überzeugen versuchte, die nur dadurch den Weg zu echter Wissenschaftlichkeit finden könnten (Simiand 1994 [1903]: 219). Simiand räumt zwar ein, dass Soziologie und Geschichtswissenschaft das gleiche empirische Material verwendeten und insofern Gemeinsamkeiten zwischen beiden Disziplinen durchaus existierten. Doch mit Verweis auf Durkheim betont er vor allem, dass sich die Soziologie im Unterschied zur bisherigen traditionellen Geschichtsschreibung durch ein ganz anderes Erkenntnisinteresse auszeichne: Für die Soziologie sei die Kausalfrage zentral, die sich nur unter Rückgriff auf „Gesetze" klären lasse.

> „Eine Ursache gibt es, im positiven Sinne des Wortes, nur dort, wo es eine Gesetzmäßigkeit, zumindest eine denkbare, gibt. *In diesem Sinn* erkennt man sogleich, daß ein individuelles Phänomen, einzig in seiner Art, *keine Ursache hat*, weil es nicht durch eine konstante Beziehung zu einem anderen Phänomen erklärt und weil in einem einmaligen Fall das antezedente unveränderliche und unbedingte Phänomen nicht ermittelt werden kann" (Simiand 1994: 188; Hervorh. im Original).

Die Soziologie – so Simiand – wende sich ganz bewusst jenen Gesetz- oder Regelmäßigkeiten zu und kümmere sich im Unterschied zur Geschichtswissenschaft gerade nicht um Kontingenzen. Simiand bestreitet dabei nicht, dass kontingente Phänomene für Sozialwissenschaftler auch wichtig sein können. Die Forschung sei verpflichtet anzuerkennen, „daß das Handeln des individuellen Faktors normalerweise unvorhersehbar und folglich für zufällig zu halten ist" (Simiand 1994: 189). Aber gleichzeitig betont er doch, dass „die Bedeutung des Kontingenten eher von der Denkhaltung des Beobachters abhängt, als dass sie aus der Natur der Fakten hervorgeht" (Simiand 1994: 189). Weil nun die Soziologie diesen Sachverhalt akzeptiert habe und sich gerade deshalb den gesellschaftlichen, kausal verursachten Sachverhalten widme (und eben nicht jenen kontingenten Phänomenen! Simiand 1994: 189), so sei allein sie – und nicht die der traditionellen Politikgeschichtsschreibung verhaftete und deshalb unreife Historie – als wahre Wissenschaft zu betrachten. In ein solches ‚reifes' Stadium – so Simiands Schlussfolgerung – werde die Geschichtswissenschaft erst dann eintreten, wenn sie stärker auf wissenschaftliche Verallgemeinerungen zusteuere beziehungsweise sich auf kausale Zusammenhänge konzentriere (Simiand 1994: 219-223), das heißt also, von der übermäßigen Beschäftigung mit Kontingenz ablasse.

Simiands soziologische Belehrung der Geschichtswissenschaft war – wie schon betont – äußerst konsequenzenreich. Nicht zuletzt unter dem Einfluss der Durkheimianer erfolgte in der französischen Geschichtswissenschaft die entschlossene Hinwendung zur Strukturgeschichte, wofür die Schule der Annales mit einem so bedeutenden Autor wie Fernand Braudel steht, welcher der longue durée allemal mehr Aufmerksamkeit widmete als dem ‚darüberliegenden', höchst kontingenten politischen Geschehen. Und noch die Vertreter der Bielefelder Gesellschaftsgeschichte der 1960er bis 80er Jahre schienen diesem Credo zu folgen, insofern es doch verfestigte Strukturen und lang anhaltende Prozesse herauszuarbeiten galt, ein Unterfangen, bei dem Kontingenzen nur stören konnten.

Diese Haltung der Kontingenzabwehr in der Geschichtswissenschaft wurde gestärkt durch den enormen Aufschwung der Soziologie und Sozialwissenschaften im 20. Jahrhundert, deren theoretischer Fokus zumeist auf feste Strukturen und modellier- und damit steuerbare Prozesse gerichtet war und deren Forschungsmethoden in weiten Teilen auch diesen Fokus unterstützten. Gerade die quantitative Sozialforschung basierte ja auf einer Reihe von Prämissen, die es geradezu unmöglich machten, ernsthaft Kontingenzen in Rechnung zu stellen. Wie Andrew Abbott zurecht betont, ging und geht man im Mainstream dieser Sozialforschung wie selbstverständlich davon aus, dass Variablen unabhängig vom Kontext stets die gleiche Wirkung entfalten, dass Sequenzeffekte keine wirkliche Rolle spielen, dass Variablen als zeitlich unveränderliche Entitäten anzusehen seien etc. (Abbott 2001a: 40-59; vgl. auch Deißler 2008). Wenn freilich all dies hinterfragt werden würde, dann müsste man sich sofort auch ernsthafte Gedanken bezüglich der Übertragbarkeit kausaler Hypothesen auf wechselnde Kontexte machen, dann müsste man die Robustheit vermeintlich immer wieder zu beobachtender Prozesse und Mechanismen in Zweifel ziehen. Dies wurde und wird in der Regel aber nicht getan, nicht zuletzt deshalb, weil die Sozialwissenschaften und gerade die Soziologie in ihrem Bestreben nach fachlicher Eigenständigkeit und Verwissenschaftlichung in den meisten ihrer theoretischen Ansätze den Strukturbegriff als sehr viel interessanter und ertragreicher begreifen wollten und wollen als denjenigen des Ereignisses. Auch wenn man die Wirksamkeit und Allgegenwart des Handelns nicht leugnete, so hielt man dennoch geradezu verzweifelt an der Annahme im Normalfall stabiler Strukturen und lang anhaltender Prozesse fest.[8] Selbst diejenigen, die von Kontingenz sprachen, benutzten dieses Phänomen nur als Aufhänger, um dann sofort zum Struktur- oder Systemdenken zurückzukehren, das kaum dieses oben schon angesprochene Wechselverhältnis von Notwendigkeit und Kontingenz, von Struktur und Ereignis ernsthaft berücksichtigt. Talcott Parsons' eigene Rede von der doppelten Kontingenz des Handelns wurde von ihm sofort durch den Verweis auf die zumeist gelingende, über gemeinsame Werte und Normen erfolgende Handlungskoordination entdramatisiert. Und selbst bei Niklas Luhmann, der häufig als *der* Kontingenztheoretiker der Sozialwissenschaften bezeichnet und gefeiert wird, war ein Kontingenzverständnis im Hintergrund, das mit demjenigen von Troeltsch, aber auch demjenigen, wie es im amerikanischen Pragmatismus zum Thema gemacht worden war, kaum etwas gemein hatte. Michael Hampe hat dies vorzüglich auf den Punkt gebracht, indem er bezugnehmend auf das konträre Wirklichkeitsverständnis

---

8   Zur Kritik des Strukturbegriffs vgl. Sewell 2005: 124-151.

von Peirce und Luhmann die daraus sich ergebenden Unterschiede hinsichtlich der Fassung des Kontingenzbegriffs herausarbeitete:

> „Wer das, was durch begriffliche Entscheidungen, logische Kompetenz und gemachte Erfahrung als die von ihm gewusste Welt entstanden ist, mit der Wirklichkeit gleichsetzt, sodass es ihm nicht möglich ist, eine von seinen Erfahrungen, begrifflichen Entscheidungen und logischen Kompetenzen unabhängige Wirklichkeit überhaupt einzukalkulieren, kann nach Peirce Individuen und deren Wissen nur insoweit erfahren, als er sie in seinem eigenen Wissen sich repräsentieren kann. Die Erfahrungen von Fremdheit, Autonomie und Zufall fallen dann aus oder werden systematisch reduziert. Ein Beispiel für ein solches Konzept ist das Luhmannsche, das nicht zwischen Welt und Wirklichkeit unterscheidet und in dem Fremdheit und Widerständigkeit, wenn sie denn irgendwie gegeben sein sollten, nur in der Umwelt aufgrund der Entscheidungen des betrachteten Systems präsent sein können, und wonach Kontingenz systematisch zu reduzieren sei […]. Fremdheit, Autonomie und Zufall sind nach Peirce als nicht begriffliche Elemente der Erfahrung dagegen notwendigerweise im Auge zu behalten, um erstens kognitive und moralische Entwicklung, die nur durch störende Zufälle und Fremdheitserfahrung möglich sind, und zweitens Achtung vor Individualität, die nur durch Erfahrung fremder Autonomie möglich ist, für wirklich halten zu können" (Hampe 2006: 95/96).[9]

Auf die Gefahr zu großer Pauschalisierung hin, die sich in einem derartig kurzen und nur schlaglichtartigen Überblick ohnehin kaum vermeiden lässt, kann man deshalb behaupten, dass es in den Sozialwissenschaften, aber nicht zuletzt auch in der ‚versozialwissenschaftlichten' Geschichtswissenschaft einen Trend zur Vermeidung allzu intensiven Nachdenkens über das Auftreten kontingenter Phänomene gegeben hat. Auch wenn dieser Trend in den jeweiligen theoretischen Paradigmen der Sozialwissenschaften unterschiedlich schnell voranschritt und in einigen dieser Paradigmen zudem immer auch Begriffe wie „Handeln" oder „Situation" auftauchten, welche die Rede von festen Strukturen und Prozessen potentiell dementierten, schien es doch lange Zeit so zu sein, als ob dieser Trend hin zur Dekontingenzierung ungebrochen würde andauern können. Dies war allerdings nicht der Fall, weil sich spätestens in den 1970er Jahren insbesondere und nicht zufällig in der Geschichtswissenschaft eine Umkehr bemerkbar machte, wurden doch nun Begriffe attraktiv, welche auf eine Wiederentdeckung der Kontingenz hindeuteten, die auch die benachbarten Sozialwissenschaften nicht unberührt lassen konnte.

---

9   Die schon genannten Theologen Dalferth und Stoellger haben dies in ähnlicher Weise so formuliert: „So offen und kontingenztolerant Luhmanns Interpretationskonstrukt ist, so ungefährlich und stets schon bewältigt ist darin die Kontingenz. Denn so unwahrscheinlich Kommunikation ist, steht jede faktizitäre Kommunikation jenseits dieser Unwahrscheinlichkeit. Was der Fall ist, ist Kommunikation und nicht mehr kontingent. Ganz im Sinne von Leibniz kann Luhmann daher die Zufälligkeit als Beliebigkeit kategorisch ausschließen – und damit die gefährliche Seite der Kontingenz von vornherein leugnen" (Dalferth/ Stoellger 2000: 27).

3   Kontingenz, Ereignis und Erzählung – die Rückkehr des Verdrängten und die Methodendiskussion in der Geschichtswissenschaft

Einige Historiker begannen sich bereits in den 1970er Jahren gegen die – wie sie es wahrnahmen – Übertheoretisierung und Übersoziologisierung ihres Faches zu wehren, insbesondere im Feld der gerade in den 1960er und 70er Jahren so rasch expandierenden sozialhistorischen Forschung. Man war sich durchaus bewusst, dass diese Forschungsrichtung das „Ereignis" und damit Kontingenz aus der Analyse ausgeschlossen hatte, um desto unbeirrter an eine Analyse der Strukturen etwa der sozialen Ungleichheit herangehen zu können (Suter/Hettling 2001: 7). Die Frage stellte sich freilich, ob diese ausschließliche Konzentration auf Strukturen als methodische Strategie weiterhin fruchtbar sein oder ob man mit derartigen Verfahrensweisen nicht doch in theoretische Sackgassen geraten würde. Wenn man eine Auseinandersetzung mit diesen Fragen ernsthaft erwog, dann musste man gleichzeitig darüber nachdenken, ob die lange Zeit so selbstverständlich erfolgte Zurückdrängung traditioneller historischer Verfahren nicht vielleicht auch zu Einseitigkeiten geführt hatte. Der englische Sozialhistoriker Lawrence Stone etwa hat dies frühzeitig angesprochen und Ende der 1970er Jahre in einem prominent platzierten Aufsatz die hier auftauchenden Probleme zum Thema gemacht, indem er eine nun plötzlich wieder interessant erscheinende *erzählende* Geschichtsschreibung von einer *strukturorientierten* dadurch unterschied, dass er ersterer – jenem neu zu beobachtenden historiographischen Trend – einen eher deskriptiven Zugriff auf das historische Material und ein besonderes Interesse für handelnde Menschen (und nicht so sehr für determinierende Umstände) zuschrieb (Stone 1979: 3).[10] Die „Erzählung" als methodische Strategie rückte also in den Mittelpunkt geschichtswissenschaftlicher Kontroversen und mit ihr die Frage, was man denn unter einem „Ereignis" zu verstehen habe. Im Begriff des Ereignisses schien sich nämlich all dies zu bündeln, was man als verdrängten Problemkomplex der strukturfixierten Sozialgeschichtsschreibung erkannt zu haben glaubte, also gerade das nicht Vorhersehbare, das Überraschende, das Kontingente, somit genau das, was – wie schon Dewey wusste (vgl. Abschnitt 2) – für das sich aus dem Handeln von Menschen emergierende historische und soziale Gewebe mithin eben auch typisch sei. Das „Ereignis" wurde also zum Gegenstand der theoretischen Reflexion, wobei sich diesbezügliche Aussagen dann gerade auf die kontingente Qualität dieses Phänomens konzentrierten:

> „Jedem Ereignis ist [...] eine aus langfristigen Strukturen nicht vollständig zu erklärende und prospektiv nicht voraussagbare singuläre Qualität eigen, welche aus der Geschichte

---

10 Stone (1979: 14) machte dabei auch klar, dass die Hinwendung zur Erzählung eine Reaktion auf den als zu stark empfundenen Einfluss der Soziologie (und der Ökonomie) war: „The first cause for the revival of narrative among some of the ‚new historians' has therefore been the replacement of sociology and economics by anthropology as the most influential social sciences."

einen grundsätzlich offenen Prozeß macht. Das verweist auf eine unaufhebbare Differenz zwischen der Ebene der Erfahrung, des Handelns und der Ereignisse als komplexen Handlungssequenzen einerseits und derjenigen der Strukturen andrerseits" (Suter/Hettling 2001: 9).

Klar war allerdings auch, dass Ereignisse keine rohen Tatsachen, gewissermaßen die kleinsten atomaren Einheiten, des sozialen Geschehens sein können, die „an sich" gegeben sind. Wenn man davon sprach, dass unter Ereignissen auch „komplexe Handlungsketten und -sequenzen" verstanden werden können, „die sich über große Räume erstrecken oder in großen Räumen Wirkungen zeitigen" (Suter/Hettling 2001: 11), dann steht hier vielmehr die Annahme im Hintergrund, dass Ereignisse selbst immer schon Phänomene sind, die unter einem bestimmten Aspekt zusammengefasst und interpretiert werden. Ereignisse – so zumeist die plausible Behauptung – sind von bloßem (historischen) Geschehen dahingehend zu unterscheiden, dass erstere für die beteiligten Zeitgenossen überraschend und letztlich auch kollektiv erschütternd sind, woraus sich dann auch die strukturverändernden Folgen eines Ereignisses erklären (Suter/Hettling 2001: 24/25). Letztlich sind Ereignisse – so auch William H. Sewell (2001: 64) – das Resultat der kreativen Leistungen von Akteuren, wobei hinzuzufügen bleibt, dass hiermit individuelle ebenso wie kollektive Akteure gemeint sein können, die durch ihr Handeln in einem komplexen Netz pluraler materieller und kultureller Strukturen diese Strukturen nicht nur reproduzieren, sondern gegebenenfalls abändern und neu schaffen, und zwar in konkreten Situationen auf eine eben nicht vorhersagbare, also kontingente Art und Weise.[11] Gleichzeitig lässt sich aber die Frage, ob Strukturen nur reproduziert oder eben auch transformiert werden, nicht dem historischen Material selbst abgewinnen. Aussagen hierüber hängen – wie Sewell (2001: 61) zu recht betont – von der praktischen Urteilskraft desjenigen ab, der sich als Historiker oder Sozialforscher dieser Frage stellt. Auf welches Methodenverständnis der Geschichtswissenschaft verweist aber nun diese „praktische Urteilskraft"? Wie sich in den diesbezüglichen Diskussionen herausschälen sollte, waren nicht wenige Historiker der Ansicht, dass gerade die lange Zeit als altmodisch abgestempelten narrativen Verfahren sowohl genügend Kontingenzsensibilität für Ereignisse als auch jene angesprochene „praktische Urteilskraft" in sich vereinigen könnten, kurz: dass Narrativität eine enge thematische wie methodologische Beziehung hat zum Phänomen des (kontingenten) „Ereignisses" (Suter 1997), womit man dann wieder bei jener von Stone so titulierten ‚erzählenden' Geschichtsschreibung angelangt war.[12]

---

11 Die uneingestandene Nähe Sewells zur Tradition des amerikanischen Pragmatismus und insbesondere zu den handlungstheoretischen Überlegungen von Hans Joas (1992) scheint mir hier evident zu sein.

12 Schon zu Beginn der 1970er Jahre war freilich unter methodischen Gesichtspunkten das narrative Moment einer jeden Geschichtswissenschaft betont worden, wobei hier die Arbeiten von Hayden White (1991 [1973]; 1990 [1987]) für die internationale Diskussion besonders wichtig werden sollten. Es ließe sich hinzufügen, dass der selbstbewusste Blick auf die (oftmals als vor- oder unwissenschaftlich abqualifizierte) Erzählung in dieser Zeit

Legitimiert wurde diese in der Geschichtswissenschaft eingeleitete Wende hin zur Erzählung unter anderem durch Entwicklungen in Teilen der Philosophie, wo man – siehe die etwa parallel zu Stones Aufsatz erschienenen Arbeiten von Paul Ricœur (1983) – der Narrativität gewissermaßen eine Art ontologischer Dignität zugesprochen, also die Unhintergehbarkeit erzählerischer Ausdrucksmittel betont hatte. Ricœur stand selbst in einer Kontinuitätslinie zu bestimmten Traditionen der französischen Philosophie und konnte deshalb positiv an die Bergsonsche Einsicht anknüpfen, wonach das Ereignis immer schon eine Quelle der Erfahrung des Neuen sei. Bergsons Hinweis erhält aber bei Ricœur eine spezifische Wendung, welche Narrativität gerade auch für die Geschichts- und Sozialwissenschaften und nicht nur für philosophische Grundlagendebatten attraktiv erscheinen lässt. Ricœur geht es nämlich nicht wie Bergson in erster Linie darum, das Ereignis als radikale Ermöglichung zu denken, sondern den Modus der Erfahrung (und der Darstellung) von Ereignissen ins Zentrum seiner Betrachtungen zu stellen. Ereignisse lassen sich nämlich nicht anders als erzählte darstellen, nicht zuletzt deshalb, weil – wie oben schon betont – das Ereignis kein *factum brutum* ist, das aus sich heraus Bedeutung generieren würde. Ereignisse erhalten nur als Teil einer Erzählung ihre Bedeutung, was bedeutet, dass durch die Erzählung „die irrationale Kontingenz in eine geregelte, bedeutsame, intelligible Kontingenz" (Ricœur 1986: 14) transformiert wird. Festzuhalten bleibt freilich, dass Erzählungen selbst wieder in gewisser Weise kontingent sind, weil Geschichten eben immer auch anders erzählt werden können. Damit aber stellt sich für narrative Verfahren die Wahrheitsfrage in besonderer Schärfe, insofern zwar Erzählungen Ereignisse bestätigen, ihnen also Bedeutung verleihen, sie dies aber nie in einer abschließenden und endgültigen Weise tun. Erzählungen werden also durch Ereignisse nie vollständig bestimmt. Denn immer ist auch eine andere narrative Auslegung der Ereignissequenzen möglich (vgl. hierzu auch Straub 2001).

Dieser nie eindeutig zu fixierende Wahrheitsanspruch von Erzählungen führte in mancher postmodern oder poststrukturalistisch angeleiteten Diskussion dann dazu, dass der Wahrheitsanspruch der Geschichtswissenschaft vollständig preisgegeben wurde, weil das Argument naheliegen schien, dass es mit dem Merkmal der Narrativität nicht mehr möglich sei, zwischen fiktionalen und nicht-fiktionalen Erzählungen zu unterscheiden. Tatsächlich ist dies aber ein Fehlschluss, weil die Geschichtswissenschaft ganz anderen Regeln folgt als fiktionale Texte:

> „The producer of a historical text affirms that the events entextualized did indeed occur prior to the entextualization. Thus it is quite proper to bring extratextual information to bear on those events when interpreting and evaluating a historical narrative. Any important event which is ignored or slighted by a historical narrative may properly be offered as a weakness in that narrative. It is certainly otherwise with fiction, for in fiction the events

---

auch deshalb möglich geworden war, weil bereits in den 1960er Jahren analytische Philosophen wie Arthur C. Danto (1980 [1965]) die Spezifika historischer Erkenntnis herausgearbeitet und die Vereinbarkeit von Erzählung und Erklärung behauptet hatten.

may be said to be created by and with the text. They have no prior temporal existence, even though they are presented *as if* they did" (Lamarque/Olsen 1996: 240; Hervorh. im Original).

Aus der Einsicht, dass Ereignisse vom Historiker immer auch interpretiert und in diesem Prozess in eine Erzählung eingeordnet werden müssen, folgt nämlich logisch keineswegs, dass es außerhalb von konstruierten Ereignissen und Erzählungen nichts gibt. Die Widerständigkeit historischer Realität lässt sich mit dem Verweis auf die Konstruktionsleistungen des Historikers und seiner Erzählung nicht zum Schwinden bringen, weshalb es zweifellos möglich ist, auf dem Unterschied zwischen Wissenschaft und Fiktion zu beharren. „There is nothing about the pervasiveness of narrative which undermines the distinction between fictional and non-fictional narratives" (Lamarque/Olsen 1996: 242; zur auch politisch brisanten Problematik der Erzählungen von Zeitzeugen vgl. Jay 1992). Diesen Punkt gilt es festzuhalten, wenn wir uns im folgenden Abschnitt Autoren der (historischen) Makrosoziologie und der vergleichenden Politikwissenschaft nähern, welche in jüngster Zeit zwar versucht haben, der Kontingenz von Ereignissen Rechnung zu tragen, welche aber gleichwohl häufig darum bemüht sind, die eigentlich daraus zu ziehenden methodologischen Schlussfolgerungen zu vermeiden. So wird dort unter Verweis auf die Wissenschaftlichkeit und Allgemeingültigkeit sozialwissenschaftlicher Forschungsergebnisse letztlich dann doch wieder ein Programm verfolgt, das so weit von demjenigen eines Simiand nicht entfernt ist! Konkret behauptet werden soll hier also, dass die seit den 1990er Jahren immer stärker an Aufmerksamkeit gewinnende Debatte um Mechanismen und Pfadabhängigkeit einen merkwürdig ambivalenten Charakter trägt: Denn einerseits wird zwar die Existenz von Kontingenzen anerkannt, gleichzeitig aber wohl auch nicht zuletzt aus Angst vor den vermeintlich relativistischen Konsequenzen der Verwendung des Konzepts der Erzählung genau wieder jene nun schon des Öfteren angesprochene Kontingenzverdrängung forciert.[13]

---

13 Wirklich nachvollziehbar ist diese Angst nicht, zumal die These eines echten Gegensatzes zwischen Erklären und Erzählen ohnehin seit Langem bestritten wird. Wer erzählt, handelt also nicht per se unwissenschaftlich. Erzählen und Erklären ähneln sich darin, dass sie Kontingenz reduzieren, wobei bei der Erklärung eine „spezifische Bewältigung von Kontingenz [angestrebt wird], indem das Kontingente auf das Gesetzmäßige zurückgeführt wird" (Hampe 2007: 25). Erzählungen funktionieren anders, sie versuchen „Einmaliges und Einzelnes in einen Zusammenhang ein[zu]betten, doch wird dies dadurch nicht zu einer Instanz von etwas Allgemeinem, sondern mit anderem Einzelnen verknüpft. Durch diese Verknüpfung wird die Veränderung, die das Auftauchen oder Verschwinden von Einzelnem darstellt, nicht irreal oder ein Epiphänomen, sondern zu einem Geschehnis in einem nachvollziehbaren Prozeß, dessen Ausdehnung von der ‚Reichweite' der Erzählung abhängt" (Hampe 2007: 26). Erzählungen können dabei eben auch Erklärungen sein, allerdings Erklärungen anderer Art: Sie führen nicht das Neue auf das Immergleiche und Alte zurück, sondern „durch genaue Beschreibung [lenken] sie die Aufmerksamkeit so […], daß Sinnzusammenhänge, Übergänge, Plausibilitäten entstehen, die nicht die Übergänge deduktiver Schlüsse sein müssen" (Hampe 2007: 26/27).

4   Kontingenzen und Pfadabhängigkeiten: Die Makrosoziologie vor dem Problem der Kontingenz

Es waren vermutlich der Fall der Berliner Mauer und der sich daran anschließende Zusammenbruch des Sowjetimperiums, welche den Sozialwissenschaften so eindringlich wie selten zuvor die Rolle von (kontingenten) Ereignissen für die Analyse von sozialen Prozessen deutlich machten. Diese beiden Ereignisse sind nicht vorhergesagt bzw. theoretisch hergeleitet worden, weshalb sie der in den Sozialwissenschaften weit verbreiteten Annahme einer schön geordneten sozialen Welt doch einen schweren Schlag versetzten. Es waren nicht zuletzt diese Ereignisse, welche dazu führten, dass sich in verschiedenen Lagern der Makrosoziologie die Einsicht durchzusetzen begann, wonach sich soziale Prozesse nicht ohne die Einbeziehung von Kontingenzen modellieren und erklären lassen. Renate Mayntz etwa hat vergleichsweise frühzeitig und sehr entschieden betont, dass das sozialwissenschaftliche Ziel der Auffindung von Mechanismen, um bestimmte Ereignisse und Prozesse zu erklären, in einer spezifischen Weise mit dem Auftreten von Kontingenzen kollidiert. „If a mechanism is represented as linking two events or system states, contingency resides in the initial (or context) conditions that are not part of the mechanism itself" (Mayntz 2004: 245). Deshalb seien letztlich auch die Ergebnisse von Makroprozessen immer auch zu einem bestimmten Grad kontingent, das heißt, sie lassen sich – bei aller Beharrlichkeit in der Modellierung von Mechanismen – nicht vorhersagen. Nur im Rückblick könne man begründen, wie und warum durch kontingente Ereignisse bestimmte Ergebnisse auf den Weg gebracht worden seien. Da Sozialwissenschaftler aber über das aktuelle und zukünftige Auftreten kontingenter Wirkfaktoren nichts wissen, helfe alle Kenntnis über kausale Mechanismen in bestimmten Untersuchungsfeldern über das Dilemma der Unvorhersagbarkeit insbesondere von Makroprozessen nicht wirklich hinweg (Mayntz 2002; vgl. auch Zuckerman 1997: v. a. 288).

Dieser von Mayntz angesprochene Sachverhalt ist dann auch insbesondere im Rahmen der Debatten um pfadabhängige Prozesse ausführlich diskutiert worden, wobei ansatzweise versucht wurde zu klären, was Kontingenz eigentlich heißen könnte. Es war vor allem James Mahoney, der wie Mayntz darauf aufmerksam gemacht hat, dass gerade Pfadabhängigkeitstheoreme – die ja im Wesentlichen mit Verweis auf „Mechanismen" formuliert werden – auf eine Thematisierung von „contingent events" angewiesen sind. Denn es sind eben kontingente Ereignisse, welche pfadabhängige und damit determinierte Prozesse erst auslösen:

> „The identification of path dependence therefore involves both tracing a given outcome back to a particular set of historical events, and showing how these events are themselves contingent occurrences that cannot be explained on the basis of prior historical conditions. Because the presence or absence of contingency cannot be established independent of theory, the specification of path dependence is always a theory-laden process" (Mahoney 2000: 507-08).

Wichtig ist hier insbesondere Mahoneys Hinweis, der sich in ähnlicher Form auch in den Reflexionen der Historiker über das Ereignis findet (vgl. Abschnitt 3), dass Kontingenz sich nur vor dem Hintergrund eines theoretischen Systems definieren lässt, insofern nämlich das kontingente Ereignis *gerade nicht* mit den vorhandenen theoretischen Mitteln zu fassen sei; das kontingente Ereignis sei also gewissermaßen theoriefremd und müsse es auch sein, weil nur so „turning points" oder „critical junctures" im kausal geregelten Fluss historischer Prozesse und damit die Entstehungskontexte *neuer* pfadabhängiger Entwicklungen benannt werden könnten. Kontingent sind Ereignisse also nicht per se, sondern aus der Perspektive einer je spezifischen Theorie. Dies heißt nicht, dass kontingente Ereignisse an sich unerklärlich, wahrhaft zufällig und quasi grundlos sind (Mahoney 2000: 513). Vielmehr lassen sich kontingente Ereignisse aus der Sicht des Historikers oder Historischen Soziologen selbst wieder durchaus erklären, aber dazu muss das für die Erklärung herangezogene theoretische Paradigma ein anderes sein als jenes, das man zur Erklärung des Anlaufens und der Perpetuierung von pfadabhängigen Entwicklungen verwendet.

Wie man also sieht, gibt es im Bereich der Debatten um Mechanismen und Pfadabhängigkeit durchaus das Bemühen, dem Phänomen der Kontingenz gerecht zu werden. Allerdings fragt sich, ob in den Beiträgen der meisten der in diese Debatten verwickelten Autorinnen und Autoren – auch in denjenigen von Mayntz und Mahoney – tatsächlich mit aller Konsequenz versucht wurde, sich der Kontingenz sozialer Prozesse zu stellen. Diesbezügliche Zweifel haben im Felde der politischen und historischen Soziologie am deutlichsten der an der Pariser Sorbonne arbeitende Michel Dobry und der an der University of Michigan lehrende George Steinmetz zum Ausdruck gebracht und pointiert eine auf diesen Zweifeln beruhende methodologische Gegenposition eingenommen.

Michel Dobry hat insbesondere die auf Osteuropa bezogene Transitions- und Transformationsforschung einer scharfen methodologischen Kritik unterzogen. Wie er ausführt, lassen die dort in Anspruch genommenen Pfadabhängigkeitsargumente Kontingenzen in der Regel nur zu Beginn der betrachteten Prozesseinheiten zu, unterstellen ab diesem kontingenten Anfangspunkt aber ohne weitere Argumentation hochgradig determinierte Prozesse (Dobry 1999: 53). In diesem Zusammenhang bleibe vor allem unklar, aufgrund welcher ontologischer Annahmen über die soziale Wirklichkeit sich die scharfe ontologische Entgegensetzung zwischen einem solchen kontingenten Anfang einerseits und den dann deterministisch ablaufenden Nachfolgeprozessen andererseits überhaupt erfolgt (Dobry 1999: 63). Dobry ‚wittert' hier ungeklärte ontologische und theoretische Fragen, fordert aber genau deshalb, dass Prozessanalysen niemals unter einem teleologischen Blickwinkel unternommen werden dürften, konkret: dass das ins Auge gefasste (kontingente) Ereignis niemals ausschließlich vom Ergebnis her gedacht werden dürfe (Dobry 2001: 77). Es ist nur allzu leicht und vordergründig plausibel, beispielsweise die heutige Parteienlandschaft in einem osteuropäischen Staat auf bestimmte kontingente Entscheidungen und Konstellationen in der Zeit nach dem Zusammenbruch der Sowjetunion zurückzuführen. Wer aber so verfährt, der blendet die doch möglichen Kontingenzen *nach* diesen Entscheidungen und Konstellationen einfach aus und droht jenem schon angesprochenen fragwürdigen Dualismus zwischen reiner Kontingenz und strikter Determination zu verfallen:

> „Die Fokussierung des Forschungsinteresses auf die Ergebnisse der Ereignisse führt ganz einfach zu einem Unverständnis der häufig anzutreffenden Kontingenz dieser Ergebnisse, zum Unverständnis der Tatsache, daß diese Ergebnisse dem aleatorischen Zusammentreffen ganzer Serien von Determinationen, voneinander getrennten, heterogenen oder voneinander autonomen Kausalketten zu verdanken sind" (Dobry 2001: 80).

Darüber hinaus – so Dobry – wird mit einer solchen Vorgehensweise kontingenten und gleichzeitig pfadbegründenden Ereignissen in geradezu metaphysischer Weise eine merkwürdige Eigenschaft untergeschoben, nämlich ein spezifisches Wesen, das den Kern aller späteren Wirklichkeit bereits in sich enthalte. Wie er aber klar macht, haben Ereignisse kein „Wesen", keinen „„genetischen Code', der sich im späteren Ergebnis erfüllt und der den Verlauf zu jedem Zeitpunkt in die Richtung dieses Ergebnisses lenkt" (Dobry 2001: 81).

Dobry zufolge lassen sich derartige teleologische Versuchungen nur dadurch unterbinden, dass man im „Durcheinander der historischen Verkettungen und Fakten" sich immer wieder die „typischen Situationslogiken" klar macht, „welche sich den Wahrnehmungen, Einschätzungen, Vorwegnahmen, Berechnungen und schließlich den Praktiken und den Aktivitäten [...] der Ereignisakteure aufgedrängt haben könnten" (Dobry 2001: 83). Allein dadurch, dass man zu *jedem* Zeitpunkt einer scheinbar so notwendig ablaufenden pfadabhängigen Entwicklung immer wieder die möglichen Interpretationen und Handlungsüberlegungen der Akteure in Betracht zieht, lässt sich die Autonomie des ursprünglichen kontingenten Ereignisses gegenüber seiner Ätiologie bewahren (Dobry 2001: 88). Nur so werde es nämlich möglich zu hinterfragen, ob das spätere Ergebnis, also das Endresultat der Entwicklung, möglicherweise nicht auch durch andere Konstellationen erklärt werden könne als durch jenes zunächst gesetzte kontingente Anfangsereignis.

George Steinmetz' Kritik an herkömmlichen Pfadabhängigkeitsargumenten ist ähnlich gelagert, bezieht aber nochmals andere Aspekte mit ein. Seine Argumente richten sich ganz ähnlich wie diejenigen von Dobry zunächst vor allem darauf, dass in Konstruktionen der Pfadabhängigkeit in der Regel in hochgradig problematischer Weise ein Feld ‚normaler' Kausalität unterstellt wird, auf das plötzlich kontingente Ereignisse einwirkten, die dann wieder zum Entstehen ‚normaler' Kausalitätsfelder führten. Dies – so Steinmetz – sei aber eine völlig verfehlte Herangehensweise an den historischen Gegenstand. Denn:

> „Historical events are *always* produced by contingent conjunctures of causal mechanisms. Earlier conjunctures influence the intensity or particular value of any given mechanism in the present; they also co-determine whether a particular mechanism will be suppressed or expressed. What this means is that *all* events are partly shaped by earlier conjunctures, via

historical ‚paths'. Path dependency is thus a synonym for historical change *tout court*. It is only necessary as a separate term if one retains some belief in general social laws" (Steinmetz 2005: 145; Hervorh. im Original).

Wie Dobry kritisiert also auch Steinmetz jenen irgendwie unterstellten merkwürdigen ontologischen Dualismus.

Mit seinem kritischen Verweis auf „general social laws" geht dann Steinmetz aber noch über die Argumentation Dobrys hinaus, radikalisiert er doch dessen Position an zwei Punkten: Steinmetz wirft nämlich erstens den Pfadabhängigkeitstheoretikern gerade auch deswegen positivistische Grundtendenzen vor, weil sie zumeist ja auch versuchten, aus der Analyse von Pfadabhängigkeiten verallgemeinernde Schlussfolgerungen zu ziehen. Im Unterschied zum positivistischen Irrglauben gebe es aber Steinmetz zufolge schlicht keine Gesetze oder ‚Mechanismen', die immer und überall – also zeit- und kontextunabhängig – gleiche Effekte erzeugten, weshalb im Übrigen auch der Vergleich oder zumindest herkömmliche makro-komparative Vergleiche, die beispielsweise nach der Millschen „method of agreement" oder der „method of difference" verfahren, Ergebnisse vorspiegelten, die in Wirklichkeit nur methodische Artefakte seien. Was man allenfalls dingfest machen könne, seien raumzeitlich *spezifische* kausale Mechanismen, Mechanismen *in* bestimmten *Kontexten*, wobei sich dann aber eben durchaus bezweifeln lasse, dass das Wirken jener Mechanismen auch in anderen Kontexten einfach wiederzufinden ist. Schließlich – und dies ist der zweite weiterführende Punkt der Argumentationsführung von Steinmetz – dürfe die so szientifisch klingende Rede von Mechanismen und die Formulierung von sich auf diese stützenden „Erklärungen" nicht zur Annahme verführen, Erklärung und Interpretation seien zu trennen. Dies sei gerade nicht der Fall, denn jede kausale Theorie sei gleichzeitig „a picture, image, or *narrative* about a theoretical entity that may produce effects [...]" (Steinmetz 2005: 147; Hervorh. durch W. K.). Mechanismen sind keine real vorfindlichen Entitäten, die es nur zu greifen gilt, sondern Bestandteile sozialwissenschaftlicher Reflexion, einer Reflexion, die ohne narrative Momente nicht auskommt.

Wenn man all diese Punkte akzeptiert, wenn man im Rahmen der historisch-soziologischen Analyse also eher auf kontextspezifische Mechanismen abzielt als auf ‚soziale Gesetze', dann – so Steinmetz – ergibt sich zwangsläufig daraus, dass man dem Besonderen, dem *Ereignis*, größte Aufmerksamkeit schenken muss, gerade weil sich solche Ereignisse nur auf der Basis kausaler Mechanismen erklären lassen.[14] Dann sei es aber auch sinnlos, Fallstudien, die einen dichten Kontext untersuchen, gering zu schätzen, wie dies häufig in der nomologisch verfahrenden Soziologie getan wird, in der man Fallstudien allenfalls eine heuristische Funktion zuweist:

---

14   „Recognition of the ontological reality of contingency rules out the search for constant conjunctions of events as a normal feature of science" (Steinmetz 1998: 177).

„Since the basic object of an explanation is the individual event or case, it makes no sense to set case studies against explanation. Indeed, excluding case studies from historical sociology would be equivalent to excluding explanation from historical sociology" (Steinmetz 2005: 151).

So argumentierend unterscheidet Steinmetz dann terminologisch zwischen *Erklärung*, *Theorie* und der *Evaluation von Theorien*. Erklärungen – so Steinmetz – richteten sich auf das (zu erklärende) individuelle Phänomen, Theorien sind Aussagen zu Mechanismen, die das Phänomen hervorrufen, und eine Evaluation von Theorien mit Blick auf mögliche Generalisierungen mag eine Akkumulation von Fallstudien, also letztlich Vergleiche erfordern; man solle sich aber vor der Annahme hüten, dass nur systematische Vergleiche Erklärungen lieferten (Steinmetz 2005: 151). Letzteres schon deshalb nicht, weil man sich der Tatsache bewusst sein sollte, dass die benannten Mechanismen kontextgebunden sind und hinsichtlich ihrer Wirkungsmächtigkeit ohnehin kaum verallgemeinert werden dürfen. Steinmetz plädiert also mit seiner Kritik an herkömmlichen ontologischen und theoretischen Annahmen für eine kontingenzsensible Analysestrategie, die sich genau deshalb dann auch kaum noch des methodischen Standardrepertoires der Sozialwissenschaften bedienen kann.

Dobrys und Steinmetz' Argumente basieren zweifellos auf einem anderen wissenschaftstheoretischen Verständnis als jenem, das bei Mayntz oder Mahoney zu finden ist. Mit Verweis auf Kontingenzen, auf die Bedeutung von Ereignissen, die Notwendigkeit der Verschränkung von Erklärung und Interpretation etc. wird sowohl bei Dobry wie auch bei Steinmetz ein durchaus anderes Bild der sozialen Realität und der möglichen Weise des Zugangs zu ihr entworfen, was sich in einer alternativen Methodologie niederschlägt, die sich – wie schon betont – dem (von Steinmetz so bezeichneten) „Positivismus" herkömmlicher Verfahren entziehen will.[15] Die Gemeinsamkeiten, insbesondere aber auch Differenzen zwischen Steinmetz und Dobry einerseits und – stellvertretend für viele andere – Mahoney und Mayntz andererseits, sollen zum Schluss dieses Abschnitts noch einmal kurz beleuchtet werden, weil sich nur dadurch der Boden für ein kontingenzsensibles methodologisches Instrumentarium in der (Makro-)Soziologie gewinnen lässt.

Mit Mahoney (s. oben S. 79–80) ist zu betonen, dass tatsächlich kontingente Ereignisse am Anfang von Pfadabhängigkeiten stehen. Mahoney hat auch Recht mit seiner Behauptung, dass solche Kontingenzen deswegen aber nicht unerklärbar sind, sondern lediglich einem anderen *Theorie*rahmen angehören und nur auf der Basis dessen kausal zugerechnet werden können. Gleichzeitig sollte aber diese Feststellung – und dies wäre *gegen* Mahoney in Anschlag zu bringen – nicht dazu verleiten, die

---

15 In diesem Zusammenhang sei nur kurz darauf verwiesen, dass Steinmetz stark dem „kritischen Realismus" von Roy Bhaskar verpflichtet ist, einer wissenschaftstheoretischen Position, die in der anglo-amerikanischen (historischen) Makrosoziologie einige Anhänger hat, hierzulande aber ziemlich unbekannt ist (vgl. Bhaskar 2008 [1975] und als Überblick Sayer 2006).

Hyperstabilität und Determiniertheit sozialer Prozesse nach dem pfadbegründenden
Ereignis einfach nur zu postulieren. Wie Dobry (und Steinmetz) zurecht betont haben,
sollte man sich diesbezüglich vor einem „misplaced determinism" (Dobry 2001: 87)
hüten, weil dadurch ontologische Annahmen über die soziale Realität unterstellt werden, die durch nichts gerechtfertigt sind. Diese Warnung vor einem „misplaced determinism" bedeutet aber nun freilich nicht eine Infragestellung oder Zurückweisung
des Konzepts der Kausalität als solchem. „Gewarnt" werden soll lediglich vor einer
naiven Anwendung dieses Konzepts (Dobry 2001: 87). Wer sich um eine adäquate
Fassung sozialer Prozesse bemüht, dem sollte klar sein, dass es immer um eine ‚angemessene Bestimmung des Verhältnisses von Kontingenz und Gesetzmäßigkeit'
geht (Hampe 2006: 147), dass also eine Scheidung des zeitlichen Geschehens in Momente reiner Kontingenz und solche reiner Determiniertheit von vornherein keinen
Sinn ergibt.

An Dobrys und Steinmetz' Argumente gegen die Unterstellung derartiger ontologischer Dualismen lassen sich nun problemlos die methodologischen Einsichten anschließen, die schon die Historiker (s. Abschnitt 3) im Rahmen ihrer Neuthematisie-
rung von Kontingenz vorangetrieben haben. Die Rede von pfadbegründenden Ereignissen („turning points"[16]) und „pfadabhängigen Entwicklungen" ist – sofern man
damit nicht jenem oben schon angesprochenen ontologischen Dualismus zum Opfer
fällt – durchaus sinnvoll. Ja, man wird sogar sagen können, dass nur mit einer solchen
„Rede", mit derartigen Konzepten, genau jene angemessene Bestimmung des Verhältnisses von Kontingenz und Gesetzmäßigkeit geleistet werden kann, die von reali-
tätsangemessenen Prozessanalysen zu fordern ist. Nur dadurch lässt sich ja beispielsweise – wie in der Einleitung schon angesprochen – der zeitdiagnostischen Ver-
suchung entgehen, entweder die allumfassende Kontingenz und Flüssigkeit oder die
allumfassende Determiniertheit und Starre sozialer Wirklichkeit zu behaupten. Allerdings sollte man sich dann bei der Formulierung solcher Prozessanalysen klar sein,
dass Konzepte wie „turning points" und „pfadabhängige Entwicklungen" nicht Wi-
derspiegelungen der Realität sind, sondern Bestandteile narrativer Verfahren, dass es
also durchaus fraglich ist, ob Forschungen zu Pfadabhängigkeiten jemals zur Formulierung generalisierter Theorien – noch dazu solcher mit prognostischer Kraft – führen
werden. Darauf hat insbesondere Andrew Abbott nachdrücklich hingewiesen, der mit
guten Gründen gerade die szientifischen Hoffnungen, die im Rahmen der Diskussion
des Konzepts der Pfadabhängigkeit gehegt wurden und werden, abweisen will.

> „What makes a turning point a turning point rather than a minor ripple is the passage of
> sufficient time ‚on the new course' such that it becomes clear that direction has indeed

---

16 Matthias Jung hat darauf aufmerksam gemacht, dass der mittlerweile so gebräuchliche
   englische Begriff des „turning point" insofern unglücklich ist, als er eine Art Umkehr von
   Entwicklungen suggeriert. Das ist aber natürlich nicht gemeint. Um was es geht sind Bi-
   furkationen oder Weichenstellungen. Weil der Begriff „turning point" aber bereits eingeführt ist, wird er im Text auch weiterhin verwendet.

been changed. Note that this ‚narrative‘ character of turning points emerges quite as strongly in quantitative and variable-based methods as in qualitative or case-based one. If quantitative turning points could be identified merely with reference to the past and the immediate present, algorithms locating turning points could beat the stock market. It is precisely the ‚hindsight‘ character of turning points – their definition in terms of future as well as past and present – that forbids this" (Abbott 1997: 89; vgl. auch Norkus 2005: 364).

Die Rede von „turning points", von „pfadabhängigen Entwicklungen" ist also nichts anderes als eine Erzählung beziehungsweise ein Teil einer Erzählung, die um ein zentrales Objekt herum organisiert ist. Wenn aber „turning points" und „pfadabhängige Entwicklungen" letztlich Elemente in Erzählungen sind[17], dann sind auch die Spezifika von Erzählungen zu berücksichtigen. Und damit sind wir nun wieder bei der Thematik von Abschnitt 3 angelangt und können nun den methodisch geforderten Umgang mit kontingenten Ereignissen im Rahmen makrosoziologischer Analysen anhand von einigen wenigen Postulaten umreißen.

5   Die Analyse von Kontingenzen und ihre Methodologie: Einige abschließende Überlegungen

(1) Wenn es richtig ist, dass – wie oben behauptet – pfadbegründende Ereignisse nicht an sich gegeben sind, sondern im Rahmen der Formulierung eines „plots" vom sozialwissenschaftlichen Beobachter ausgewählt werden, dann ergibt sich daraus unmittelbar, dass die Merkmale narrativer Verfahren ernst genommen werden müssen. Wie David Maines herausstellte, sind in Bezug auf eine jede erzählerische Strategie drei Elemente zu beachten, wobei notwendigerweise der Auswahl des Ereignisses/der Ereignisse eine besondere Bedeutung zukommt:

> „The first element is that events must be selected from the past for purposes of focus and commentary. Second, those events must be transformed into story elements. This is done through the use of plot, setting, and characterization that confer structure, meaning, and context on the events selected. Third, a temporal ordering of events must be created so that questions of how and why events happened can be established and the narrative elements can acquire features of tempo, duration, and pace" (Maines 1993: 21; vgl. auch Griffin 1992: 419/420).

Dies hört sich auf den ersten Blick trivial an, hat aber für makrosoziologische Analysen insofern erhebliche Bedeutung, als gerade Maines' dritter Punkt – die genaue

---

17 Die Problematik findet sich schon in Aristoteles' „Poetik", insofern dort der kontingente, also nicht-notwendige Anfang einer jeden Erzählung (Tragödie) betont wird: „Ein Ganzes ist, was Anfang, Mitte und Ende hat. *Ein Anfang ist, was selbst nicht mit Notwendigkeit auf etwas anderes folgt*, nach dem jedoch natürlicherweise etwas anderes eintritt oder entsteht. Ein Ende ist umgekehrt, was selbst natürlicherweise auf etwas anderes folgt, und zwar notwendigerweise oder in der Regel, während nach ihm nichts anderes mehr eintritt" (Aristoteles 2006: 25; Hervorh. durch W. K.).

Aufschlüsselung des Handlungsverlaufs – in der Forschungspraxis nur allzu selten ausreichend berücksichtigt wird. Gerade weil – wie oben von Michel Dobry angemerkt – dem Ereignis häufig ein „genetischer Code" zugesprochen wird, der das spätere Ergebnis gewissermaßen schon enthält, verzichten Sozialwissenschaftler häufig großzügig auf detailgenaue Analysen des Handlungsverlaufs. Schließlich wird der „plot" ja aus der Perspektive des späteren Ergebnisses entwickelt, womit eine Art Zwangsläufigkeit der pfadabhängigen Entwicklung unterstellt wird, welche die von Maines geforderte Beachtung der „features of tempo, duration, and pace" als eher überflüssig erscheinen lässt.

Eine die Details ernst nehmende Vorgehensweise ist umso stärker einzufordern, je länger der Zeitraum ist, für den eine pfadabhängige Entwicklung behauptet wird. Der erzählerische „plot" muss ja einen Anfang und ein Ende des untersuchten Prozesses postulieren, muss also Aussagen machen zum Zeitraum zwischen einem „turning point", zu dem eine pfadabhängige Entwicklung einsetzt bzw. beginnt, und dem Ende jener Entwicklung. „Narrative" können der von Maines geforderten Detailgenauigkeit dabei umso leichter nachkommen, je geringer der zeitliche Abstand zwischen Anfang und Ende des behaupteten pfadabhängigen Prozesses tatsächlich ist. Je größer dieser zeitliche Abstand wird, desto schwieriger, weil aufwändiger wird es freilich, der Forderung von Maines nachzukommen. Konkret heißt dies, dass Erzählungen immer Schwierigkeiten haben, zeitlich weit auseinander liegende Punkte miteinander zu verbinden; schließlich muss die Erzählung ja eine Art Mechanismus benennen, der zum Zeitpunkt t_1 in Gang gesetzt und möglicherweise über viele Jahre, Jahrzehnte, Jahrhunderte oder gar Jahrtausende bis zum Zeitpunkt t_2 in Gang gehalten wurde. Die Reproduktion und damit die Fortdauer der Mechanismen, welche eine pfadabhängige Entwicklung am Leben erhalten, müssen jedenfalls gut dokumentiert werden.[18] Und es ist fraglich, ob das bei allen Forschungsfragen – vor allem solchen, die sich auf vermeintlich extrem langanhaltende Entwicklungen beziehen – tatsächlich möglich ist. Anders formuliert: Thesen, die das Vorliegen solcher langdauernder Entwicklungen postulieren, ist zunächst einmal mit Skepsis zu begegnen, weil immer schon die Frage nahe liegt, ob sie sich tatsächlich auch nur einigermaßen empirienah belegen lassen.

(2) Analysen zu kontingenten Ereignissen und daran anschließenden determinierten Prozessen konzentrieren sich häufig nur allzu schnell allein auf den Anfangspunkt einer Entwicklung. Allein dieser wird dann begründet. Vergessen werden darf freilich nicht, dass neben dem Beginn einer Episode beziehungsweise einer pfadabhängigen Entwicklung auch deren *Ende* mit theoretischen oder erzählerischen Mitteln gerecht-

---

18 Theorien des kulturellen Gedächtnisses können dies bis zu einem bestimmten Grad leisten; doch ist gleichzeitig daran zu erinnern, dass derartige Theorien gerade nicht behaupten, dass ein Immergleiches über die Jahrzehnte und Jahrhunderte hinweg reproduziert wird. Auch die Verschriftlichung von kulturellen Gehalten garantiert nicht die Stabilität dieser Muster (vgl. Knöbl 2007: 96-104).

fertigt werden muss (Abbott 2001b: 145). Auch das Ende einer Entwicklung lässt sich also nicht der untersuchten sozialen Wirklichkeit selbst entnehmen. Dies bedeutet aber letztlich, dass eine Plausibilisierung des Endes einer Entwicklung nur über den Rückgriff auf das Explanandum denkbar ist. Nur durch ein klares Bild darüber, was erklärt werden soll, lässt sich Beginn wie Ende einer Erzählung rechtfertigen, lässt sich darlegen, warum bestimmte Ereignisse etwa in diesem spezifischen Erzählzusammenhang nichts zu suchen haben und damit irrelevant sind, anderen hingegen durchaus eine große Bedeutung zukommt (Büthe 2002: 487).

Hier ist gleich anzufügen, dass Pfadabhängigkeits-Argumente – wenn überhaupt – in der Regel nur zwei „turning points" beachten, einen, durch den eine pfadabhängige Entwicklung beginnt, und einen, mit dem sie endet, womit dann eine andere Entwicklung startet. Wenn man einen plausiblen „plot" darlegen kann, der Anfang und Ende einer Entwicklung verbindet, dann gibt man sich damit in der Forschungspraxis häufig schon zufrieden. Nur selten wird dann noch die durchaus naheliegende Frage gestellt, ob man nicht – dazwischen! – auch andere „turning points" sehen könnte, die möglicherweise einen ganz anderen Pfad einleiten und damit einen ganz anderen „plot" rechtfertigen könnten. Ebenso wenig wird dann auch noch untersucht, ob die einmal ausgemachten „turning" und „end points" nicht vielleicht nur als Teilstationen einer zeitlich viel ausgedehnteren Entwicklung zu interpretieren wären (Haydu 1998: 353). Je nachdem, welchen Standpunkt man einnimmt, könnte man dann im konkreten Fall auch zu durchaus unterschiedlichen Urteilen kommen, könnte man möglicherweise von Pfadabbruch *oder* Pfadbestätigung sprechen. Es ist also durchaus angebracht, die erzählerische Konstruktion von Kontingenzen und Pfadabhängigkeiten schon allein dadurch immer wieder zu hinterfragen, dass man kontinuierlich durchaus mögliche andere Anfangs- und Endpunkte von Entwicklungen in Betracht zieht.

(3) Die Diskussion der nur theoretisch zu rechtfertigenden Setzung von Anfangs- und Endpunkten von Entwicklungen führt zur Frage des Wahrheitsgehaltes von Analysen der Pfadabhängigkeit. In der diesbezüglichen institutionalistischen Debatte ist etwa in den letzten Jahren immer stärker kritisiert worden, dass die hier involvierten Autoren eine Art Hyperstabilität des Pfades unterstellen und oftmals kaum mehr die Möglichkeit von Pfadwechseln oder von inkrementellem Wandel zulassen (Streeck/Thelen 2005: v. a. 6-9). Die Stabilitätsannahmen zum rheinischen Kapitalismus etwa hätten sich als einigermaßen trügerisch erwiesen, ein Pfadwechsel – wie langsam und schleichend dieser auch immer vor sich gegangen ist – sei entgegen den Behauptungen der Autoren einer starken Pfadabhängigkeit also doch möglich gewesen, was somit die Frage aufwirft, wie sich derartige Erzählungen überhaupt erhärten lassen.

Festzuhalten ist jedenfalls, dass sich aus der Erzählung heraus der jeweilige Wahrheitsanspruch nicht begründen lässt, sondern nur durch Heranziehung guter Argumente, welche eine spezifische Erzählung, etwa die Behauptung des Vorliegens einer ganz spezifischen pfadabhängigen Entwicklung, plausibler und überzeugender machen als eine andere (Büthe 2002: 488). Dadurch wird aber die Erzählung als Methode nicht beliebig; Argumente und Gründe sind nicht einfach willkürlich. Was für eine Plausibilisierung zu leisten ist, dies ist allemal der Versuch des Nachweises, dass tatsächlich der dargebotene „plot" gegenüber allen anderen nur denkbaren Konstruktionen vorzuziehen ist. Im Rahmen jener Plausibilisierung ist dann durchaus auch der Einsatz von „Counterfactuals" in Erwägung zu ziehen. Auch wenn „Counterfactuals" in den Sozialwissenschaften lange Zeit mit guten Gründen verpönt waren, so sollte man sie nicht vorschnell vom Tisch wischen, können sie doch gerade bei der Rekonstruktion pfadabhängiger Prozesse eine erhebliche Hilfsfunktion erfüllen (Fox Gotham/Staples 1996: 484). „Was wäre gewesen, wenn"-Fragen sind durchaus nützlich, um zu theoretisch anspruchsvollen Erzählungen vorzudringen bzw. um vorschnelle Theoriekonstruktionen tatsächlich abweisen zu können, die ja bei der Analyse von langanhaltenden, pfadabhängigen Entwicklungen nur allzu bequem bei der Hand sind. Wie Richard Ned Lebow überzeugend dargelegt hat, besteht der Wert von „Counterfactuals" gerade darin, dass sich mit ihnen deterministische Annahmen bezüglich vergangener Kausalitäten durchaus relativieren lassen (Lebow 2000: 557). Gerade wenn man Dobrys Rat folgt, kontingente Ereignisse nicht von ihrem Ergebnis her zu deuten, liegt es nahe, mithilfe von „Counterfactuals" zu ergründen, ob das Ergebnis nicht auch auf eine andere Weise hätte entstehen können, also *ohne* jenes pfadbegründende Ereignis, das man zunächst als einzig möglichen Ausgangspunkt der dann notwendig folgenden Entwicklung betrachtet hatte. Dass derartige kontrafaktische Erzählungen vorsichtig einzusetzen sind und nur dann sinnvoll formuliert werden können, wenn sie sich aus einer tatsächlich kontextnahen Untersuchung des historischen Materials gewissermaßen selbst aufdrängen und wenn sie zudem einen Mechanismus beinhalten, der es plausibel macht, dass das spätere Ergebnis auch mit jenem nur hypothetischen Mechanismus hervorgerufen worden wäre (Lebow 2000: 569), versteht sich dabei von selbst.

Die Nützlichkeit kontrafaktischer Erzählungen lässt sich nochmals mit den Worten des großen britischen Philosoph Bernard Williams folgendermaßen formulieren: Williams hatte in Beantwortung der Frage, ob auch Fiktionen für Erklärungen nützlich sein können, mit Verweis auf Robert Nozicks Unterscheidung zwischen potentiellen Erklärungen mit Gesetz-Mangel und solchen mit Fakten-Mangel, reagiert. Der entscheidende Punkt für Williams ist hier, dass „manche potentielle(n) Erklärungen mit Fakten-Mangel, aber ohne Gesetz-Mangel (nützlich) sind, weil sie einen bestimmten Prozeß als möglich erweisen" (Williams 2003: 54). Erklärungen mit Fakten-Mangel, aber ohne Gesetz-Mangel bezeichnet Williams auch als „imaginäre Genealogien", die dem Analytiker dazu verhelfen, einen funktionalen Zusammenhang und mithin eine funktionale Erklärung zu formulieren mithilfe von Motiven, „die man den Menschen ohnehin zubilligen muß" (Williams 2003: 58), auch wenn man die jeweiligen Motive bei den realen historischen Personen möglicherweise nicht wirklich dingfest machen kann. Dies ist aber – wie Williams verdeutlicht – gerade kein Plädoyer für einen umfassenden explanatorischen Funktionalismus in den Sozialwissenschaften, sondern allenfalls ein Mittel, um über das Verhältnis von Historie und (theoretischer) Abstraktion nachzudenken (Williams 2003: 59/60), um sich mithin auch zu wappnen gegen allzu eindimensionale Erzählungen, wie sie in Pfadabhängigkeitsargumenten auftauchen. Klar ist jedenfalls, dass „Counterfactuals" oder eben auch „imaginäre Genealogien" durchaus hilfreich sein können, um teleologischen Versuchungen entgegenzuwirken.

(4) Wenn – wie von Ricœur immer wieder betont – die Erzählung schlechthin *das* Ausdrucksmittel für menschliche Zeitlichkeit ist, dann ist Temporalität im sozialen Leben auch wirklich anzuerkennen, nämlich die an sich banale, aber durchaus folgenreiche Tatsache, dass möglicherweise im Unterschied zur Natur nicht selbstverständlich von der Annahme einer konstanten Relevanz von Faktoren beziehungsweise von ihrer kausalen Stabilität ausgegangen werden kann. *Statistische* Verfahren in den Sozialwissenschaften ignorieren dies – wie oben schon betont (vgl. Abschnitt 2) – fortwährend (Abbott 2001a: 44; Isaac 1997: 8). Aber nicht nur diese! Denn der Prämisse einer Konstanz kausaler Faktoren unterwerfen sich auch noch große Teile der Historischen und Makro-Soziologie, insofern dort die historische Zeit als ein Experimentierfeld betrachtet wird, in der zeit- und kontextunabhängig immer wieder bestimmte Muster der sozialen Realität durch die Ingangsetzung kausaler Mechanismen reproduziert würden, wobei sich dieser Sachverhalt durch eine rigorose Anwendung etwa der Millschen Vergleichsmethode (methods of difference and agreement) aufhellen ließe. Eine solche Unterstellung verzeichnet aber eben gerade die spezifische Zeitlichkeit von Prozessen in Gesellschaften, sie ignoriert die Besonderheit von Ereignissen:

> „A fully eventful conception of temporality must also deny the assumption that causal structures are uniform through time. Events must be assumed to be capable of changing not only the balance of causal forces operating but the very logic by which consequences follow from occurrences or circumstances. A fully eventful account of the fate of nobles in the French Revolution, for example, would have to argue that nobles lost power not only because the loss of some of their assets – land, tax privileges, feudal dues, offices – reduced their resources relative to those of other classes but also because the rules of the social and political game were radically redefined, making what had previously been a prime asset – their noble status – into a powerful liability by the time of the Terror [...] Because the causalities that operate in social relations depend at least in part on the contents and relations of cultural categories, events have the power to transform social causality" (Sewell 1996: 263).

Auf jeden Fall ist also Vorsicht bei dem Versuch angebracht, die in einer pfadabhängigen Entwicklung gefundenen „Mechanismen" verallgemeinern, d. h. auf andere Kontexte übertragen zu wollen. Zwar ist es sicherlich richtig, dass sich in verschiedensten Kontexten durchaus ähnliche Mechanismen finden lassen und somit „multiple narratives" eine mögliche Basis für generalisierende Ambitionen sein können. Hier lässt sich dann vielleicht herausarbeiten, was einmalig ist und was nicht, welche Me-

chanismen beispielsweise immer wieder auftauchen. Dies wäre dann der Startpunkt
für eine Evaluation von Theorien im Sinne von Steinmetz (vgl. S. 81-83):

> „Having assured that each narrative contains the same elements, we can employ each nar-
> rative as a unit or ‚observation‘ to test the causal argument. To be sure, we are unlikely to
> be able to furnish sufficiently many historical narratives to perform statistical tests, and by
> virtue of treating each historical narrative as a self-contained unit so as to incorporate
> temporal progression into each ‚observation‘ we have to reject any attempt to make ‚many
> observations from few‘ […]. But as ‚plausibility probes‘ multiple narratives are very use-
> ful. Increasing the number of confirming narratives does not in any way ‚prove‘ the model
> […], but in light of the temptation of inductivist modifications of a given model, the abil-
> ity of a model to withstand the difficult test of application to different occurrences of the
> explanandum without ad hoc alterations makes more plausible that it has captured the
> central, generalizable dynamics rather than unique elements of a particular case“ (Büthe
> 2002: 489).

Allerdings sollte man sich bei der Übertragung von Mechanismen auf andere Kontexte bewusst sein, dass Erzählungen mit ihren Setzungen von Anfangs- und Endpunkten
– in der herkömmlichen Sprache der Methodiker – notwendiger Weise auf einem
„selection bias“ basieren, was eben immer die Frage aufwirft, wie sehr die in solchen
Erzählungen zum Ausdruck kommenden Regelmäßigkeiten, Mechanismen etc. tatsächlich verallgemeinert werden dürfen (Büthe 2002: 488), nicht zuletzt auch deswegen, weil es eben der Kontext ist, welcher die je spezifische Wirkungsweise der
Variablen und damit die von ihnen ausgelöste temporale Dynamik bestimmt. Damit
ist man aber wieder bei der von Steinmetz artikulierten Skepsis gegenüber vorschnellen Verallgemeinerungen (vgl. S. 81-83) und der vom Forscher einzufordernden prinzipiellen Bereitschaft, auch die Möglichkeit der Formulierung ganz anderer „plots“ in
Erwägung zu ziehen, um sich nicht der Chance zu begeben, ganz andere Zusammenhänge zu sehen.

Wer immer also die Kontingenz sozialer Prozesse und deren kontextgebundene
Temporalität anerkennt, der wird Schwierigkeiten haben, die Verallgemeinerungs-
bedürfnisse der ‚traditionellen‘ Sozialwissenschaften zu erfüllen. Er/Sie wird auf
einen vergleichsweise steinigen Pfad geführt, auf dem sich herkömmliche Methoden
kaum oder nur mit äußerster Vorsicht anwenden lassen.

Literatur

Abbott, Andrew, 1997: On the Concept of Turning Point, in: Comparative Social Research 16, 85-105.

Abbott, Andrew, 2001a: Transcending general linear Reality, in: Ders.: Time Matters. On Theory and Method. Chicago, London, 37-63.

Abbott, Andrew, 2001b: What do Cases do?, in: Ders., Time Matters, 129-160.

Aristoteles, 2006: Poetik (Griechisch/Deutsch). Stuttgart.

Bhaskar, Roy, 2008 [1975]: A realist Theory of Science. London, New York.

Büthe, Tim, 2002: Taking Temporality seriously: Modelling History and the Use of the Past, in: The American Political Science Review 96 (3), 481-493.

Dalferth, Ingolf U./Stoellger, Philipp, 2000: Einleitung: Religion als Kontingenzkultur und die Kontingenz Gottes, in: Dies. (Hrsg.): Vernunft, Kontingenz und Gott. Konstellationen eines offenen Problems. Tübingen, 1-44.

Danto, Arthur C., 1980 [1965]: Analytische Philosophie der Geschichte. Frankfurt a. M.

Deißler, Stefan, 2008: Die narrative Soziologie Andrew Abbotts. Magisterarbeit. Universität Göttingen.

Dewey, John, 1995 [1925]: Erfahrung und Natur. Frankfurt a. M.

Dewey, John, 1998 [1929]: Die Suche nach Gewissheit. Eine Untersuchung des Verhältnisses von Erkenntnis und Handeln. Frankfurt a. M.

Dewey, John, 2002 [1935]: Logik. Die Theorie der Forschung. Frankfurt a. M.

Dewey, John, 2003 [1928]: Philosophien der Freiheit, in: Ders.:, Philosophie und Zivilisation. Frankfurt a. M., 266-291.

Dewey, John, 2004 [1909]: Der Einfluss des Darwinismus auf die Philosophie, in: Ders.: Erfahrung, Erkenntnis und Wert. Frankfurt a. M., 31-43.

Dobry, Michel, 1999: Paths, Choices, Outcomes, and Uncertainty. Elements for a critique of transitional reason, in: Ders. (Hrsg.): Democratic and Capitalist Transitions in Eastern Europe. Lessons for the Social Sciences. Dordrecht, Boston, London, 49-70.

Dobry, Michel, 2001: ,Ereignisse' und Situationslogik: Lehren, die man aus der Untersuchung von Situationen politischer Unübersichtlichkeit ziehen kann, in: Andreas Suter/Manfred Hettling (Hrsg.): Struktur und Ereignis. Geschichte und Gesellschaft – Sonderheft 19. Göttingen, 75-98.

Fox Gotham, Kevin/Staples, William G., 1996: Narrative Analyses and the New Historical Sociology, in: The Sociological Quarterly 37 (3), 481-501.

Griffin, Larry, 1992: Temporality, Events, and Explanation in Historical Sociology. An Introduction, in: Sociological Methods & Research 20 (4), 403-427.

Hampe, Michael, 2006: Erkenntnis und Praxis. Zur Philosophie des Pragmatismus. Frankfurt a. M.

Hampe, Michael, 2007: Eine kleine Geschichte des Naturgesetzbegriffs. Frankfurt a. M.

Haydu, Jeffrey, 1998: Making Use of the Past: Time Periods as Cases to Compare and as Sequences of Problem Solving, in: American Journal of Sociology 104 (2), 339-371.

Hoffmann, Arnd, 2005: Zufall und Kontingenz in der Geschichtstheorie. Mit zwei Studien zu Theorie und Praxis der Sozialgeschichte. Frankfurt a. M.

Isaac, Larry W., 1997: Transforming Localities. Reflections on Time, Causality, and Narrative in Contemporary Historical Sociology, in: Historical Methods 30 (1), 4-12.

Jay, Martin, 1992: Of Plots, Witnesses, and Judgements, in: Saul Friedländer (Hrsg.): Probing the Limits of Representation. Cambridge, London, 97-107.

Joas, Hans, 1989: Praktische Intersubjektivität. Die Entwicklung des Werkes von G. H. Mead. Frankfurt a. M.

Joas, Hans, 1992: Die Kreativität des Handelns. Frankfurt a. M.

Knöbl, Wolfgang, 2007: Die Kontingenz der Moderne. Wege in Europa, Asien und Amerika. Frankfurt a. M., New York.

Lamarque, Peter/Olsen, Stein Haugom, 1996: Truth, Fiction and Literature. A Philosophical Perspective. Oxford.

Lebow, Richard Ned, 2000: What's so different about a Counterfactual?, in: World Politics 52 (July), 550-585.

Mahoney, James, 2000: Path dependence in historical Sociology, in: Theory and Society 29 (4), 507-548.

Maines, David R., 1993: Narrative's Moment and Sociology's Phenomena: Toward a Narrative Sociology, in: The Sociological Quarterly 34 (1), 17-38.

Mayntz, Renate, 2002: Zur Theoriefähigkeit makro-sozialer Analysen, in: Dies. (Hrsg.): Akteure – Mechanismen – Modelle. Zur Theoriefähigkeit makro-sozialer Analysen. Frankfurt a. M., New York, 7-43.

Mayntz, Renate, 2004: Mechanisms in the Analysis of social Macro-Phenomena, in: Philosophy of the Social Sciences 34 (2), 237-259.

Mead, George Herbert, 1980 [1932]: The Philosophy of the Present. Edited by Arthur E. Murphy. With Prefatory Remarks by John Dewey. Chicago, London.

Middell, Matthias/Sammler, Steffen (Hrsg.), 1994: Alles Gewordene hat Geschichte. Die Schule der ANNALES in ihren Texten 1929-1992. Mit einem Essay von Peter Schöttler. Leipzig.

Norkus, Zenonas, 2005: Mechanisms as Miracle Makers? The Rise and Inconsistencies of the 'Mechanismic Approach' in Social Science and History, in: History and Theory 44 (3), 348-372.

Peirce, Charles S., 1991a [1884]: Entwurf und Zufall, in: Ders.: Naturordnung und Zeichenprozess. Schriften über Semiotik und Naturphilosophie. Mit einem Vorwort von Ilya Prigogine. Herausgegeben und eingeleitet von Helmut Pape. Aachen, 113-125.

Peirce, Charles S., 1991b [1892]: Eine Überprüfung der Lehre des Nezessarismus, in: Ders.: Schriften zum Pragmatismus und Pragmatizismus. Herausgegeben von Karl-Otto Apel. Frankfurt a. M., 288-312.

Ricœur, Paul, 1983: Temps et récit. 1. L'intrigue et le récit historique. Paris.

Ricœur, Paul, 1986: Zufall und Vernunft in der Geschichte. Tübingen.

Rölli, Marc (Hrsg.), 2004: Ereignis auf Französisch. Von Bergson bis Deleuze. München.

Sayer, Andrew, 2006: Realism and Social Science. London u. a.

Sewell, William H., 1996: Three Temporalities: Toward an eventful Sociology, in: Terence McDonald (Hrsg.): The Historic Turn in the Human Sciences. Ann Arbor, 245-280.

Sewell, William H. Jr., 2001: Eine Theorie des Ereignisses. Überlegungen zur „möglichen Theorie der Geschichte" von Marshall Sahlins, in: Andreas Suter/Manfred Hettling (Hrsg.): Struktur und Ereignis. Geschichte und Gesellschaft – Sonderheft 19. Göttingen, 46-74.

Sewell, William H. Jr., 2005: Logics of History. Social Theory and Social Transformation. Chicago, London.

Simiand, François, 1903: Historische Methode und Sozialwissenschaft, in: Middell/Sammler (Hrsg.), 168-232.

Steinmetz, George, 1998: Critical Realism and Historical Sociology. A Review Article, in: Comparative Studies in Society and History 40 (1), 170-186.

Steinmetz, George, 2005: The epistemological Unconsciousness of U.S. Sociology and the Transition to Post-Fordism: The Case of Historical Sociology, in: Julia Adams/Elisabeth S. Clemens/Ann Shola Orloff (Hrsg.): Remaking Modernity. Politics, History, and Sociology. Durham, London, 109-157.

Stone, Lawrence, 1979: The Revival of Narrative: Reflections on a New Old History, in: Past & Present 85, 3-24.

Straub, Jürgen, 2001: Temporale Orientierung und Narrative Kompetenz. Zeit- und erzähltheoretische Grundlagen einer Psychologie biographischer und historischer Sinnbildung, in: Jörn Rüsen (Hrsg.): Geschichtsbewußtsein. Psychologische Grundlagen, Entwicklungskonzepte, empirische Befunde. Köln/Weimar/Wien, 15-44.

Streeck, Wolfgang/Thelen, Kathleen, 2005: Introduction: Institutional Change in advanced political Economies, in: Dies. (Hrsg.): Beyond Continuity. Institutional Change in advanced political Economies. Oxford, 1-39.

Suter, Andreas, 1997: Histoire Sociale et Événements Historiques, in: Annales HSS 52 (3), 543-567.

Suter, Andreas/Manfred Hettling, 2001: Struktur und Ereignis – Wege zu einer Sozialgeschichte des Ereignisses, in: Dies (Hrsg.): Struktur und Ereignis. Geschichte und Gesellschaft – Sonderheft 19. Göttingen, 7-32.

Troeltsch, Ernst, 1910: Die Bedeutung des Begriffs der Kontingenz, in: Zeitschrift für Theorie und Kirche 20 (6), 421-430.

Whyte, Hayden, 1990 [1987]: Die Bedeutung der Form. Erzählstrukturen in der Geschichtsschreibung. Frankfurt a. M.

Whyte, Hayden, 1991 [1973]: Metahistory. Die historische Einbildungskraft im 19. Jahrhundert. Frankfurt a. M.

Williams, Bernard, 2003: Wahrheit und Wahrhaftigkeit. Frankfurt a. M.

Zuckerman, Alan S., 1997: Reformulating explanatory Standards and advancing Theory in comparative Politics, in: Mark Irving Lichbach/Alan S. Zuckerman (Hrsg.): Comparative Politics. Rationality, Culture, and Structure. Cambridge, 277-310.

Politikwissenschaftliche Perspektiven

Entscheidungsprozesse in der Demokratie

Parlament und Freiheit. Eine rhetorische Perspektive zur Kontingenz

Kari Palonen

1 Parlamentarismus und Rhetorik

Eine neue Aufwertung der Kontingenz in der politischen Theorie ist im deutschsprachigen Kontext nicht zuletzt ein Verdienst von Michael Th. Greven (1999, 2000). Diese Aufwertung hat bestimmte rhetorische Voraussetzungen. Ein rhetorisches Umschreiben von Begriffen, wie man sie nach dem klassischen Schema paradiastole betreibt, bedeutet – wie vor allem Quentin Skinner betont hat – zugleich die Möglichkeit ihrer Auf- und Abwertung (Skinner 1996, Kap. 4; Skinner 1999). Wenn die Kontingenz als Prinzip der Intelligibilität des Handelns verstanden wird, wie Max Weber dies mit dem Begriff der Chance tut (Palonen 1998), ist dies geradezu ein Musterbeispiel eines paradiastolischen rhetorischen Umschreibens der Kontingenz im Sinne einer Umgewichtung, d. h. der Verwandlung von einem Residual in ein Prinzip des Handelns.

Parlamentarismus scheint zu den Begriffen zu gehören, die jeder zu ‚kennen‘ glaubt, d. h. deren Bedeutung sich im Lauf der Geschichte so weit ‚stabilisiert‘ hat, dass sie nur im Marginalen als umstritten und problematisch erscheinen. Aus der Sicht einer rhetorischen Begriffsgeschichte sind aber gerade solche Begriffe höchst verdächtig. Deswegen lohnt sich eine Diskussion des Parlamentarismus hinsichtlich seiner historischen Zusammenhänge mit dem Freiheitsbegriff, um so die gängige Nicht-Problematisierung in Frage zu stellen und Chancen für eine Aufwertung zu eröffnen.

Zu diesem Zweck präsentiere ich Aspekte zur Geschichte des Parlamentarismus, die über die bestimmte und allen bekannte Regierungsform hinausgreifen. Hier kann man zuerst die Etymologie von parlare, parler aufgreifen und diese mit der Entstehung und Verselbständigung des englischen Parlaments mit der rhetorischen Kultur der Renaissance, mit der Rede pro et contra, verbinden. Auch für dieses Umschreiben der Geschichte hat Quentin Skinners „Reason and Rhetoric in the Philosophy of Hobbes" (1996) Instrumente zur konzeptionellen Umorientierung geliefert.

Meine Pointe besteht in der Verbindung dieser rhetorischen Kultur der Renaissance mit einer anderen Leitidee Skinners, der ‚neurömischen‘ Version des negativen Freiheitsbegriffs, bei dem – anstelle der Abwesenheit der Einmischung von anderen – die Abhängigkeit von anderen den Gegenbegriff bildet (Skinner 1998; 2002; 2006). Bei Skinner selbst bleibt das Verhältnis des Freiheitsbegriff und der Rhetorik eher angedeutet (Skinner 2008). Meiner These nach lohnt es sich aber gerade, das Verhältnis von Rhetorik und Freiheit anhand der Geschichte, Prozeduren und Praktiken des Parlaments genauer zu analysieren.

Skinner präsentiert den Gegensatz zwischen Freiheit und Abhängigkeit anhand des Paradigmas der Sklaverei im römischen Recht und analysiert aus dieser Sicht etwa die Wahlrechtseinschränkungen unter den englischen Levellers während der Republik (Skinner 2006). Ich habe den Gegensatz zwischen Freiheit und Abhängigkeit, wie er in Wahlen zum Ausdruck kommt, auf die Problematik der Kontingenz bezogen (Palonen 2007). Und hier setze ich nun das Thema im Kontext der parlamentarischen Politik insofern fort, als ich Wahl und Abstimmung eben von der parlamentarischen Deliberation her deute – und nicht umgekehrt.

2   Wahl- und Parlamentskontingenz

„Wahlen verändern nichts, sonst wären sie verboten". Das war einer der Sponti-Slogans in den siebziger Jahren. Die Kontingenz der Wahl wird in der akademischen Wahlforschung ihrerseits bloß als Faktizität, als Residual anerkannt. Die Spontis und die Wahlforscher sind sich insofern einig, als es für sie keine reale Wahl zwischen personellen und Politik-Alternativen gibt. Für die einen sind die Unterschiede zwischen Alternativen a priori sekundär, für die anderen gibt es überhaupt keine freie Entscheidung.

Analog dazu ist die Parlamentarismuskritik von zweifacher Art. Wilhelm Liebknecht etwa hat Parlamente als macht- und tatenlose Schwatzbuden bezeichnet (Pracht 1990). Und ebenso stark ist auch die umgekehrte Kritik, die den Parlamenten vorwirft, dass sie alles Mögliche beschließen können und sich ihre Beschlüsse von Tag zu Tag verändern, ohne eine feste Linie zu halten oder die Beschlüsse den ‚Sachzwängen' unterzuordnen.

In einem gewissen Sinn lässt sich auf die Kritik an Wahlen relativ leicht antworten: Für die politischen Akteure selbst ist das Wählen in freien Wahlen eine kontingente Entscheidung par excellence, eine Entscheidung also, die immer auch anders ausfallen könnte. Wenn die Resultate aber nicht anders ausfallen können, haben die Wahlen ihren freien und damit ihren politischen Charakter verloren.

Repräsentative Versammlungen, in denen nur abgestimmt, nicht aber gesprochen wird, lassen sich historisch durchaus finden. Neuerdings hat Richard Tuck sie im Sinne von Thomas Hobbes und Carl Schmitt gar als eine Voraussetzung der Gleichheit präsentiert (Tuck 2006). Solche bloß abstimmenden Versammlungen sind aber eben keine Parlamente, d. h. Foren der Deliberation über die Alternativen. Nach Macaulay (1857) heißt Parlamentarismus „government by speaking", und Bagehot (1872) sagt „government by discussion". Die Kontingenz der parlamentarischen Politik liegt im deliberativen Reden pro et contra.

Die Politik der Wahlen und die der Parlamente unterscheiden sich in der Art der Kontingenz. In den Wahlen bewerben sich die Kandidaten um die Stimmen anderer, während die Abgeordneten danach streben, sich gegenseitig zu überreden. Die Wahlkampagne bildet nur eine Vorstufe der Entscheidung in der Wahlkabine, während die Abstimmung im Parlament eher die letzte Stufe der Deliberation darstellt. Der Wähler geht in der Wahlkabine – so die gängige Interpretation – von Worten zur Tat über, im Parlament ist die Abstimmung nur als das letzte Wort zu verstehen. In der Vergangenheit – von der Französischen Revolution bis zu John Stuart Mills Wahl ins Unterhaus 1865 – erschien die ganze Idee einer Wahlkampagne als etwas Verdächtiges, während in den Parlamenten die Ressourcen der klassischen Rhetorik durchaus genutzt und gepflegt wurden (Hamilton 1808).

Die Unterscheidung zwischen Rede und Abstimmung darf jedoch nicht verabsolutiert werden. Die Rhetorik der Kampagne veranschaulicht, wie fern der Wahlakt heute von Schmitts Formel liegt – „eine reine, nicht räsonierende und nicht diskutierende, sich nicht rechtfertigende, also aus dem Nichts geschaffene absolute Entscheidung" (Schmitt 1922: 83). Umgekehrt wird eine ermüdende parlamentarische Diskussion zur Parodie einer zeitlosen Utopie. In der Dauer liegt insofern die Pointe, dass sich, je länger man über profilierte Alternativen deliberiert, sowohl die entworfenen Perspektiven als auch die Bewertungen der Alternativen desto stärker unterscheiden. Eben deswegen werden in den Prozeduren der Parlamente auch Debatten um die Länge der Debatten geführt: wie lange lohnt es sich, weiter zu diskutieren, und wann ist es Zeit, zur Abstimmung überzugehen.

Trotzdem gilt, dass die Kontingenz – insbesondere in einem parlamentarischen Regime – durch deliberatives Reden eine im Vergleich zu Wahlen weitere rhetorische Steigerung erhält. Wenn die Resultate der parlamentarischen Abstimmungen ausschließlich durch die Wahlresultate der Parteien bestimmt würden und die Debatte zu den Fragen der parlamentarischen Agenda mit dem Parteibuch des Redners voraussehbar wäre, würde es sich nicht lohnen, das Parlament für etwa zehn Monate jährlich tagen zu lassen. Ein nebenberufliches Parlament wäre passend, wenn die Reden gegenüber den Wahlresultaten derart abgewertet werden würden. Dies würde dem Ideal der Volksvertretungen sowjetischer Prägung entsprechen, und etwas Ähnliches verteidigte einst auch Otto von Bismarck:

> „Wenn die Volksvertretungen wirklich ein lebendiges Bild der Bevölkerung zu geben fortfahren sollen, da müssen wir nothwendig kurze Parlamentssitzungen haben, sonst können alle diejenigen Leute, die noch etwas anderes in der Welt zu thun haben […] sonst können sich diese Leute nicht bereitwillig und mit voller Eingabe dazu herbeilassen, als Wahlkandidaten aufzutreten" (Reichstag 1871: 298).

Sicherlich stehen die Ausweitung und die größere Intensität der parlamentarischen Sitzungsperioden in keiner direkten Beziehung zur Macht des Parlaments. Man kann sich vorstellen, dass im kaiserlichen Reichstag das Reden im Parlament eine Art Ersatz für die Abwesenheit realer Machtchancen war, so wie es auch in Webers Kritik am bloßen „Redeparlament" (Weber 1918: 234) zum Ausdruck kommt. Trotzdem sind die Reden immer eine Stimme (voice) der Parlamentarier gegen die gewöhnliche Politik (politics as usual) der Regierung und der Verwaltung (im Sinne von Hirschman 1970). Sie verweisen explizit auf die Kontingenz, auf die Möglichkeit, dass auch anders gehandelt werden kann, auch wenn die Regierungen ihre Politik vielfach mit ‚Sachzwängen' und anderen Mitteln der praktischen Negierung der Kontingenz zu begründen pflegen.

3   Die parlamentarische Freiheit

Historisch kann man durchaus einen Zusammenhang von parlamentarischer Rhetorik der englischen Renaissance und Freiheit als Gegenbegriff zur Abhängigkeit herausarbeiten. Der parlamentarischen Kontingenz entspricht vor allem das freie Mandat der Abgeordneten, das dem Status der freien Person im römischen Recht entspricht (besonders Skinner 2006). Daran knüpfen die Freiheit der Wahl, die Redefreiheit und die parlamentarische Immunität an. Das deliberative Prinzip des Redens pro et contra dient als eine konzeptionelle Voraussetzung der prozeduralen Prinzipien des englischen Parlaments, wie sie vom 15. bis 18. Jahrhundert entworfen wurden (Redlich 1905). Skinners Rehabilitierung der rhetorischen Dimension in der englischen Renaissance hat schon zu einer Revitalisierung der rhetorischen Studien des englischen Parlaments geführt (Mack 2002; Colglough 2005; Skinner 2008). Die spezifische rhetorische Pointe des parlamentarischen Politikstils liegt jedoch in den Prinzipien der Prozedur, die das Parlament im Vergleich zu städtischen und feudalen Versammlungen als etwas Neues erscheinen lässt.

In der Whig-Geschichtsschreibung pflegte man den Sieg des englischen Parlamentarismus über die Macht der Monarchen und ihrer Berater als einen Sieg der Freiheit zu beschreiben. Seither hat eine an Interessen orientierte Historiographie, etwa Lewis Namier oder Geoffrey Elton, die Eigenart des Parlaments sowie die Verbindung seiner Verteidiger mit dem Kampf um Freiheit abgewertet. Bei aller berechtigten Kritik am Anachronismus der Whig-Historiographie kann dieses Urteil in Frage gestellt werden, wie dies etwa J. H. Hexter und seine Mitautoren in dem Sammelband „Parliament and Liberty" (Hexter 1992) durchaus tun.

Seit der eigenständigen Herausbildung der parlamentarischen Prozedur in England – vor allem vom 16. bis ins 18. Jahrhundert – wird die parlamentarische Politik durch bestimmte, noch heute privileges genannte ‚Freiheiten' konstituiert. Die Freiheit der Wahl, die Redefreiheit und die parlamentarische Immunität wurden 1604 in der Apology des Parlaments an James I explizit zum Ausdruck gebracht, auch wenn diese Apology jenem nie präsentiert wurde:

> „The right of the liberty of the commons of England in parliament consisteth chiefly in these three things: first, that the shires, cities, and boroughs of England […] have free

choice of such persons as they shall put in trust to represent them; secondly, that the persons chosen during the time of the parliament, as also of their access and recess, be free from restraint, arrest, and imprisonment; thirdly, that in parliament they may speak freely their consciences without check or controlment, doing the same with due reverence to the sovereign court of parliament – that is, to your majesty and to both the houses, who all in this case make but one politic body, whereof your highness is the head […]" (Stephenson/Marcham 1937).

Aus rhetorischer Sicht verweisen also die Freiheit der Wahl, der Rede und die – wie man in der kontinentalen Terminologie seit der Französischen Revolution sagt – parlamentarische Immunität auf die personelle Komponente des parlamentarischen Regimes. Diese Prinzipien dienten zur Gegenwehr des Parlaments gegen den König und seine Beamten, damit diese nicht nach Belieben die Machtverhältnisse auf Kosten des Parlaments verändern bzw. einzelne widerspenstige Abgeordnete aus dem Spiel nehmen konnten.

Diese Prinzipien blieben bis heute fast unangefochten, obwohl seit jeher die Möglichkeit eines Missbrauchs bestand, nämlich ein Parlamentsmandat anzustreben, nicht um im Parlament Politik zu treiben, sondern um Immunität zu genießen. Trotz aller Gefahren des Missbrauchs, die man im frühen 17. Jahrhundert schon durchaus kannte (Sacks 1992), bildet die Immunität noch immer einen wertvollen Riegel gegen jeden Versuch der Regierenden, die Kritik und die Opposition durch einen Kriminalitätsverdacht zu beseitigen bzw. zu besänftigen. Beim Übergang zum parlamentarischen Regime hat die Bedeutung der Immunität wegen der Rolle, die die Mehrheitsverhältnisse spielen, eher zugenommen, während die Kritik etwa an einer Korruption der Abgeordneten der Regierungspartei etc. von der Opposition jederzeit auf die Agenda gesetzt werden kann. Dies hat ja auch gelegentlich zu freiwilligen Rücktritten geführt.

Der Schutz durch Immunität hängt im englischen Kontext eng mit der parlamentarischen Redefreiheit zusammen: was immer die Parlamentarier im Parlament sagen, darf nicht zu ihrer Verhaftung führen (Hexter 1992; Mack 2002; Colclough 2005). Dies galt anfangs nur während der Parlamentssession, wurde später auf die jährlichen ,Parlamente' ausgeweitet, war noch im Bismarckreich umstritten und galt erst im 20. Jahrhundert die volle Legislaturperiode (Butzer 1991). Aus rhetorischer Sicht bildet die Redefreiheit eine juristische Voraussetzung dafür, dass gegensätzliche Vorschläge wirklich präsentiert werden können.

Das Prinzip der Behandlung der Fragen in utramque partem, wie es in der klassischen Rhetorik hieß, wird zum leitenden Prinzip der parlamentarischen Prozedur. Dieses Prinzip kennen die Beschreibungen des parlamentarischen Redens schon seit dem Mittelalter – „And they shall draw up in writing their replies and views; so that when all their responses, plans and views, on this side and on that, have been heard" heißt es in „Modus tendendi parliamentum" im vierzehnten Jahrhundert (Stubbs 1896). Und so ist es auch noch heute. Josef Redlich schreibt in seiner klassischen Studie zur Prozedur des englischen Parlamentarismus:

> „Die Rede ist es erst, die die verschiedenen Formen und Institute des parlamentarischen Apparats mit Inhalt und Sinn erfüllt, die sie miteinander organisch verbindet; durch die Rede erst wird die Tätigkeit des Parlamentes zweckbewußt gestaltet. Rede und Gegenrede sind erst die Mittel, durch welche die gesamten individuell-psychischen und die politischen Kräfte, wie sie durch den Prozess der Volkswahl im Hause der Abgeordneten vereinigt sind, zum Ausdruck und zur Wirksamkeit gelangen" (Redlich 1905: 586-587).

Die Pointe liegt in der Organisation des Parlaments durch das Prinzip des Redens pro et contra in jeder Phase der parlamentarischen Prozedur. Es geht also keineswegs um das Reden als Selbstzweck, weder um das bloße Gerede noch um das schöne Reden als Kunst. Das Parlament bildet vielmehr den Modellfall für eine deliberative Rhetorik des Dissenses.

Das Prinzip der freien Rede bildet die Voraussetzung dafür, dass Handlungsalternativen und Einwände gegen Regierungsvorlagen überhaupt gefunden werden können. Die systematische Nutzung der Möglichkeit, für jeden Vorschlag und für jede Situationsanalyse Einwände und Alternativen zu finden sowie die Distanz zwischen formaler Redefreiheit und ihrer Benutzung gegen monopolisierende und vereinheitlichende Tendenzen der Zeit bringen eine aktive Version der Redefreiheit in der Politik der Rede und Widerrede zum Ausdruck. In diesem Sinne kann man von einer ‚parlamentarischen Erkenntnistheorie', sprechen (Palonen 2004; siehe auch unten).

Wie die Immunität kann auch die Redefreiheit missbraucht werden, z. B. zur Obstruktion der parlamentarischen Tätigkeit. Zur gegenseitigen Achtung unter Abgeordneten tragen die Konventionen bei, wie etwa das Verbot der ‚unparlamentarischen' Sprache. Wenn persönliche Beleidigungen und die Verächtlichmachung des Parlaments selbst sanktioniert werden, bringt dies eine gewisse Sorgfalt in den Sprachgebrauch, die eine Voraussetzung für die Gleichheit und den gegenseitigen Respekt aller Abgeordneten bildet: im Parlament können keine Erbfeindschaften akzeptiert werden.

Zwischenrufe werden in keiner parlamentarischen Geschäftsordnung offiziell beachtet. Trotzdem gibt es eine lange Tradition, sie als einen politisch legitimen Teil der parlamentarischen Diskussion zu bestätigen und als Formen der Belebung der Debatte anzusehen (Burckhardt 2004). Ihr Gebrauch verlangt jedoch Takt und Stil, sonst werden sie leicht zu einer Form der Obstruktion. Und diese ist bekanntlich ein klassisches Instrument, das im 19. Jahrhundert vor allem irische Abgeordnete in Westminster benutzten. Gegen Obstruktionen blieben die Parlamente allerdings nicht machtlos, es wurden vielmehr Begrenzungen der Redezeit sowie Maßnahmen zum Schließen der Debatte, wie die berühmten clotûre und guillotine, eingeführt (Redlich 1905, 195-251).

Die Grenzen der Redefreiheit sind also eine Frage der Interpretation parlamentarischer Konventionen. In bestimmten Fällen müssen das Parlament und sein Präsidium die Grenzen der ‚unparlamentarischen Sprache' festlegen, wobei gerade hier parlamentarische Traditionen, Konventionen und Präzedenzfälle als gegen die Mehrheit gerichtete Hindernisse durchaus eine Rolle spielen.

Zur Unterscheidung der Parlamente von anderen regulären Versammlungen bildet das freie Mandat den entscheidenden Faktor. Insofern scheint es mir so zu sein, dass freie Wahlen, freie Rede und parlamentarische Immunität primär als Voraussetzungen des freien Mandats und des damit verbundenen Verständnisses des Parlaments als Paradigma eines freien Deliberierens pro et contra zu verstehen sind. Ohne die Freiheit zur Deliberation kann man nicht von Parlamentariern sprechen, sondern nur von Delegierten, deren Standpunkte prinzipiell gebunden sind, respektive jede Veränderung von Standpunkten durch veränderte Umstände eine besondere Erklärung verlangt.

Die Rolle des Parlaments in der Politik der englischen Renaissance wurde gerade dadurch verstärkt, dass sich in England – im Unterschied zu kontinentalen Mächten – das Parlament schon im späten Mittelalter von feudalen und städtischen Versammlungen abgrenzt. Ursprünglich hatten die Könige die Abhängigkeit der Abgeordneten von lokalen und feudalen Mächten beseitigt. Später wurde das freie Mandat dann durch die Parlamentarier umgeprägt, indem sie eine Entscheidungsmacht gegenüber der Monarchie gewannen (Post 1943; Koenigsberger 1961; Müller 1966).

Die rhetorische Pointe des freien Mandats hängt mit der Unterscheidung zwischen der Deliberation über Politikalternativen und Verhandlung zwischen vorgegebenen Parteien zusammen, wozu die Diplomatie das Paradigma liefert. Wenn die Hände der Abgeordneten durch ein wie auch immer konstruiertes Mandat gebunden sind, können sie im Laufe der Debatten weder ihren Standpunkt noch die sich in der Abstimmung zeigende politische Konstellation verändern.

In der parlamentarischen Prozedur wird das freie Mandat auch zum deutlichsten Ausdruck des Prinzips, dass im Parlament sowohl die Rede als auch die Abstimmung beim Individuum zusammenkommen. Ohne die individuelle Basis des parlamentarischen Redens und Handelns ist die Eigenart des Parlaments gegenüber bloß verhandelnden Gremien nicht zu verstehen. Gerade die Formation einer Prozedur, die diese individuelle Basis des Parlamentarierhandelns zum Prinzip erhöht, markiert – ebenso wie das allgemeine Wahlrecht – einen Bruch mit ständisch-korporativen Versammlungen (zur Rolle der Französischen Revolution in dieser Hinsicht Tanchoux 2004).

Rhetorisch bedeutet dies, dass im Parlament Entscheidungen über zu behandelnde Fragen konzeptionell eine Priorität gegenüber Stellungnahmen der Personen haben. Dies setzt die Bereitschaft der Abgeordneten dazu voraus, durch andere gegebenenfalls überredet zu werden, soweit die aktuellen Sach- und Prozedurfragen zur Veränderung der Stellungnahmen führen können. Prinzipiell enthält jede neue Frage in der Agenda nicht nur eine Chance zu alternativen Vorschlägen, sondern auch zur Verwandlung der parlamentarischen Konstellation.

Das allgemeine Wahlrecht und die Gleichheit der Abgeordneten setzen Deliberationen voraus, während Verhandlungen zwischen gegebenen Parteien Analogien zum imperativen Mandat hervorbringen. Die klassische Formel zugunsten der Deliberation lieferte Max Weber 1917, als er den Unterschied zwischen Ständeversammlungen und Parlamenten sowie den Prinzipien sowohl ihrer Wahl als auch ihrer Prozedur zum Ausdruck bringt.

> „Sondern etwas ganz anderes war dem nur in einem Teil von Europa zur vollen Ausbildung gelangten Ständestaat eigentümlich: die Aneignung politischer Rechte durch Einzelpersonen und Körperschaften nach Art des Privatbesitzes an sachlichen Gütern und: der Zusammentritt (nicht immer nur, aber immer: vornehmlich) dieser Privilegieninhaber zu gemeinsamen Tagungen behufs Ordnung politischer Angelegenheiten durch Kompromiß […] Von einem ‚Staat' im modernen Sinn war da überhaupt noch keine Rede. Zu jeder politischen Aktion war vielmehr eine Einigung dieser gegeneinander prinzipiell selbständigen Inhaber von Prärogativen nötig, und dies herbeizuführen war der Zweck der Ständeversammlungen. Sie kannten daher, im Prinzip und ursprünglich, weder Abstimmungen noch einen für denjenigen, der nicht zustimmte, bindenden Beschluß, sondern als Form der Erledigung der Geschäfte den Vergleich (‚Rezeß', ‚Abschied'), im heutigen Sprachgebrauch: das Kompromiß, und zwar nicht nur zwischen den verschiedenen Ständegruppen, sondern ebenso innerhalb einer jeden von ihnen unter den einzelnen Privilegieninhabern. Man lese beliebige Akten solcher Versammlungen und frage sich dann: ob ein moderner Staat in solchen Formen regiert werden könne? Diese Formen aber sind gerade (bei aller Flüssigkeit im einzelnen) die wesentlichsten Bestandteile des Typus, der sich sofort zu ändern beginnt, wo die ultima ratio des Stimmzettels: dies wichtigste (wenn auch nicht einzige) Merkmal des modernen Parlaments, in diese Gebilde einzudringen beginnt. Damit erst entsteht die moderne rationale Form der staatlichen Willensbildung" (Weber 1917: 169).

Der hier wesentliche Unterschied zwischen dem ständischen und dem parlamentarischen Prinzip entspricht also dem Unterschied zwischen dem Kompromiss und dem Zählen von Stimmen als regulativem Prinzip. Dieser Unterschied ist für den Sinn der vorangehenden Debatte entscheidend. Im ersten Fall geht es, wie in der Diplomatie, um die Interessen gegebener Parteien, die im Laufe der Verhandlung nicht in Frage stehen, während in der Deliberation gerade die Kriterien des Erstrebenswerten unter den Beteiligten umstritten und die Standpunkte durch Überredung veränderbar sind. Die Freiheit des Mandats liegt im kontingenten Ausgang der Deliberation und der ihr folgenden Abstimmung.

4   Der parlamentarische Prozeduralismus

Das alte Buch Redlichs, „Recht und Technik des Englischen Parlamentarismus" (1905), hebt die Rolle der Herausbildung bestimmter prozeduraler Parlamentsprinzipien vom 15. bis ins 18. Jahrhundert in England hervor. Die politische Pointe dieser Prinzipien kann aus der Sicht einer rhetorischen Erkenntniskonzeption besser als bei Redlich und anderen Parlamentshistorikern und -juristen seiner Zeit (z. B. Pierre 1887) verstanden werden.

Das gilt etwa für das Prinzip der drei Lesungen von Gesetzesvorlagen. Hier zeigt sich die Rolle der Zeit sowie der Chancen, den eigenen Standpunkt nicht nur inmitten der Debatte zu überdenken, sondern auch vor der letzten Lesung und der Abstimmung zu einer ruhigen Abwägung der Gründe pro et contra zu kommen. Die spontane Debatte kann sowohl neue Vorschläge als auch neue Begründungen bringen, deren Reflexion Zeit verlangt: eben deswegen setzt man zwischen den Lesungen Fristen. Die whips der Parteien können die Fristen zwar auch zur Maßregelung der Abgeordneten benutzen; die Zeit bleibt jedenfalls ein Hauptaspekt der parlamentarischen Prozedur.

Die im englischen Parlament praktizierte Neutralität des Speakers und die damit verbundene Rotation der Reden pro et contra sind weitere Ausdrücke der rhetorischen Parlamentskonzeption. Sonst könnten Standpunkte wiederholt werden, nur um zu verhindern, dass die Gegenseite zu Wort kommt. Insofern dient eine feste Rednerliste leicht der Obstruktion anstatt der Debatte.

Die Parlamentarisierung der Regierung bedeutete auch einen Übergang vom epideiktischen Vortragsstil der Paraderedner des 18. Jahrhunderts zu Debattenreden, die mehr Spontaneität und Improvisation, Repliken und Zwischenrufe erlaubten (vgl. z. B. Cormenin 1844; Curzon 1913). Auch wenn sie nicht oft zu einer Neubestimmung des Standpunkts führen, so enthalten auch die heutigen Plenardebatten ein innovatives Potential, dessen politische Bedeutung die Parlamentarier jedoch selbst nicht hoch genug einschätzen.

Der Parlamentarismus verweist eben auf eine Geschäftsordnung, die eine Voraussetzung der klugen Ausnutzung der spezifisch prozeduralen Chancen der parlamentarischen Politik bildet. Die Geschäftsordnung ist selbst prinzipiell umstritten und veränderbar, aber inmitten der Behandlung einer Frage kann nicht zugleich die Prozedur verändert werden, Prozedurfragen sollten vielmehr von anderen getrennt behandelt werden (Pierre 1887).

Der parlamentarische Prozeduralismus findet sein rhetorisches Ideal im fairen Spiel, dem fair play, das schon im England des siebzehnten Jahrhunderts im parlamentarischen und rhetorischen Kontext, bei Shakespeare etwa, als Ausdruck auftaucht (Graig 1914). Der Speaker Arthur Onslow initiierte im achtzehnten Jahrhundert eine Kodifikation der parlamentarischen Prozedur, die die Rechte der Minderheiten stärkte und ein Indiz für ein faires Spiel zwischen gegensätzlichen Standpunkten bildet (Redlich 1905: 76-78; Hofmann/Riescher 1999: 110-112). Das Reden pro et contra und die dementsprechende Maximierung der Differenz der Perspektiven veranschaulichen die Eigenart der parlamentarischen Politik. Gerade die Prozedur macht aus dem Parlament eine paradigmatische Annäherung an einen Idealtypus der Politik des Dissenses.

Der Vorrang der Deliberation gegenüber Verhandlungen bedeutet auch, dass die ‚Parteien‘ in einem strikt parlamentarischen Sinn durch die parlamentarische Agenda gebildet werden. Es ist nicht die Partei, sondern vielmehr die individuellen Abgeordneten, die zu Fragen der Agenda Stellung nehmen müssen bzw. Fragen in die Agenda einführen können. In diesem Sinne sind parlamentarische Fraktionen und Kandidaten aufstellende Parteiorganisationen Konstrukte des Parlaments selbst.

5 Deliberation vs. Verhandlung

Die Umkontextualisierung des Skinnerschen Freiheitsbegriffs zur Analyse der Freiheitsaspekte in parlamentarischer Politik enthält neue Perspektiven zur Geschichte des Parlamentarismus und der deliberativen Rhetorik, die heute weder von Rhetorik- noch von Parlamentshistorikern thematisiert werden. Neben der ‚parlamentarischen Regierung' sollte diese Geschichte aber auch die parlamentarische Beredsamkeit und vor allem die parlamentarische Prozedur umfassen. Wobei auf allen diesen Begriffsstufen der Kontrast zu bloßen Parteienverhandlungen hervorgehoben werden sollte.

Die Demokratisierung der Parlamentswahlen, die neue soziokulturelle Vielfalt der Abgeordneten und die Verwandlung der Parlamentarier in bezahlte Berufspolitiker sind politische Veränderungen, die für den Parlamentarismus konzeptionelle Konsequenzen haben, die gegebenenfalls auch gegen die Freiheit der Parlamente und der Parlamentarier gewendet werden können. Dies geschieht etwa dann, wenn diese Freiheit – die historisch geprägte englische Terminologie missverstehend – als Privileg einer geschlossenen Schicht angesehen wird, ein Privileg, das die Abgeordneten auf Kosten der einfachen Bürger genießen. Insofern wird die ‚privilegierte' Freiheit der Parlamentarier durch das Ideal der egalitären Abhängigkeit aller herausgefordert.

Das freie Mandat der Abgeordneten habe ich oben als Kernstück der parlamentarischen Freiheit bestimmt. Dies haben auch Antiparlamentarier früh verstanden. Im Umfeld von Pierre-Joseph Proudhon entstand die Idee der candidates ouvriers, die nicht gezwungen wären, sich einer allgemeinen Wahl zu stellen. Aus dieser Sicht wandten sich die Proudhonianer militant gegen die Freiheit der Parlamentarier und gegen die Freiheit der Wahl individueller Parlamentarier (Rosanvallon 1998: 67-99). Gemäßigte Formen wurden 1869 auch im Belleville Programm der französischen Republikaner entworfen, das Abgeordnete an das Wahlprogramm bindet (Comité électoral de Belleville 1869). In den folgenden Jahrzehnten experimentierten die Radicaux in Frankreich dann mit solchen Bindungen in unterschiedlichen Formen (Mollenhauer 1998).

Eine weitere Version des Mandats ist die Parteibindung der Parlamentarier, die vor allem sozialdemokratische Parteien schon im späten 19. Jahrhundert in eine Art de-facto-Mandat verwandeln wollten. Karl Kautsky verteidigt die Praxis mit leichter Ironie:

> „Der sozialdemokratische Abgeordnete ist als solcher kein freier Mann – so lächerlich das klingen mag – sondern bloß der Beauftragter seiner Partei. Treten seine Anschauungen in Widerspruch zu den ihren, dann muß er aufhören, ihr Vertreter zu sein" (Kautsky 1911: 115).

Kautsky gibt also der egalitären Abhängigkeit aller den Vorrang über die Freiheit der Parlamentarier. Damit verschwinden aber zugleich der deliberative Charakter des Parlaments und das damit verbundene Prinzip des Dissenses.

In einem analogen Sinne kann man den so genannten ‚Parteienstaat' von Gerhard Leibholz verstehen. Nach Leibholz hat sich das Verhältnis von Deliberation und Dezision, des Redens und des Wählens, des offenen Prozesses der Standpunktbildung und der Bindung an einen Standpunkt im plebiszitär-demokratischen Parlamentarismus umgekehrt.

Leibholz spricht von den notwendigen Bindungen der einzelnen Abgeordneten an die Partei- und Fraktionsführung, „die entscheidend seine Rede und Abstimmung bei der Beratung und Beschlußfassung im Parlament beeinflussen" (Leibholz 1957: 97). Dies bedeutet eine erhebliche Überbetonung des empirisch-soziologischen ‚Abstimmungsverhaltens' der Parlamentarier aufgrund von Partei- und Koalitionsräson. Aus einer rhetorisch-prozeduralen Sicht können die Parlamentarier jedoch jederzeit den Gegenstand, den Grad und die Art der Fraktionsbindung reflektieren und über diese entscheiden. Auch bewusst an eine Fraktion gebundene Abgeordnete genießen einen Handlungsspielraum in sowohl strategischer als auch existentieller Art und können nie sicher sein, ob sie einen solchen Spielraum nicht eines Tages selbst benötigen.

Eine neue Frage auf der parlamentarischen Agenda, zu der von den Parlamentariern eine Stellungnahme erwartet wird, bedeutet rhetorisch und politisch eine Herausforderung von bisherigen Ansichten und Identitäten. Schon die bloße Bestätigung des alten Standpunkts bzw. der Parteiloyalität – die ja nicht immer dasselbe bedeuten – verlangt zumindest in der Abstimmung eine explizite Stellungnahme. Jede neue Frage mag insofern politisiert werden, als die Abgeordneten entscheiden müssen, ob gerade diese Frage Reflexion verlangt oder mit Routine abgehakt werden kann, ob sich das Parlamentsmitglied zu dieser Frage indifferent verhält oder diese mit einem eigenen Redebeitrag bzw. einer eigenen Initiative explizit thematisiert und dadurch ein eigenes Profil zeigt. Wenn Letzteres der Fall ist, kann man weiter fragen, ob dieses Profil eine Bestätigung der Loyalität bedeutet, eine Umwandlung des Fraktionsstandpunkts beansprucht oder eine Abweichung in Kauf nimmt. Die existentielle Stellungnahme zur Sachfrage hängt somit eng mit der strategischen Frage zusammen, ob, wann und inwieweit das Profil auch auf Kosten eines Streits mit der eigenen Fraktion gewonnen werden kann (aus dieser Sicht Hamm-Brücher 1983: 40-44).

Die These vom Parteienstaat setzt voraus, dass Parteien fertige Antworten auf alle im Parlament auftretenden Fragen haben. Fragen, die kein Partei- oder Regierungsprogramm voraussieht, lassen sich im parlamentarischen Prozess nicht beseitigen. Dies sieht man, zumindest seit den achtziger Jahren, in einer Zunahme solcher Fragestellungen, bei denen die Scheidelinien nicht a priori zwischen den Parteien verlaufen. Dadurch verliert die Fraktionsdisziplin ihre unmittelbare Bedeutung und es entstehen

Spielräume für die Deliberation, deren Kehrseite dann die Profilierung von Abgeordneten durch eigene thematische Schwerpunkte bildet.

Die Fraktionsdisziplin betrifft primär Fragen der parlamentarischen Mehrheiten. Die Bedeutung des Gegensatzes zwischen Regierung und Opposition soll jedoch nicht übertrieben werden – wie dies Niklas Luhmann (2000: 96-102) mit seiner These vom politischen Code tut. Jedenfalls bleiben den einzelnen Abgeordneten reichlich Chancen dafür, denkbare neue Themen in die Agenda einzubringen und sich dadurch politisch zu profilieren. Auch parteiloyale Abgeordnete können in Situationen geraten, in denen eigene Standpunkte verlangt werden, ohne dass sie nachträglich von der Fraktionsmehrheit unterstützt werden. Niemand ist vor Abweichlertum geschützt, Parlamentarier sind vielmehr – mit Sartre gesprochen – sowohl existentiell als auch strategisch „zur Freiheit verurteilt", auch dann, wenn sie eine solche Freiheit selbst nicht genießen möchten.

6   Kontingenz des Dissenses

Obwohl man den Dissens als ein Prinzip der Politik schon seit den Sophisten kennt, gestaltete sich seine Akzeptanz als Prinzip in der akademischen Debatte äußerst schwierig. Gegensätzliche Denkstile, wie das aristotelische Gemeinschaftsdenken und der neuzeitliche Kontraktualismus, teilen in ihrer Rhetorik den Vorrang der Einheit über die Vielfalt, der Ordnung über den Kampf, der Einstimmigkeit über den Streit. In beiden Traditionen werden Kampf, Streit und Dissens nur als Ausdrücke eines bellum omnium contra omnes verstanden, aus dem man sich entweder durch eine Rückkehr zum Naturzustand oder durch einen intentionalen, durch einen Vertrag vermittelten Konsens lösen kann.

Die historische und politische Eigenständigkeit des Parlaments liegt in der Ausnutzung der Kontingenz des Dissenses. In der parlamentarischen Prozedur ist der Dissens nicht nur erlaubt, sondern wird, um eine Frage bzw. einen Vorschlag oder die gesamte Agenda aus entgegengesetzten Richtungen zu beleuchten, sogar vorausgesetzt. Erst dies macht die gründliche Bewertung und eine persönliche Stellungnahme unter den Abgeordneten möglich.

In diesem Sinne bildet das Parlament ein Paradigma für die faire Behandlung von Kontroversen und für einen radikalen und intensiven, aber auch zivilisierten Streit mit Gegnern. Die Gegensätze können in einer Prozedur des fairen Streits sowohl hinsichtlich der Agenda als auch zwischen Akteuren behandelt werden. Gerade deswegen ermöglicht die Politik des Dissenses den Abbau von Gewalt oder Beleidigung, zumindest unter denen, deren Politik nicht auf die Beseitigung der Gegner ausgerichtet ist (zu den Antiparlamentariern in der Weimarer Republik vgl. Mergel 2002: 313-331; 428-449).

In der Politik gibt es keine gegebenen Realitäten bzw. unbezwingbaren Tatsachen, alles hängt vielmehr von der Perspektive ab und kann entsprechend verschieden bewertet werden. Mit der deliberativen Rhetorik der Parlamente kann man den Streit der Perspektiven paradigmatisch konzeptualisieren. Es ist gar nicht möglich, die Bedingungen und denkbaren Konsequenzen einer Vorlage zu verstehen, ohne sie mit Alternativen zu konfrontieren und die jeweiligen Vor- und Nachteile abzuwägen, gegebenenfalls auch unter Neubestimmung dessen, was als Vor- und Nachteil gilt.

Insofern bildet die parlamentarische Politik einen Modellfall einer rhetorischen ‚Erkenntnistheorie' des Redens pro et contra. Mit einer gewissen Zuspitzung kann man im Gegensatz der monokratischen zu parlamentarischen Formen der Herrschaft auch unterschiedliche Begriffe der Erkenntnis konstruieren (Palonen 2004). Im monokratischen Modell ist die Erkenntnis eine Art Besitz. Max Webers Polemik richtet sich gegen das Fach-, Dienst- und Geheimwissen der Beamten, zu denen nur die unterschiedlichen Formen der parlamentarischen Kontrolle und Herrschaft ein wirksames Gegengewicht bilden können (Weber 1918: bes. 235-248). Dies entspricht der parlamentarischen Prozedur: Das Wissen kann kein Besitz sein, gerade weil es prinzipiell umstritten ist und der Anspruch auf ‚sichere Erkenntnis' Einwände und opponierende Perspektiven provoziert (s. Palonen 2010).

Das ‚Besitzwissen' der Sachkundigen bringt eben eine Abhängigkeit der gewählten Parlamentarier von der Beamtenherrschaft sowie die Abhängigkeit der Beamten von den angeblichen ‚Sachzwängen' ihres eigenen Wissens zum Ausdruck. Das Freiheitsmoment der parlamentarischen Politik liegt gerade in der deliberativen Rhetorik als Paradigma der systematischen Ausnutzung der in die Prozedur eingebauten Chancen zum Dissens. So wie es auch in Webers Vorschlägen zur Kontrolle der Beamten durch parlamentarische Untersuchungskommissionen und Kreuzverhöre zum Ausdruck kommt (Weber 1918: 235-238, 244-247).

Faktische Übereinstimmungen und die Abwesenheit von Veränderungen im parlamentarischen Prozess sollen als Grenzfälle der Nicht-Ausnutzung der Chancen zum Dissens interpretiert werden. Festgefrorene (Vor-)Urteile ebenso wie plötzliche Einfälle ohne Konfrontation mit Einwänden haben im Idealtypus der parlamentarischen Deliberation keine Chance. Die jeweiligen Mehrheiten sollten auch nicht als Zeichen für eine ‚richtigen Entscheidung' überbewertet werden; es ist – wie der Sophist Protagoras sagt – jederzeit möglich, die schwächere Seite zu stärken.

7   Das Parlament als Paradigma des zivilisierten Streits

Die politische Eigenständigkeit des Parlaments sieht man dann am besten, wenn man es mit anderen Gremien der Deliberation und Entscheidung vergleicht. Die Parlamente haben einen feinsinnigen Prozeduralismus ausgebildet, mit dem nur die Gerichte konkurrieren können. Gerichte taugen jedoch nicht für die Konstruktion neuer Alternativen sowie für Deliberation und Entscheidung zwischen in der Gegenwart offenen

Möglichkeiten. Parlamente dagegen sollten sich davor hüten, etwa durch bestimmte Benennungen Urteile über vergangene Tatbestände zu fällen. Dies sollten sie den Historikern bzw. den Gerichten überlassen.

Andere Gremien – wie Parteien, Verbände, Vereinigungen, Versammlungen und Universitäten – folgen, soweit es um die Deliberation von Alternativen geht, in ihrer Prozedur dem parlamentarischen Paradigma, das für ihre bestimmten Zwecke nach Bedarf modifiziert und revidiert wird. Die gilt insbesondere für die Modalitäten zur Behandlung von Streitigkeiten in Sach- und Personalfragen, in denen die parlamentarische Prozedur als Modell für ein faires Spiel gilt. Allerdings geraten diese Gremien relativ schnell an die Grenzen des ‚Deliberierbaren‘, wenn es um die Einheit oder Existenz des ‚Wir‘ und seine Abgrenzung von ‚Anderen‘ geht.

Streit zwischen Alternativen und ihren jeweiligen Anhängern wird also in vielen Gremien und Organisationen erlaubt und in Debatten toleriert. Trotzdem werden sie dort oft als bloße kathartische Momente verstanden, nach bzw. mit denen eine Einheit des ‚Wir‘ gegen außenstehende Gegner erreicht wird. Das Ideal der ‚herrschaftsfreien Diskussion‘ ist ein Paradigma für eine auf die bloße Reinigung der Situation verkürzte kathartische Deliberation. Universitätsgremien und Stadtverordnetenversammlungen etwa sind dagegen Grenzfälle von offenen Foren, in denen Streitigkeiten immer zur Sache gehören, die jedoch nicht in einem ähnlichen Maße vorausgesetzt und in die Prozedur eingebaut sind wie in den Parlamenten. In Verbänden, Vereinigungen oder Bewegungen, die vorgegebene Interessen vertreten, werden Debatten wenigsten erlaubt.

Das Parlament als Musterbeispiel für eine freie und faire Diskussion von Streitigkeiten wird in der älteren Literatur zur Rhetorik (De Mille 1878), zu prozeduralen Regeln in anderen Debattenkontexten und für andere deliberative Gremien anerkannt (Robert 1876). Und das Paradigma gilt explizit für Rede- und Diskussionswettbewerbe, die parlamentarische Debatten simulieren (Streitkultur e. V. 2007). Zwar werden dort nur Plenardebatten simuliert und so nur ein kleiner Teil der rhetorischen Prozeduren des Parlaments aufgenommen. Auch werden die Reden, anstatt eine Abstimmung als letzten Punkt zur Debatte zu benutzen, durch Spezialisten mit Punkten bewerten.

Neben Max Webers ‚parlamentarischer Erkenntnistheorie‘ kann man hier auch einen Bezug zu Michael Oakeshotts (1975) Unterscheidung zwischen enterprise association und civil association herstellen. Seine Kritik an ‚Projektverbänden‘, die mit einem gemeinsamen Zweck (purpose) gegründet wurden, veranschaulicht, dass diese Verbände prinzipiell unfähig sind, einen zivilisierten und dennoch radikalen Streit unter den Mitgliedern bzw. Anhängern auszutragen oder auszunutzen. Trotz Oakeshotts Verteidigung des Parlamentarismus (Soininen 2005) ist sein ‚Zivilverband‘ jedoch eher auf conversation als auf die systematische Behandlung eines Streits im prozeduralen Prinzip des ‚Verbands‘ orientiert.

Als paradigmatische Arena der Rede und Widerrede liefert das Parlament das Musterbeispiel einer offenen politischen Streitkultur, in der alles, was vorgeschlagen wird, Einwänden ausgesetzt ist. Darüber hinaus muss man von der Annahme ausgehen, dass in einem parlamentarischen Auditorium immer Gegner sitzen, die sich den Vorschlägen bestimmt widersetzen. Und man kann im Voraus nicht genau wissen, was die Einwände sein werden, wer sich als Gegner erweisen wird und wie die Konstellationen im Laufe einer Debatte verändert werden können. Als der Ort der Politik des Dissenses par excellence ist das Parlament also das Paradigma einer kontingenten Freiheit des politischen Handelns. Bis heute hat noch niemand einen ernsthaften Konkurrenten für das Parlament als Paradigma einer Politik des Dissenses erfunden.

Literatur

Bagehot, Walter, 1956 [1872]: Physics and Politics. Boston.

Burckhardt, Armin, 2004: Zwischen Monolog und Dialog: zur Theorie, Typologie und Geschichte des Zwischenrufs im deutschen Parlamentarismus. Tübingen.

Butzer, Hermann, 1991: Immunität im demokratischen Rechtsstaat. Verfassungsgrundlagen und Parlamentspraxis des Deutschen Bundestages. Berlin.

Colclough, David, 2005: Freedom of Speech in Early Stuart England. Cambridge.

Comité électoral de Belleville, 1869: Le texte du Programme de Belleville, in: Wikipédia. L'encyclopédie libre. http://fr.wikipedia.org/wiki/Programme_de_Belleville (23.05.2009).

Cormenin, Louis-Marie de Lahaye de [Timon], 2000 [1844]: Le livre des orateurs. Genève.

Curzon, [George], 1913: Modern Parliamentary Eloquence. London.

De Mille, James, 1878: Elements of Rhetoric. http://www.archive.org/stream/elements rhetori01millgoog (23.04.2011).

Greven, Michael Th., 1999: Die politische Gesellschaft. Opladen.

Greven, Michael Th., 2000: Kontingenz und Dezision. Opladen.

Hamm-Brücher, Hildegard, 1983: Der Politiker und sein Gewissen. München, Zürich.

Hexter, J. H. (Hrsg.), 1992a: Parliament and Liberty. Princeton.

Hexter, J. H., 1992b: Parliament, Liberty and Freedom of Elections, in: Hexter (1992a), 21-55.

Hirschman, Albert O., 1970: Exit, Voice and Loyalty. Cambridge Mass.

Hofmann, Wilhelm/Riescher, Gisela, 1999: Einführung in die Parlamentarismustheorie. Darmstadt.

Kautsky, Karl, 1911: Parlamentarismus und Demokratie. Stuttgart.

Koenigsberger, Helmut G., 1980 [1961]: Die Machtbefugnisse der Abgeordneten in den Parlamenten des 16. Jahrhunderts, in: Helmut Rausch (Hrsg.): Grundlagen der modernen Volksvertretung I. Darmstadt, 374-414.

Leibholz, Gerhard, 1974 [1957]: Strukturprobleme der modernen Demokratie. Frankfurt a. M.

Luhmann, Niklas, 2000: Politik der Gesellschaft. Frankfurt a. M.

Macaulay, Thomas B., 1889 [1857]: The Miscellaneous Writings and Speeches of Lord Macaulay, vol. 3. http://www.gutenberg.org/etext/25903 (23. 05. 2009).

Mack, Peter, 2002: Elizabethan Rhetoric. Theory and Practice. Cambridge.

[Stubbs], 1896: The Manner of Holding Parliament, in: Henderson, Ernest F. (Hrsg.): Selected Historical Documents of the Middle Ages. [London]. http://avalon.law.yale.edu/medieval/manner.asp (23.05.2009).

Mergel, Thomas, 2002: Parlamentarische Kultur in der Weimarer Republik. Politische Kommunikation, symbolische Politik und Öffentlichkeit im Reichstag. Düsseldorf.

Mollenhauer, Daniel, 1998: Auf der Suche nach der wahren Republik. Bonn.

Müller, Christoph, 1966: Das imperative und freie Mandat. Leiden.

Oakeshott, Michael, 1975 [1991]: On Human Conduct. Oxford.

Palonen, Kari, 1998: Das ‚Webersche Moment‘. Zur Kontingenz des Politischen. Wiesbaden.

Palonen, Kari, 2004: Max Weber, Parliamentarism and the Rhetorical Culture of Politics, in: Max-Weber-Studies 4, 273-292.

Palonen, Kari, 2007: Voting and Liberty. Contemporary implications of the Skinnerian rethinking of political liberty, in: Contributions to the History of Concepts 3/2007, 23-41.

Palonen, Kari, 2010: „Objektivität“ als faires Spiel. Wissenschaft als Politik bei Max Weber. Baden-Baden.

Pierre, Eugène, 1887: De la procédure parlementaire. Étude sur le mécanisme intérieur du pouvoir législatif. Paris.

Post, Gaines, 1980 [1943]: Plena potestas and Consent in Medieval Assemblies, In: Helmut Rausch (Hrsg.): Grundlagen der modernen Volksvertretung I. Darmstadt, 30-114.

Pracht, Elfi, 1990: Parlamentarismus und die deutsche Sozialdemokratie 1867-1914. Pfaffenweiler.

Reichstag, 1871: Stenographische Berichte über die Verhandlungen des Deutschen Reichstages, Sitzung am 19.04.1871. [Berlin] http://www.reichstagsprotokolle.de/Blatt3_k1_bsb00018324_00301.html (23.05.2009).

Redlich, Josef, 1905: Recht und Technik des englischen Parlamentarismus. Leipzig.

Robert, Henry M., 1876: Robert's Pocket Manual of Rules Of Order For Deliberative Assemblies. [Chicago]. http://onlinebooks.library.upenn.edu/webbin/gutbook/lookup?num=9097 (23.05.2009).

Rosanvallon, Pierre, 1992: Le sacre du citoyen. Paris.

Sacks, David Harris, 1992: Parliament, Liberty and Commonweal. In: Hexter, J. H. (Hrsg.): Parliament and Liberty. Princeton, 85-121.

Schmitt, Carl, 1979 [1922]: Politische Theologie. Berlin.

Schmitt, Carl, 1979 [1923]: Die geistesgeschichtliche Lage des heutigen Parlamentarismus. Berlin.

Graig, W. J., 1914: William Shakespeare: The Oxford Shakespeare. [London]. http://bartleby.com/70/ (23.05.2009).

Skinner, Quentin, 1996: Reason and Rhetoric in the Philosophy of Hobbes. Cambridge.

Skinner, Quentin, 1998: Liberty before Liberalism. Cambridge.

Skinner, Quentin, 1999: Rhetoric and Conceptual Change, in: Finnish Yearbook of Political Thought 3, 60-73.

Skinner, Quentin, 2002: A Third Concept of Liberty, in: Proceedings of the British Academy 117, 237-268.

Skinner, Quentin, 2006: Rethinking Political Liberty, in: History Workshop Journal, 61, 56-70.

Skinner, Quentin, 2008: Political Rhetoric and the Role of Ridicule, in: Kari Palonen/Tuija Pulkkinen/José María Rosales (Hrsg.): Ashgate Research Companion to the Politics of Democratization in Europe. Aldershot.

Soininen, Suvi, 2005: From ‚Necessary Evil' to the Art of Contingency. Exeter.

Stephenson, Carl/Marcham, Frederich George, 1937: Records of Parliament and Taxes (1604-22), in: Dies. (Hrsg.): Sources of English Constitutional History. [New York, Evanston, London] http://www.constitution.org/sech/sech_.htm (23. 05. 2009).

Streitkultur e. V., 2007: Willkommen bei Streitkultur e. V.! http://www.streitkultur.net/component/option,com_frontpage/Itemid,1/I (23.05.2009).

Tanchoux, Philippe, 2004: Les procédures électorales en France. Paris.

Tuck, Richard, 2006: Hobbes and Democracy. In: Annabel Brett/James Tully (Hrsg.): The Foundations of Modern Political Thought. Cambridge, 171-190.

Weber, Max, 1988 [1917]: Wahlrecht und Demokratie in Deutschland. Max-Weber-Studienausgabe, I/15. Tübingen, 155-189

Weber, Max, 1988 [1918]: Parlament und Regierung im neugeordneten Deutschland. Max-Weber-Studienausgabe I/15. Tübingen, 202-302.

Weber, Max, 1994 [1919]: Politik als Beruf. Max-Weber-Studienausgabe 1/17. Tübingen, 35-88.

Politische Entscheidungsprozesse, Kontingenz und demokratischer Dezisionismus. Eine policy-analytische Perspektive

Friedbert W. Rüb

1   Einleitung

Das Problem moderner Politik oder auch der Politik in der politischen Gesellschaft ist – so hat Michael Th. Greven eher beiläufig angemerkt – darin zu sehen, dass die Moderne einen materiell, kulturell, kognitiv und historisch neuartigen Möglichkeitshorizont des Entscheidens und Handelns konstituiert, der es rechtfertige, „gerade die politische Entscheidbarkeit als zentrales Charakteristikum von Gegenwartsgesellschaften zu verstehen". In ihnen muss zwar nicht alles, aber dennoch „mehr als in jeder historisch vergleichbaren Gesellschaft politisch entschieden werden" (Greven 2000a: 24). Solche Entscheidungen sind – im Gegensatz zu Alltagsentscheidungen – politische Ordnungsentscheidungen, die nicht nur den Spielraum weiterer Entscheidens festlegen, sondern auch den Spielraum anderer (mit)entscheiden. Ordnungsmuster werden stabilisiert, wenn man sich entscheidet, nicht zu entscheiden und sie werden verändert, wenn man in einer gegebenen Situation entscheidet, sich zu entscheiden, in den Lauf der Dinge einzugreifen, die Welt durch politisches Handeln zu verändern und die Zukunft zu gestalten. So kann man Macht *über* die sozialen und gesellschaftlichen Verhältnisse ausüben. Will man sie rational und zielgerichtet gestalten, so ist man vor das Problem der gesellschaftlichen Steuerung oder Planung gestellt und moderne Gesellschaften haben an sich selbst den Anspruch der rationalen Gesellschaftssteuerung formuliert – trotz der damit gemachten kontrafaktischen Erfahrungen. Aber generell gilt, dass in der Moderne

> „die Verbindung von Politik und Zukunft nach und nach für viele Menschen die innerweltliche Perspektive [eröffnet], dass als drückend empfundene Verhältnisse sich einmal ändern könnten – und zwar nun als Ergebnis menschlicher Praxis und nicht als bloßes Versprechen der überall gepredigten [...] christlichen Heilslehren" (Greven 1999: 54).

Während hier die positiven Veränderungen von Gesellschaft als zu realisierende Möglichkeiten und Chancen formuliert und im politischen Prozess erst generiert werden müssen, gehen anders gelagerte Positionen davon aus, dass Politik durch bestimmte Zwänge, ja Notwendigkeiten bestimmt ist: Immer dann, wenn in anderen gesellschaftlichen Teilsystemen Probleme auftreten, die weder von den Organisationen und Akteuren des entsprechenden Teilsystems noch von anderen Teilsystemen gelöst oder bewältigt werden können, ist Politik gefragt (Schimank 2005: 94-97). Sie wird zum *funktionalistisch* gedachten „Lückenbüßer", der immer dann einspringt, wenn gesellschaftliche Probleme einer verbindlichen Lösung bedürfen. In einer *rationalistischen* Variante wird Politik zum Gesellschaftsgestalter, die rational, planend und steuernd gesellschaftliche Entwicklungen antizipiert und Zukunft programmorientiert gestaltet. Diese Konzeptionen von Politik unterlaufe ich durch zwei Einwände: zum einen durch die sachliche, soziale und zeitliche Komplexität der Hintergründe von politischen Entscheidungen, die ihre Willkürlichkeit steigern. Politik hat es zunehmend mit „wicked problems" (Rittel/Webber 1973) zu tun, die sich rationalistischem Zugriff grundsätzlich entziehen. Und zum anderen durch eine Erweiterung des Politikbegriffs, in der die schöpferische, kreative und auch spielerische Komponente ins Spiel kommt und die ich als Handlungskontingenz der Politik bezeichnen will. Politisches Handeln ist nicht allein und v. a. nicht ausschließlich die Reaktion auf oder Antizipation von gesellschaftlichen Entwicklungen, sondern ein *eigenständiges Spiel*, das sich von der Wirklichkeit abhebt und ein Spiel mit Kontingenzen und Möglichkeiten betreibt, das nicht auf gesellschaftliche Wirklichkeiten bezogen sein muss (aber kann) und gleichwohl verbindliche Entscheidungen produziert, die gesellschaftliche Folgen haben. Solche ‚spielerischen' Entscheidungen steigern die Willkürlichkeit von politischen Entscheidungen, die dadurch unvermeidlich dezisionistischen Charakter annehmen.

Ich gehe wie folgt vor. Ich werde zunächst versuchen, den Entscheidungsbegriff präzise zu erfassen (2). Daran anschließend beschäftige ich mich mit der Hintergrundkontingenz der Politik, die sie vor fast unlösbare Aufgaben stellt und ihr dezisionistische Entscheidungen aufnötigt (3). Handlungskontingenz ist diejenige Form des politischen Entscheidens, in der sich Politik zum Spiel mit Chancen und Möglichkeiten erweitert und mit der Kontingenz des Handelns anderer politischer Akteure rechnen muss (4). Kann es demokratischen Dezisionismus geben und welche Formen nimmt er an? Dies steht im Mittelpunkt des anschließenden Kapitels, in dem ich eine Typologie solcher Entscheidungen versuche und sie vom Dezisionismus in totalitären Regimen und vom Konzept einer unrealistischen Fiktion des Dezisionismus von Carl Schmitt absetze, das oft fälschlicherweise als *einziges* Konzept des Dezisionismus betrachtet wird (5). Zusammenfassend komme ich zu dem Ergebnis, dass Politik nur noch Macht *in* den Verhältnissen kumulieren und nicht mehr Macht *über* die Verhältnisse ausüben kann, aber gleichwohl an dieser Illusion festhält (6).

2   Zum Begriff der Entscheidung

Der Begriff der Entscheidung ist zwar kompromittiert, steht aber im Zentrum des Politikbegriffs. Politik ist – so kann man in jeder Einführung in die Politik(wissenschaft) lesen – all das individuelle und kollektive Handeln, das der Vorbereitung, Herstellung und Durchführung von gesamtverbindlichen Entscheidungen dient. Alles Handeln kann demgemäß danach dichotomisiert werden, ob es Fluchtlinien zur Gesamtverbindlichkeit aufweist oder nicht. Obwohl der Entscheidungsbegriff im Zentrum steht, bleibt er eigentümlich leer. Auch die Policy-Analyse, die sich Prozesse und Substanz politischer Entscheidungen zum Gegenstand gemacht hat, hat den Entscheidungsbegriff unerörtert gelassen oder sich freiwillig mit Blindheit geschlagen, indem sie ihn normativ als Problemlösung aufgeladen und nicht weiter gefragt hat, ob diese Entscheidungen tatsächlich das halten, was sie normativ versprechen.

Wann liegt eine Entscheidung vor und durch was unterscheidet sie sich etwa vom technokratischen Sachverstand, einer streng logischen, rein rationalen Operation oder einem diskursiv ermittelten Konsens? Nach Lübbe ist eine Entscheidung dann fällig, wenn es

> „angesichts alternativer Möglichkeiten zu handeln gilt, ohne dass ‚entscheidende' Gründe für die eine Möglichkeit gegen die andere oder umgekehrt vorhanden sind oder zu beschaffen wären. Man spricht von ‚entscheidenden Gründen'. Liegen sie vor, sind sie gefunden, dann heißt das eben, daß nunmehr die Lage geklärt ist, die Zweifel behoben sind: jene Gründe haben einem die Entscheidung gleichsam abgenommen" (Lübbe 1971: 17). Oder anders formuliert: „Entschieden hat sich, wer angesichts alternativer Möglichkeiten den *Graben der Ungewißheit*, welche die richtige oder bessere ist, übersprungen und sich *festgelegt* hat" (ebd.: 18-19).

Eine Entscheidung ist also ein Akt, durch den eine Wissenslücke überbrückt, die Ermangelung entscheidender Gründe kompensiert, nicht diskursiv ermittelbare Einheit ersetzt oder der Verlust normativer Gewissheiten ausgeglichen wird. Sich festlegen heißt, die prinzipielle Kontingenz aller Entscheidungssituationen anzuerkennen, den Graben der Ungewissheit zu überspringen und eine von mehreren möglichen und plausiblen Alternativen gegenüber allen anderen zu favorisieren. Die fundamentale Unbestimmtheit jeder politischen Entscheidungssituation macht aus, dass man sich mehr oder weniger, aber dennoch willkürlich festlegen muss. Nie sind alle Gründe, alles Wissen, alle Expertisen für diese oder jene Entscheidung zusammengetragen, so dass sich eine Entscheidung nie von selbst ergibt. Sie muss entschieden, also trotz hoher Unsicherheit und Mehrdeutigkeit der Situation durchgehalten und politisch verantwortet werden. Ordnungsentscheidungen, die insbesondere politische Entscheidungen sind, sind in demokratischen Gesellschaften durch folgende Sachverhalte charakterisiert (nach Schimank 2005: 44-52):

Zunächst (1) durch den Akt einer *bewussten Wahl* aus mehreren möglichen Optionen, wodurch sie sich von spontanem, ja fast instinkthaftem Handeln ebenso absetzen wie von traditionalem, gewohnheitsmäßigem oder routinisiertem Handeln. Der Wahlakt löst (2) eine *situative Kontingenz* aus, denn im „Unterschied zu einfachen Handlungen thematisieren Entscheidungen [...] ihre eigene Kontingenz" (Luhmann 1984: 338). Dies bedeutet nicht nur den ausdrücklichen Einbezug von möglichen Alternativen, sondern zugleich die *Relativierung* der eigenen Entscheidung: Sie hätte im Hinblick auf andere mögliche auch anders ausfallen können, weil es keine grundlegende Gewissheit gab. Die (3) *prinzipielle Mehrdeutigkeit* von Entscheidungssituationen lässt sich nicht durch mehr Wissen kompensieren. Auch wenn wir über AIDS mehr wissen, lässt sich die Frage nicht klären, ob es ein biologisches oder moralisches Problem ist und deshalb so oder anders bearbeitet werden soll. Eine Entscheidungssituation darf (4) *nicht* völlig *erratisch* noch völlig *determiniert* sein. Völlig erratisch wäre ein Los- oder Zufallsverfahren, das an die Stelle der Entscheidung tritt, völlig determiniert wären z. B. Eigendynamiken sozialer Prozesse, die in einer Art Kettenreaktion sich vollziehen, keine Phasen der Entscheidungsfindung mehr zulassen und somit der Lauf der Dinge durch Entscheidungen nicht mehr zu beeinflussen ist.[1] Jede Entscheidung hat (5) eine *zeitliche Dimension*, sie akzeptiert nicht den unveränderten Lauf der Dinge, sondern will ihn ändern und durch eine Entscheidung in der Gegenwart die *Zukunft gestalten*; sie entscheidet über mögliche Zukünfte, über den Gang der Geschichte oder über die zukünftige Struktur von Gesellschaft. Deshalb muss eine Entscheidung (6) gegenüber der kritischen Öffentlichkeit und den BürgerInnen im Rahmen demokratischer Verfahren *verantwortet* werden. Die Ungewissheit der Entscheidungssituation wird durch die Entscheidung selbst in ein *Risiko hinsichtlich ihrer Folgen* transformiert. Bei jeder Entscheidung entsteht eine erhöhte Folgeverantwortung, weil sich Veränderung nicht spontan, traditionell oder routinisiert vollzieht, sondern weil *entschieden* wird. Schließlich löst jede Entscheidung (7) *Folgeentscheidungen* aus, die sich auf vorangegangene Entscheidungen und deren Wirkungen beziehen, weil immer unerwartete oder unerwünschte Nebenfolgen entstehen, die durch Entscheidungen abgemildert, korrigiert oder kompensiert werden müssen. So bleibt Anschlussfähigkeit erhalten.

In ihrer Summe stellen politische Entscheidungen ein historisch kontingentes Ordnungsmuster dar, das *relative* Stabilität besitzt und deshalb als gesellschaftliche Struktur betrachtet werden kann.

3   Politisch entschiedene Ordnungen, Unordnungen und Unterordnungen: Das Problem der Hintergrundkontingenz der Politik und Regieren zweiter Ordnung

Moderne Wohlfahrtsstaaten sind wie kaum andere Gesellschaften zuvor entschiedene und gestaltete Gesellschaften, die von einem Dauergerüst von politischen Interventionen durchzogen sind. Man könnte mit Michael Th. Greven von ,politischen Gesellschaften' sprechen (Greven 1999), wobei meine begriffliche Verwendung eher auf die durch Politik dauerhaft gestalteten und strukturell durchformten Gesellschaften abzielt. Ohne ein Primat der Politik zu reklamieren kann man gleichwohl davon ausgehen, dass sich gesellschaftliche Differenzierung nach funktionalen Aspekten vollzieht,

---

1   Zu Eigendynamiken von sozialen Prozessen vgl. den Überblick bei Nedelmann/Mayntz 1987.

aber immer und unvermeidlich durch politische Entscheidungen begleitet und gestaltet ist. Soziale Differenzierung vollzieht sich nicht im politikleeren Raum, sondern im Konflikt mit oder forciert durch politische Entscheidungen.

3.1 Die politische Kreation von kontingenten Ordnungsmustern

Politische Inklusion führt in ihrer Konsequenz zum modernen Wohlfahrtsstaat (Luhmann 1981) und moderne Gesellschaften sind nur als Wohlfahrtsstaaten denkbar. Diese nur auf den ersten Blick paradoxe Formulierung soll darauf aufmerksam machen, dass politische Entscheidungen in zwei Dimensionen dauerhaft in moderne Gesellschaften intervenieren und ihnen somit den Charakter als Gesellschaft (in Antithese zu Staat und Recht) rauben. Diese zwei Dimensionen lassen sich als interne und externe Interventionen bezeichnen, die in ihrer Summe und Interdependenz politisch gestaltete gesellschaftliche Ordnungsmuster konstituieren (Zacher 1982; 1984).

(1) Interne Interventionen sind all jene, die in vorgegebene, vorgefundene und vorgezeichnete gesellschaftliche Bereiche intervenieren und bisher noch nicht von politischen Entscheidungen durchzogen, also noch genuin gesellschaftlich waren. Zu denken ist hier in der Frühzeit des Wohlfahrtsstaates v. a. an die Regulierung der Arbeitsbedingungen, also frühe Arbeiterschutzgesetzgebung wie Verbot der Kinderarbeit, betriebliche Maßnahmen zum Schutz der Arbeitskraft, Unfallverhütungsvorschriften und dergleichen, die am Ende des 19. Jahrhunderts als Begleiterscheinung der Industrialisierung vorgenommen wurden. Diese Interventionen haben im Lauf der Geschichte an Breite, Intensität und Dauerhaftigkeit zugenommen. Das moderne Recht formuliert nicht allein Rahmenbedingungen für die gesellschaftlichen Teilsysteme Wirtschaft, Familie, Religion, Gesundheit oder Wissenschaft, sondern strukturiert diese Bereiche fundamental. (2) Externe Interventionen kreieren Institutionen, die sozusagen außerhalb der Gesellschaft stehen, weil sie ihre Konstitution und Konfirmation allein dem politisch gesetzten Recht verdanken. Es sind v. a. die Institutionen der sozialen Sicherheit, die bis heute den Kernbestand moderner Wohlfahrtsstaaten bilden, wie Unfall-, Kranken-, Invaliditäts- und Alterssicherungen, später Arbeitslosen- und schließlich Pflegeversicherungen und/oder andere soziale Dienstleistungen. Sie alle sind – wie andere politische Institutionen (Verfahren der Demokratie, Gerichtsbarkeit u. Ä.) – künstliche Gebilde, die allein durch das moderne und positive Recht konstituiert werden.

Alle diese Instrumente sind „gewillkürte Instrumente gewillkürter Zumessung" – so der Sozialrechtler Zacher (1993: 282), der durch diese Formulierung nicht nur den dezisionistischen, sondern auch kontingenten Charakter solcher Einrichtungen betont. Ohne sie sind moderne Gesellschaften nicht mehr denkbar – und ich meine bewusst Gesellschaften, denn obwohl politische Institutionen, sind sie gleichwohl zu Institutionen geronnen, die das gesellschaftliche Leben fundamental beeinflussen. Das moderne Leben ist sozusagen politisch eingeschalt und selbst die Familie, die als solidarisches und sozialisatorisches Nest und privates Refugium für Menschen in modernen Gesellschaften gilt, ist ein hochkomplex verrechtlichtes Gebilde, ist politisch geworden.

Alles in allem wird so eine gesellschaftliche Gesamtordnung kreiert, die ein stabiles Muster ausbildet, zugleich aber immer auch anders denkbar ist. Die so unverbrüchlich und allumfassend erscheinende Ordnung, mit deren Bestand man rechnet, ist nur eine unter vielen möglichen. Sie ist unter bestimmten Bedingungen entstanden und unter veränderten Bedingungen wandelbar. Jede Ordnung ist durch ihre Historizität und Kontextualität gekennzeichnet. Es genügt zu ihrer Infragestellung, dass man die Möglichkeit einer anderen Ordnung thematisiert, in den politischen Diskurs einführt und dafür politische Unterstützung sucht.

Da aber jede Ordnungsstruktur durch eine fast unendliche Summe von politischen Entscheidungen konstituiert, konfirmiert oder aber verändert wird, ist die Policy-Analyse besonders gefordert, diesen unhintergehbaren Sachverhalt zu thematisieren: In Abwandlung einer kybernetischen Trivialität könnte man sagen, dass die Gesamtordnung (das Ganze) mehr ist als die Summe der einzelnen Policies (Teile). Das Ganze entwickelt eine eigene Dynamik, eine eigene Form der Interaktion, die einer nicht mehr durchschaubaren Logik gehorcht. Sie agiert und interagiert wie eine nicht-triviale Maschine, zielgerichtete Eingriffe der Politik, geschweige Problemlösungen im strengen, rationalistischen Sinne des Wortes, sind nicht möglich. Jeder Zustand dieser Ordnung, der immer zugleich ein erhebliches Maß an Unordnung einschließt, ist hochgradig kontingent, denn diese Ordnung befindet sich in einem ständigen Prozess der Auflösung und des Neu-Zusammensetzens, ist voll von Paradoxien, unerwarteten Entwicklungen und Zuständen, voll von Wirkungen und Nebenwirkungen, die grundsätzlich undurchschaubar sind und bleiben. Wir haben es grundsätzlich mit unordentlichen Ordnungen zu tun (Anter 2004).

3.2 Hintergrundkontingenz als politische Herausforderung

Die Verbindung von politischem Entscheiden und Kontingenz ist keine neue Idee, sondern an vielen Stellen und vielen Kontexten thematisiert (Greven 1999; 2000; Holzinger 2006). Der erste ideengeschichtliche und für meine Fragestellung relevante Fundort ist Machiavelli, der eine realistische Theorie bzw. Konzeption der Politik entwickelt hat.

Machiavellis Problem in *Il Principe* bestand darin, wie eine *neue Herrschaft* in einem bestehenden Herrschaftsgebiet bzw. in einem eroberten neuen Raum begründet werden kann, der nicht zu kontrollieren ist und einer nicht vorherzusehenden sozialen und politischen Dynamik unterliegt. Verschärft wird das Problem durch das Aufkommen einer „garantielosen Welt" (König 1979: 95[2]), weil der ungestörte Fluss der Werte, Normen und sakralen Sanktionen nicht mehr von Instanz zu Instanz, von Generation zu Generation gegeben ist. Die alte Ordnung löst sich auf und wandelt sich von einer „garantierten zu einer bloß faktischen Ordnung" (König 1979: 96), in der der Mensch von einer rastlosen Neuerungssucht befallen wird: nichts ist beständig, nichts behält seine Ordnung, nichts bleibt in seiner Form und die „von Gott und allen guten Geistern verlassenen Menschen versuchen [krampfhaft] [...] oben zu schwimmen" (König 1979: 103). Da die neue Ordnung nicht mehr naturgegeben noch Gottes Ordnung ist, entsteht nun „etwas Künstliches, dessen Aufbau vollkommen in den Willen des freischwebenden Individuums gesetzt ist" (ebd.). Es kann und will sich nicht mehr auf vorgegebene normative oder ethische Prämissen einlassen, sondern entscheidet in jeder Situation neu, wie es zu handeln gilt. Entsteht dieses Problem schon in den alten, gewohnten Herrschaftsordnungen, so stellt sich das Problem für den ‚neuen' Fürsten verschärft, der sein Herrschaftsgebiet in unbekannte Gebiete ausdehnt. Deshalb gilt Machiavellis Interesse im Besonderen den Stabilisierungsproblemen dieser neuen Herrschaftsordnungen und den damit verbundenen Unberechenbarkeiten.

Diese unberechenbare, überraschende und letztlich nicht durch Politik zu kontrollierende *Hintergrundkontingenz* der Politik hat Machiavelli als *fortuna* bezeichnet und als Ereignisströme konzipiert, die immer neue Zustände annehmen (können). Während *necessità* den unveränderlichen und unbeeinflussbaren Teil des Geschichtsprozesses bezeichnet, der sich dem Zugriff des politischen Handelns entzieht, bezeichnet *fortuna* den Teil, der

> „weder berechenbare Kausalität noch erkennbare Finalität aufzuweisen vermag. Fortuna wird hier für all jene Ereignisse verantwortlich gemacht, die entgegen allen rationalen Kalkülen und Erwartungen eingetreten sind" (Münkler 1984: 302). Sie ist „der Inbegriff der Zufälligkeit und Sinnlosigkeit der Geschichte" (Münkler 1984: 316).

Der „machiavellian moment" (Pocock 1975) markiert einen historischen Zustand „in which the republic was seen as confronting its own temporal finitude, as attempting to remain morally and politically stable in a stream of irrational events conceived as essentially destructive of all systems of secular stability" (Pocock 1975: vii). Machiavellis Überlegungen kreisen um genau diesen Kernpunkt und er versuchte all die politischen Handlungen – als Ratschläge an die Fürsten formuliert – zu identifizieren, die trotz widriger Umstände die florentinische Republik als spezifische Herrschaftsordnung stabil halten könnten. Pocock formuliert den zentralen Satz:

> „If politics be thought of as the art of dealing with contingent events, it is the art of dealing with *fortuna* as the force which directs such events and thus symbolizes pure, uncontrolled and unlegitimated contingency" (Pocock 1975: 156).

---

2   Den Hinweis auf diese Stelle verdanke ich Michael Th. Greven.

Es geht – wie die traditionelle Machiavelli-Interpretation betont – zwar auch um reine Machttechnik, aber Machiavelli ist m. E. der erste politische Denker, der als Kern des politischen Entscheidens den Umgang mit *fortuna* betrachtet. Sie kann auf zwei Weisen beeinflusst werden: Handeln politische Akteure mit *virtù*, so lässt sie sich positiv beeinflussen und sie können die Geschichte in ihrem Sinne gestalten. Handeln sie dagegen zögernd, feige und unentschlossen, so werden sie zum Spielball der Kontingenzen und Zufälle; Überraschungen, Unerwartetes und Unkalkulierbares dominieren den Verlauf der Geschichte (Münkler 1984: 305). Es geht nicht oder nicht ausschließlich um zielorientierte Rationalität, also den Erhalt oder die Ausweitung einer machtgestützten Herrschaftsordnung, sondern vor allem um den *spielerischen* Umgang mit „stream(s) of irrational events" (Pocock 1975: vii). Das spielerische Element kommt zum Vorschein, weil *fortuna* Gelegenheiten, Chancen und überraschende Momente bietet, die man ausnutzen oder verpassen kann. Der Begriff kennzeichnet den durch *politisches Handeln beeinflussbaren*, also variablen Teil des geschichtlichen Prozesses. Nur wenn man sich auf das Unkalkulierbare und Irrationale einlässt, mit ihm spielt, kann man Möglichkeiten sehen und ausnutzen; rationale Kalkulation muss wegen des irrationalen Charakters von *fortuna* fehlschlagen.[3]

Machiavelli – so möchte ich resümieren – ist der erste Denker, der die Begriffe Politik und Kontingenz programmatisch verbindet und Politik als *zeitorientierte Reaktion auf Kontingenz* betrachtet (Palonen 1998: 10), die ich als *Hintergrund*kontingenz bezeichnen will. Es ist die historisch variable, aber grundsätzlich bestehende Kontingenz, die durch die Dynamik der funktionalen Differenzierung und der durch Politik entschiedenen Ordnungsmuster in Gang gesetzt wird. Die Geschichte des modernen Wohlfahrtsstaates ist die Geschichte seiner zunehmenden Intervention in vorgefundene und vorgegebene Verhältnisse. Er hat Gesellschaften in unvorstellbarer Weise verstaatlicht in dem Sinne, als er sie ihres gesellschaftlichen Charakters beraubt und sie „ent-vergesellschaftet" hat. Sie sind zu politischen Gesellschaften in dem Sinne geworden, als sie von einem Dauergerüst politischer Interventionen durchzogen sind, das eine eigene Strukturdynamik und Komplexität erreicht hat. Interventionen *erster Ordnung* nehmen im historischen Verlauf nicht nur an Intensität zu, sondern steigern auch die Interdependenzen zwischen Organisationen, Institutionen und Systemen. Die Verflechtung der sozialstaatlichen Leistungen und Institutionen erhöht die Undurchschaubarkeit der Aktivitäten des Wohlfahrtsstaates und führt zu hochkomplexen und nicht mehr rational und kausal steuerbaren Eigendynamiken. Hinzu treten Interessen-

---

3   Fritz Kuhn von den GRÜNEN hat – Jahrhunderte später – seine Erfahrungen mit der Politik unter der Beobachtung der öffentlichen Medien in Begrifflichkeiten formuliert, die sehr an Machiavelli erinnern: „Man sitzt auf einem Baumstamm, der in einem Hochwasser oder gar in einem reißenden Fluss treibt und stellt sich die Frage: Kannst Du den steuern? […] Man kann eben vieles nicht steuern, man ist allen möglichen Zufälligkeiten, Strömungen und Widrigkeiten des Flusses ausgesetzt. […] Es gibt ein paar stabilisierende Bewegungen, die man gemeinhin als Steuerung ausgibt, wenn man durchgekommen ist" (Kuhn 2002: 97).

bildungen, die sich als Reaktionen auf staatliche Interventionen ausbilden und mit denen Politik nun rechnen muss.

Wohlfahrtsstaatliche Politik *zweiter Ordnung* bezieht sich nicht mehr auf Interventionen in vorgegebene gesellschaftliche Sachverhalte und Problemlagen, sondern auf bereits politisch gestaltete Wirklichkeiten: auf hochkomplexe Interessenapparaturen, auf die Gestaltung von ganzen „Systemen" (wie in der gesetzlichen Krankenversicherung) und auf die Entscheidung von Verteilungskonflikten von politisch kreierten und/oder auf in Reaktion auf politische Entscheidungen entstandene Interessengruppen (Kaufmann 1998). Das, was auf dem Bildschirm der Politik auftaucht, die Ampeln von grün auf rot umstellt und Entscheidungsbedarf signalisiert, ist bereits politisch gestaltet. Es handelt sich um Reaktionen der Politik auf sich selbst, die für Regieren zweiter Ordnung konstitutiv sind. Diese Strukturen markieren eine epochenspezifische und historisch identifizierbare Ausgangslage, die den Möglichkeitshorizont der Politik vorgibt und Chancen der Gestaltung eröffnet oder verschließt. Heute stellt sich die Frage, ob Politik noch Macht *über* die Verhältnisse hat, sie also zielgerichtet, rational und geleitet von programmatischen Prämissen gestalten kann. Oder ob sie nur noch Macht *in* den Verhältnissen kumulieren kann[4], also Spiele der Macht spielt und in diesen Optionen und Probleme formuliert, die den Bezug zur „Welt" verloren haben, aber gleichwohl in dieser „Welt" Wirkungen zeitigen, die zwar undurchschaubar sind, aber für Menschen, Gruppen und Teilsysteme (über)lebensrelevante Folgen zeitigen.

4   Politik als Spiel: Das Problem der Handlungskontingenz

Was passiert aber, wenn wir den Begriff der Kontingenz auf den Entscheidungsprozess selbst anwenden, wir also fragen, warum der Entscheidungsprozess so und nicht anders verläuft? Während wir keine größeren Probleme haben die Substanz politischer Entscheidungen kontingent zu setzen, ist dies bei der *Prozessdimension* des politischen Entscheidens, also den Politics, häufig nicht der Fall.

Auch hier ist Machiavelli – vielleicht – der erste Ideengeber: Er bricht mit den bisherigen mittelalterlichen Vorstellungen von *virtù* als invariabler ethisch-moralischer Kategorie und entwirft ein Konzept des politischen Handelns, das sich nicht nur auf die Hintergrund-, sondern auch auf die *Handlungskontingenz* bezieht. Der Fürst muss immer mit der Kontingenz des Handelns anderer nach Macht strebender Personen und Gruppen rechnen. Um auf der Klaviatur der Handlungskontingenz erfolgreich spielen zu können, muss Politik *politisierbar* werden, als „Anders-Sein-Können" gedacht werden, als Spiel, das neue Chancen eröffnet. Und der Einsatz der

---

4   Die Unterscheidung in Macht *über* und Macht *in* den Verhältnisse geht auf den Althistoriker Christian Meier zurück, der diese Idee im Kontext seiner Cäsar-Studien entwickelt hat; vgl. Meier 1980: bes. 26; ders. 1986.

Macht ist *ein* wichtiges Mittel, um diese Politisierung in Gang zu setzen. Der nach Macht Strebende oder allgemeiner der Politiktreibende muss grundsätzlich mehrdeutig agieren, um die Kontingenz des politischen Handelns selbst zu steigern, egal ob man das Gute oder das Böse mit Macht will. Es geht um „zweigleisiges Handeln" (König 1979: 177), um das (Ab)Warten der Chance, um das Abfassen zweideutiger Verträge, um das Gute spielen und dann das Böse tun, um gerecht zu scheinen und doch ungerecht zu handeln. Mit anderen Worten: Politik wird zu einem grausamen Spiel (König 1979: 176). Und deshalb muss *virtù* als variabel, flexibel, situativ, ja auch amoralisch gedacht werden, mit einem Wort: Es geht um die „politicization of virtù" (Pocock 1975: 167) und damit um deren Verflüssigung als *a priorische* und invariable moralische Handlungskategorie.

Dass es in heutigen modernen Gesellschaften keine übergreifenden normativen oder moralischen Grundlagen mehr gibt, sondern sich in der säkularisierten, individualisierten und pluralisierten Welt eine Vielzahl von Vorstellungen gegenüberstehen, ist eine Binsenweisheit. Die Folgerungen daraus sind ebenfalls unumstritten: Diverse Vorstellungen kämpfen um Anerkennung, konfligieren, mobilisieren Massen und wollen sich als gesamtverbindliche Position durchsetzen. Ihre Verbindlichkeit beruht nicht auf unumstrittener Anerkennung, nicht auf Wahrheitsansprüchen, noch auf argumentativ hergestelltem Konsens, indem alle anderen durch das bessere Argument überzeugt worden sind. Vielmehr leben moderne Gesellschaften mit der unhintergehbaren Differenz von Begründungs- und Wahrheitsansprüchen von politischen Entscheidungen einerseits und deren Geltungsansprüchen andererseits: Die liberale Demokratie beruht auf der Prämisse, dass

> „die Verbindlichkeit der politischen Entscheidung […] nicht an unserer Anerkennung der Wahrheitsansprüche hängt, die argumentativ in der Entscheidungsbegründung erhoben worden waren. Die so bestimmte Trennung von Geltung und Wahrheit im politischen Entscheidungsprozess macht die entscheidungstheoretische Substanz liberaler politischer Ordnungen aus, und in der argumentativen Absicherung dieser Substanz ist es allerdings unvermeidlich, in einige Nähe zur Tradition des kompromittierten sogenannten Dezisionismus zu geraten" (Lübbe 1980: 162-163).

Lässt man die Frage der Nähe zum Dezisionismus hier (noch) außer Acht, dann ist klar, dass die Geltung von Normen oder bestimmten, durch Recht gesetzten Ordnungen sich nur noch über politische Entscheidungen herstellen lässt, die Gesamtverbindlichkeit beanspruchen, auf der überlegenen Macht des Staates beruhen und dennoch nur als kontingent gesetzt gelten. Aber sie gelten, solange keine anderen Normen politisch entschieden wurden.

Politische Entscheidungen nehmen immer die Form von Policies an. Policies reagieren nicht nur (oder vielleicht nicht einmal vorwiegend) auf die Hintergrundkontingenz moderner Gesellschaften, sondern sind ebenso Resultate der Handlungskontingenz. Indem sich Politik (im Sinne von Politics) von den großen Ideologien des 19. und beginnenden 20. Jahrhunderts löst und pragmatischer wird, verlieren von

Ideologien deduktiv abgeleitete Policies an Bedeutung und können situativer produziert werden. So kann man – je nach Lage der Dinge – auf den durch die liberale Demokratie gewollten Kampf um Anteile an politischer Macht flexibler reagieren und kontingente Policy-Optionen wählen. Sie werden dadurch selbstverständlich nicht völlig beliebig, können aber innerhalb eines bestimmten, sich erweiternden ideologisch-programmatischen Raumes gewählt werden. Politik wird so beliebiger, variabler und opportunistischer und kann den situativen Erfordernissen des politischen Kampfes flexibler angepasst werden. Sie wird zum Spiel, das Chancen und Möglichkeiten auslotet und sich in vier Dimensionen von einem nichtkontingenten Politicsbegriff unterscheidet (nach Palonen 1998: bes. 334-337):

1. Politik wandelt sich von Sach- zu *Spielfragen*, denen die Terminologie des Problemlösens nicht gerecht wird. „Die ‚Lösungsangebote‘ sind Schachzüge, die gegebenenfalls Konstellationen verändern, Fragestellungen umwerfen oder zur Umformulierung des Vokabulars herausfordern" (Palonen 1998: 335).

2. Normative Grundsätze werden durch *Stile* ersetzt, weil jede politische Option in Bezug auf ihre Chancen und Folgen im politischen Spiel bewertet wird. Der Wert einer Policy wird dann von den Handelnden nicht mehr nach ihrem Inhalt festgelegt, sondern nach ihren möglichkeitsöffnenden Potentialen, was Stilfragen und symbolisch-ästhetische Ausdruckformen in den Mittelpunkt rücken lässt und die Relativität und damit die Kontingenz von Optionen stärker betont.

3. Das Sphären- bzw. Ressortdenken, das sich besonders in der Segmentierung in Policies niederschlägt (wie z. B. Steuer-, Sozial-, Umweltpolitik), wird durch *Orientierungsdenken* abgelöst. Es bezieht sich auf die zentralen menschlichen Orientierungen, konkret den Raum, die Sprache, die Subjekte und die Zeit des Politischen und damit auf neue Möglichkeiten der Politisierung von bisher nicht thematisierten sozialen und menschlichen Beziehungsmustern (Feminismus, Biopolitik, Identitätspolitik, u. Ä.)

4. Politik wird durch neue Politikarten ergänzt, wobei zwei Arten zentral werden und den Bewegungscharakter des Politischen verstärken: „*Politisierung* markiert gewisse Phänomene als politisch, *Politicking* spielt mit diesen Phänomenen. […] Politisierung ist eine *verändernde* Bewegung, die sowohl den Erfahrungsraum als auch den Erwartungshorizont umwandelt, während Politicking eine *Performanz* ist, die nur die Gegenwart ihrer Ausübung kennt" (Palonen 1998: 336; Herv. im Orig.).

Dieses politische Spiel wird vor einem die Politik beobachtenden Dritten gespielt: der öffentlichen Meinung und dem Publikum. Es geht der Politik immer auch darum, wer unter welchen Umständen ein Problem und/oder eine Lösung, eine Politisierung oder ein Politicking, unter ungewissen Umständen mit Wählerstimmen unterstützen würde. Entscheidend – im mittel- und unmittelbaren Sinne des Wortes – ist dann, wie Ande-

re, hier Publikum und Öffentlichkeit, beobachten, was Politik tut. Umgekehrt beobachtet Politik, wie sie von diesen Beobachtern beobachtet wird und erst aus dieser
Konstellation, aus diesem Zusammen*spiel* entstehen die aktuellen Muster des politischen Entscheidens. Da Politik nur ungefähr weiß, welche Reaktionen ihre Spielzüge
auslösen, werden auch hier alle Entscheidungen unter großer Unsicherheit, unter gro-
ßem Risiko und unter unvollständigen Begründungen getroffen. Sind jedoch wohl-
begründete Entscheidungen zu treffen, dann handelt es sich meist um moralisch oder
ethisch umstrittene, um sachlich oder finanziell weitreichende oder um unstrukturierte
Situationen. Gerade dann sind gute Gründe gefragt und die Entscheidung wird zum
Paradox: Sie verlangt gute Gründe, ist aber gerade deshalb gefragt, weil solche Gründe nicht ausreichend vorliegen. Die Paradoxie des Entscheidens wird unter der Hand
zu einer Paradoxie des Begründens: – „des Begründens von Entscheidungen in Situationen, in denen gute, tragfähige Gründe fehlen, aber verlangt sind" (Ortmann 2003a:
146). Fehlen diese Gründe, dann wird man – gerade wenn Politik spielerisch gestaltet
wird – nach fingierten Gründen suchen oder Gründe fingieren. Wie auch immer man
eine Entscheidung begründen mag, sich zu entscheiden heißt dann, den Graben der
Ungewissheit zu überspringen und sich festzulegen, wobei dies unvermeidlich Dezisionismus einschließt.

5   Spielarten des Dezisionismus

Das politikwissenschaftliche Konzept der Dezision hat einen schlechten Ruf – und
Michael Th. Greven hat versucht, das Konzept eines *demokratischen* Dezisionismus
zu entwickeln, den Begriff zu verteidigen und als *eine* mögliche Form zu systemati-
sieren, die grundsätzlich auch andere, z. B. nicht-demokratische Formen, annehmen
kann (Greven 2000). Ich möchte im Folgenden eine Typologie dezisionistischer Entscheidungen vorschlagen, die zumindest ansatzweise die Vielfältigkeit demokratischer Formen andeuten kann und ihnen den Ruch autoritärer oder gar totalitärer Willkür und Beliebigkeit nimmt (5.2). Dann verdeutliche ich die Struktur dezisionistischer
Entscheidungen in totalitären Regimen an *einem* Beispiel aus der Hochzeit des Stalinismus (5.3) und unterscheide diese Form vom Dezisionimus Carl Schmitts (5.4).
Zuvor will ich jedoch die Unvermeidbarkeit von willkürlichen politischen Entscheidungen durch die dreifache Komplexität(ssteigerung) jeglichen Entscheidungs-
handelns in modernen Gesellschaften begründen (5.1).

5.1   *Komplexitätssteigerung als Kontextbedingung politischer Entscheidungen*

Unter welchen kontextuellen Rahmenbedingungen finden politische Entscheidungen
in modernen Gesellschaften statt? Ich will im Folgenden drei Dimensionen der Kom-
plexitätssteigerung andeuten (nach Schimank 2005: Kap. 3), die politisches Entschei-

den in ihrem Kern nicht unberührt lässt und – so meine These – unvermeidbar den willkürlichen Charakter dieser Entscheidungen steigert:

(1) Die *Komplexität der Sozialdimension*, die sich v. a. als Problem der Interdependenzbewältigung zwischen Akteuren äußert und vor allem zwei Formen annimmt: Erstens *mangelnde Erwartungssicherheit*, die ihren Ausdruck darin findet, dass sich ein Akteur bei seiner Entscheidung nicht sicher über das Handeln aller anderen sein kann, die seine Entscheidung antizipieren und entsprechend, gleichwohl ebenso unsicher reagieren. Man kann sich also nie sicher sein, ob die Entscheidung das bewirkt, was man erwartet oder kalkuliert, weil der Erfolg vom Handeln anderer abhängig ist bzw. beeinflusst wird. Auch sind die Ziele und Präferenzen der Anderen nicht nur unsicher, sondern häufig und aus strategischen Gründen mehrdeutig, so dass sich die Unsicherheit steigert. Zweitens *Konflikthaftigkeit* mit anderen Akteuren, deren Kooperation man z. B. für die Realisation seiner Ziele braucht, aber deren Kooperationsbereitschaft nicht sicher erwartbar ist. Die policy-analytisch angelegte Vetospielertheorie hat hierfür ein zwar einfaches, aber dennoch analytisch brauchbares Konzept vorgelegt, mit dem man das mögliche Konfliktverhalten und damit das Potential für eine Abweichung vom Status Quo bei stabilen Präferenzen und einer reinen Policyorientierung analysieren kann (Tsebelis 1995; 2002). Und schließlich mischen sich mangelnde Erwartungssicherheit *und* Konflikthaftigkeit, sofern letzteres Anlass zu strategischen Interaktionen gibt und Akteure durch falsche Versprechungen, gezielte Täuschungen oder nicht gedeckte Drohungen die Erwartungsunsicherheit steigern.

(2) Die *Komplexität der Sachdimension* äußert sich darin, dass politische Entscheider mit „wicked problems" (Rittel/Webber 1973; Simon 1973; Conklin 2001: Kap. 2) konfrontiert sind. Sie zeichnen sich u. a. dadurch aus, dass

- es keine klare und eindeutige, sondern nur ambige, umstrittene und strategisch angelegte Problemformulierungen gibt;

- es keine endgültige Lösung, sondern nur einen ununterbrochenen Prozess des immer wiederkehrenden Bearbeitens des Problems gibt; da das Problem nicht eindeutig bestimmt werden kann, gibt es auch keine eindeutigen Antworten;

- es keine richtigen oder falschen, sondern nur mehr oder weniger gute oder schlechte Optionen gibt;

- es keine sich wiederholenden und „alten" Probleme gibt, weil jedes einzelne in einer hochkomplexen und nicht-linearen Interdependenz mit anderen Sachverhalten steht und keine bereits entschiedene Option eine wiederholbare Option für die Zukunft ist; Lernen ist ein unwahrscheinliches und schwieriges Geschäft, weil jedes Problem neu und einzigartig ist

- jedes Problem im Prinzip eine Folge(wirkung) einer woanders gewählten Option ist, was umgekehrt bedeutet, dass eine Entscheidung irgendwo anders ein Problem induziert;

- Problemdefinition und -lösung nicht zwei getrennte Schritte in einem sequentiellen Policyzyklus sind, sondern eine synchrone Interaktion: Man lernt nur etwas über das Problem, wenn man es bereits bearbeitet;

- der politische Entscheider kein Recht hat, falsch zu liegen, weil jede Entscheidung erhebliche Folgewirkungen hat, die man nicht leichtfertig induzieren kann.

Das Problem von unvollständiger Information, das oft als Zentralproblem der Sachkomplexität angeführt wird, relativiert sich bei „wicked problems", weil mehr Wissen und mehr Information das Problem der Mehrdeutigkeit nicht aus der Welt schaffen bzw. reduzieren können (Zahariadis 1999: 74-75).

(3) Die *Komplexität der Zeitdimension*, die sich in notorischer Zeitknappheit äußert. Das politische System kann – im Gegensatz zu individuellen Akteuren – parallel prozessieren und deshalb sind politische Entscheider immer mit zu vielen gleichzeitig zu entscheidenden Sachverhalten konfrontiert. „Timing" und „temporal sorting" (Zahariadis 2007), also das Management von Zeit, wird zu einer zentralen Aufgabe. Sowohl die Eigenzeit der Politik als auch die des demokratisch-deliberativen Prozesses sind immer weniger mit der sich beschleunigenden Dynamik der sozialen und ökonomischen Umwelten zu synchronisieren (Rosa 2005: bes. Kap. XII). Grundsätzlich gilt, dass die Zeit nie ausreichend ist, um alle relevanten Sachverhalte und Aspekte zu prüfen; zudem ist das politische System immer mit zu vielen Sachverhalten konfrontiert, es kann als Organisation viele Sachverhalte parallel prozessieren und muss, um entscheiden zu können, Prioritäten setzen. Fristen verschärfen Zeitprobleme zusätzlich. Wird die Zeit knapp, muss in der Sach- und Sozialdimension Komplexität erheblich reduziert werden und Entscheidungen werden allein aus diesem Grund willkürlicher. Das Zeitmanagement gewinnt die Oberhand über das rationale Bearbeiten von bestimmten Sachverhalten (Zahariadis 2007: 68).

5.2 Eine Typologie demokratisch-dezisionistischer Entscheidungen

Ohne Anspruch auf Vollständigkeit identifiziere ich sechs policy-analytische Spielarten des Dezisionismus, von denen jede auf ihre Art auf die drei Komplexitätsdimensionen reagiert und die ich in absteigender Reihenfolge nach dem abnehmenden Grad ihrer Rationalität bzw. ihrer zunehmenden Willkürlichkeit ordne.

(1) *Perfekt rationale Entscheidungen* sind ihrem Charakter nach dezisionslose Entscheidungen und werden hier allein als idealtypischer Grenzfall betrachtet. In der Policy-Analyse findet sich diese Spielart im Konzept des Policyzyklus, der sich in

klaren Schritten von der objektivistischen Problemdefinition über Agendasetting, Alternativenauswahl, Implementation und Evaluation bis zur Terminierung einer Policy bewegt (Lasswell 1956; deLeon 1999; Jann/Wegrich 2003). Vor allem zwischen Problemdefinition und politischer Lösung wird ein kausaler und kognitiv bewältigbarer Zusammenhang hergestellt, so dass man von einer rationalen und zielgerichteten Entscheidung sprechen kann. Sowohl die Sach-, Sozial- und Zeitkomplexität lässt sich bewältigen als auch die damit verbundenen informationellen Probleme. Scharpfs (2000: bes. 221-225) Konzept des Problemlösens gehört ebenfalls zu diesem Typus des rationalen Entscheidens: Der dort vorherrschende Kommunikationsmodus ist, sich „mit Hilfe wahrheitsorientierten ‚Argumentierens' über die bestmögliche Lösung und die bestmögliche Art und Weise, die Lösung zu erreichen, zu verständigen" (Scharpf 2000: 223). Im Kern aber ist es keine Dezision mehr, weil es nun entscheidende Gründe gibt, so und nicht anders zu handeln: Die Lage ist geklärt, das Wissen beschafft, das Problem identifiziert, Kausalitäten des Zugriffs geklärt, von den vorhandenen Alternativen die optimale ausgewählt, wahrheitsorientiert ausargumentiert und schließlich eine entsprechende Policy verabschiedet. Die Entscheidung ergibt sich dann quasi von selbst, weil Wissen und entscheidende Gründe einem die Entscheidung abgenommen haben und der Graben der Ungewissheit *nicht* übersprungen werden muss. Bleiben jedoch leise Zweifel, so ist ein Minimum an Dezisionismus bereits hier gegeben.

(2) *Begrenzt rationale Entscheidungen* halten an den Grundprämissen des rationalen Entscheidens prinzipiell fest, aber gestehen zu, dass die drei Komplexitätsdimensionen systematische Probleme aufwerfen. In der Sachdimension drängen sich länger verdrängte Probleme auf oder müssen – trotz ungenügender kognitiver und informationeller Abklärung – auf Grund des Drucks anderer Akteure, etwa der Opposition oder der Medien, entschieden werden; oder man entscheidet nur halbherzig, weil in der Sozialdimension größere Konflikte zu erwarten sind; und schließlich wird man unter Zeitdruck gesetzt. Man kann dann versuchen, zumindest eine „second-best"-Lösung zu suchen (Simon 1957), die dann unvermeidlich den Charakter einer Dezision trägt: Man muss den Graben der Ungewissheit überspringen und sich festlegen, weil es nicht genügend entscheidende Gründe gibt, die einem die Entscheidung abnehmen.

(3) Das von Charles E. Lindblom entwickelte Konzept des „*muddling through*" ist das erste policy-analytische Konzept, das politischem Entscheiden eine eigene, nämlich *politische Logik* zugesteht und sich von der Logik des rationalen Entscheidens grundlegend absetzt (Lindblom 1959; Lindblom 1979; Lindblom/Woodhouse 1993). Der *politische* Prozess hat eine eigene Vernunft, die eine spezifische politische *Intelligenz* produziert und demokratietheoretische Prämissen ernst nimmt. Policies sind das Ergebnis von genuin politischen Prozessen und nicht von (vollständig oder begrenzt) rationalem Problemlösen oder kognitiv begründetem Lernen (Gregory 1989: 147) und sie sind bei *öffentlich* produzierten Policies der wissenschaftlichen Expertise bzw. der

Ziel-Mittel-Rationalität überlegen und bieten eine bessere Möglichkeit des Umgangs mit sozial, sachlich und zeitlich hochkomplexen Sachverhalten.

„Muddling through" ist zunächst eine Abkehr von allen aktivistischen und steuerungsoptimistischen Konzepten. Da Politik mit einem unaufhörlichen Strom von Anforderungen konfrontiert ist, der sie notorisch überfordert, wird Abwarten zur rationalen Strategie, um aus der unüberschaubar gewordenen Anzahl von Anforderungen die zu identifizieren, die sich mit einer gewissen Dringlichkeit bemerkbar machen. Probleme sind grundsätzlich einseitige, parteiliche und mehrdeutige Sachverhalte, die im politischen Prozess gehandelt werden, „there is never a single, clearly correct problem definition on which analysis can converge" (Lindblom/Woodhouse 1993: 112). Vielmehr spielen Machtressourcen von Akteuren eine Rolle, mit welcher Dringlichkeit sich bestimmte Sachverhalte bemerkbar machen. Politik und Verwaltung haben das politische Potential, eigene Selektionsprozesse einzuschalten, die über die Relevanz/ Nichtrelevanz von Sachverhalten entscheiden. Zugleich können politische Akteure bestimmte Sachverhalte für ihre eigenen machtpolitischen Interessen instrumentalisieren, indem sie sie sich zu eigen machen.

(4) Das policy-analytische Konzept von „*multiple streams*" (Kingdon 1984; Zahariadis 2007; Rüb 2008) steigert die Kontingenz und damit die Willkürlichkeit des politischen Entscheidens weiter. Seine Grundidee – angelehnt an das „garbage can"-Modell der Organisationssoziologie und zugleich für die Policy-Analyse weiterentwickelt – besteht in der Annahme, dass jedes Regierungssystem eine organisierte Anarchie ist und unvermeidlich mit einer Überzahl von Anforderungen konfrontiert ist. Drei Ströme fließen durch das politische System[5]: (a) Der *Problemstrom*, in dem die momentan gehandelten Probleme einer historisch gegebenen Gesellschaft um Anerkennung kämpfen. Sie sind Ausdruck der ins Zeitliche, ins Prozesshafte übersetzten funktionalen Differenzierung und deren Interdependenzen, und alle die Sachverhalte, die aus welchen Gründen auch immer eine verbindliche Entscheidung anstreben, tauchen im Problemstrom auf. In ihm findet sich das wieder, was in spätmodernen Gesellschaften als „politisierbar" gilt und politisiert wird. Hier konkretisiert sich die von Greven diagnostizierte „Fundamentalpolitisierung" (Greven 1999) und wird empirisch analysierbar.

(b) Der Policy- oder *Optionsstrom* setzt sich aus einer Vielzahl unterschiedlicher Konzepte, Ideen, Scheinweisheiten, missionarischer Heilslehren, doktrinärer Ideologien u. Ä. zusammen, die von korporativen Akteuren oder „policy networks" relativ unabhängig von konkreten Problemen produziert werden. Manche Optionen werden neu entwickelt, manche verschwinden und manche behalten im Zeitverlauf eine gewisse Relevanz. Wichtig für das Überleben einer Idee ist ihre Fähigkeit zur *Rekombination* mit bereits bestehenden Policies (Kingdon 1984: 131). Dieser Strom ist der prozessuale Ausdruck der potentiell vorhandenen Policy-Möglichkeiten, über die eine

---

5   Vielleicht sogar die oben erwähnten Pocockschen „streams of irrational events".

Gesellschaft verfügt, mit denen Politik laufend konfrontiert ist, und durch den Chancen, Möglichkeiten und Alternativen offen gehalten werden. Ebenso wie im Problemstrom sind die hier gehandelten Optionen Ausdruck von historisch variabler Kontingenz, weil die potentiellen Möglichkeiten einer Gesellschaft um ihre Realisation durch politische Entscheidungen konkurrieren.

(c) Der *Politicsstrom* wurde im MS-Konzept mehrmals neu konzeptionalisiert. Ich gehe – abweichend von Kingdon, Zahariadis u. a.[6] – davon aus, dass seine Dynamik vor allem durch die *kompetitive Kompetenz* der politischen Parteien bewirkt wird, also die Fähigkeit, im Parteienwettbewerb ohne längerfristige programmatische und/oder normative Ziele die Taktiken und operativen Zügen des Gegners zu durchkreuzen und zugleich den eigenen Vorteil zu steigern, was die Selbstreferenzialität des politischen Betriebes weiter ansteigen lässt (Wiesendahl 2002: bes. 199). Dieser Ausgangspunkt unterstellt, dass politische Parteien – im Gegensatz zu den meisten policy-analytischen Konzepten – die dominante Rolle bei der Politikproduktion spielen (was in einzelnen Policyfeldern durchaus nicht der Fall sein kann und dann erklärungsbedürftig ist).

Eine politische Entscheidung in Form einer Policy kommt dann zustande, wenn politische Unternehmer einen günstigen Zeitpunkt, ein befristetes „window of opportunity" ausnutzen, das Material der Ströme selektiv zu einer Policy verkoppeln und so eine Entscheidung realisieren. Da die Entwicklungsdynamiken der drei Ströme weitgehend unabhängig voneinander verlaufen, ist ihr Zustand, konkret die Mischung von Problemen, Policies und Politics zu einem bestimmten Zeitpunkt extrem kontingent. Denn nur das zu einem bestimmten Zeitpunkt prominente Material kann beim Öffnen eines Zeitfensters zu einer politischen Entscheidung verschmolzen werden. Damit wird die *konkrete Substanz* von politischen Entscheidungen ebenso kontingent wie willkürlich. Dezisionismus ist in diesem Konzept unvermeidlich.

(5) In modernen Gesellschaften gewinnen *Vorsorgeentscheidungen* an Bedeutung, die auf ungewisse Gefahren reagieren und ebenfalls dezisionistischen Charakter annehmen müssen. Zur Verdeutlichung erwähne ich drei Beispiele:

(a) Der ehemalige amerikanische Präsident Georg W. Bush hat nach dem Anschlag des 11. September gesagt: „Ich glaube, dass wir Gefahren, die wir entdecken, angehen müssen, bevor sie zu einer unmittelbaren Bedrohung werden. Wenn das geschieht, ist es schon zu spät." (zit. nach Sunstein 2007: 13) Eine ähnliche Logik ist (b) in Argumentationen von Umweltschützern zu beobachten, wenn sie verlangen: „Wenn eine Aktivität mit Gefahren für die menschliche Gesundheit oder Umwelt verbunden ist, sollten Vorsorgemaßnahmen auch dann getroffen werden, wenn die Kau-

---

6   Sie operationalisieren den Politicsstrom durch drei Indikatoren, „national mood", dann „interest group activities" und schließlich „turnover in government" (Kingdon 1994: 42; Zahariadis 1999: 77-78). Zahariadis ersetzt diese drei Dimensionen durch eine, die „ideology of governing parties" (Zahariadis 1999: 79; vgl. auch ders. 2003; 2007).

salzusammenhänge noch nicht wissenschaftlich nachgewiesen werden konnten. Hier sollte dem Befürworter der Aktivität und nicht der Öffentlichkeit die Beweislast zukommen" (zit. nach Sunstein 2007: 33). Und schließlich wird auch (c) im Recht eine Position vertreten, die davon ausgeht, dass „wenn noch keine konkrete Gefahr für diese Güter nachweisbar ist, aber aufgrund erster wissenschaftlicher Erkenntnisse eine Gefährdung *möglich erscheint*", dann sollte eine politische Entscheidung die Produktion solcher Güter verbieten – so die Argumentation eines Generalanwalts am EuGH in einem öffentlichen Schlussantrag (zit. nach Sunstein 2007: 36; Herv. von mir).

Allen drei Beispielen gemeinsam ist die Unbestimmtheit des Vorsorgeprinzips, das keine klare Handlungsanweisung geben kann und das bewusst eine politische Entscheidung einfordert, ohne dass es wissenschaftliche Beweise, zwingende Gründe noch klare Kausalitäten oder Wahrscheinlichkeiten gibt. Hier ist der dezisionistische Charakter von Entscheidungen nicht nur unhintergehbar, sondern wird geradezu eingefordert. Bereits bei *möglichen* Risiken für Gesundheit, Sicherheit und Umwelt, wenn die verfügbaren Erkenntnisse noch *hypothetischer* Art sind und die Kosten von politischen Entscheidungen möglicherweise *sehr hoch* ausfallen, muss unter der Vorsorgeperspektive entschieden werden. Den Ausschlag für oder gegen solche Vorsorgeentscheidungen geben dann der momentane Zustand der öffentlichen Meinung, eine gegebene Verteilung der Wahrnehmungen der Wähler, der zufällig sich manifestierende Einfluss von Interessengruppen, ein günstiger Zeitpunkt u. Ä. Die Willkürlichkeit solcher Entscheidungen steigert sich dadurch erheblich – und trotzdem können sie sinnvoll sein.

(6) Die politische und rechtliche Bedeutung von „*second-order decisions*" (Sunstein/ Ullman-Margalit 1999[7]) bzw. Selbstbindungen ist umstritten. Ich will ihre Logik an zwei Beispielen erläutern und den damit verbundenen Dezisionismus andeuten.

Wir alle kennen die von Luhmann in einer frühen Schrift (1993) eingeführte und durch die Folterpraxis der US-Regierung im „Krieg" gegen den Terrorismus aktuell gewordene Denkfigur: Soll man *eine* Person, deren man habhaft geworden ist, foltern, weil man vermutet (!), dass diese das Wissen hat, um das Leben *vieler* Anderer zu retten, indem man einen möglichen (!) Anschlag mit hohen Kosten, eventuell mit einer Atombombe, verhindert? Wäre Folter hier nicht moralisch vertretbar oder gar gefordert? Wie groß könnte in einer solchen Situation der öffentliche Druck sein, es zu tun? Kann Folter zur Preisgabe eines nur vermuteten Wissens oder zur Fehlinformationen von Seiten des Gefolterten führen? Eine Möglichkeit wäre, dies situativ zu entscheiden und diese Denkfigur dominiert die Diskussion. Eine andere wäre eine *Entscheidung zweiter Ordnung*, die davon ausgeht, dass Folter manchmal zu den er-

---

7   Entscheidungen zweiter Ordnung sind Entscheidungen „about the appropriate strategy for reducing the problems associated with first-order decisions. Second-order decisions thus include the strategies that people use in order to avoid in getting into an ordinary decision-making situation in the first instance" (Sunstein/Ullstein-Margalit 1999: 7).

wünschten Ergebnissen führen könnte, aber sie berücksichtigt, dass Regierungen und Geheimdienste Folter auch dann (oder sogar vorwiegend dann) anwenden würden, wenn sie – abweichend von der fiktiven Situation – *nicht* gerechtfertigt wäre. Folter müsste dann generell verboten werden, weil man mit der Unberechenbarkeit und willkürlichen Anwendung in vielen, nicht begründeten Situationen rechnet und sich so gegen Dezisionismus in zukünftigen Situationen schützt, Abwägungen in emotional aufgeheizten Situationen misstraut.

Es geht mir bei beiden Beispielen nicht um die Plausibilität der Argumentation bei der Konstruktion des jeweiligen Falls, sondern um die Logik der Entscheidungsstruktur: Man trifft Entscheidungen, um die potentielle und befürchtete Willkür zukünftiger Entscheidungen zu reduzieren und in nicht-situativ gewonnene Regeln zu gießen. Man kann bei „second-order-decisions" im günstigen Fall in Ruhe debattieren, Argumente austauschen, den Rat von Experten einholen, die informationelle Basis der Entscheidung verbessern, eine Vielzahl verschiedener Gruppierungen an der Entscheidung beteiligen und so das politische Wissen und die demokratische Legitimität erhöhen. Gleichwohl ist bei solchen Entscheidungen Dezision unvermeidlich, weil man über Regeln entscheidet, wie man in zukünftigen und ungewissen Situationen agiert, von denen man nicht weiß, ob sie überhaupt eintreten, und wenn ja, in welcher Form.

„Second order"-Entscheidungen sind also Entscheidungen, die mit Willkür und Dezisionismus in zukünftigen Situation rechnen und zu einem Zeitpunkt t_1 Vorkehrungen treffen, um für einen zukünftigen Zeitpunkt t_2 allgemeine und situativ unabhängige Regeln für Entscheidungen zur Verfügung zu stellen, die nicht *ad hoc* kreiert werden müssen. Es sind willkürliche Entscheidungen zur Reduktion von Willkür bei zukünftigen Entscheidungen.

Alle bisher diskutierten Typen dezisionistischer Entscheidung sitzen auf demokratischen Grundprämissen auf. Sie sind immer in Kontexten modelliert, in denen politische Gleichheit, verschiedene Formen demokratischer und anderer pluraler bzw. netzwerkförmiger Partizipation, gewaltenteilende Institutionen, Rechtsstaatlichkeit und andere zentrale Merkmale der liberalen Demokratie vorausgesetzt sind. Aber alle Typen sind nicht in der Lage, demokratischem Dezisionismus zu entgehen, er ist für solche Entscheidungen konstitutiv.

5.3 Dezisionismus in totalitären Regimen: Ein Beispiel

Über Dezisionismus in totalitären Staaten wissen wir wenig, aber Schlögel hat in seinem lesenswerten Buch „Terror und Traum" die Protokolle der Plenartagung des ZK der KPdSU vom 23. Februar bis 5. März 1937 ausgewertet (Schlögel 2008: 239-

266[8]). Es war der zentrale Ort der totalitären Macht auf dem Höhepunkt des Stalinismus und die dort stattfindende Debatte war eine Arena des „Kampfes um Leben und Tod. Wann ist es je im Verlauf eines politischen Entscheidungsprozesses vorgekommen, dass Teilnehmer der kontrovers geführten Debatte nicht einfach den Saal verließen, sondern von der Staatspolizei abgeführt und direkt aus dem Sitzungssaal in die Gefängniszelle überführt wurden?" (241). Der Inbegriff von Willkür also, aber diese Entscheidung musste gleichwohl erst in einem offenen Prozess hergestellt werden; sie stand nicht von Beginn an fest. Das Protokoll verdeutlicht, wie sich eine „Plenardebatte unter Funktionären höchsten Ranges in ein Tribunal verwandelt" und „wie ein Herrschaftsdiskurs *umschlägt* in kollektive Tötungsbereitschaft. Wir sind Zeugen bei der *Verfertigung eines Plans* der Rettung der Macht um jeden, und zwar wirklich jeden Preis. Auch um den der Zerstörung der bisher existierenden Partei, also der buchstäblichen Ermordung von auf diesem Plenum anwesenden Mitgliedern" (242; Herv. von mir).

Da sich Bucharin und abgeschwächt Rykow verteidigten, gerieten die sonst üblichen Routinen und Rituale durcheinander und es „entstand für einen Augenblick Verunsicherung" (245). Es gab eine „eigene Dynamik und Dramatik mit Unvorhergesehenem, Überraschungen, Risiken – vier Tage allein beschäftigte man sich mit Bucharin und Rykow, die Entscheidung, wie man mit ihnen umgehen sollte, war umstritten […]" (245). Zentral war, wer die Macht der Zuschreibung von Qualitäten – verschwörerische oder nicht – hatte. Es ging nicht um Argumente, nachprüfbare Positionen, Wahrheit oder Wahrhaftigkeit, sondern um „das Definitionsmonopol über Feind und Freund. Das Plenum bietet ein Paradebeispiel für die Rhetorik einer Willkür, die über Leben oder Tod entscheidet" (246).

Zugleich wurde die paranoide Logik des Totalitarismus deutlich: Das Bestehen auf Beweisen für eine Verschwörung wurde als Beleg für eine Verschwörung betrachtet. Sofern Details von Anklagen widerlegt wurden, wurde dies als Beleg für unproletarisches Advokatentum und Fraktionalismus gedeutet. Schließlich wurde eine Kommission eingesetzt, die dem Plenum einige Tage später eine Resolution zur Abstimmung vorlegen sollte. Die Resolution gab ein Stimmungsbild und vier verschiedene Optionen wieder, wie man mit Abweichlern im innersten Führungskreis umgehen sollte. Für einen Parteiausschluss waren alle Mitglieder der Kommission; wie man weiter verfahren sollte, war dagegen umstritten. Ein Teil war für die sofortige Erschießung (!!!), andere für die sofortige Verurteilung durch das Plenum (!!!) zu 10 Jahren Gefängnis, wieder andere forderten ein Gerichtsverfahren ohne vorherbestimmtes Urteil, und die letzte Gruppe verlangte, den Fall dem NKWD zur Untersuchung zu übergeben. Das Plenum folgte dann mit Mehrheit einem Vorschlag Stalins, sie aus der Partei auszuschließen und dem NKWD zur Untersuchung zu über-

---

8   Alle Seitenangaben ohne weitere Hinweise beziehen sich im Folgenden auf das Buch von Schlögel (2008). Ich konzentriere mich hier auf den Umgang mit den ZK-Mitgliedern Bucharin und Rykow, die später in einem Schauprozess zum Tode verurteilt wurden.

geben. Im Anschluss an die Abstimmung, bei der sich Bucharin und Rykow enthielten, wurden sie verhaftet und in die Lubjanka gebracht.

Dass im Zentrum des totalitären Staates von einer Kommission vier verschiedene Vorschläge formuliert wurden verdeutlich, dass die Freund-Feind-Entscheidung sich im Verlauf der viertägigen Diskussion erst herausbilden musste und – als die Fronten bereits klar waren – vier verschiedene Optionen zur Wahl standen, von denen dann die mildeste mit Mehrheit beschlossen wurde. Aber die Mitglieder des Plenums

> „hatten Zeit und Gelegenheit, sich zu artikulieren, die Akteure der Debatte hatten Gelegenheit, die Stimmung, die Kräfteverhältnisse zu sondieren, ihr Vorgehen zu testen. Der Zusammenschluss war gelungen, das Plenum sollte sich um den harten Kern scharen. Alle waren zu Mitwirkenden an einem *Gerichtsverfahren* geworden, das ein Jahr später öffentlich als Schauprozess abgehalten werden sollte. Ein Exempel im Umgang mit Mitgliedern des Plenums, die noch nicht zu allem bereit waren, war statuiert. Eine gute Voraussetzung für den Fortgang des Plenums, das sich größeren Herausforderungen zuwandte. Aber der wichtigste Schritt war getan: mitzuwirken bei der Auslieferung eines Mitgliedes der eigenen Gruppe an den Henker." (250; Herv. von mir).

Schlögel spricht von einer willkürlichen und hochgradig dezisionistischen Entscheidung als einer Art Gerichtsverfahren, in dem sich die Angeklagten verteidigen konnten, in dem das Urteil nicht von Beginn an fest stand, sondern die Stimmung sondiert, die Kräfteverhältnisse ausgelotet, die Hetze organisiert und aus mehrere Optionen eine durch Abstimmung ermittelt wurde. Es war ohne Frage kein ordentliches bzw. rechtsstaatliches „Gerichtsverfahren", aber ein Entscheidungsprozess mit zunächst offenem Ausgang, der dann eine willkürliche Freund-Feind-Bestimmung. unternahm und – erneut dezisionistisch – keine unmittelbare Tötung, sondern ein weiteres willkürliches Verfahren beschloss.

5.4 Der Dezisionismus Carl Schmitts

Die Entscheidung über Freund und Feind in oben erwähntem Beispiel wurde nicht von einem Souverän und normativ aus dem Nichts gefällt, wie Schmitt den Kern des Dezisionismus zu bestimmen versuchte, sondern musste in einem *Prozess* mit zunächst offenem Ausgang und innerhalb eines normativ akzeptierten Rahmens gefunden werden, aus dessen verschiedenen Optionen schließlich auf eine verdichtet wurde. Alle bisher angeführten Typen von dezisionistischen Entscheidungen, auch die im totalitären Staat stalinistischer Prägung, unterscheiden sich grundlegend von Dezisionen als *unrealistische* und *existentialistische Fiktion*, wie sie von Schmitt begründet und in der Politikwissenschaft häufig fälschlicherweise als *einzig mögliche* Form des Dezisionismus betrachtet wurde; daher die oft denunziatorischen Anklänge von Kritikern des Dezisionismus.

Grundsätzlich kann man zwei Ebenen des Dezisionismus unterscheiden[9], zunächst die von einfachen bzw. *regulativen* Policy-Entscheidungen, wie ich sie oben skizziert habe, die man in zwei Untertypen, in demokratische und nicht-demokratische, unterteilen kann. Zweitens die Ebene der *substantiellen* Entscheidungen, die die fundamentale Grundordnung einer Gesellschaft betreffen, was eine Freund-Feind-Unterscheidung in der Regel einschließt. Hier stellt sich bei Schmitt die Frage, wie man bei substantiellen Grundentscheidungen entscheiden soll, wenn man von allen normativen Orientierungen und von allen Pfadabhängigkeiten abgeschnitten ist? Unter Berufung auf vorgegebene Normen und anschlussfähige Traditionen kann es keine wirkliche Entscheidung im existentiellen Sinne mehr geben. Sie muss daher völlig frei sein von allen Bindungen. „Die Entscheidung ist, normativ betrachtet, aus einem Nichts geboren" (Schmitt 1996 (1922): 37-38). Und er sagt weiter:

> „Dass es die zuständige Stelle war, die eine Entscheidung fällt, macht die Entscheidung relativ, unter Umständen auch absolut, unabhängig von der Richtigkeit ihres Inhaltes und schneidet die weitere Diskussion darüber, ob noch Zweifel bestehen können, ab" (Schmitt 1996 (1922): 37).

Wer die zuständige Stelle ist, insbesondere bei existentiellen Freund-Feind-Entscheidungen, lässt er mehrdeutig offen. An anderer Stelle spricht er von der politischen Gruppe, „die sich am Ernstfall orientiert. Sie ist deshalb die *maßgebende* menschliche Gruppierung" (Schmitt 1963: 39). Es ist die Gruppe oder Person, die sich willkürlich und jenseits aller verfassungsrechtlichen Verfahren zur entscheidenden Stelle erklärt. Sie trifft dann folgerichtig die Entscheidung über den „maßgebenden Fall, auch wenn das der Ausnahmefall ist" (ebd.). Und die rechtliche Kraft der Dezision ergibt sich nicht aus ihrer Begründung, sondern aus der Entscheidung selbst, die nun gilt. Sie wird „im Augenblick [ihrer Entscheidung] unabhängig von der argumentierenden Begründung und erhält einen selbständigen Wert" (Schmitt 1996 (1922): 37). Die Argumentation zielt ab auf existentielle Grundentscheidungen, auf Freund-Feind-Entscheidungen, die aufs Ganze zielen und das Töten des Feindes rechtfertigen. Als existentielle Grundentscheidungen sind sie von regulativen Policy-Entscheidungen grundsätzlich verschieden. Selbst die Freund-Feind-Entscheidung des Plenums des ZK der KPdSU entsprang als konkreter Beschluss nicht aus dem normativen Nichts, sondern wurde in einem gegebenen, einen Möglichkeitshorizont umreißenden normativen Bestand ausgelotet. Die Konzeption Schmitts dagegen ist unrealistische Fiktion und erscheint als reine Willkür, als heroischer Willensakt eines Einzelnen oder einer homogenen Gruppe, die in einer Freund-Feind-Entscheidung die Pluralität demokratischer Gesellschaft und die Kontingenz der Moderne vernichten will. Diese Form des Dezisionismus ist

> „philosophischer Extremismus, der, von antiparlamentarischen, antidemokratischen, antiintellektuellen und antibürgerlichen Affekten und Motiven getrieben, sich als diktatori-

---

9   Ich verdanke den Hinweis auf diese Differenzierung Christian Brütt.

scher Gegenentwurf zur politischen Ordnung der vernunftbegründeten und revolutions-
geborenen Menschenrechte artikuliert, ist theoretischer Ausdruck einer politisch-existenti-
ellen Haltung, einer normalitäts- und kompromissverachtenden Ästhetik der Ernstfall-
eigentlichkeit" (Kersting 1992: 28).

Selbst bei dieser Kennzeichnung ist sie immer noch als unrealistischer und deshalb
fiktionaler Willenskraftakt konzipiert, weil alle Entscheidungen immer auf vorangegangene Entscheidungen rekurrieren, sie entstehen in einem einerseits offenen,
gleichwohl beschränkten Korridor möglicher Entscheidungen, der zwar Dezision ermöglicht, aber vollkommener Willkür wirkungsvolle Riegel vorschiebt. Nie entsteht
eine Entscheidung normativ betrachtet aus dem Nichts, sie ist nicht nur normativ,
sondern auch politisch, institutionell und kulturell immer pfadabhängig.

6   Schluss

In modernen Gesellschaften – das war mein Ausgangspunkt – muss nicht nur mehr
denn je politisch entschieden werden, sondern es müssen auch normative und ethische
Entscheidungen getroffen werden, die prinzipiell unentscheidbar sind und deren Folgen gleichwohl demokratisch verantwortet werden müssen. Die Vorstellung der rationalen Gestaltbarkeit von Gesellschaft oder die funktionalistisch gedachte Problem-
lösungskapazität formulieren Erwartungen an die Politik, die sie heute nicht einlösen
kann. Habermas hat bereits vor längerem beklagt, dass es „keinen Ort mehr [gibt], wo
Probleme, die für die Reproduktion der Gesellschaft *im ganzen* relevant sind, wahrgenommen und bearbeitet werden" (Habermas 1993: 417; Herv. im Orig.; vgl. auch
Beck 1986: 367). Ein Teil der Disziplin hat Zuflucht in einem explizit gegen den
Steuerungspessimismus Luhmanns gerichteten Konzept gesucht, in dem unter Rück-
nahme staatlicher Hierarchien eine Art gesellschaftlicher Lenkungsausschuss die
Steuerung gesellschaftlicher Teilsysteme unter Einbezug politischer Akteure unter-
nimmt (Mayntz/Scharpf 1995). Andere wiederum haben eine Neuerfindung der Politik eingefordert und sie zu diesem Zweck in den Keller der Subpolitik verlagert, in
dem jenseits der traditionellen und unfähigen Institutionen die zivilgesellschaftlichen
Organisationen die Gesellschaft selbst ordnen (Beck 1993). Und der größte Teil der
Policy-Analyse geht davon aus, dass

> „[in] the process of public policymaking, problems are conceptualized and brought to go-
> vernment for solution; governmental institutions formulate alternatives and select policy
> solutions; and those solutions get implemented, evaluated, and revised" (Sabatier 2007:
> 3).

Stattdessen scheint es sinnvoller, den Politikbegriff anders/neu zu akzentuieren. Politik wäre diejenige soziale Aktivität, die die Kontingenz einer gegebenen gesellschaftlichen Ordnung durch systematische Dissensproduktion zwischen Regierung und
Opposition steigert, durch unvermeidlich dezisionistische Entscheidungen kurzfristig

stabilisiert und dadurch eine gesellschaftliche Ordnungsstruktur auf relative Dauer stellt. Probleme und Optionen wären in einer solchen Perspektive das von der Politik nach *politischen* Kriterien selbst hervorgebrachte Material, mit dem die Kontingenz moderner Gesellschaften thematisierbar bleibt, sich die Politik im Spiel hält und zugleich beobachtet, wie die öffentliche Meinung und das Publikum dieses Spiel beobachten und welche unsicheren Folgen sich daraus für den Kampf um Macht ergeben könnten. Die Achillessehne der Politik ist nicht, dass sie wegen vermeintlicher Reformblockaden zu wenige gesellschaftliche Probleme löst. Im Gegenteil: Sie kann davon profitieren (Baecker/Kluge 2003). Vielmehr liegt sie darin, dass Politik mit den falschen Problemen, den falschen Optionen und den falschen Erwartungen spielt, weil sie in ihrem selbstreferentiellen Produktionsmodus die wirklichen Probleme ‚vergisst'. Sie kumuliert dadurch zwar Macht *in* den Verhältnissen, hat aber die Macht *über* die Verhältnisse verloren. Gleichwohl hält sie an dieser Illusion fest und propagiert, dass die im politischen Spiel gehandelten Optionen den wirklichen Problemen angemessen seien und sie lösten. Aber immer mehr durchschaut das Publikum, dass dem nicht so ist.

Literatur

Ackerman, Bruce, 2007: Before the Next Attack. Yale.

Anter, Andreas, 2004: Die Macht der Ordnung. Tübingen.

Baecker, Dirk/Kluge, Alexander, 2003: Vom Nutzen ungelöster Probleme. Berlin.

Bandelow, Nils C./Schubert, Klaus (Hrsg.), 2008: Lehrbuch der Politikfeldanalyse 2.0. München/Wien.

Beck, Ulrich, 1986: Risikogesellschaft. Auf dem Weg in eine andere Moderne. Frankfurt a. M.

Beck, Ulrich, 1993: Die Erfindung des Politischen. Zu einer Theorie reflexiver Modernisierung. Frankfurt a. M.

Conklin, Jeff, 2001: Wicked Problems and Fragmentation, in: www.cognexus.org (14. 08. 2007).

deLeon, Peter, 1999: The Stages Approach to the Policy Process: What has it done? Where is it going?, in: Sabatier (Hrsg.), 19-34.

Gregory, Robert, 1989: Political Rationality or ‚Incrementalism'? Charles E. Lindblom's Enduring Contribution to Public Policy Making, in: Policy and Politics 17 (2), 139-153.

Greven, Michael Th., 1999: Die politische Gesellschaft. Kontingenz und Dezision als Probleme des Regierens und der Demokratie. Opladen.

Greven, Michael Th., 2000: Kontingenz und Dezision. Beiträge zur Analyse der politischen Gesellschaft. Opladen.

Greven, Michael Th., 2000a: Die Politik in der politischen Gesellschaft. Hat die Politik abgedankt? In: ders., 21-39.

Greven, Michael Th., 2000b: Über demokratischen Dezisionismus, in: ders., 51-62.

Habermas, Jürgen, 1993: Faktizität und Geltung. Frankfurt a. M.

Holzinger, Markus, 2006: Der Raum des Politischen. Politische Theorie im Zeichen der Kontingenz. München.

Jann, Werner/Wegrich, Kai, 2008: Phasenmodelle und Politikprozesse. The Policy Cycle, in: Bandelow/Schubert (Hrsg.), 71-106.

Janning, Frank/Toens, Katrin (Hrsg.), 2008: Die Zukunft der Policy-Forschung. Theorien, Methoden, Anwendungen. Wiesbaden.

Kaufmann, Franz-Xaver, 1998: Der Sozialstaat als Prozess – für eine Sozialpolitik zweiter Ordnung, in: Ruland, Franz et al. (Hrsg.): Verfassung, Theorie und Praxis des Sozialstaats. Festschrift für Hans F. Zacher. Heidelberg, 307-322.

Kersting, Wolfgang, 1992: Moralphilosophie und Dezisionismus, in: Ethik und Sozialwissenschaft 3, 23-36.

Kingdon, John W., 1984: Agendas, Alternatives and Public Policies. Boston, Toronto.

König, René, 1979: Niccolo Machiavelli. Zur Krisenanalyse einer Zeitenwende. München, Wien.

Kuhn, Fritz, 2002: Strategische Steuerung der Öffentlichkeit, in: Nullmeier/Saretzki (Hrsg.), 85-98.

Lasswell, Harold D., 1956: The Decision Process: Seven Categories of Functional Analysis. College Park, Md.

Lindblom, Charles E., 1959: The Science of Muddling Through, in: Public Administration Review 19, 79-88.

Lindblom, Charles E., 1965: The Intelligence of Democracy. Decision Making through Mutual Adjustment. New York.

Lindblom, Charles E., 1979: Still muddling, not yet through, in: Public Administration Review 39 (6), 517-526.

Lindblom, Charles E., 1983 [1977]: Jenseits von Markt und Staat. Eine Kritik der politischen und ökonomischen Systeme. Frankfurt a. M., Berlin, Wien.

Lindblom, Charles E./Woodhouse, Edward J., 1993: The Policy-Making Process. Englewood Cliffs, NJ.

Lübbe, Hermann, 1971a: Theorie und Entscheidung, Studien zum Primat der praktischen Vernunft. Freiburg.

Lübbe, Hermann, 1971b: Zur Theorie der Entscheidung, in: ders., 1971a, 7-31.

Lübbe, Hermann, 1980: Dezisionismus. Eine kompromittierte politische Theorie, in: ders. (Hrsg.): Philosophie nach der Aufklärung. Von der Notwendigkeit der pragmatischen Vernunft. Düsseldorf, Wien, 161-177.

Luhmann, Niklas, 1981: Politische Theorie im Wohlfahrtsstaat. München, Wien.

Luhmann, Niklas, 1984: Soziale Systeme. Grundriß einer allgemeinen Theorie. Frankfurt a. M.

Luhmann, Niklas, 1993: Gibt es in unsrer Gesellschaft noch unverzichtbare Normen? Heidelberg.

Mayntz, Renate/Scharpf, Fritz W., 1995: Der Ansatz des akteurzentrierten Institutionalismus, in: dies. (Hrsg.): Gesellschaftliche Selbstregulierung und politische Steuerung. Frankfurt a. M., New York, 39-72.

Meier, Christian, 1980: Die Ohnmacht des allmächtigen Diktators Caesar. Drei biographische Skizzen. Frankfurt a. M.

Meier, Christian, 1986: Caesar. München.

Münkler, Herfried, 1984: Machiavelli. Die Begründung des politischen Denkens der Neuzeit aus der Krise der Republik Florenz. Frankfurt a. M.

Nedelmann, Brigitta/Mayntz, Renate, 1987: Eigendynamische Soziale Prozesse. Anmerkungen zu einem analytischen Paradigma, in: Kölner Zeitschrift für Soziologie und Sozialpsychologie 4, 648-668

Nullmeier, Frank/Saretzki, Thomas (Hrsg.), 2002: Jenseits des Regierungsalltags. Strategiefähigkeit politischer Parteien. Frankfurt a. M.

Ortmann, Günther, 2003a: Regel und Ausnahme. Paradoxien sozialer Ordnung. Frankfurt a. M.

Ortmann, Günther, 2003b: Organisation und Welterschließung. Opladen.

Palonen, Kari, 1998: Das ‚Webersche Moment'. Zur Kontingenz des Politischen. Opladen.

Pocock, John G. A., 1975: The Machiavellian Moment. Princeton.

Rittel, Horst W. J./Webber, Melvin M., 1973: Dilemmas in a General Theory of Planning, in: Policy Sciences 4, 155-169.

Rosa, Hartmut, 2005: Beschleunigung. Die Veränderung der Zeitstrukturen in der Moderne. Frankfurt a. M.

Rüb, Friedbert W., 2008: Policy-Analyse unter den Bedingungen von Kontingenz. Konzeptionelle Überlegungen zu einer möglichen Neuorientierung, in: Janning/Toens (Hrsg.), 88-111.

Sabatier, Paul A. (Hrsg.), 1999: Theories of the Policy Process. Oxford.

Sabatier, Paul A. (Hrsg.), 2007: Theories of the Policy Process. Boulder, Colorado.

Scharpf, Fritz W., 2000: Interaktionsformen. Akteurzentrierter Institutionalismus in der Politikforschung. Opladen.

Schimank, Uwe, 2000: Theorien gesellschaftlicher Differenzierung. Opladen.

Schimank, Uwe, 2005: Die Entscheidungsgesellschaft. Komplexität und Rationalität der Moderne. Wiesbaden.

Schlögel, Karl, 2008: Terror und Traum. Moskau 1937. München.

Schmitt, Carl, 1963: Der Begriff des Politischen: Text von 1932 mit einen Vorwort und drei Corollarien. Berlin.

Schmitt, Carl, 1996 [1922]: Politische Theologie: vier Kapitel über die Lehre von der Souveränität. Berlin.

Simon, Herbert A., 1957: Models of Man: Social and Rational. New York.

Simon, Herbert A., 1973: The Structure of Ill-structured Problems, in: Artificial Intelligence 4, 181-200.

Sunstein, Cass R./Ullman-Margalit, Edna, 1999: Second-Order Decisions. Ethics 110, 5-31.

Sunstein, Cass R., 2005: Laws of Fear. Beyond the Precautionary Principle. Cambridge.

Sunstein, Cass R., 2007: Gesetze der Angst. Jenseits des Vorsorgeprinzips. Frankfurt a. M.

Tsebelis, George, 1995: Decision Making in Political Systems: Veto Players in Presidentialism, Parliamentarism, Multicameralism and Multipartyism, in: British Journal of Political Science 25, 289-325.

Tsebelis, George, 2002: Veto Players. How Political Institutions Work. Princeton.

Wiesendahl, Elmar, 2002: Die Strategie(un)fähigkeit politischer Parteien, in: Nullmeier/Saretzki (Hrsg.), 187-206.

Zacher, Hans F., 1982: Zur Anatomie des Sozialrechts, in: Die Sozialgerichtsbarkeit 29, 329-337.

Zacher, Hans F., 1984: Verrechtlichung im Bereich des Sozialrechts, in: Kübler (Hrsg.): Verrechtlichung von Wirtschaft, Arbeit und sozialer Solidarität. Vergleichende Analysen. Frankfurt a. M., 14-72.

Zacher, Hans F., 1993: Abhandlungen zum Sozialrecht. Heidelberg.

Zahariadis, Nikolaos, 1999: Ambiguity, Time and Multiple Streams, in: Sabatier (Hrsg.), 73-93.

Zahariadis, Nikolaos, 2003: Ambiguity and Choice in Public Policy. Political Decision Making in Modern Democracies. Washington D. C.

Zahariadis, Nikolaos, 2007: The Multiple Streams Framework: Structure, Limitations, Prospects, in: Sabatier (Hrsg.), 65-92.

Komplexität, Kontingenz und Nichtwissen als Herausforderungen demokratischen Regierens

Anna Geis

1 Das prekäre Rationalitätsversprechen demokratischer Politik

Zahlreiche gesellschafts- und politiktheoretische Diagnosen zeitgenössischen demokratischen Regierens zeigen, dass Politiker um ihre Aufgabe kaum zu beneiden sind: Die Maßgabe, kollektiv verbindliche gemeinwohlverträgliche Entscheidungen zu treffen, erscheint angesichts zahlreicher Strukturentwicklungen der modernen demokratischen Gesellschaft nahezu unerreichbar. So nehmen Komplexität und Kontingenz des Regierens immer weiter zu; damit verbunden rücken entscheidungserschwerende Negativa wie Unsicherheit, Ungewissheit und Nichtwissen in den politischen Handlungshorizont.[1] Ungeachtet solcher strukturellen Hemmnisse halten sich in der Akteursperspektive hartnäckig die anspruchsvollen Erwartungen des Wählerpublikums an „problemlösende" Politiker sowie die idealisierenden Selbstbeschreibungen der politischen Akteure als Gestalter, Reformer, Entscheider.

Begreift man die moderne Gesellschaft als „politische" Gesellschaft, wie dies Michael Th. Greven in seinen Studien zum Zusammenhang von Regieren, Kontingenz und Dezision vorschlägt (u. a. Greven 1999; 2000; 2007), stellt die politische Entscheidbarkeit das zentrale Charakteristikum dar. In der politischen Gesellschaft wurden (und werden) immer weitere Materien ‚erfolgreich' politisiert, so dass der „Entscheidungs-, Interventions- und Bedeutungsraum der Politik" im letzten Jahrhundert „signifikant ausgeweitet" wurde (Greven 2000: 26). Politische Regelungen können jederzeit geändert, Einzelentscheidungen auch anders getroffen werden. Politisierung vollzieht sich dabei in zwei Erscheinungsformen, eine Politisierung „von oben" und eine „von unten". Erstere bezeichnet die Ausbreitung staatlicher Regelungsmöglichkeiten, den staatlichen Zugriff auf immer weitere soziale Sphären und Prozesse, der ungebremst weitergetrieben individuelle und kollektive Freiheiten gefährden würde; letztere bezeichnet gewissermaßen die Gegenbewegung, die auf aktive Beteiligung der Bürger und Demokratisierung ausgerichtet ist (Greven 2000: 45). Zentral ist die Annahme, dass *virtuell* alles politisch werden könnte (Greven 1999: 91).

---

1 Stellvertretend für viele: Beck u. a. (1996), Beck/Bonß (2001), Greven (1999), Nowotny u. a. (2004).

Eine solche Deutungsperspektive, die Kontingenz als Entscheidbarkeit pointiert
– als Möglichkeit, politisch entscheiden zu können, wie zugleich als Zwang, entscheiden zu müssen –, impliziert eine skeptische Sicht auf die Chancen einer rational be-
gründbaren Politik (vgl. Greven 2000: 159-164). „In der Politik geht es insgesamt um
soziale Geltung kraft Entscheidung und nicht um Wahrheit" (Greven 2000: 62). Betont man die Kontingenz demokratischer Entscheidungen, verweist man in einem
antiessentialistischen Geltungsverständnis auf deren eigentliche „Grundlosigkeit"
(vgl. Greven 2007: 14; Auer 2004: 74-87).[2] Die häufig verwandte, auf Aristoteles
zurückgehende Fassung des Kontingenzbegriffs durch Niklas Luhmann verdeutlicht
dies:

> „Kontingent ist etwas, was weder notwendig ist noch unmöglich ist; was also so, wie es
> ist (war, sein wird), sein kann, aber auch anders möglich ist. Der Begriff bezeichnet mit-
> hin Gegebenes […] im Hinblick auf mögliches Anderssein; er bezeichnet Gegenstände im
> Horizont möglicher Abwandlungen" (Luhmann 1975: 171).

Der gesellschaftliche Kontingenzdiskurs erscheint historisch wie gegenwärtig meist
als „dramatischer Problemdiskurs", der die positiven gegen die negativen Seiten der
Kontingenz ausspielt: Die Entwicklung eines Möglichkeitsbewusstseins wird seit
jeher nicht nur als Zugewinn an menschlicher Freiheit und Autonomie erfahren, sondern auch als „akute Orientierungslosigkeit und bodenlose Unsicherheit" (Makropoulos 1997: 29).

Trotz dieser mit Kontingenz einhergehenden Unsicherheit und Ungewissheit bildet das Rationalitätsversprechen des modernen Staates weiterhin die normative Ge-
schäftsgrundlage des politischen Betriebs. Staatliche Organe sollen sich bei ihren
Tätigkeiten nicht von Metaphysik, Religion oder Magie leiten lassen, sondern von
nachvollziehbaren, „vernünftigen" Gründen. Die Rationalität des Staates beinhaltet
gerade auch die dauerhafte Thematisierung von Rationalitätsdefiziten; Irrtum und
Aufklärung sind integrale Bestandteile eines laufenden Reflexionsprozesses (Voßkuhle 2008: 14-15).

Die Qualität von Entscheidungen in der Demokratie bemisst sich allerdings an
komplexen Legitimitätskriterien, da ‚gute' Entscheidungen sowohl am Wählerwillen
orientiert sein als auch Aspekten von Sachrationalität genügen sollen. So ist auch die
in den letzten Jahrzehnten zu beobachtende Ausweitung von herkömmlichen wie par-
tizipativen Formen der Politikberatung als Versuch zu sehen, die Rationalität politischer Entscheidungen unter Bedingungen von Komplexität und Kontingenz zu verbessern. Im Folgenden wird die Strategie der Unsicherheitsabsorption und der

---

2   Grundlosigkeit ist allerdings nur eine Bedeutung des Kontingenzbegriffs in einem schil-
    lernden Tableau an Begriffsassoziationen. Der Sprachgebrauch in Vergangenheit und Ge-
    genwart fasst unter Kontingenz zahlreiche Phänomene. Um nur einige zu nennen: das
    Zufällige, das Unbeabsichtigte, das Willkürliche, das Unerwartete, das Beliebige, das Un-
    bestimmte, das Unverfügbare (Wetz 1998: 30). Vgl. auch Makropoulos (1997: 14), der die
    „systematische Ambivalenz" und „historische Varianz des Kontingenten" hervorhebt.

Kontingenzbearbeitung durch wissenszentrierte Beratungsverfahren näher beleuchtet: Wie versucht Politik mit Hilfe von Politikberatung, die Qualität ihrer Entscheidungen zu verbessern? Wie versucht sie, rationale Kriterien zu finden, die ihr Orientierungen im großen Möglichkeitsraum aller denkbaren Entscheidungen geben könnten? Zunächst sind die grundsätzlichen Aspekte eines immer avancierteren Regierens mit Wissen zu entfalten, die sich entlang unterschiedlicher Entwicklungsphasen von Politikberatung darstellen lassen. Die klassische Strategie, die Sachrationalität durch Zufuhr von Expertenwissen zu steigern, wird zunehmend ergänzt durch partizipative, reflexive Verfahren der Wissensproduktion und Beratung (2). Allerdings können auch die raffiniertesten Verfahren der Wissensproduktion letztlich das zentrale Paradox der Wissensgesellschaft nicht aufheben: dass mit dem Wissen stetig auch das Nichtwissen wächst. Daraus entstehen zahlreiche Dilemmata für die Politik, da auch die Mechanismen der Kontingenzbewältigung doch wieder zur Steigerung von Kontingenz führen – aber dennoch entschieden werden *muss* (3). Die Folgen für die Praxis des Regierens sind politisch sehr prekär; dennoch gibt es zur Sichtbarmachung von Kontingenz und dem Verzicht auf Sicherheitsversprechen keine Alternative, die langfristig nicht zur weiteren Enttäuschung des Wählerpublikums führt. Eine deutliche Relativierung der Rationalitätsansprüche einer „problemlösenden" Politik gefährdet zwar den Selbstentwurf der Regierenden, wäre jedoch realitätsangemessener (4).

2   Regieren mit Wissen

2.1 Legitimation durch Expertenwissen

In der Politikwissenschaft ist die Frage nach der „vernünftigen" Qualität von politischen Entscheidungen und den Möglichkeiten der Rationalitätssteigerung ein beständiges Thema, ob in empirischen Untersuchungen der Policy-Forschung oder in demokratietheoretischen Studien.[3] Zunehmend geriet bei der Konzeptualisierung von Politik als „rational" auch die Rolle von Wissen, Wissensgenerierung und Lernprozessen in politischen Entscheidungsprozessen in den politikwissenschaftlichen Fokus; insbesondere die Schnittstelle zwischen Politik und Wissenschaft in traditionellen wie neuen Formen von Politikberatung wird nunmehr intensiver beobachtet (z. B. Falk u. a. 2006; Bröchler/Schützeichel 2008).

Das vermehrte politologische Interesse an der Rolle von Wissen profitiert dabei in hohem Maße von soziologischen Debatten, die sich im Rahmen der Theorie der reflexiven Modernisierung (Beck/Bonß 2001) oder der neueren soziologischen Ge-

---

3   Demokratietheoretisch am anspruchsvollsten erörtert wird die vernünftige Qualität von Entscheidungen in den von Jürgen Habermas' Diskurstheorie inspirierten Modellen einer „deliberativen Demokratie", z. B. Bohman/Rehg (1997).

genwartsdiagnosen über die „Wissensgesellschaft" (z. B. Willke 2002) entwickelt haben. Die Selbstwahrnehmung als „Wissensgesellschaft" stellt die Fortschreibung des abendländischen Selbstverständnisses einer Moderne als Gesellschaftsform dar, die auf der kontinuierlichen Steigerung von Wissen und Rationalität beruht (vgl. Wehling 2006: 313). „Mehr als je zuvor" ist Wissen „in allen Bereichen unserer Gesellschaft Grundlage und Richtschnur menschlichen Handelns" (Stehr 2000: 311).

Politische Entscheidungsinstanzen setzen zur Bewältigung der zunehmenden Komplexität ausdifferenzierter moderner Gesellschaften auf eine immer engere Kopplung zwischen der Infrastruktur der politischen Institutionen und der wissenschaftlichen Infrastruktur. Um politische Probleme diagnostizieren und bearbeiten zu können, sind Regierungen auf die Zufuhr von Wissen aus allen Teilbereichen der Gesellschaft angewiesen, die sie etwa über die Beobachtung der Medien, über interne Planungsabteilungen und die Einholung externer Expertisen steuern. Politische Akteure nutzen in wachsendem Maße und in unterschiedlichsten Erscheinungsformen den Rat wissenschaftlicher Experten, obgleich umstritten ist, wie effektiv wissenschaftliche Politikberatung in epistemischer wie legitimatorischer Hinsicht für die Politik tatsächlich ist (vgl. Schützeichel 2008).

> „Politiker lassen sich zwar gern beraten, aber sie haben ein ambivalentes Verhältnis zu dem Wissen, das Berater ihnen offerieren. Für sie besteht ein Dilemma zwischen sachlich gebotenen und demokratisch vertretbaren Entscheidungen" (Weingart 2006b: 35).

Herkömmliche Formen von externer Politikberatung werden schon seit jeher relativ kritisch gesehen, weil sie die Barrieren zwischen Politik und Wissenschaft nach allgemeiner Einschätzung nur begrenzt überwinden können. Es wird häufig auf die Existenz „zweier Welten" verwiesen, die ganz unterschiedlichen Logiken gehorchen (Mayntz 1994; Martinsen/Rehfeld 2006). In dieser Stilisierung orientiert sich die politische Rationalität an Machtgewinnung und Machterhalt, an strategischer Interessenberücksichtigung und Kompromissfindung; die Rationalität der Wissenschaft dagegen sei der Wahrheitssuche und dem Ideal eines kritischen rationalen Diskurses verpflichtet. Wo Politiker Reduzierung von Komplexität und umsetzbare Problemlösungen erwarteten, erzeuge sozialwissenschaftliche Expertise häufig nur noch mehr Komplexität und werfe neue Probleme auf. Während Politiker an den nächsten Wahlen und raschen Entscheidungen orientiert seien, benötigten Wissenschaftler für solide sozialwissenschaftliche Analysen oft eine wesentlich längere Zeit. Schließlich bestünden zwischen Wissenschaftlern und Praktikern gravierende Kommunikationsschwierigkeiten, die in fundamental unterschiedlichen Sprachwelten, Spezialisierungsgraden und Adressatenkreisen von Praxis und Wissenschaft wurzeln.

Neuere empirische Untersuchungen zeigen allerdings, dass diese Gegenüberstellung zweier „Welten" die Sprachlosigkeit zwischen Wissenschaft und Politik überzieht. Stellt man in Rechnung, dass Wissenschaftler unterschiedliche Typen von ‚brauchbarem' Expertenwissen anbieten können in unterschiedlichen Phasen eines Beratungs- und Entscheidungsprozesses, sieht das Bild zumindest differenzierter aus

(Renn 2006; Mayntz u. a. 2008). Wie schon in den 1980er Jahren in der so genannten Verwendungsforschung gezeigt wurde, kommt es selten zu einer direkten Verwendung von Expertenwissen, sondern zu dessen Verwandlung. Die indirekten, mittels Diffusion von Wissen, Begriffen, Deutungen sich vollziehenden langfristigen Wirkungen von Politikberatung auf gesellschaftliche und politische Wahrnehmungsmuster und Denkschemata sind weit stärker als direkt beobachtbare (Beck/Bonß 1989: 11-12; Rudloff 2008: 91, 93). Eine Verwandlung von Wissen findet jedoch auch in der direkten Interaktion zwischen Wissenschaftlern und politischen Entscheidungsträgern statt, wenn „Orientierungswissen" als ein Wissen „dritter Art" entsteht, das wissenschaftliche Erkenntnis und politisches Gestaltungswissen synthetisiert und somit politisch nutzbar ist (Kropp/Wagner 2008: 184, 191).

In empirischen Untersuchungen wird allerdings auch festgestellt, dass in Phasen politischer Entscheidungsfindung solche Disziplinen besseren Zugang zu den politischen Akteuren finden, die mit quantifizierbaren Erklärungsmodellen und insgesamt mit Zahlen statt mit komplexen qualitativen Aussagen arbeiten (Kropp/Wagner 2008: 187). Die vermeintliche Objektivität von Zahlen suggeriert Eindeutigkeit und Überzeugungskraft. Zahlen können daher Akzeptanz herstellen helfen, obwohl auch sie stets umstritten sind. Da die genaueren Mess- und Bearbeitungsverfahren in der Regel nicht dargestellt werden, wird die Komplexität und Kontingenz der Herstellung dieser Zahlen ausgeblendet. Es ist weit schwieriger – und bedarf eigener wissenschaftlicher Ressourcen –, Zahlen öffentlich zu widerlegen, als rein sprachliche Argumentationen zu negieren, die in sich bereits eine Ja- und eine Nein-Fassung bereitstellen (Heintz 2007: 81; 2008: 117-118). Die Illusion von Eindeutigkeit durch Quantifizierung komplexer Sachverhalte wird durch einen jüngeren Ökonomisierungstrend im öffentlichen Sektor noch genährt, durch Einfordern von „Kennziffern", durch „Auditing" und „Benchmarking" scheinbar objektive Aussagen zur Leistungsfähigkeit von Organisationen zu produzieren. Die Kontingenz und Komplexität von Entscheidungssituationen soll durch ein „Regieren mit Zahlen" invisibilisiert werden (vgl. Heintz 2008).

2.2 Legitimation durch Partizipation

Politikberatung galt lange als bilaterales, problematisches ‚Geschäft' zwischen Wissenschaftlern und politisch Handelnden. Neuere Kritik an Politikberatung fordert inzwischen, diesen exklusiven Akteurskreis um „die Öffentlichkeit" oder die „Bürger als Experten" zu erweitern und Politikberatung angemessener als reflexive „Gesellschaftsberatung" mit vielen Akteuren zu begreifen.[4] Solche Forderungen berufen sich auf sozialwissenschaftliche Diagnosen, die seit Jahrzehnten eine Krise des klassischen Expertentums konstatieren (Beck 1996; Bogner/Torgersen 2005a). Einerseits nimmt

---

4   Siehe zu diesem Themenkomplex stellvertretend für viele Saretzki (1997), Bogner/Torgersen (2005), Martinsen (2006), Leggewie (2007).

die Wissenschaft eine immer größere Rolle in unserer Gegenwartsgesellschaft ein, durch wissenschaftlichen Fortschritt werden immer neue Handlungsoptionen für die Gesellschaft produziert. Andererseits wachsen gleichzeitig die Risiken, die mit der Realisierung neuer Möglichkeiten verknüpft sind. Nicht nur die Komplexität politischer Entscheidungsprozesse nimmt zu, sondern Entscheidungen müssen unter den Bedingungen von Unsicherheit, Ungewissheit und Nichtwissen getroffen werden (Wehling 2006). Auch die wissenschaftlichen Experten stehen vor diesen Herausforderungen, die Grenzen ihres Wissens werden auch öffentlich deutlich.

Das Expertenwissen ist nur ein Wissenstypus unter vielen und hat vier immanente Grenzen, die bei seiner Verwendung in der Politikberatung problematisiert werden müssen (Saretzki 1997: 281-284). Erstens gibt es eine normative Grenze von Sachwissen. Über die Frage nach dem „Wie wollen wir leben?" können in einer demokratischen Gesellschaft nicht Experten entscheiden, sondern über Wertfragen muss öffentlich verhandelt und schließlich politisch entschieden werden. Dies zeigt sich besonders deutlich im Bereich von biotechnologischen und genmedizinischen Fragen: Die inzwischen zahlreich existierenden Ethik-Beratungsgremien dienen dazu, Argumente zu sammeln und zu ordnen, Debatten zu strukturieren, Experten*dissens* sichtbar zu machen, Orientierung zu geben – die Entscheidung über strittige ethische Positionen treffen jedoch am Ende gewählte Politiker, die dafür auch die Verantwortung übernehmen müssen (Bogner u. a. 2008: 255, 260).

Zweitens gibt es eine „lokale" Grenze von Sachwissen. Meist verfügen Experten über ein relativ abstraktes Wissen, das in Bezug auf konkrete Anwendungskontexte in der Politik erst zu spezifizieren ist. Daher muss dieses Sachwissen mit dem „lokalen Wissen" und den Erfahrungen der von einer politischen Maßnahme jeweils Betroffenen verknüpft werden, soll es zur Behebung von Problemen vor Ort wirklich beitragen (vgl. Geißel/Penrose 2002). Drittens stoßen Experten in der Politikberatung an disziplinäre Grenzen ihres Fachwissens. Aufgrund der hohen Komplexität von Politik müssen zur Analyse von Problemen und zur Entwicklung etwaiger Lösungsmöglichkeiten viele Fachdisziplinen in einem interdisziplinären Beratungszusammenhang integriert werden. Der einzelne spezialisierte Wissenschaftler ist im fachfremden Gebiet in der Regel nicht mehr als ein Laie und kann im interdisziplinären Kontext nicht auf seinen eigenen Diagnosen und Vorschlägen beharren (Weingart 2005: 50-51).

Viertens hat auch wissenschaftliches Wissen eine epistemische Grenze. Jedes Wissen stößt an Erkenntnisschranken, ist prinzipiell unsicher und unvollständig, auch wenn es Sicherheit suggeriert. In der Politikberatung erwarten die Entscheidungsträger brauchbares Kausalwissen über Ursache-Wirkungs-Zusammenhänge, die potenzielle politische Steuerungsversuche aussichtsreich erscheinen lassen – hierdurch sehen sich Wissenschaftler zu Vereinfachungen und zum Vortäuschen von Sicherheitsfiktionen ihres Wissens genötigt, die intern im Wissenschaftssystem nicht gedeckt sind (Stehr 2003: 213-214; Kusche 2008: 270). Trotz seiner epistemischen Grenzen und seiner Entzauberung durch öffentlichen Expertenstreit nimmt das wissenschaftliche Wissen unter allen Wissensformen jedoch nach wie vor eine Sonder-stellung in der Gesellschaft ein. Aufgrund der besonderen Bedingungen seiner Pro-duktion und der Sicherung seiner Geltung wird ihm besondere Autorität zugeschrie-ben. Wissenschaftliches Wissen ist hochgradig organisiert und institutionalisiert. So sorgen etwa zertifizierte Ausbildungswege, das Ausweisen von Methoden oder wech-selseitige Kritik- und Qualitätskontrollmechanismen innerhalb des Wissenschaftssys-tems dafür, diesen Wissenstyp vom Alltags- oder Erfahrungswissen abzuheben. Zwar versuchen Wissenschaftler Anerkennung ihrer Ergebnisse (und ihrer Person) auch mit strategischen Mitteln zu erlangen und Sozialkapital anzusammeln, jedoch finden solche Anerkennungsprozesse prinzipiell im Rahmen des „Wahrheitscodes" des Wis-senschaftssystems statt (Weingart 2003: 84, 2006b: 36; kritisch Holland-Cunz 2005).

Angesichts dieser vier Grenzen von Expertenwissen wird nunmehr von einer stattfindenden Neubestimmung des Verhältnisses von Öffentlichkeit, Wissenschaft und Politik gesprochen. Zahlreiche sozialwissenschaftliche Publikationen der letzten Jahre erörtern die Autoritäts- und Legitimitätsdefizite des Expertentums wie der Wis-senschaft insgesamt (u. a. Bogner/Torgersen 2005; Böschen/Wehling 2004; Stehr 2003). Die einhellige Empfehlung lautet, dass neue Formen der Politikberatung wis-senschaftliche Laien bzw. die Öffentlichkeit generell einbeziehen sollten, wenn auch durchaus unklar ist, ob diese Erweiterung der Partizipation die gewünschten Effekte erzielt (Abels/Bora 2004: 90-96).

Dennoch scheint die Forderung nach stärkerer Laien- und Öffentlichkeitsbeteili-gung, die auf die paradoxe Formel der „Demokratisierung von Expertise" gebracht wurde (Saretzki 1997), alternativlos. Durch wissenschaftlich-technologische Entwick-lungen werden immer neue, risikobehaftete Entscheidungslagen erzeugt und damit immer neue normative Fragen nach dem „guten Leben" aufgeworfen, die nicht von Experten beantwortet werden können. Demokratische politische Entscheidungen stehen unter doppeltem Legitimationszwang, sie müssen der Sachrationalität ebenso genügen wie dem Willen der Bürger. Die Erkenntnis, dass beiden Legitimations-anforderungen am ehesten gedient sein dürfte, wenn man die Politikberatung über den engen Zirkel von Wissenschaftlern und Politikern hinaus öffnet, führt zur Prozedura-lisierung und Diskursivierung von Kontroversen (Junge 2008: 304).

> „Partizipation ist insbesondere dort von Bedeutung, wo ein Entscheiden unter Kontin-genzdruck die damit verbundenen Ungewissheiten hat offenbar werden lassen. Der aus-schließliche Rekurs auf Expertenwissen gilt in diesen Fällen als nicht mehr ausreichend" (Bogner/Torgersen 2005a: 14).

Zahlreiche neue Formen von moderierten, dialogischen Kommunikationsprozessen unter Einbeziehung unterschiedlichster Teilnehmergruppierungen werden inzwischen ausprobiert (siehe unten, 2.3).

Vor diesem Problemhintergrund lassen sich drei, einander teils überlappende Phasen der Entwicklung von Politikberatung und ihrer Probleme unterscheiden (Weingart 2006a: 82-83; vgl. Rudloff 2008). Erstens, die *Verwissenschaftlichung der*

Politik: Staatliche Instanzen müssen neue Staatsaufgaben bewältigen, u. a. auch die Regulierung technologischer Risiken; die Komplexität der Gesellschaft zwingt politische Entscheidungsträger zu einer immer engeren Anbindung an wissenschaftliche Expertise. Insbesondere die Exekutive reagiert mit einem Ausbau der Politikberatung, gleichwohl besteht ein tendenzielles Legitimationsdefizit der Politik.

Zweitens, die *Politisierung der Wissenschaft*: Experten geraten ihrerseits unter Legitimationsdruck, weil auch sie mit der gestiegenen Komplexität der Problemlagen und der Unübersichtlichkeit politisch-sozialer Prozesse nur begrenzt umgehen können. Auch ihre Urteile sind unsicher, widersprüchlich und von Nichtwissen geprägt. Dennoch (oder gerade deshalb) werden Expertenurteile von politischen Akteuren aller Art zunehmend in Anspruch genommen zur Legitimierung ihrer je eigenen Interessen und Politikinhalte. Expertise wird politisiert und verliert an Autorität. Es erscheint allerdings als paradox, dass auf die „Krise des Experten" mit einem verstärkten Rückgriff auf Expertise reagiert wird (Hennen u. a. 2004: 21).

Drittens, die *Demokratisierung der Expertise*: Um diese Autoritäts- und Legitimationsdefizite abzumildern, wird der Beteiligtenkreis ausgeweitet. In neuartigen Formen von Politikberatung werden je nach Ausgestaltungsform Laien sowie weitere Kreise von Interessengruppen in strukturierten, moderierten Kommunikationsprozessen zusammengeführt. Ziel ist die Integration unterschiedlicher Wissensarten und Rationalitäten, die die einzelnen Teilnehmer einbringen. Die Erwartung, dass durch solche Prozesse Konsens hergestellt werden könnte, ist jedoch sowohl in der Expertenliteratur wie der Öffentlichkeit oft übertrieben – realistischerweise kann eher die Herstellung von neuen Teilöffentlichkeiten, die Klärung von Dissens und die „kooperative Konzeptualisierung komplexer Kontroversen" (Ueberhorst 1995: 32) erreicht werden (Hennen u. a. 2004: 46).

2.3 Demokratisierung von Expertise durch reflexive Verfahren

Die „Demokratisierung von Expertise" wird inzwischen in einer Reihe von partizipativ erweiterten Modellen von Politikberatung erprobt; sie firmieren unter unterschiedlichen Familiennamen, wie z. B. „reflexive Verfahren", „alternative Konfliktregelungsverfahren" oder „Dialogverfahren". In Deutschland vorwiegend auf lokaler Ebene eingesetzte Konsens-, Dialog- und Diskursverfahren, zu denen z. B. Planungszellen, Umweltmediationen, Runde Tische, partizipative Technikfolgenabschätzung und so genannte kooperative Diskurse zählen (Feindt 2001), sollen in stark umstrittenen Problembereichen helfen, absehbare politische Entscheidungsblockaden rechtzeitig abzuwenden und günstigstenfalls eigene effektive Lösungen für den verhandelten Konflikt vorzuschlagen. Diese informellen Verfahren werden bislang sehr selten von betroffenen Bürgern oder Interessengruppen initiiert, häufig jedoch von Kommunalverwaltungen und Staatskanzleien, weshalb man sie durchaus auch als Maßnahmen alternativer Politikberatung verstehen kann.

Idealtypisch haben die unterschiedlichen Verfahren eine Reihe von Gemeinsamkeiten:

- partizipative Öffnung des Teilnehmerkreises;

- auf Dialog, Konsens und Reflexivität ausgerichtetes Verfahrensdesign;

- Unterstützung durch teils professionelle Prozessbegleiter (Moderatoren, Mediatoren u. a.);

- gemeinsame Aufarbeitung und Auswertung wissenschaftlicher Informationen;

- ein relativ hohes Maß an Prozess- und Ergebniskontrolle durch die Teilnehmer.

Der Teilnehmerkreis setzt sich je nach Verfahren aus Vertretern von konfliktrelevanten Interessengruppen, Bürgerinitiativen, Verwaltungen, Kommunen und aus einzelnen Bürgern und Wissenschaftlern zusammen.

Die Teilnehmerauswahl kann über Zufallsauswahl (z. B. Planungszelle), gezielte Auswahl (z. B. Mediation) und Selbstauswahl (z. B. Kommunale Foren) erfolgen. In gelingenden Fällen werden mit der Unterstützung wissenschaftlicher Experten in aufwändigen, strukturierten Verständigungs- und Verhandlungsprozessen Probleme gemeinsam diagnostiziert, Analysen erstellt, Gutachten in Auftrag gegeben, offene Fragen identifiziert, eigene Interessen offen gelegt und potenzielle Handlungsoptionen für alle Beteiligten erörtert. Je nach Verfahrenstyp bleiben die Aktivitäten der Teilnehmer im Laufe des Prozesses vorwiegend auf die Klärung kognitiver Fragen gerichtet (z. B. Diskursverfahren), oder aber sie verlagern sich stärker auf die Aushandlung von Kompromissen unter Maßgabe der im Verfahren jeweils repräsentierten Machtverhältnisse (z. B. Mediationsverfahren). So können sich die Kommunikationen im ersteren Falle handlungsentlastet eher dem Charakter wissenschaftlicher Kommunikation annähern, während im letzteren Falle eine Entscheidungsorientierung dominiert. Hier wird eine politisch tragfähige Konfliktvermittlung zwischen den Teilnehmern gesucht, das Verfahren trägt deutliche Züge eines Verhandlungssystems (vgl. Daele 2001: 7-17).

In dem Maße, in dem es in solchen Verfahren gelingt, durch die kreativen Verknüpfungen unterschiedlicher Wissensformen – z. B. Sachwissen, interdisziplinäres Wissen, Wertewissen, lokales Erfahrungswissen (vgl. Saretzki 1997: 281-284) – die oben bezeichneten Grenzen der Expertise im Zusammenhang mit politischen Entscheidungen zu überwinden, stellen sie konventioneller Politikberatung überlegenes Wissen bereit. Inwieweit dies tatsächlich gelingen kann, hängt nicht nur stark von der finanziellen und infrastrukturellen Ausstattung des Verfahrens ab, sondern auch von den Kompetenzen und der Autorität der einzelnen Träger dieses Wissens. Ebenso wichtig ist, ob die Verfahrensbeteiligten imstande sind, im Laufe des Prozesses so

viel wechselseitiges Vertrauen aufzubauen, dass solche anspruchsvollen Integrations-
leistungen als Kollektivanstrengung überhaupt erbracht werden können. Mit dieser
Kurzstilisierung potenzieller Verfahrensleistungen wird nicht unterstellt, dass der
Wissensschöpfungsprozess einem idealisierten Diskurs nachempfunden wäre; er ist
von eigeninteressierten Aktionen einzelner Beteiligter durchsetzt. Soll das produzierte
komplexe Wissen auch als politisches Wissen wirksam werden, muss dies jedoch kein
Nachteil sein, da handlungsentlastet produziertes Wissen als solches in der Praxis
nicht wirksam werden kann, sondern ohnehin verwandelt und angeeignet werden
muss (vgl. Beck/Bonß 1989: 11-12, 27).

Der Politik steht so inzwischen eine bemerkenswerte Modellvielfalt anspruchs-
voller Dialog- und Konfliktvermittlungsverfahren zur Verfügung, die als „reflexive
Schleifen" herkömmlichen politischen Entscheidungsprozessen punktuell vorgeschal-
tet oder in diese integriert werden könnten. Solchermaßen vorbereitete Entscheidungen hätten dann die Vermutung einer erhöhten Rationalität und zugleich Legitimität
für sich – wegen der gesteigerten Produktion und Integration unterschiedlicher Wissensformen einerseits und der gleichzeitigen Erweiterung der Betroffenenpartizipation
andererseits (vgl. Schmalz-Bruns 1995: 236-238). In der Praxis sind diese Institutionalisierungen jedoch sehr voraussetzungsreich und erfüllen häufig nicht die in sie
gesetzten hochgespannten Erwartungen. Auf die Probleme solcher Verfahren in der
Praxis kann an dieser Stelle nicht eingegangen werden,[5] bedeutsam für die Argumentation des vorliegenden Beitrags ist bereits die Tatsache, *dass* es zu solchen elaborier-
ten Institutionalisierungen kommt, um mit Kontingenz und Unsicherheit problematischer Entscheidungen besser umgehen zu können – so zumindest die Hoffnung. Sie
stellen als solche bemerkenswert progressive Strategien zur Kontingenzbearbeitung
und Unsicherheitsabsorption dar (vgl. Junge 2008; Kusche 2008: 267).[6]

---

5 Solche Probleme bestehen z. B. in hohem Ressourcenverbrauch, dem Bedarf an vorgängig
    vorhandenem Vertrauen zwischen den Teilnehmern, der übermäßigen Steuerung durch
    staatliche oder ressourcenreiche nicht-staatliche Akteure oder der Unverbindlichkeit der
    Ergebnisse. Ich habe mich mit solchen Problemen an anderer Stelle ausführlich auseinan-
    dergesetzt (Geis 2005).

6 Partizipative Verfahren, die auf Einbeziehung von Bürgern setzen, sind im Übrigen auch
    aus einer von Michel Foucault inspirierten Gouvernementalitäts-Perspektive auf die Wis-
    sensgesellschaft höchst interessant, da hier die Zunahme von Laienpartizipation als Aus-
    druck eines veränderten Macht- und Herrschaftsgefüges betrachtet wird. Im Rahmen einer
    neoliberalen politischen Programmatik erstrecken sich in dieser Deutung die Zwänge zur
    Selbstführung, Selbstregulierung und Aktivierung des Einzelnen auch auf die Produktion
    von Wissen. Das Problem der Regierung von Wissen, das Kontingenz und Unsicherheit er-
    zeugt, soll durch die Adressierung von Bürgern als mündige, lernfähige und produktive
    Subjekte bewältigt werden. So gesehen sind die partizipativen Verfahren Regierungstech-
    nologien, die signalisieren: „Wir alle" sind für den Umgang mit Kontingenz und Unsicher-
    heit verantwortlich (Junge 2008; vgl. auch Weingart 2006b: 43).

3 Paradoxien eines Regierens mit Wissen: wachsendes Nichtwissen

Trotz aller beschriebenen Anstrengungen der Politik, durch herkömmliche oder reflexive Verfahren der Wissensproduktion Kontingenz und Unsicherheit zu reduzieren,
kann das moderne Regieren mit Wissen ein grundlegendes Paradox der Wissensgesellschaft nicht aufheben: mit dem Wissen wächst zugleich auch das Nichtwissen
(Wehling 2006). Daraus folgt die politische Dilemmasituation, dass auch Kontin-
genzbearbeitungsmechanismen die Kontingenz wiederum steigern. Entscheidungssituationen sind entgegen des offiziellen Selbstentwurfs der Politiker als „Problemlöser" in modernen Demokratien daher unhintergehbar durch Kontingenz, Komplexität und Nichtwissen charakterisiert. Diese Herausforderungen des Regierens sind
eng miteinander verknüpft:

Kontingenz bezeichnet, wie oben skizziert, das Auch-anders-möglich-Sein des
Seienden (Luhmann 1975: 171). Jedoch eröffnet erst das subjektive *Bewusstsein* von
Kontingenz die politisch folgenreiche Erkenntnis, dass die ‚Verhältnisse' nicht
Schicksal sind, dass – im Rahmen der jeweiligen Denkmöglichkeiten einer Zeit –
alles virtuell veränderbar ist, dass selbst für ‚natürlich' gehaltene Werte oder univer-
salistische Normen zur Disposition stehen können (vgl. Greven 2007: 14-17). In einer
differenzierungstheoretischen Perspektive wird das Problem von Kontingenz durch
Steigerung der gesellschaftlichen Komplexität noch verschärft, da die Handlungsoptionen potenziert, deren erwünschte wie unerwünschte Folgen aber unabsehbar werden.
Die zunehmende Komplexität resultiert aus der fortschreitenden funktionalen Ausdifferenzierung der Gesellschaft – die wiederum die wechselseitige Abhängigkeit der
Teilsysteme erhöht – und bezeichnet hier den „Grad der Vielschichtigkeit, Vernetzung und Folgelastigkeit eines Entscheidungsfeldes" (Willke 1993: 24). ‚Vielschichtigkeit' verweist auf das Ausmaß der funktionalen Differenzierung eines Sozialsystems, ‚Vernetzung' auf Art und Grad der Interdependenz zwischen Teilen sowie
zwischen Teil und Ganzem, und ‚Folgelastigkeit' meint „Zahl und Gewicht der durch
eine bestimmte Entscheidung in Gang gesetzten Kausalketten oder Folgeprozesse
innerhalb des in Frage stehenden Sozialsystems" (Willke 1993: 24).

Insbesondere das Wissenschaftssystem trägt durch Vermehrung von Wissen und
Technologien zur massiven Ausweitung der Handlungsoptionen einer Gesellschaft
bei, die durch politische Entscheidungen reguliert werden müssen, damit sie nicht zur
kollektiven Selbstschädigung führen. Mehr als jede andere Wissensform erzeugt wissenschaftliches Wissen „permanent zusätzliche Handlungsmöglichkeiten" (Stehr
2000: 312). Aus der Vermehrung des Wissens und seiner zunehmenden Bedeutung
erwachsen wiederum zwei Formen der Kontingenz, die Kontingenz des Wissens
selbst und die Ausbreitung der Kontingenz sozialer Beziehungen als Folge der wach-
senden Durchdringung der Gesellschaft mit Wissen (Stehr 2000: 308; vgl. Nowotny
u. a. 2004: 49-53). Wissensproduktion verringert also nicht die Kontingenz politi-

schen Entscheidens, sondern steigert sie, indem Handlungsoptionen sowie zugleich das Nichtwissen vermehrt werden.

Die Erkenntnis über das wachsende Nichtwissen ist keineswegs neu. Es wurde im Zuge jüngerer Diskussionen um die schwer beherrschbare Komplexität der Risikogesellschaft jedoch wissenssoziologisch neu entdeckt und insbesondere unter dem Aspekt seiner potenziell dramatischen Folgen problematisiert. Prominent wird es hierzulande im Kontext der Theorie reflexiver Modernisierung untersucht, unter dem übergreifenden Stichwort einer „Epistemologie der Ungewissheit" (Beck/Bonß/Lau 2001: 54-55; Beck 1996). Die Epistemologie der Ungewissheit ist „politisch, weil sie zu Entscheidungen zwingt, die nicht mehr auf sicherem Wissen aufruhen oder aus diesem hergeleitet werden können. Niemand [...] kann heute sein Votum aus sicherem Wissen ableiten, doch Entscheidungen müssen jetzt getroffen werden" (Beck/Bonß/Lau 2001: 54).

Wissenschaftlich hat die Neuentdeckung des Nichtwissens inzwischen zwar zur Entstehung einer Soziologie des Nichtwissens geführt (Wehling 2006), in der Praxis wird Nichtwissen als komplementär entstehendes Phänomen allerdings nach wie vor weit weniger zur Kenntnis genommen oder handhabbar gemacht als Wissen (Willke 2002: 18). Während insbesondere Politiker ihr Nichtwissen öffentlich selten eingestehen mögen, bilden sich in der Wissenschaft unterschiedliche Typen von „Nichtwissenskulturen" heraus. So schlagen etwa Stefan Böschen u. a. (2008: 202-205) vor, zwischen kontroll-, komplexitäts- und erfahrungsorientierten Nichtwissenskulturen zu unterscheiden, die jeweils andere Formen der Wahrnehmung und der Kommunikation eigenen Nichtwissens bezeichnen. Kontrollorientierte Nichtwissenskulturen wie die Molekularbiologie gingen demnach von Noch-Nicht-Wissen aus und konzentrierten sich auf die Kontrolle experimenteller Randbedingungen und die Ausschaltung von Störfaktoren. Komplexitätsorientierte Nichtwissenskulturen wie die Ökologie räumten demgegenüber unerkanntes Nichtwissen ein, während erfahrungsorientierte Nichtwissenskulturen wie die Medizin Nichtwissen personalisiere oder marginalisiere.

Diese Vorschläge verdeutlichen, dass Nichtwissen ähnlich wie Wissen in sich differenzierbar ist, es umfasst Noch-Nicht-Wissen, gewusstes und nicht-gewusstes Nicht-Wissen-Können, Nicht-Wissen-Wollen und falsches ‚Wissen' (Irrtümer) (Beck 1996: 302). Peter Wehling unterscheidet die Idealtypen von Nichtwissen nach den drei Dimensionen ‚Wissen des Nichtwissens', ‚Intentionalität von Nichtwissen' und ‚zeitliche Stabilität und Dauerhaftigkeit von Nichtwissen' (Wehling 2006: 116-148): Nichtwissen kann erkannt werden oder unbekannt sein, es kann bewusst gewollt sein oder unbeabsichtigt sein, und es kann zeitlich begrenztes Nichtwissen sein, das durch weitere Forschung reduziert werden kann, oder es kann unauflösbares Nichtwissen sein. Allerdings fehlt ein eindeutiger Maßstab, anhand dessen sich erkennen ließe, ob und wann ‚wahres' und ‚vollständiges' Wissen vorliegt.

Die Konsequenzen für die Politik sind kognitive Ungewissheit – was können wir überhaupt worüber (sicher) wissen? – und normative Unsicherheit über die Frage, welche Entscheidungen annähernd „gute" Entscheidungen darstellen und welche Handlungsfolgen verantwortbar sind (vgl. Beck/May 2001: 248-249). Diese Unsicherheit über das, was unter diesen Umständen überhaupt wünschenswerte Optionen sein könnten, verböte eigentlich politische Entscheidungen mit weit in die unbekannte Zukunft reichenden Folgen. Trotzdem ist die Politik zu Entscheidungen *gezwungen*. Vor diesem Hintergrund kommt es zu einer Politisierung des Nichtwissens, da kontroverse Behauptungen darüber aufgestellt werden, was überhaupt gewusst werden kann und was gewusst werden muss, bevor man entscheiden darf (Weingart 2003: 100).

4   Abschied von Sicherheitsfiktionen und Problemlösen?

Was folgt aus diesen Dilemmata für Politik und Wissenschaft? Wenn der Umgang mit Nichtwissen zur „ausschlaggebenden Variable bei Entscheidungen" geworden ist, wie etwa Nico Stehr (2003: 272) behauptet, sollte vernünftigerweise auch Politikern die öffentliche Kommunikation ihres Nichtwissens zugestanden werden, da ‚wir' schließlich ‚alle' diesem Nichtwissen unterworfen sind. Verantwortliche Entscheidungsträger müssen jedoch zumindest so tun, als handelten sie auf der Basis von Wissen, denn gäben sie das Ausmaß ihres Nichtwissens zu, würden manch andere Akteure vermutlich Nichthandeln fordern (Beck/Holzer/Kieserling 2001: 77). Allerdings stellt Nichthandeln keineswegs eine risikolose Alternative dar, weil Handeln wie Nichthandeln Risiken und Gefahren bergen, die Folgen beider lassen sich nicht im Voraus vorhersagen (Hirschman 1995: 162-163).

Wie unter der Bedingung der Offenlegung des Nichtwissens demokratische Politik noch ihrer Aufgabe, kollektiv verbindliche Entscheidungen herzustellen, die als legitim anerkannt werden, nachkommen können sollte, ist nicht leicht zu sehen. Generell sind Unsicherheiten nur in beschränktem Umfang auszuhalten, weshalb sie in „neue Sicherheiten oder zumindest in Sicherheitsfiktionen auf Zeit transformiert" werden müssen (Beck/Bonß/Lau 2001: 55). Wie eingangs angedeutet, wurde Kontingenz seit jeher nicht nur als Handlungschance erfahren, Kreativität, Subjektivität und Autonomie zu entfalten, sondern auch als Bedrohung empfunden, als Zustand des Ausgeliefertseins, des Kontrollverlusts (Bubner 1998: 7). Es ist daher nicht überraschend, dass in Politik wie in der Gesellschaft häufig essentialistische Positionen vertreten werden, welche die Konstruiertheit der Verhältnisse verdecken und stattdessen die materiellen wie normativen Strukturen als natürlich, allgemeingültig oder notwendig erscheinen lassen. Es finden laufend gesellschaftliche Invisibilisierungen von Kontingenz statt (Reckwitz 2003: 97).

Vor diesem Hintergrund ist durchaus unklar, wie viel Kontingenzbewusstsein gewählte politische Entscheidungsträger ihrem ‚Publikum' zumuten dürfen, ohne damit Angst oder Anomie zu befördern. Aber auch für die Selbstauslegung politischer Akteure wäre es fatal, wenn sie die Risiken ihrer Entscheidungen, die fraglichen Ra-

tionalitätsgrundlagen ihres Tuns in dem Maße in ihre Selbstbeschreibung eintragen
würden. Politik soll – so das heute so weitverbreitete technische Verständnis – „Probleme lösen". Dass sie „Probleme" lediglich zerlegt, teilweise traktiert, aber durch
jede Entscheidung neue Folgeprobleme auslöst oder alte keineswegs „behebt" – diese
Beschreibung von Politik nicht als Problemlöser, sondern allenfalls als Problem-
bearbeiter oder gar als Problemerzeuger müsste in der Praxis fatale Folgen haben.
Gleichwohl wäre es der Realität angemessener, wenn politische Parteien zumindest
auf Sicherheitsversprechen verzichten und häufiger als bisher Nichtwissen und Unsicherheit kommunizieren würden (Wefer 2004: 224-231, 281). Es ist keineswegs
ausgemacht, was den Vertrauensverlust in Politiker mehr befördert: deren Einge-
ständnis von Nichtwissen und begrenzten Handlungsmöglichkeiten oder die sich permanent einstellenden Enttäuschungen der Bürger angesichts überzogener Machbar-
keitsversprechen von Politikern.

   (Sozial-)Wissenschaftler scheinen im Vergleich zu Politikern, die sich regelmäßig ihrem Wählerpublikum stellen müssen, in einer ungleich bequemeren Position
zu sein, was die Kommunikation von Kontingenz anbelangt.[7] Von ihnen werden keine
politischen Reformen oder Wahlversprechen erwartet. Sie sollten daher die Öffentlichkeit, wie im Rahmen der Risikogesellschaftsdebatte bereits versucht wurde, weiter
für das Problem des Nichtwissens und der Ungewissheit sensibilisieren; gegenüber
der Politik sollten sie darauf insistieren, dass dieses Problem im Entscheidungskontext
einer Materie öffentlich thematisiert werden muss. Notwendig wären hier auch weitere Formen reflexiver Politikberatung, die das Erhalten von Kontingenz durch Anerkennung unterschiedlicher Wahrheitshorizonte ermöglicht, statt (vergeblich) versucht,
„Probleme zu lösen" (Martinsen/Rehfeld 2006). Kurzgefasst: Kontingenz sichtbar zu
machen statt sie unsichtbar zu machen ist die Aufgabe der (Sozial-)Wissenschaftler –
denn die wissenschaftlichen Beschreibungen von Welt dringen zumindest gelegentlich subkutan und auf verschlungenen Pfaden in die Selbst- und Wirklichkeits-
beschreibungen der gewählten Entscheidungsträger ein. Aber in einer solchen Aufklärung liegt ihrerseits ein Risiko: Aufgrund der fundamentalen Ambivalenz von Kontingenz, als Chance wie als Bedrohung, wissen auch Wissenschaftler nicht, wie viel
Kontingenzbewusstsein eine demokratische Gesellschaft verträgt – noch können sie
dies je wissen.

   Abschließend bleibt noch eine speziell politikwissenschaftliche Aufgabe zu bezeichnen. Während Wissens- und Wissenschaftssoziologen seit längerem eindringlich
vor den Folgen von Entscheidungen unter Unsicherheit warnen, werden die politi-

---

7   Es könnte in diesem Sinne Wissenschaftlern leichter fallen als Politikern, sich als „liberale
    Ironiker" zu verstehen, die Richard Rorty als Bürger einer liberalen Utopie entwirft: Diese
    Ironiker erkennen an, dass ihr Vokabular, ihre zentralen Bedürfnisse und Überzeugungen
    kontingent sind, sie treten aber dennoch unerschrocken für sie ein (Rorty 1992: 14, 87-
    123). Für eine Diskussion der Relevanz dieser utopischen Figur für die demokratische Pra-
    xis siehe Auer (2004: 112-122).

schen Konsequenzen dieses Problems in der Politikwissenschaft noch nicht in gebührendem Maße untersucht. Zwar gibt es eine Reihe von Querschnittsforschungsprojekten zwischen Politikwissenschaft und Soziologie (siehe z. B. Mayntz u. a. 2008), jedoch widmet die Politikwissenschaft der Rolle von Nichtwissen und dem politischen Umgang mit Nichtwissen bei weitem nicht die Aufmerksamkeit, die dieser „ausschlaggebenden Variablen" bei Entscheidungen zukommen müsste. Dass und wie inzwischen vermehrt auch das Nichtwissen politisiert wird, sollte nicht nur für eine Deutungsperspektive der „politischen" Gesellschaft wichtig sein, wie von Michael Th. Greven vertreten – ist virtuell alles politisierbar, kann nicht verwundern, dass irgendwann auch Forderungen nach der Regulierung des Nichtwissens auftauchen.[8] Wie gezeigt wurde, sind bestimmte Typen des Nichtwissens jedoch unhintergehbar, so dass sie sich jeglicher Steuerung entziehen. Es können allenfalls institutionalisierte Lernprozesse politisch eingeleitet werden, welche die Reflexivität des Entscheidens verbessern können, aber dessen Kontingenz und Unsicherheit nicht aufheben werden.

Wenn das Rationalitätsversprechen zentral ist für modernes Regieren, müssen auch die Widrigkeiten, die dieses Versprechen brüchig werden lassen, in der Analyse zentral gestellt werden. Dabei sollten politikwissenschaftliche Untersuchungen die Differenzierung der Typen von Nichtwissen berücksichtigen, wie sie in der sich entwickelnden Soziologie des Nichtwissens vorgenommen wird (Wehling 2006), da diese auch unterschiedliche Konsequenzen für politische Entscheidungsprozesse haben. Renate Mayntz (1999: 35) weist in diesem Kontext darauf hin, dass kognitive Unsicherheit im Sinne eines spezifizierten, d. h. bewussten Nichtwissens völlig andere Folgen hat als einfaches Nichtwissen (das unbeabsichtigte Ignorieren von Tatbeständen oder Zusammenhängen) oder als falsches Wissen (Aussagen, die sich später als Irrtümer erweisen). Die stärkere Berücksichtigung der Rolle des Nichtwissens in politischen Entscheidungen könnte schließlich auch dazu beitragen, den „szientistischen Optimismus" (Wehling 2006: 335) der so genannten Wissensgesellschaft und damit auch die Rationalitätsansprüche einer „problemlösenden" Politik zu relativieren.

---

8 In diesem Zusammenhang sind auch jüngste politische Diskussionen um ein „Recht auf Nichtwissen" im Bereich der Gendiagnostik bemerkenswert. Da heute immer mehr Wissen über erbliche Vorbelastungen und *potenzielle* Erkrankungen im späteren Leben eines Einzelnen produziert werden kann: Soll die Politik qua Regulierung den Betroffenen auch ein Recht einräumen, dieses Wissen *nicht* erfahren zu müssen, um sie vor (möglicherweise unnötigen) psychischen Belastungen und Ängsten um ihre Gesundheit zu schützen?

Literatur

Abels, Gabriele/Bora, Alfons, 2004: Demokratische Technikbewertung. Bielefeld.

Auer, Dirk, 2004: Politisierte Demokratie. Richard Rortys politischer Antiessentialismus. Wiesbaden.

Beck, Ulrich, 1996: Wissen oder Nicht-Wissen?, in: Ulrich Beck/Anthony Giddens/Scott Lash: Reflexive Modernisierung. Eine Kontroverse. Frankfurt a. M., 289-315.

Beck, Ulrich/Bonß, Wolfgang, 1989: Verwissenschaftlichung ohne Aufklärung?, in: Ulrich Beck/Wolfgang Bonß (Hrsg.): Weder Sozialtechnologie noch Aufklärung? Analysen zur Verwendung sozialwissenschaftlichen Wissens. Frankfurt a. M., 7-45.

Beck, Ulrich/Bonß, Wolfgang (Hrsg.), 2001: Die Modernisierung der Moderne. Frankfurt a. M.

Beck, Ulrich/May, Stefan, 2001: Gewußtes Nicht-Wissen und seine rechtlichen und politischen Folgen, in: Ulrich Beck/Wolfgang Bonß (Hrsg.): Die Modernisierung der Moderne. Frankfurt a. M., 247-260.

Beck, Ulrich/Bonß, Wolfgang/Lau, Christoph, 2001: Theorie reflexiver Modernisierung, in: Beck/Bonß (Hrsg.), 11-59.

Beck, Ulrich/Holzer, Boris/Kieserling, André, 2001: Nebenfolgen als Problem soziologischer Theoriebildung, in: Beck/Bonß (Hrsg.), 63-81.

Beck, Ulrich/Giddens, Anthony/Lash, Scott, 1996: Reflexive Modernisierung. Eine Kontroverse. Frankfurt a. M.

Bogner, Alexander/Torgersen, Helge (Hrsg.), 2005: Wozu Experten? Ambivalenzen der Beziehung von Wissenschaft und Politik. Wiesbaden.

Bogner, Alexander/Torgersen, Helge, 2005a: Sozialwissenschaftliche Expertiseforschung, in: Bogner/Torgersen (Hrsg.), 7-29.

Bogner, Alexander/Menz, Wolfgang/Schumm, Wilhelm, 2008: Ethikexpertise in Wertkonflikten, in: Renate Mayntz/Friedhelm Neidhardt/Peter Weingart/Ulrich Wengenroth (Hrsg.): Wissensproduktion und Wissenstransfer. Bielefeld, 243-268.

Bohman, James/Rehg, William (Hrsg.), 1997: Deliberative Democracy. Essays on Reason and Politics. Cambridge.

Böschen, Stefan/Kastenhofer, Karen/Rust, Ina/Soentgen, Jens/Wehling, Peter, 2008: Entscheidungen unter Bedingungen pluraler Nichtwissenskulturen, in: Renate Mayntz/Friedhelm Neidhardt/Peter Weingart/Ulrich Wengenroth (Hrsg.): Wissensproduktion und Wissenstransfer. Bielefeld, 197-220.

Böschen, Stefan/Wehling, Peter, 2004: Wissenschaft zwischen Folgenverantwortung und Nichtwissen. Wiesbaden.

Bröchler, Stephan/Schützeichel, Rainer (Hrsg.), 2008: Politikberatung. Stuttgart.

Bubner, Rüdiger, 1998: Die aristotelische Lehre vom Zufall, in: Gerhart von Graevenitz/Odo Marquard (Hrsg.): Kontingenz. München, 3-21.

Daele, Wolfgang van den, 2001: Von moralischer Kommunikation zur Kommunikation über Moral, in: Zeitschrift für Soziologie 30 (1), 4-22.

Falk, Svenja/Rehfeld, Dieter/Römmele, Andrea/Thunert, Martin (Hrsg.), 2006: Handbuch Politikberatung. Wiesbaden.

Feindt, Peter-Henning, 2001: Regierung durch Diskussion? Diskurs- und Verhandlungsverfahren im Kontext von Demokratietheorie und Steuerungsdiskussion. Frankfurt a. M.

Geis, Anna, 2005: Regieren mit Mediation. Wiesbaden.

Geißel, Brigitte/Penrose, Virginia, 2002: Lokale Vernetzung und Wissensintegration von Laien(-wissen) und Experten(-wissen) durch neue Partizipationsformen, in: http://www.sciencepolicystudies.de/dok/expertise-geissel.pdf (2. 11. 2009).

Greven, Michael Th., 1999: Die politische Gesellschaft. Kontingenz und Dezision als Probleme des Regierens und der Demokratie. Opladen.

Greven, Michael Th., 2000: Kontingenz und Dezision. Beiträge zur Analyse der politischen Gesellschaft. Opladen.

Greven, Michael Th., 2007: Politisches Denken in Deutschland nach 1945. Erfahrung und Umgang mit der Kontingenz in der unmittelbaren Nachkriegszeit. Opladen.

Heintz, Bettina, 2007: Zahlen, Wissen, Objektivität, in: Andrea Mennicken/Hendrik Vollmer (Hrsg.): Zahlenwerke. Wiesbaden, 65-85.

Heintz, Bettina 2008: Governance by Numbers, in: Gunnar Folke Schuppert/Andreas Voßkuhle (Hrsg.): Governance von und durch Wissen. Baden-Baden, 110-128.

Hennen, Leonhard/Petermann, Thomas/Scherz, Constanze, 2004: Partizipative Verfahren der Technikfolgenabschätzung und parlamentarische Politikberatung. Berlin: TAB-Arbeitsbericht Nr. 96.

Hirschman, Albert O., 1995: Denken gegen die Zukunft. Die Rhetorik der Reaktion. Frankfurt a. M.

Holland-Cunz, Barbara, 2005: Die Regierung des Wissens. Wissenschaft, Politik und Geschlecht in der „Wissensgesellschaft". Opladen.

Junge, Torsten, 2008: Gouvernementalität der Wissensgesellschaft. Bielefeld.

Kropp, Cordula/Wagner, Jost, 2008: Wissensaustausch in Entscheidungsprozessen, in: Mayntz/Neidhardt/Weingart/Wengenroth (Hrsg.), 173-196.

Kusche, Isabel, 2008: Soziologie der Politikberatung, in: Stephan Bröchler/Rainer Schützeichel (Hrsg.): Politikberatung. Stuttgart, 261-281.

Leggewie, Claus (Hrsg.), 2007: Von der Politik- zur Gesellschaftsberatung. Frankfurt a. M.

Luhmann, Niklas, 1975: Soziologische Aufklärung 2. Opladen.

Makropoulos, Michael, 1997: Modernität und Kontingenz. München.

Martinsen, Renate, 2006: Partizipative Politikberatung – der Bürger als Experte: in: Falk/Rehfeld/Römmele/Thunert (Hrsg.), 139-152.

Martinsen, Renate/Rehfeld, Dieter, 2006: Von der Aufklärung über Defizite zur reflexiven Aufklärung?, in: Falk/Rehfeld/Römmele/Thunert (Hrsg.), 45-58.

Mayntz, Renate, 1994: Politikberatung und politische Entscheidungsstrukturen, in: Axel Murswieck (Hrsg.): Regieren und Politikberatung. Opladen, 17-29.

Mayntz, Renate 1999: Wissenschaft, Politik und die politischen Folgen kognitiver Ungewißheit, in: Jürgen Gerhards/Ronald Hitzler (Hrsg.): Eigenwilligkeit und Rationalität sozialer Prozesse. Opladen, 30-45.

Mayntz, Renate/Neidhardt, Friedhelm/Weingart, Peter/Wengenroth, Ulrich (Hrsg.), 2008: Wissensproduktion und Wissenstransfer. Bielefeld.

Nowotny, Helga/Scott, Peter/Gibbons, Michael, 2004: Wissenschaft neu denken. Wissen und Öffentlichkeit in einem Zeitalter der Ungewißheit. Weilerswist.

Reckwitz, Andreas, 2003: Die Krise der Repräsentation und das reflexive Kontingenzbewusstsein, in: Thorsten Bonacker/André Brodocz/Thomas Noetzel (Hrsg.): Die Ironie der Politik. Frankfurt a. M., 85-103.

Renn, Ortwin, 2006: Möglichkeiten und Grenzen sozialwissenschaftlicher Politikberatung, in: Heidelberger Akademie der Wissenschaften (Hrsg.): Politikberatung in Deutschland. Wiesbaden, 47-70.

Rorty, Richard, 1992: Kontingenz, Ironie und Solidarität. Frankfurt a. M.

Rudloff, Wilfried, 2008: Geschichte der Politikberatung, in: Stephan Bröchler/Rainer Schützeichel (Hrsg.): Politikberatung. Stuttgart, 83-103.

Saretzki, Thomas, 1997: Demokratisierung von Expertise?, in: Ansgar Klein/Rainer Schmalz-Bruns (Hrsg.): Politische Beteiligung und Bürgerengagement in Deutschland. Baden-Baden, 277-314.

Schmalz-Bruns, Rainer, 1995: Reflexive Demokratie. Baden-Baden.

Schützeichel, Rainer, 2008: Beratung, Politikberatung, wissenschaftliche Politikberatung, in: Stephan Bröchler/Rainer Schützeichel (Hrsg.): Politikberatung. Stuttgart, 5-32.

Stehr, Nico, 2000: Die Zerbrechlichkeit moderner Gesellschaften. Weilerswist.

Stehr, Nico, 2003: Wissenspolitik. Die Überwachung des Wissens. Frankfurt a. M.

Ueberhorst, Reinhard, 1995: Warum brauchen wir neue Politikformen?, in: Akademie der Politischen Bildung (Hrsg.): Reform des Staates – Neue Formen kooperativer Politik. Bonn, 9-41.

Voßkuhle, Andreas, 2008: Das Konzept des rationalen Staates, in: Gunnar Folke Schuppert/Andreas Voßkuhle (Hrsg.): Governance von und durch Wissen. Baden-Baden, 13-32.

Wefer, Matthias, 2004: Kontingenz und Dissens. Postheroische Perspektiven des politischen Systems. Wiesbaden.

Wehling, Peter, 2006: Im Schatten des Wissens? Perspektiven der Soziologie des Nichtwissens. Konstanz.

Weingart, Peter, 2003: Wissenschaftssoziologie. Bielefeld.

Weingart, Peter, 2005: Die Wissenschaft der Öffentlichkeit. Weilerswist

Weingart, Peter, 2006a: „Demokratisierung" der wissenschaftlichen Politikberatung, in: Heidelberger Akademie der Wissenschaften (Hrsg.): Politikberatung in Deutschland. Wiesbaden, 73-84.

Weingart, Peter, 2006b: Erst denken, dann handeln? Wissenschaftliche Politikberatung aus der Perspektive der Wissens(chaft)soziologie, in: Falk/Rehfeld/Römmele/Thunert (Hrsg.), 35-44.

Wetz, Franz Josef, 1998: Die Begriffe „Zufall" und „Kontingenz", in: Gerhart von Graevenitz/Odo Marquard (Hrsg.): Kontingenz. München, 27-34.

Willke, Helmut, 1993: Systemtheorie. Stuttgart.

Willke, Helmut 2002: Dystopia. Studien zur Krisis des Wissens in der modernen Gesellschaft. Frankfurt a. M.

Europäische Integration und Globalisierung

Kontingenzerfahrung in der europäischen Politik.
Die Europäische Union als politisches System *„sui generis"*

Hans J. Lietzmann

1   Einführung

In der institutionellen Politik des vereinigten Europas zeichnen sich von Anbeginn an die Erwartungen der politischen Akteure und des politischen Publikums ab. Unterschiedlichste Perspektiven auf den politischen Prozess in Europa werden dabei erkennbar. Im Zuge dieser Entwicklung mischen sich – wie in allen politischen Prozessen – die rationalen Motive der Institutionalisierung mit den normativen Hoffnungen und mit den ethischen Begründungen, die im Zuge dieser Institutionalisierung Gestalt gewinnen. Zukunftserwartungen unterschiedlichster Art waren und sind hier virulent.

Die EU und ihre Vorgängerorganisationen schauen dabei auf eine zwar noch nicht lange, aber doch eigen-artige Geschichte zurück: Wie auch die Nationalstaaten des 19. Jahrhunderts werden nach 1945 die europäischen Institutionen als politische Systeme neu „gegründet", in Verfassungen und konstitutionellen Verträgen „begründet" und gegenüber den politischen Gesellschaften der Mitgliedstaaten gerechtfertigt. Entgegen ihrem scheinbar eindeutigen Erscheinungsbild als territorial umhegter *Nationalstaat*, als politisch geeinte *Grande Nation* oder als konstitutionell verewigte *Verfassungsstaaten*, sind sie Ergebnis und Resultat streitiger, konvergierender und konfligierender Prozesse. Und so (relativ) homogen sie mit dem Ende ihrer Gründung sich geben, so umstritten, divergent und kontingent waren sie in ihrer Entstehung.

„Am geschichtlichen Anfang der Dinge [oder dem, was wir dafür halten, HJL] stößt man nicht auf die noch unversehrte Identität des Ursprungs, sondern auf die Zwietracht (im Original *discorde*) fremder Dinge, auf das Ungleiche [im Original *disparate*]" (Foucault 1971: 168 f.; vgl. auch Sarasin 2009: 222 ff.).

Auch tragen sie diese Divergenz und Dissonanz in ihrer ganzen weiteren Existenz fort; als Material und Potential, das sich jederzeit neu beleben kann. Ihre jeweils errungene Konsistenz ist deshalb ebenso stabil wie fragil, ebenso dauerhaft wie temporär. Niemand weiß! Sie ist kontingent, d. h. sie besteht unbezweifelbar, aber sie könnte auch ganz anders bestehen. Und sie könnte sich durch überraschende Entwicklungen jederzeit verändern oder ganz auflösen.

Auch die Europäische Union und das Projekt der europäischen Integration war von Anbeginn an – und ist es noch heute – ein großes institutionelles Laboratorium. Entstanden aus Wiederaufbauprojekten und der Dynamik des Kalten Kriegs; getrieben von gänzlich unterschiedlichen Motivationen und je eigenen Intentionen z. B. in den USA, in Frankreich und in Deutschland. Der pragmatisch kluge EWG-Kommissar Ralf Dahrendorf bezeichnete dieses Europa deshalb schon in den siebziger Jahren des vergangenen Jahrhunderts als ein umfassendes „institutionelles Experiment" – womöglich eines von „geniale(r) Hybridität" (Dahrendorf 1973: 210 f., 213), unter dessen glatter institutioneller Oberfläche sich – inkognito oder wie blinde Passagiere – die unterschiedlichsten Aspekte, Strategien, Ängste und Hoffnungen fortbewegten.

Alle diese divergenten Zukunftserwartungen und die widerstreitenden Hoffnungen, die bei ihrer Geburt Pate standen, sind aber zugleich auch in ihrer Divergenz Grundlage und Bestandteil dieser nach außen homogen auftretenden politischen Institutionen. So steht nicht der einheitliche Wille eines „Verfassungsgebers" oder die versammelte Vernunft von „Verfassungsvätern" (von „Verfassungsmüttern" ganz zu schweigen) am Beginn einer institutionellen Gründung, sondern wir finden dort Streit, Pluralität, Konkurrenz und Widerspruch. Die Mitgliedsländer, die institutionellen Akteure in den Parlamenten, den Verwaltungen und den internationalen Organisationen, die atlantischen Rat- und Geldgeber – jeder trägt eigene Erwartungen an den europäischen Einigungsprozess heran. Im Ergebnis bilden sich die unterschiedlichsten Einflüsse, Kompromisse und Aussparungen ab; das Ergebnis ist – als Resultat politischen Handelns unterschiedlichster Akteure – vollständig kontingent. Der Inhalt institutioneller Arrangements folgt weniger einer homogenen und kohärenten Vernunft und ihrem Rekurs auf Gründe und Normen als vielmehr einem kontingenten Prozess der politischen Aushandlung.

Die beteiligten Akteure (die „Verfassungsväter" des Grundgesetzes wie die nationalen Regierungschefs als Gründer der europäischen Institutionen der Nachkriegszeit im 20. Jahrhundert) erleben also bereits den politischen Aushandlungsprozess als in höchstem Maße kontingent; d. h. ihre Erwartungen werden immer wieder enttäuscht, ihre Strategien immer wieder geändert, ihre Hoffnungen beständig neu angepasst. Sie erleben aber auch das Ergebnis als kontingent; sie sehen, dass es trotz seiner endgültigen und scheinbar konsistenten Gestalt auch ganz anders hätte zustande kommen können. Sie erfahren ihr Handeln als kontingent und letztlich für sie selbst im Ergebnis unverfügbar.

In der politischen Realität der Gesellschaften gewinnen die einmal gefundenen institutionellen Arrangements und Kompromisse, die Verträge und Verfassungen freilich schnell einen „kreationistischen Zug" (Sarasin 2009: 50): Sie schaffen beständig neue Regelungen, lassen aber vergessen, dass es sich jeweils nur um sehr temporäre Stabilisierungen sehr spezifischer Konfigurationen von Eigenschaften handelt. Sie sind ohne jede Dauerhaftigkeit, sondern ihrem ganzen Wesen nach *passager*, d. h. sie werden fortwährend erneuert und befinden sich beständig im Fluss. Symbolisch allerdings stellen sie sich als das Gegenteil dar: Sie werden kulturell und politisch als Emanationen einer historischen Vernunft und homogenen Praxis „klassifiziert"; und sie gelten in der Regel als unbestreitbare Spezies von überhistorischer Stabilität. So emanzipieren sich die institutionellen Formalisierungen symbolisch von der kontingenten Ereigniskette ihrer Entstehung. In ihrer formalen Homogenität und in dem Vokabular ihrer Kennzeichnungen lassen sie die Kontingenz ihrer Entstehung hinter sich. Stattdessen und ganz im Gegenteil hierzu gerieren sie sich als die originären Hoffnungsträger der Kontingenzbewältigung und als Experten des Kontingenzmanagements.

Die Form, in der sich dieser politische und kulturelle Anspruch vergegenwärtigt, findet sich in den Beschreibungen, die von den institutionellen oder programmatischen Arrangements gegeben werden. In dem Vokabular, mit dem die neuen Arrangements umschrieben werden (Governance, Verfassungsvertrag, aquis communitaire, Kommission etc.), drückt sich zugleich die Problemlage und die Perspektive auf die Probleme aus (Rorty 1989; Auer 2003). Und so lässt sich in den Metaphern, in denen die Akteure den Gehalt der europäischen Institutionen zu umschreiben versuchen, interpretatorisch aufspüren, mit welcher Einstellung und mit welcher Perspektive das „institutionelle Experiment" für Europa (Dahrendorf 1973) in Angriff genommen wird.

Politische Metaphern und Vokabulare stehen nun freilich nicht für sich; sie sind eingebunden in die Handlungspraxis der jeweiligen politischen Akteure. Es geht also nicht nur um eine allein begriffsgeschichtliche „History of Ideas" im ursprünglichen Sinn der „Cambridge School" (Skinner 1969; Mulsow/Mahler 2010), sondern um eine fortführende, handlungsorientierte Analyse des politischen Diskurses (Hellmuth/ Ehrenstein 2001: 164; Asbach 2002: 662 m. w. N.). Bei der Nutzung des politischen Vokabulars stehen sie in einer bestimmten Tradition; wenn sie die Begriffe und Metaphern verwenden, lässt sich somit ihre rückgewandte Erfahrung, ihr *Erfahrungs*-horizont, ermessen; aus der Adaption der Begriffe an neue Realitäten lässt sich aber zugleich auch die Erwartung erschließen, die sie mit den neuen Institutionen verbinden, ihr in die Zukunft gerichteter *Erwartungs*horizont.

Bei den Begriffen, Bezeichnungen und Metaphern handelt es sich zudem auch um die strategische „Besetzung" von Verständnissen und um die symbolische Prägung von Handlungskontexten. Mittels der Bezeichnung der politischen Institutionen, Vorhaben oder Sachlagen wird versucht den Handlungsrahmen, dem sie unterliegen, symbolisch zu schließen (Willke 2003: 21; Reckwitz 2003: 100). Die symbolische Schließung dieser kulturellen Verständnis- und Handlungsräume gehört zur terminologischen Praxis in einer auf Kommunikation und Medien orientierten Politik. Politische Titel, Begriffe und Bezeichnungen – wie „Verfassung", „Kommission", „Repräsentation" oder eben System ‚sui generis' -sind in diesem Sinne Symbole, die zugleich an eine bestimmte Erwartung appellieren und doch nicht genau exemplifizieren, wovon sie sprechen. Sie verdecken die „Paradoxie, dass über etwas kommuniziert wird, von dem die Kommunizierenden wenig oder nichts wissen" (Willke 2003: 21); und sei es nur deshalb, weil sie ganz konträre, je eigene Assoziationen damit verbinden. Zugleich aber entsteht in dieser paradoxen Kommunikation die taktische Gewissheit einer tragfähigen politischen Kommunikation: Jeder vertraut und hofft darauf, dass seine Erwartung sich durchsetzen mag; jeder hofft und vertraut darauf, dass seine Befürchtungen nicht eintreten. Symbolische Bezeichnungen „fingieren die Möglichkeit einer Verständigung" selbst dort, wo je der eine Akteur nichts über die Absichten des anderen sicher weiß bzw. wo beide gemeinsam nicht wissen, was die politisch kontingente Zukunft moderner Gesellschaften für sie bereit hält (Willke 2003: 21). Symbole und politische Metaphern – wie auch die Bezeichnung der Europäischen Union als eines Systems ‚sui generis' – sind insofern funktionierende „Mystifikationen" (wie auch Niklas Luhmann zustimmend Novalis zitiert, 1993: 66); sie erlauben einen „spielerischen [z. B. in der Kunst, HJL] […] oder strategischen [z. B. in der Politik, HJL] […] Umgang mit Ungewissheiten und Unbestimmtheiten" (Willke 2003: 21). Sie unterstellen eine bestimmte Perspektive, ohne diese jedoch erläuternd zu kommunizieren. Sie erlauben je eigene Interpretationen der politischen Akteure, die deren je eigenem politischen Kalkül entsprechen (können). Sie verdecken zugleich die Kontingenz moderner Politik.

Dies sind die grundsätzlichen Überlegungen, die dem folgenden Text zugrunde liegen. In ihm geht es mir darum, herauszuarbeiten, worin der genealogische Gehalt der Bezeichnung der Europäischen Union als eines politischen Systems ‚sui generis' liegt. Zugleich will ich die Kontingenz herausarbeiten, die dieser Bezeichnung zugrunde liegt: Die Diskordialität, die an seinem Beginn stand, ebenso wie die Disparatheit, die seiner politischen Praxis eigentümlich ist. Es wäre gut, wenn in dieser Verbindung von institutioneller Begriffsgeschichte, von politischer Sprachregelung und politischer Praxis etwas von der Geschichte der europäischen Vergemeinschaftung sichtbar würde.

2   Ein politisches System ‚sui generis'

Am 18. Oktober 1967 verkündet der so genannte „Grundrechtesenat" des deutschen Bundesverfassungsgerichts einen Beschluss in einem seit 1963 anhängigen und sichtlich verzögerten Verfahren, der von den Befürwortern einer vermeintlich *bereits bestehenden* europäischen Verfassung bis heute gerne als Bestätigung herangezogen wird (Pernice 2002). Hierzu dient die Entscheidung, weil sie davon spricht, dass die EWG-Verträge „gewissermaßen die Verfassung dieser Gemeinschaft" darstellten (BVerfG/Juristenzeitung 1968: 99 f.). „Diese Gemeinschaft" wird dabei als eine solche „eigener Art" (ebd.), also ‚sui generis', tituliert, die eine gegenüber der bundesdeutschen Verfassung „selbständige und unabhängige" öffentliche Gewalt darstelle. Dieser Rechtsprechung stimmt später auch der EuGH zu. Die Europäische Kommission übernimmt diese Begriffsbildung als Darstellung ihres Selbstverständnisses und benutzt sie bis zum heutigen Tag.

Der unmittelbare Sinn des Begriffs eines politischen Systems ‚sui generis' suggeriert, es gäbe so etwas wie eine politische Institution oder ein politisches System ohne Entstehungsgeschichte. Hierin freilich kann allenfalls eine Metapher oder eine Mystifikation gesehen werden: Denn jede institutionelle Gründung verdankt sich einer Vorgeschichte, beruht auf Traditionen des politischen Denkens und hat politische Akteure als Urheber. Die symbolische Loslösung einer Institution kann mithin allenfalls als Symbolik begriffen werden. Sie ist eine Mystifikation, die die Ursprünge und die Hintergründe einer Institution ins Dunkle verschiebt. Die Kommunikation über die Politik der jeweiligen Institution soll(!) ohne Berücksichtigung ihrer Ursprünge und Hintergründe erfolgen. Über die Motivation einer solchen Mystifikation ist damit freilich noch nichts gesagt. In Bezug auf die Wirksamkeit dieser symbolischen Begriffspolitik ist im Fall der europäischen Institutionen allerdings zunächst zu konstatieren, dass sie sich bis in die gegenwärtige Debatte nicht nur der politischen Institutionen, sondern auch der politikwissenschaftlichen Reflexion – annähernd unkritisiert – aufrecht erhalten hatte. Sie ist längst quasi-selbstverständlicher Bestandteil des europapolitischen Diskurses geworden (Jachtenfuchs 2001; Jenson/Saint-Martin 2003; Knelangen 2005; Mann 2009; kritisch: Abromeit 2001). Es handelt sich um eine „funktionierende Mystifikation" (Willke 2003, 21); sie bestimmt den kommunikativen Diskurs zur EU.

2.1 Die nationalstaatliche Perspektive

(1) Als das *Verfassungsgericht* die EWG als ‚eigenartig' qualifiziert, tut es das allerdings aus einer sehr originären, eigenen Sicht heraus. Es hat dabei offensichtlich vor allem seine eigene Handlungsperspektive im Blick; denn es zieht aus dieser Bezeichnung vor allem eine – sehr selbstbezügliche – Konsequenz: Es nimmt sich selbst – und zwar für die unabsehbare Zukunft und deren kontingente Verläufe – aus der Verantwortung und Verpflichtung zunehmender Grundrechtsverletzung durch die europäischen Institutionen. Ähnlich einem „Rette-sich-wer-kann" bzw. einem „Damit-haben-wir-nichts-zu-tun" zertrennt das Verfassungsgericht die politische Nabelschnur zwischen der konstitutionellen Bundesrepublik und der – damit – seiner konstitutionellen Eigenlogik überantworteten EWG. Es konnte damit auch die – in dem Gerichtsverfahren angemahnte – Verantwortung für Grundrechtsverletzungen durch die europäischen Institutionen von sich weisen. Die EWG war nun nur noch sich selbst verantwortlich; für die Bürger sah sie hingegen keinen Grundrechtsschutz mehr vor.

Hatte zuvor die europäische Gemeinschaftspolitik noch im Auftrag und auf die politische Rechnung des konstitutionellen Nationalstaates Bundesrepublik Deutschland gehandelt, so war sie nach diesem Verfassungsgerichtsbeschluss von diesem Kontext befreit. Das neue symbolische Vokabular emanzipierte die EWG von den konstitutionellen Schranken und Vorgaben der Bundesrepublik; das Vokabular und der an ihn geknüpfte Status emanzipierte aber auch die Bundesrepublik von der Verantwortung für das politische Handeln der von ihm eingesetzten transnationalen Organisation EWG. Beide politischen Handlungsfelder waren durch diese Form der Begriffspolitik von einander abgelöst. Das neue symbolische Vokabular ließ einen neuen politisch-institutionellen Status als Möglichkeit real werden. Der bis dahin geltende prinzipielle Kontext von deutscher und europäischer Politik, d. h. eine theoretische und formal-juristische Verantwortlichkeit des bundesdeutschen „body politics" für die Politik des europäischen Entwicklungsregimes, konnte für die weitere Zukunft aufgekündigt werden. Auch das Bundesverfassungsgericht, als Hüter der Verfassung und Grundrechtsgewährleistungsinstanz fester Bestandteil des legitimatorischen Rückhaltes des deutschen Nationalstaates, entzog sich damit der Verantwortung für eine hochgradig kontingente Grundrechtsgewährleistung durch die europäischen Institutionen; diese war in einer immer umfangreicher tätigen Europäischen Gemeinschaft zunehmend unabsehbar geworden. Und sie war zugleich der verfassungsgerichtlichen Einflusssphäre ebenso vollständig wie politisch und strukturell beabsichtigt entzogen.

Von einer Verantwortung aber, auf deren Realisierung die Karlsruher Richter selbst keinen Einfluss nehmen konnten, musste sich das Verfassungsgericht folgerichtig befreien. Dies scheint das hauptsächliche Eigeninteresse des nationalen Verfassungsgerichts zu sein: Es nimmt sich selbst aus der Schusslinie. Das ist *der erste Effekt* dieser begriffspolitischen, symbolischen Praxis.

(2) *Der zweite Effekt* liegt auch in einer gewissen politischen Beruhigung der Bürger, der citoyen: Die erkennbar mit den bürgerlichen Grundrechten kollidierende Praxis der europäischen Handels- und Wirtschaftspolitik wird aus dem vertrauten politischen System externalisiert. Diese tritt nurmehr von außen an die nationalstaatliche Binnengesellschaft heran; die nationalstaatliche Praxis ist territorial gefestigt, sie gilt als – zu jener Zeit – wohlfahrtsstaatlich gesichert und sie präsentiert sich symbolisch auch als verfassungsstaatlich gesichert. Zwar gesteht auch das Verfassungsgericht implizit ein, dass es Verletzungen der prinzipiellen bürgerlichen Rechte durch die europäische Politik sieht; aber es verweist diese europäische Politik mit der symbolischen Gründung eines politischen Feldes ‚sui generis' in einen eigenen rechtlichen Raum; in diesem Raum erscheinen die Nationalstaaten exterritorial, der Wohlfahrtsstaat in den Marktgesetzen verflüssigt und die grundgesetzlichen Sicherungen als intergouvernemental aufgehoben. Das Verfassungsgericht resigniert symbolisch: Es hat selbst dort nichts mehr zu sagen. Das Verfassungsgericht erklärt diesen neuen politischen Raum von der Gültigkeit der ‚(Rechts)akten der deutschen öffentlichen Gewalt' frei; und es erklärt deutsche Bürger in der EWG für vogelfrei – jedenfalls frei von deutschen Rechten. Es verfügt und legt nahe, dass die BürgerInnen der Bundesrepublik sich auf die Verfassungsrechte und die ethischen Konventionen der alten Bundesrepublik nicht länger werden verlassen können, soweit sie sich in dieses „Ausland", diesen Raum von Ungewohntem, Kontingentem und Unabsehbarem, begeben. Auch für die Bürger wird die neue Kontingenz zur neuen Herausforderung erklärt.

(3) Hinzu kommt aber auch noch *ein dritter Effekt* dieser begriffspolitischen Strategie des obersten deutschen Gerichtes: Denn im Ergebnis „erfindet" das Verfassungsgericht ein neues politisches Regime. Es definiert den Raum und die Macht einer neuen politischen Herrschaftsform; heute würden wir – mit einer neuen Mystifikation – sagen: es anerkennt eine neue Variante von Governance jenseits der eingespielten Formen des *rule of law* und des nationalstaatlichen Verfassungsstaates. Dieses neue Regime wird mystifiziert in der paradoxen Formulierung von der Entstehung ‚sui generis': Es ist aus einer eigenen Wurzel entstanden. Niemand kann für es verantwortlich gemacht werden und es erscheint als gänzlich traditions- und absichtslos. Zumindest – das symbolisiert und suggeriert das Vokabular – haben die Nationalstaaten weder Verantwortung noch Einfluss auf Entscheidung und Politik der europäischen Politik. Die EWG und ihre Politik sind ‚sui generis' – eine ganz eigene Spezies, eine eigene Sorte. Die Mitgliedstaaten sind mit ihr im Wortsinne, aber auch in der Metapher nicht „verwandt". Europa wird so etwas wie das innere Ausland; die Bundesrepublik, insoweit sie von der kontingenten, intergouvernementalen Politik Europas „gestreift" wird, erscheint als besetztes Territorium. Die Symbolik und das mit ihr (seinerzeit) nahegelegte Verständnis der Europapolitik sind, das wird unmittelbar deutlich, kurzfristig opportunistisch und langfristig folgenschwer.

Begriffspolitisch werden eine neue Epoche und mit ihr auch neue Institutionen in die Wahrnehmung gehoben. Darin liegt vermutlich nicht das unmittelbare Interesse der Verfassungsrichter, aber es liegt hierin der eindeutige Gehalt dieser diskordialen, disparaten und bezüglich ihrer Motivation und ihrer Ergebnisse kontingenten Argumentationsweise. Wie wir spätestens aus der heutigen Sicht des 21. Jahrhunderts wissen, ist es gerade das Bundesverfassungsgericht, das nun aus eigenem Machtinteresse versucht, diese Ermächtigung der EU und des EuGH wieder rückgängig zu machen. Denn der Machtgewinn der europäischen Institutionen und die auch symbolische Konstituierung der EU als eines quasi-konstitutionellen, durch den Lissabon-Vertrag quasi-verfassungsgebundenen Regimes lassen das Verfassungsgericht machtpolitisch zunehmend obsolet erscheinen. Die ursprünglich nicht intendierten Folgen des strategischen „sui-generis-Vokabulars" liegen in der Anerkennung eines neuen verfassungsfreien, handlungsstarken europäischen politischen Akteurs. Intendiert war lediglich die Wahrung des eigenen Handlungs- und Legitimationsspielraumes. Dass sich die „abgespaltenen" europäischen Institutionen einmal stärker als das Bundesverfassungsgericht selbst erweisen würden, war nicht beabsichtigt und nicht erahnt. Es ist aber ein Ergebnis jener der Gesamtentwicklung zugrunde liegenden Kontingenz.

2.2 Die europäische Perspektive

(1) Auch der *Europäische Gerichtshof* interpretierte umgehend die EWG als eine „selbständige, von [den nationalen Rechtsordnungen, HJL] verschiedene Rechtsordnung".

> „Die Europäische Wirtschaftsgemeinschaft stellt eine neue Rechtsordnung des Völkerrechts dar, zu deren Gunsten die Staaten, wenn auch in begrenztem Rahmen, ihr Souveränitätsrecht eingeschränkt haben; eine Rechtsordnung, deren Rechtssubjekte nicht nur die Mitgliedstaaten, sondern auch die Einzelnen sind. Das von der Gesetzgebung der Mitgliedstaaten unabhängige Gemeinschaftsrecht soll daher den Einzelnen, ebenso wie es ihnen Pflichten auferlegt, auch Rechte verleihen" (van Gend/Loos 1963: Rechtssache 26-62).

Und die Verwaltungszentralen der Kommission entfalten aus den „autonomen Rechtsquellen" eine eigene konstitutionalistische Theorie der europäischen Politik. Diese besagt zuvörderst, dass die durch den EuGH verkündete europäische – nun verselbständigte – Rechtsauslegung auch für die einzelnen Mitgliedstaaten und ihre Gerichte verbindlich ist (Costa/ENEL, EuGH 1964: Rechtssache 6-64).

Ebenso in diesen Kontext gehört die Theorie der „negativen Integration". Die Bürger und Regierungen der Mitgliedstaaten werden danach nicht mehr „positiv" emphatisch von den Vorteilen der EWG überzeugt; sie werden keiner integrativen politischen Gemeinschaft mehr einverleibt (denn das erübrigt sich, wenn die EWG eine autonome Anordnungsmacht besitzt), sondern sie werden durch Sanktionen dieser verselbständigten Exekutive zur Räson gerufen, wenn sie gegen die Interessen von deren rationalistischer „Sachlogik" einer arbiträren ökonomischen Integration handeln. Die sachlogisch verfolgten Interessen sind dabei allerdings einzig die der Wirtschaftsakteure – die der *bourgeois*, nicht die der *citoyen* (Hallstein 1975; Haas 1958, 1964). Politische und bürgerliche Rechte, Freiheits- und Gleichheitsversprechen treten in diesem neuen politischen Regime in den Hintergrund und sind anders als ökonomisch nicht zu erwarten (Alter 1996).

Die Akteure der europäischen Politik werden zugleich von den politischen Rechten der deutschen und jeder anderen nationalstaatlichen Verfassung emanzipiert. Damit verlieren sie zwar eine wichtige legitimatorische Ressource, aber sie gewinnen Handlungsfreiheit für eine ganz eigenständige und unabhängige Politik. Ihr *Hauptgewinn* liegt zudem darin, explizit als eigenständiges und neues politisches System – neben den anderen politischen Systemen der nationalen Mitgliedstaaten – anerkannt zu werden. Es leitet sich nicht mehr aus den Aufträgen anderer ab, sondern gewinnt eigenständige Gestalt und Kraft. Jeder politische Akteur auf der europäischen Bühne wird dies als Befreiungsschlag begreifen; allerdings auf eine paradoxe Weise dem Befreiungsschlag des Bundesverfassungsgerichts genau entgegengesetzt. Ein deutlicher Fall von diskordialer, zweimütiger und gegensätzlicher Übereinstimmung.

Wenn man richtiger Weise die Politik der europäischen Integration als eine Strategie der Nationalstaaten beschreibt, in einem zunehmend von Denationalisierung,

Globalisierung und damit von Kontingenz geprägten politischen Umfeld eine dynamische Handlungsperspektive zu erlangen, so verhält sich der EuGH in diesem Prozess nurmehr konsequent: Er eignet sich neue rechtspolitische und ordnungspolitische Instrumentarien an, die es ihm ermöglichen, auch in einer zukunftsoffenen und weithin riskanten und unabsehbaren Zukunft schnelle, unmittelbare und verbindliche Regelungen durchzusetzen. Die Auflösung rechtsstaatlicher Vorhersehbarkeit und die Emanzipation von dem eher langsamen und mühsamen Prozess der nationalstaatlichen parlamentarischen Gesetzgebung verdanken sich einer an Unmittelbarkeit, Supranationalität und Flexibilität ausgerichteten Strategie der Kontingenzbewältigung.

(2) Der Status dieses neuen politischen Systems ‚sui generis‘, wie auch der EuGH dies nennt, wird von den politischen Akteuren der EWG – darin liegt *der zweite Gewinn* dieser begriffspolitischen Revolution – beschrieben als ein reiner „Zweckverband"; er habe keine „wertorientierte Finalität", sondern beruhe auf reiner Rationalität. Zur Finalität werde dann der „Integrationszweck selbst" (Ipsen 1979). Der besondere eigenständige Charakter der europäischen Institutionen bestehe in ihrer spezifischen – neben der ökonomischen Integration – Programmlosigkeit. Die Logik, der sie folgte, war die der ökonomischen Integration inhärenten „Sachlogik". Und die Interessen, die sie verfolgte, waren die der in diesen Prozess einbezogenen Wirtschaftsakteure (Hallstein 1975; Haas 1958, 1964).

Die „Wandelverfassung" gibt sich somit die Symbolik und das Vokabular einer puren „Real"verfassung; in sie integriert werden „stufen- und planhafte […] Zeitelemente […] ihrer Dynamisierung" (Ipsen 1987: 196). Das bedeutet, dass sie je nach Anforderung ihre Gestalt und ihren Inhalt wechseln. Dem gilt der Entwurf einer institutionellen und konstitutionellen Theorie der „Wandelverfassung" (Ipsen 1983: 195). Im Gegensatz zu den nationalstaatlichen Verfassungen, die lediglich „stationäre und statische Verhältnisse" zu regeln hätten, hätten diese Konstitutionen ihren „Hauptsinn" darin, den „Strom der Entwicklung im Fließen zu halten" (Ophüls 1965: 233; 1966). Eine solche „Wandelverfassung" sei in ihren Inhalten dynamisch und offen, da sie sich in einem beständigen Anpassungsprozess von „Ansprüchen und Wirklichkeit", von Zielen und Erfordernissen des Alltags bewege (Ipsen 1983, 1987: 201).

Der Zeithorizont solcher Institutionenpolitik ist die Zukunft. Ihr Kern ist die Nicht-Festlegung und die Programm-Offenheit; der Inhalt der Verfassung selbst wird kontingent und beständig anpassbar. Eine solche Begriffspolitik und eine solche politische Rhetorik schafft sich selbst die größte Handlungsfreiheit; sie befreit sich von jedem Legitimationszwang, wenn sie von heute auf morgen ihren Kurs verändern möchte. Das Denken in Diskontinuitäten ist ihr unmittelbar zu eigen und ihre Regel ist die Regellosigkeit.

3   Kontingenz

Kontingenz meint auch in diesem Zusammenhang einen Möglichkeitsraum innerhalb und trotz eines für fest gehaltenen, strukturierten, z. B. territorialen oder nationalen, Raumes; einen „unbestimmten Variabilitäts- und Wandlungshorizont" innerhalb der Strukturen, in dem sich die Menschen mit ihren politischen Handlungen und Entscheidungen bewegen (Hoffmann 2005; Joas et al. 2002). Diese Variabilität der Erwartungen und Erfahrungen der handelnden politischen Akteure führt eine neue Beweglichkeit und Ungewissheit in die vormals Stabilität verheißenden Strukturen ein. Da diese Variabilität gerade im Gegensatz zu der erhofften Stabilität der Strukturen steht, wird Kontingenz in der politischen Theorie (die meist gerade Stabilität und Verlässlichkeit zu vermitteln sucht) bislang eher nur marginal thematisiert und auch eher nur peripher anerkannt. Die Debatte schwankt so zwischen einer noch überlieferten „Vernunfterwartung" und einer zunehmend sich verbreitenden „Kontingenzerfahrung" (Celikates 2007: 94; Koselleck, 1976, spricht von „Erfahrungsraum" und „Erwartungshorizont"). Besonders in der Formulierung der Institutionentheorie bleibt die Kontingenz ein Schattenphänomen. Sie bleibt der blinde Fleck einer Institutionentheorie, die sich in erster Linie um Gewissheit, Dauerhaftigkeit und zukünftige Stabilität besorgt. Die Kontingenz bleibt, mit einem Wort von Bernhard Waldenfels, der „wilde Rest" in einer Welt der Planung, Absehbarkeit und der heroischen Verlässlichkeit der Institutionen und der auf Institutionen gerichteten politikwissenschaftlichen Theorie (Waldenfels 1999: 171). Dennoch stellen sich die theoretischen Debatten zunehmend auf die Wandelhaftigkeit und auf die Dynamik der politischen Strukturen ein. Besonders aber auch die Institutionen selbst, ihre Selbstbeschreibungen, die Vokabulare, in denen sie ihre Eigenart beschreiben, und ihre Symboliken stellen sich von Dauerhaftigkeit und Verlässlichkeit auf die Wahrnehmung und Darstellung von Wandelbarkeit und Kontingenz um.

Hierin liegt die herausragende Differenz gegenüber einem vormodernen Denken, das der Unabsehbarkeit realer Verläufe keinen Gedanken schenkte, da es fest in einer Ordnungsgewissheit in der Welt ruhte. Hier blieben die „Erkenntnis des Gewesenen und die Voraussicht des Kommenden […] zusammengehalten durch einen quasi-naturalen Erfahrungshorizont", wie Koselleck (1965: 87) hervorhebt. Die Gegenwartsdiagnose und die Zukunftsprognose waren eingestimmt durch ein Erfahrungswissen, das beständig weitergegeben wurde. Dies deshalb, weil die reale Erfahrung sich tatsächlich als verlässlicher und solider Maßstab für Gegenwart und Zukunft erwies. So wurde jede Diskontinuität und jede Überraschung des politischen Verlaufs von der substantiellen Erfahrung der vorherigen Generationen nicht als planbare Abweichung, sondern als schicksalhafte, göttliche oder naturale Sinnhaftigkeit erlebt. Wie der erwarteten Kontinuität, so eignete auch der unerwarteten Abweichung ein besonderer, eigener, tieferer oder höherer Sinn. Niemand machte sich anheischig, sie vorab erkennen oder gar in seine Planung mit einbeziehen zu wollen (Koselleck 1965).

3.1 Traditionen im Bewusstsein der Kontingenz

Die Vormoderne verfügte so über ein ganzes Repertoire von Klugheitsregeln, die die traditionelle und die gegenwärtige Erfahrung vereinten; diese politische Erfahrung und Praxis erstreckte sich von der Zeit des klassisch-griechischen, sowohl platonischen wie aristotelischen Nomos bis hin zu den Fürstenspiegeln. Noch mit diesen und aus deren Handlungswissen heraus entsteht mit dem Beginn der Moderne ein sich instrumentell verstehendes, strategisch-technisches „Gesamtwissen". Es fingiert sich als abgeschlossenes Gesamtwissen und eskamotiert das Nicht-Planbare, das Unverhoffte und Wilde, kurz den kontingenten Rest und den kontingenten Verlauf aus seinem Horizont heraus. Nur das Gewusste und Geplante ist wirklich und handlungsrelevant. Alles Nicht-Gewusste bleibt imaginär und ausgeschlossen.

Noch bei Machiavelli und bis ins 18. Jahrhundert (Scholz 2002: 109) wird politisches Handeln als „Navigationskunst" vorgestellt, also als eine Mischung aus Erfahrung, Wissen und Geschicklichkeit im Umgang (auch) mit den Naturgewalten; während dann schon im 18. Jahrhundert eine Vorstellungswelt an seine Stelle tritt, die sich die Gesellschaft und die Politik aus kunstfertigen „Abkürzungen", aus technischen DIN-Normen und aus menschlich geschaffenem „Regelwerk" – bis hin zum Rechtsstaat und der Verfassung – imaginiert (Nietzsche). Der regulative Gebrauch der Vernunft organisiert sich die kategorische Konstruktion von Welt als ein „Kontinuum der Formen", wie Kant es ausdrückt (Scholz 2002: 21). Was nicht erfasst wird – und dazu gehört auch die Kontingenz, die sich in ihrer Möglichkeitsstruktur als nicht erfassbar erweist – erscheint in diesem Kontinuum als Irrtum des Verstandes. Sie wird nicht mehr als sinnhaftes Ereignis einer kontingenten Welt verstanden und auch nicht als Erleben einer naturhaften Gewalt. Bestenfalls wird sie in einer Form der höheren Abstraktion als „mitgedacht" integriert: Empirische Staatswissenschaft, theoretischer praxisferner Kameralismus, Jurisprudenz und spezialisierte Nationalökonomie bilden die Fiktion einer beherrschbaren, kontingenzfreien Welt. Die Politik und die Welt politischer Entscheidungen geraten ihr gegenüber – mit einer Metapher Lorenz von Steins – zu einem „Labyrinth der Bewegung". Sie sind in ihrer Diskontinuität und Regellosigkeit, in der Verwirrung stiftenden Vielfalt ihrer Möglichkeiten strategisch, planerisch und rechnerisch nicht rational zu bewältigen. Ihre Epoche reagiert auf dieses handlungspraktische Defizit mit Abstraktion und mit Verdrängung. Politik wird als Kunst imaginiert, politische Führung an Genialität geknüpft.

3.2 *Institutionen im Bewusstsein der Kontingenz*

Politisch-institutionell bildet sich diese Entwicklung in einem großen epochalen über-greifenden Prozess mit einigen sehr spezifischen Ausprägungen ab. Es ist dies der Prozess des politischen Konstitutionalismus. Ohne hier auf die unterschiedlichen Modelle im Einzelnen einzugehen (Lietzmann 2001, 2005) lässt sich feststellen, dass der Konstitutionalismus der drohenden Kontingenz mit einem Gegengift aus zwei Wirkstoffen zu begegnen sucht: einem prophylaktischen und einem intervenierenden therapeutischen. Das prophylaktische Mittel ist die verfassungspolitische Symbolik und Programmatik, die in fast jeder Verfassung normativ mitschwingt, das, was häu-fig als „verfassungspolitische Identität" oder als ihr Wesenskern rhetorisch verbrämt wird. In ihm repräsentiert sich das inhaltliche, legitimatorische Selbstverständnis eines Gemeinwesens bzw. das, was dafür gehalten wird oder gehalten werden soll, seine *idee directrice*. Bezüglich der Prophylaxe politischer Kontingenz wirkt der Konstitutionalismus also *kontingenzgestaltend*. Er schärft den „Möglichkeitssinn"; und er ist bemüht, den politischen Verlauf in seiner legitimen Bahn zu halten. Er ver-sucht, mögliche Kontingenz zu kanalisieren und Kontinuität und Gleichsamkeit auch über kontingente Abweichungen und Brüche hinweg gestaltend zu bewahren.

Diese Schärfung des Möglichkeitssinns arbeitet also normativ und legitimato-risch. Doch auch Lorenz von Stein hatte seinerzeit schon für die neue preußische Verfassung sehr kühl und klar konstatiert, dass diese die Kontingenz gestaltende Kraft neben ihrer symbolischen Verankerung auch in einer Mehrzahl von Aspekten ökono-mischer, sozialer und traditioneller Art ihre reale, tatsächliche und tragende Grund-lage finden müsse. Sie müsse sich zumindest auch in der Realität erkennbar, d. h. real und symbolisch, wiederfinden, bevor sie gegen eine befürchtete Kontingenz der Fort-entwicklung Preußens stabilisierende Gegenkräfte mobilisiere.

So werden denn im 20. Jahrhundert dem Aspekt der normativen, konstitutionel-len Festlegung ganzer Gemeinwesen auf einen bestimmten Entwicklungspfad die un-terschiedlichsten Inhalte eingeschrieben: monarchische, bürgerliche, sozialistische, völkische, föderale, oder normativ-gestalterische wie der freiheitlich-demokratische; ihre Bedeutung nimmt im Laufe des 20. Jahrhunderts sukzessive zu und bestimmt auch noch die Debatte um eine europäische Verfassung, eine europäische Finalität oder Identität.

Traditionell lag und liegt der Schwerpunkt des Konstitutionalismus dabei aber auf einem härteren Aspekt: Die therapeutische und intervenierende Strategie liegt in einem konstitutionell festgeschriebenen, technischen und verfahrenspraktischen Set-ting; dieses soll sowohl die Durchsetzung des politischen Programms als auch die effektive Korrektur im Falle seines Scheiterns machtpolitisch ausbalancieren und gewährleisten. Es handelt sich um die verfassungspolitisch konkreten Kompetenzen und um die konstitutionellen Machtarrangements z. B. der Gewaltenteilung.

Darüber hinaus aber legen sich die politischen Akteure in der technischen und instrumentellen Verfassungspolitik auch solche Verfahren und Instrumente zurecht, die sie im Falle eines kontingenten Abweichens politischer Prozesse zur Gegensteuerung nutzen möchten. Es sind dies die „regulär irregulären" politischen Verfahrensformen, die in jedem Konstitutionalismus deutlich oder weniger deutlich eingelassen sind: Sonderrechte wie z. B. der Letztentscheid des Monarchen, Verfahren wie die Einsetzung kommissarischer Sonderbeauftragter der Regierung in problematischen Regionen, das Ruhen bürgerlicher Rechte bei radikaler Opposition und die Eliminierung der Presse- und Versammlungsfreiheit – gipfelnd in dem Nonplusultra des Ausnahme- oder Kriegszustandes, der zum Mythos eines ganzen Genres politischer Theorien geworden ist. Auch die durchaus innovative Einrichtung eines Bundesverfassungsgerichtes diente der eingreifenden Ausbalancierung unvorhergesehener und vor allem unvorhersehbarer konstitutioneller „Schieflagen" (Lietzmann 1988).

Es sind diese „regulär irregulären" Mittel, mit denen der Konstitutionalismus sich vorbildlich gegen die gesellschaftliche Kontingenz, gegen das von Kameralismus, Jurisprudenz und empirischer Staatswissenschaft *nicht* Erfasste, gegen das offensichtlich leichtfertige, möglicherweise nur symbolisch ausgesprochene, aber realpolitisch hohle Versprechen der Gleichsamkeit zu wappnen sucht. Da es sich um Vorsorge für angstbesetzte Szenarien handelt, sind die Mittel gemeinhin martialisch – zumindest gegenüber der ursprünglichen, regulären und symbolischen Verfassung. Die Kontingenzsicherungen wirken – wie schon Otto Hinze für Preußen es beschrieb – rein funktional; sie stellen um der Erhaltung des vorgestellten gesellschaftlichen Verlaufs willen die regulären politischen Verfahren auf den Kopf; sie wirken wie „Krieg im Frieden" oder eine „Revolution von oben" (Hintze 1910; vgl. Lietzmann 2004). Institutionell privilegieren sie die Exekutive und lähmen die politische Partizipation bewusst. Politisch stellen sie die Gesetzgebung still und beschränken sich auf Verwaltungsverordnungen und z. T. geheime Dekrete. Diese technischen Mittel wirken nicht kontingenz-gestaltend, sondern kontingenz-begrenzend: Sie intervenieren und sanktionieren die politischen Entscheidungsverläufe bei einem abweichenden, überraschenden politischen Verlauf.

3.3 Genealogie der Kontingenzprophylaxe

Wie genau politische Instrumentierung, institutionelle Prophylaxe gegenüber dem Einbruch der Kontingenz aussieht, ist damit noch nicht gesagt.

Politisch und staatstheoretisch können sie sich ebenso mit Kelsen positivistisch wie genossenschaftlich mit Gierke gestalten, integrationsorientiert mit Smend oder staatsorientiert mit Jellineck. Die politische Praxis des europäischen Konstitutionalismus aber folgt im Wesentlichen den Paradigmen, wie sie Carl Schmitt in den 1920er Jahren für Deutschland dezisionistisch ausformulierte. Sie steht damit Schulter an Schulter mit einer gesamteuropäischen Praxis der Umstellung des politischen Gestaltungsdenkens. Auch in Frankreich, Großbritannien und Italien sind – bei Unterschieden im Detail – ähnliche Entwicklungen zu beobachten. (Am Rande mag es interessieren, dass das Regulär-Irreguläre des Konstitutionalismus in den europäischen Stammländern, zugespitzt: der Ausnahmezustand in Europa, hohe Identität mit der irregulären Regularität in den europäischen Kolonien aufweist. Die regelmäßige Praxis dort prägt die Ausnahmepolitik hier und umgekehrt; was Verblüffung und Befürchtung hervorruft von Edmund Burke im England des 18. Jahrhunderts bis zu dem bundesdeutschen grünen Beauftragten Tom Königs im Bosnien-Herzegowina und im Afghanistan des 21. Jahrhunderts).

Festzuhalten ist, dass im Aufkommen der Moderne der Verfassungsbegriff seine nur physiologische und naturalistische Metaphorik ablegt und in der konstitutionellen Praxis zur Bezeichnung einer strategischen Ordnungspolitik, einer Sicherungs- und Gestaltungspraxis der politischen Gesamtordnung wird. Im Konstitutionalismus sichert sich die politische Praxis verschiedener Epochen die Rückgriffsmöglichkeit auf Instrumentarien, die in der alltäglichen Praxis der Monarchien und Republiken nurmehr ein Schattendasein führten, die allerdings in politischen Prozessen unverhoffter und unerwarteter, mithin kontingenter Art aus diesem Schattenreich erweckt und aus dieser Asservatenkammer befreit werden. Mittels ihrer sichern sich die politischen Akteure das, was ich mit Toni Negri die „grundlegende Konvention" der Gesellschaft nenne. Sie versichern sich einer „Gewissheit der Zukunft", einer Gewissheit, dass die realen Wirkungen ihrer politischen Entscheidungen auch ihren Erwartungen an deren Effekte entsprechen (Lietzmann 1988: 63 m. w. N.).

Indem sie im Text einer Verfassung die politische Grundordnung überhistorisch und abstrakt festschreiben, machen sie diese als Leitfaden für konkretes historisches Handeln in beliebigen, kontingenten Szenarien handhabbar. Den Wirrungen und Befürchtungen der politischen Praxis tritt der Konstitutionalismus mit der Dignität einer zunächst symbolisch überhöhten (gottgleichen) hagiographischen Gesamtsicherung der Bürgerrechte, der individuellen Freiheit und der staatlichen Ordnung gegenüber. Mobil und konkret wird dieser Verfassungsrahmen dann im Moment der Kontingenz; dann treten dem Schattenreich der Kontingenz die Schattenmächte des Ausnahmezustandes, des Notstandsrechtes, der exekutiven Ausnahmekompetenzen – kurz: die Praxis der so genannten „konstitutionellen" (oder bei Carl Schmitt: kommissarischen) Sondervollmachten – gegenüber: Um das abstrakte Gesamtkonzept gegen die historisch-politische Kontingenz zu sichern, werden die konkreten Detailregelungen wie z. B. Bürgerrechte, Parlamentarismus, föderale Mitbestimmung vorläufig suspendiert. Sie haben ihren Erfolg und ihre Stabilität in den vergangenen 150 Jahren dem politischen Modell des Nationalstaates in Europa zu verdanken. Mit dessen Niedergang und seiner zunehmenden Auflösung in einen transnationalen Politikzusammenhang hinein scheinen auch sie zunehmend zur Disposition gestellt zu werden. Auch die Modelle der gegenwärtigen Debatte um defekte oder hybride Demokratien leiten sich zu weiten Teilen aus diesem traditionellen Diskurs ab.

Alle diese Konzepte der politischen Kontingenzprophylaxe fokussieren eine hohe Exekutivlastigkeit als das emphatische und symbolisch erfolgreiche Modell zur Bewältigung einer ungewissen Zukunft. Sie instrumentalisieren ein Vokabular des Verwaltungsstaates und greifen auf die Terminologie der früheren preußischen Entwicklungsregime, z. T. der europäischen Kolonialpolitik, zurück (vgl. Lietzmann 2005). Am ehesten lässt sich diese Strategie über lange Zeit als ein Versuch der verschärften Planung beschreiben. Auf die Erfahrung der Kontingenz wird mit einer Intensivierung der exekutiven Zukunftsgestaltung zu reagieren versucht.

In diesem Diskurs um die (Selbst)Darstellung des europäischen politischen Systems ist freilich ein Diskussionsstrang weiterhin ausgespart: Es steht dem Vokabular und der symbolischen Forcierung eines Verwaltungsregimes für Europa nicht länger mehr ein Konzept der funktionalen, kommissarischen oder konstitutionellen Diktatur zur Seite. Auch die emphatische Idee eines europäischen Diktators als substanzhaftem Genie spielt zumindest seit dem Ende des Zweiten Weltkrieges nurmehr eine untergeordnete, marginale und bisweilen klammheimliche Rolle. Dabei ist dies in der Debatte um eine kontingenzsichernde Politik ganz und gar nicht selbstverständlich. Setzte diese doch zu Beginn des 20. Jahrhunderts noch ganz unumwunden auf die heroischen und messianischen Kräfte eines „maximo leaders". Man kann sogar die gesamte erste Hälfte des 20. Jahrhunderts in Europa und ihre Versuche, die Unwägbarkeiten der Moderne in den Griff zu bekommen, als ein solches heroisches „Zeitalter der Diktaturen" beschreiben (Lietzmann 1999). Beispielhaft für die Verknüpfung von Kontingenzsicherung und Diktatur steht dabei Émile Boutroux und die deutsche Rezeption seiner Schrift von 1874 über die „Kontingenz der Naturgesetze" (1911). Aus der neuen Erfahrung der Kontingenz der Natur leitet Boutroux gerade deren Möglichkeitschance ab und beruft den ingeniösen „Menschen der Tat" zum „Beherrscher der Welt". Der geniale Führer, der vom „Standpunkt der Tat" das „praktisch Notwendige" realisiert, d. h. das, was „schlechthin", also gegen alle Kontingenz und Irritation, „wert zu verwirklichen ist" (Boutroux 1911: 151), wird zum Kern dieses Textes. Es handelt sich um eine Strategie aus der Hochzeit der euphorischen Naturbeherrschung des 19. Jahrhunderts; aus der Phase der quasi brachialen Industrialisierung, Urbanisierung, Elektrifizierung und Modernisierung der europäischen Gesellschaften, aus dem Boom der politisch-technischen Aufklärung. Mit seinem ingeniösen Tatmythos freilich inspiriert er den deutschen Jahrhundertbeginn in Gestalt einer Neuauflage im Eugen-Diederichs-Verlag von 1911; der Kontext zur Zeitschrift „Die Tat" und der romantisch dezisionistischen George-Debatte der 1920er Jahre liegt auf der Hand. Auch dies ist reinste Kontingenzbewältigung *avant la lettre*; allerdings wird Kontingenz hier gerade auch symbolisch „verdrängt" (Wefer 2004: 27).

Sie steht freilich dem funktionalen Regime des nationalen „Wirtschaftswunder"-Deutschlands wie der kooperativen Politik der europäischen Integration der Nachkriegszeit ebenso nah wie doch fremd gegenüber; beide folgen einem ähnlichen Impuls und reagieren auf eine ähnliche zeithistorische Erfahrung; sie stammen aus einer gemeinsamen Wurzel (insofern: ‚aequi generis'), aber sie bleiben einander doch fremd wie zwei sich gegenseitig unangenehme, peinliche Verwandte.

Die Nachkriegspolitik zieht dann allerdings kluge Lehren aus den Erfahrungen der ersten Hälfte des 20. Jahrhunderts. Die geniösen Diktatoren danken als Rettungsanker der Staatlichkeit ab und die Nachkriegsgesellschaft liest die Versuche der diktatorischen Kontingenzbewältigung, die ja das gesamte Europa und fast alle Länder des Kontinents einbezogen hatten, als ein „Skript für einen Messias, der nicht kommt" (Luhmann 2000: 300).

Gleichwohl bleibt auch die Politik nach dem Zweiten Weltkrieg von einer gleichzeitigen Kontinuität und Diskontinuität der Kontingenz- und Diktaturdebatten nicht gänzlich unbeeinflusst. Die Besatzungsregime in Europa etwa begründen sich theoretisch (dort wo sie es tun, vgl. Lietzmann 1999) durchaus noch als konstitutionelle, funktionale Diktaturen. Sie sind Modernisierungs- und Demokratisierungsregimes, die sich angesichts der Unabsehbarkeit der europäischen Nachkriegsentwicklungen, der Unkalkulierbarkeit des Nachfaschistischen Deutschlands ebenso wie der Unwägbarkeiten des beginnenden Kalten Krieges spezifischer, autoritativer und diktatorischer Strategien – zumindest temporär und taktisch – bedienen. Dass sich die politische Praxis der einzelnen Besatzungsmächte im Zuge dieser Entwicklung und vor allem in der Stringenz dieser Praxis erheblich unterscheidet, fällt dabei zunächst theoretisch nicht ins Gewicht. Praktisch freilich bedeutet gerade dieser Unterschied, z. B. zwischen einer amerikanischen und einer sowjetischen Besatzungspraxis, für die ihr unterworfenen Menschen den entscheidenden Unterschied in der Kontingenz-Bearbeitung. Planwirtschaft und Einheitsstaat sind ebenso Modelle der Kontingenzbewältigung wie das Institutionen-Set der amerikanischen Besatzungsmacht, der Vier-Mächte-Status und schließlich die Bonner Republik.

Im Grundgesetz, dem konzeptionellen Konstitutionalismus der westdeutschen Gründung, konkurrieren gleich zwei Modelle miteinander: zum einen die plumpe, strikte Festschreibung der Nicht-Kontingenz in der Ewigkeits- und Bestandsklausel des Art. 79 III des Grundgesetzes. Sie beschwört kontrafaktisch, und theoretisch im Wortsinne „reaktionär", eine mystische Kontinuität der politischen Entwicklung; sie reagiert auf die Kontingenzerfahrung mit einer schlichten Tabuisierung des politischen Wandels und einer Leugnung der Kontingenz. Ihre Aussage mündet letztlich darin, dass nicht sein kann, was nicht sein darf.

Daneben tritt freilich als Instrument und Symbol einer neuen, dynamischen Strategie das Bundesverfassungsgericht. In einem komplexen Modell versucht es politische Kontinuität mit kontingentem politischem Wandel zur Deckung zu bringen. Indem es dort, wo dies unumgänglich oder sinnvoll erscheint, dynamisch die Manifestationen der politischen Kontingenz in den Korpus der politischen Konvention hinein interpretiert, verspricht es – in einer aufgeklärten, dynamischen Form – die Bewahrung der „grundlegenden Konvention": Es versucht die grundlegenden Festschreibungen in einem ansonsten flexibel gestalteten „Fließgleichgewicht" zu erhalten. Es macht sich zum „Hüter der Verfassung", indem es diese kontrolliert an die kontingente politische Entwicklung adaptiert (Lietzmann 1988: 62 ff.).

Das Neue an diesem Modell liegt dabei in dem Vorhaben, die als extraordinäre Herausforderung des politischen Systems beschriebene Kontingenz aus den Institutionen einer institutionellen und nominell demokratischen Normalität heraus bewältigen zu wollen. Kein Ausnahmezustand, kein Kriegsrecht, keine Suspendierung der Verfassung und der Bürgerrechte weit und breit! An ihre Stelle tritt die beständige Bereitschaft zur extraordinären Intervention aus dem Kern der regulären Institutionen heraus, die institutionell reguläre, verflüssigte Neuausrichtung der „grundlegenden Konvention" und die quasi beständige Begradigung der politischen Kontinuitätslinie. Die Rede von dem „ständigen Ausnahmezustand" in der Bonner Republik ist deshalb richtig und falsch zugleich. Wohl gibt es eine beständige Eingreifreserve, doch geht dieser Vorbehalt eben nicht mit einer kontinuierlichen Stillstellung der Bürgerrechte einher.

Bemerkenswert ist zudem, dass die Prärogative dieser Strategie von dem früheren, diktatorischen Monopol der Exekutive zum regulierenden Eingriff nun auf ein ganzes Ensemble politischer kooperativer Institutionen übergegangen ist: Verwaltung, Parlament, Fraktionen und Parteien als Kläger und auch die Regierung beteiligen sich unter politischer Führung und mit letztgültiger Entscheidung des Verfassungsgerichts an diesem Prozess. Demokratietheoretisch ist das durchaus bedenklich, da es die Volkssouveränität systematisch beschädigt. Aber doch tritt an die Stelle des vorherigen monokratischen Kontingenzmanagements ein gestuftes, kooperatives Verfahren, in dem die Legitimation nationaler politischer Führung und damit die Zustimmung der Bürger gesichert werden muss – auch dies ein letztlich ergebnisoffener, kontingenter politischer Prozess. Insofern liegt hierin ein Ende des heroischen Umgangs mit Politik bzw. ein vorläufiges Ende der Zeit „totaler Ordnungsversuche" – nicht nur, aber auch bezüglich des Umgangs mit der allgegenwärtigen Kontingenz der Politik (Wefer 2004: 218 ff.).

Im Europa der Nachkriegszeit allerdings bildete sich nun im Zuge der europäischen Integration eine noch einmal andere, eher gegenläufige politische Praxis heraus. In ihr wurde die legitimatorische Praxis der Nationalstaaten durch eine nationale Desintegration der Entscheidungsabläufe wieder zurückgeschraubt und unterlaufen. Sukzessive externalisierten die nationalen politischen Akteure immer mehr und immer neue Handlungsbereiche in transnationale und supranationale Entscheidungsgremien: die Verteidigungspolitik in die WEU und in die NATO, die Agrarpolitik und die Strukturpolitik in die EWG und EU, die Handelspolitik in die EU, WHO und die GATT usf.

Die nationalen Regierungen reagierten in diesem Prozess ganz offensichtlich auf die Herausforderungen einer sich durchsetzenden, für die nationalen Akteure zunehmend impraktikabel werdenden Globalisierung in den jeweiligen Politikfeldern. Die fortschreitende Komplexität der Politikzusammenhänge, die Kontingenz der Entschei-

dungsprozesse und die begrenzte Macht der nationalen Regierungen – kurz mit Luhmann gesprochen: „die Normalisierung des Unwahrscheinlichen" und die Erkenntnis,
dass die Rationalitätserwartungen der nationalen Institutionensysteme sich nur schwer
mit den Kontingenzerfahrungen der politischen Entscheidungsabläufe decken, führte
zu einer systematischen Verlagerung der Entscheidungsdynamiken aus den fest ge-
fügten institutionellen Korridoren der nationalen Verfassungen heraus. Die Politiken
emigrieren in die dynamisch-offenen Prozesse des europäischen Institutionensystems;
sie werden dorthin – mehr oder weniger systematisch – von den nationalen Akteuren
verlagert.

Indem die Exekutiven wiederum die formale Freistellung aus nationalen Konventionen und konstitutionalistischen Rahmenbedingungen betreiben, schaffen sie
sich erneut Spielraum für funktionale, transnationale politische Kooperationen. Sie
dementieren damit zugleich die nationale demokratische Hegung der politischen Entscheidungsprozesse. Aber sie folgen dem Bedürfnis nach einem kurzfristigen, d. h.
Kontingenz gewahrenden und Kontingenz begrenzenden, unmittelbaren Entschei-
dungsweg. Sie gehen damit historisch zwei Schritte zurück, vor die kontingenzgestal-
tende Intention des Konstitutionalismus. Erneut lagern sie die gegen die Verunsicherung durch die kontingenten Rahmenbedingungen gerichteten Politiken aus dem
Kontinuität sichernden und Kontinuität versprechenden konstitutionellen Rahmen
heraus. Sie schaffen so etwas wie eine konstitutionsfreie Arena jenseits nationalstaat-
licher Politik. Dies war der Hauptinhalt der Debatte, wie sie sowohl konzeptionell als
auch politisch-praktisch um den Begriff und das Verständnis der Europäischen Union
als einer Institution ,sui generis' geführt wurde. Der Verzicht auf konstitutionelle
Programmatik, der Verlust legitimierender Schutzversprechen auch für die politischen
und individuellen Rechte der Gesellschaftsmitglieder erweist sich hierin allerdings als
eine große Hypothek. Der konstitutionelle Versuch einer „Kontingenzreduktion"
durch Rechtsstaatlichkeit, Gewaltenteilung und demokratische Kontrolle wird auf
diesem Wege dementiert. Man kann diesen Prozess allerdings auch – faktisch und
nicht normativ – als eine Reaktion auf die neuerlichen, gerade durch die Konstitutionalisierung und Demokratisierung erwachsenen Kontingenzen im Entscheidungsprozess verstehen.

Trotz alledem stellt natürlich die Flucht aus der Konstitutionalisierung und die
erneute Verflüssigung der politischen Entscheidungsprozesse nicht ein Ende der Kontingenz der Politik in Frage. Es schafft auf kurze Frist neue „Möglichkeitsüberschüsse"; ob allerdings diese Möglichkeitsüberschüsse in den Entscheidungsprozessen den
Kontingenzen der Herstellung politischer Legitimation in den nationalen Gesellschaften sich gewachsen zeigen werden, ist eine gänzlich offene Frage. Der Rückschritt zu
einer verschärften output-Orientierung und der Verzicht auf jedes input-orientierte
Sicherungsversprechen bürgerlicher und individueller Rechte stellt die Politik der
Gegenwartsgesellschaften jedenfalls vor eine erneute Herausforderung.

Je mehr also die Institutionen Gewissheit versprechen, je heroischer ihr Anspruch sich formuliert, desto mehr wird Kontingenz als der Schatten einer ganz anderen, einer eher ungewissen Zukunft erkennbar: Sie ist aber zugleich ein der Politik gleichförmig folgender Schattenwurf; Politik ohne die herausfordernde Möglichkeitsstruktur der Kontingenz ist nicht vorstellbar. Aber dennoch entscheiden sich an den aus ihr und aus der Furcht vor der mit ihr verbundenen Unsicherheit folgenden Konsequenzen der Erfolg, der Zuschnitt und die Legitimation der politischen Institutionen und Entscheidungen. Niemand vermag zu sagen, ob die Institutionen ihre Versprechen halten werden oder werden halten können. Niemand kann bestimmen, ob die Akteure ihre Zusagen werden einlösen können. Im Gegenteil kann als sicher gelten, dass mit zunehmender Komplexität der Strukturen auch die Möglichkeitsstruktur von Entscheidungen und Entscheidungsfolgen komplexer und kontingenter wird. Und zur Grundlage politischen Denkens in der Moderne gehört, nicht länger in substanzhaften Ordnungen zu denken, sondern sich in prozeduralen, akteursorientierten, handlungsanalytischen Verläufen zu orientieren.

In der immer wieder demonstrativ gezeigten Gewissheit der Institutionendesigns (gleichviel ob in Europa oder in den Nationalstaaten) ist deshalb unschwer die bange Frage nach ihrem Gegenteil erkennbar. Kontingenz tritt in der politischen Theorie dann in erster Linie ex negativo in Erscheinung: Die *Angst vor Unsicherheit und Kontingenz* thematisiert sich in den Diskussionen um die Bewahrung politischer Identität und Homogenität; in den Forderungen nach stabiler Führerschaft, verlässlichen Hierarchien, um kontraktive Gewissheit und „pacta sunt servanda" oder um abschließende Urteile oberster Gerichte, um die deliberative Einigung der politischen Akteure, um Erweiterung und Vertiefung der europäischen Integration. Verdrängt, verloren und verschwiegen wird dabei, dass Kontingenz sich eben gerade überraschend zeigt; sie kommt, wann sie will, „nicht wann wir wollen" (Waldenfels); aber sie kommt gewiss. Sie kommt entgegen politischer Absichten und trotz intensiver politischer Planung. Sie macht zugleich deren Defizite, das reale politische Unvermögen deutlich; von den politischen Akteuren und dem Publikum wird sie „erlitten" (H. Lübbe).

Aber durch die Nichtthematisierung wird das Unwahrscheinliche, nämlich die Nichtabweichung von der politischen Planung, fälschlicher und irreführender Weise zur Normalität der politischen Theorie gemacht, während das Normale der *politics*, der Möglichkeitscharakter politischer Prozesse und die Unabsehbarkeit ihres Verlaufes, als das Unwahrscheinliche, als die Abweichung und als das Versagen der politischen Institutionen gilt. In dem Maße allerdings, wie die Erfahrung der Kontingenz unabweisbar wird, d. h. in dem Maße, wie das Überraschende und Zufällige in der Politik nicht mehr äußerlichen Faktoren oder Akteuren (Gott, der Natur, der „Roten Gefahr", der Globalisierung, Al Quaida oder der Finanzspekulation) zugewiesen werden kann, fordert sie die terminologische Praxis politischer Theorie und die rhetorische Praxis der politischen Akteure heraus.

4   Das politische System ‚sui generis' als neues europäisches (auch nationalstaatliches) Regime

Das Wesentliche an dem Eintritt der Kontingenzerwartung in die Wahrnehmung der politischen Theorie und des politischen Handelns ist ja, dass das Zukünftige, d. h. dessen Erwartbarkeit bzw. Nicht-Erwartbarkeit, Einfluss gewinnt auf die Gestaltung gegenwärtiger Institutionen politischer Entscheidung. Die Zukunft bestimmt (positiv oder ex negativo) die Gegenwart. Die im Begriff der Kontingenz privilegierte Zeit ist die Zukunft, wie Koselleck (1984) zu Recht feststellt. Indem wir über Kontingenz nachdenken, beeinflusst Zukünftiges unser gegenwärtiges Handeln und gegenwärtige politische Entscheidungen; es bezeichnet eine „Zwei-Ebenen-Erfahrung" politischer Akteure und auch der politischen Theorie: Wir reflektieren über die Wirklichkeit im Horizont anderer Möglichkeiten (Luhmann 1976: 295). Diese Orientierung an der zukünftigen Erwartung macht – wie wir aus vielen Untersuchungen wissen – einen der großen Unterschiede der Moderne zu den Epochen vor 1700 aus.

Darauf reagiert nun sehr spezifisch das terminologische und rhetorische Konzept eines politischen Systems ‚sui generis'. Es schafft eine politische Praxis aus einer *eigenen Wurzel*. Es gründet eine naturalistisch-begründete Regierungsform, die sich unabhängig gegenüber allen nationalen politischen Regimen des Nachkriegseuropas gibt. Das europäische Regime ist eine eigene kreationistische „Spezies". Es versteht sich selbst als Fortentwicklung der statuaren politischen Regime der Nationalstaaten. Auf den bestehenden institutionellen Restformen nationaler Politik errichtet es kreativ und neu eine gewandelte Institutionenstruktur mit einer neuartigen politischen Handlungssymbolik und einer überraschenden Nomenklatur. Von dem institutionellen Selbstverständnis bis hin zum Vokabular handelt es sich um ein innovatives Projekt.

Die Europapolitik und ihre Akteure betreiben diese Fortentwicklung in der Erwartung, dass sie keine feste Erwartung an den Fortgang der politischen Verhältnisse haben können, mehr noch: dass sie – wenn sie erfolgreich bleiben möchten – keine Erwartung an die politische Entwicklung haben dürfen, und dass sie sich um der notwendigen operativen Flexibilität willen nicht an statuare Verhältnisse und an institutionelle Fesseln binden können. Das Vokabular, mit dem sie dies umschreiben und zugleich symbolisch verdeutlichen, macht diese facettenreiche Ausrichtung ihrer Wahrnehmung deutlich.

Diese Perspektive der frühen europäischen Einigungspolitik nimmt damit intuitiv oder bewusst eine Erwartung auf, die von Seiten der nationalen Akteure an sie gestellt wurde. Die der europäischen Politik übereigneten Politikfelder gelangen dorthin unter der Erfahrung mangelnder nationaler Handlungsmacht und zu großer nationaler (institutioneller und kommunikativer) Restriktionen. Wegen der Flexibilität der europäischen Ebene und wegen der Hoffnung auf eine handlungsfähigere Koordination, auch wegen der – gegenüber den nationalstaatlichen Arenen – geringeren rechtlichen Restriktionen werden den europäischen Instanzen die nationalen Politikvorhaben zu treuen

Händen übergeben. Die Kontingenzerfahrung legt den nationalstaatlichen Politiken den Verzicht auf den staatlich-heroischen Gestus nahe und verweist auf die höhere Adaptions- und Manövrierfähigkeit der europäischen „Wandelverfassung".

Die Stärke dieser Spezies, damit zugleich nicht verwandt mit den gängigen Modellen westeuropäischer Demokratien, liegt in ihrer institutionellen Fluidität. Ging der frühere Verfassungsstaat davon aus, dass die Unwägbarkeit und Kontingenz seiner Epoche in der Unberechenbarkeit exekutiver (z. B. monarchischer oder diktatorischer) Prärogative lag, auf die er mit Gewaltenteilung, Kompetenzverbürgung und Grundrechten antwortete, so ist die „Wandelverfassung" auf die Überwindung einer anderen Version der Kontingenz angelegt. Sie erklärt explizit die aktuellen politischen Paradigmen, Programme und Ethiken zu Übergangserscheinungen und Verfallsprodukten des Nationalstaates und seiner Epoche. Sie will gerade exekutiv wieder flexibel sein und nicht an – ihr dysfunktional erscheinende – Identitäten oder normative Restriktionen gebunden sein. Sie ist Teil eines politischen Selbstverständnisses, das „aus der politischen Selbsthypnose einer nationalstaatlich organisierten Hyperordnung erwacht und sich in einer anderen Realität wieder findet" (Willke 2o03: 11). Auch in diesem Erwachen sind die Akteure freilich an ihre Erfahrung gebunden: Dass sie in ihrem Vorhaben also auch auf ihnen vertraute autoritative Modelle zurückgreifen ist – wie vieles andere – dabei ganz und gar nicht ausgeschlossen (Vgl. Lietzmann 2000). Auch ihre Lösungsmodelle bleiben kontingent; sie geben sich allerdings deutlich als ein gegenüber den nationalstaatlichen Praktiken neues Mischungsverhältnis von gouvernementaler Ordnung und Unordnung, von entscheidungspolitischer Flexibilität und Statik und von Sicherung und Entfesselung exekutiver Handlungsmacht zu erkennen.

In der politischen Rede von Europa als einem Regime ‚sui generis' wird die „institutionelle Unbeständigkeit" zu einem nachdrücklichen „Wesensmerkmal" gemacht (Knelangen 2005); hier wird im Vokabular und symbolisch benannt, was die *European Studies* als beständige institutionelle Fortentwicklung empirisch regelmäßig schildern (Wallace 2003: 275). Es ist das, was sich als die beständig erneuernde Vertragspolitik Europas von Rom über Maastricht, Amsterdam, Nizza und Lissabon auch längst im öffentlichen Bewusstsein festgesetzt hat: der „kontinuierliche Systemwandel" (Merkel 1999) ist fester Bestandteil der gängigen politischen Praxis in Europa. Es ist daher bezeichnend, wie sehr ein Begriff der politikwissenschaftlichen Transition-Forschung, der hybriden Regime und der defekten Demokratien auch hier einschlägig erscheint (Rüb 2002; Lietzmann 2004).

Dieser Sachverhalt ist zugleich aber auch fester Bestandteil der gängigen politischen Theorie der europäischen Integration. Nicht nur die „Methode Jean Monnet", d. h. die Vorstellung einer ungesteuerten, selbstgesteuerten, aber unablässig fortlaufenden europäischen Integration und das dazugehörige Selbstverständnis der europäischen politischen Eliten baut darauf auf. Auch die exekutive und judikative Praxis der europäischen Institutionen: Die theoretische und praktische Festlegung der europäischen Governance auf Dynamik und Offenheit und – wie der europapolitische Ver-

waltungs- und Rechtswissenschaftler Ipsen (1987: 201) sagt – auf die beständige Anpassung ihrer „Ansprüche [...] und Wirklichkeit", ihrer Ziele und Erfordernisse an die
täglich wechselnden, überraschenden und kontingenten, politischen Konjunkturen gehört zu deren Mantra.

Die terminologische und rhetorische Festlegung als ein Regime ‚sui generis' gibt
dieser Praxis ihren eigenen begriffspolitischen Ort. Der neue Begriff gewinnt dabei
eine von allen genannten Institutionen (EU-Kommission, Verfassungsgericht, EuGH,
Bundesregierung, soziologische wie politikwissenschaftliche und juristische oder
ökonomische wissenschaftliche Begleitforschung) getragene und geförderte Symbolkraft. Ohne dass exemplifiziert werden müsste und ohne dass endgültig überhaupt formuliert werden könnte, was der Begriff des politischen Regimes ‚sui generis' überhaupt umschriebe, wird er zu einer hinreichend ungenauen Umschreibung eines
zukunftsoffenen Projektes. Das, was mit der Formulierung von der „funktionierenden
Mystifikation" (Luhmann 1993: 66) schon angedeutet war, erweist sich in dem symbolischen Vokabular des Regimes ‚sui generis': es ist die kontingenzgerechte politische Bezeichnung einer als flexibel und gestaltungsoffen gehaltenen evolutionären
„Wirklichkeit im Horizont anderer Möglichkeiten" (Luhmann 1976). Sein symbolischer Sprachgebrauch verdeckt die Paradoxie, dass angesichts der kontingenten Zukunft europäischer Politikgestaltung gerade nicht gesagt wird, wovon gesprochen
wird. Indem es aber in dem symbolischen Sprachgebrauch gerade diese Ungewissheit
kommuniziert, wird deutlich, dass es jedwede Möglichkeit politischer Reaktion einschließt.

Letztlich wird auf diese Weise die Kommunikation unter allen beteiligten politischen Akteuren möglich. Jeder weiß, worüber kommuniziert wird: nämlich die Möglichkeit entinstitutionalisierter Europapolitik. Jeder weiß zudem für sich selbst, was er
gegebenenfalls „im Horizont anderer Möglichkeiten" für angemessen oder möglich
hält. Und er weiß bestimmt, dass er nicht weiß, was andere Akteure mit dieser Mög-
lichkeitsperspektive verbinden. Während also eine Kommunikation über das *Ob* der
Europapolitik möglich wird, wird zugleich die Kommunikation über das *Wie* fingiert.
Das symbolische Vokabular ermöglicht eine scheinbare Verständigung, die zugleich
alle Fragen offen und den jeweiligen Machtpotentialen ausgesetzt lässt.

Faktisch bleibt diese symbolische Kommunikation über die kontingenzgerechte
Gestaltung der europäischen Verfassung und ihre Mystifikation des realen Zuschnitts
der europäischen Institutionen politisch reale Auswirkung. Denn die strukturelle und
ethische Unbeständigkeit und Fluidität äußert sich in einer Auflösung aller kontinuierlichen institutionellen und normativen Gewissheiten und Zusagen: Politische Korpo-
ratismen und fest gefügte sozialpartnerschaftliche Kooperationen können durch
flüchtige zivilgesellschaftliche Arrangements mit NGOs ersetzt werden; Interessen-
vertretung kann durch befristete, deliberative und personell begrenzte bilaterale Ab-
sprachen substituiert werden. Und auch die legitimatorischen Rückversicherungen
einer demokratischen Verantwortlichkeit („responsibility") und einer demokratischen

Zurechenbarkeit („accountability") haben hier kaum einen Platz (Manin et al. 1999); ebenso wenig gibt es längerfristige Verbindlichkeiten aufgrund eines Wahlaktes und der in ihm gegebenen Versprechen; und die bei den Anhängern geweckten Hoffnungen genießen keinerlei legitimen Schutz (Benz 2006). Das Standardmodell hierfür ist vielmehr das einer „delegative democracy", also einer ohne Wahl eingesetzten Regierung aus Experten. Deren Legitimität erweist sich nicht mehr aus Versprechen und deren Verlässlichkeit, sondern alleine „by resort to good governance", d. h. aus der Output-Legitimation aktueller Situationsbewältigung (O'Donnell 1994, 1998).

Schließlich wird auch die Gewährleistung bürgerlicher und politischer Rechte der Bürgerinnen und Bürger systematisch verflüssigt. Auch hier gibt es keine garantierten Residualbereiche politischer Partizipation. Diese entstehen und verfallen je nach politischer Opportunität und Notwendigkeit. Sie werden gewährleistet „in a more general and flexible way" (Jenson/Saint-Martin 2003). Bürgerbeteiligung, Schutzrechte und Transparenzversprechen changieren je nach den Erfordernissen des politischen Systems ‚sui generis‘.

5   Resümee

Wenn der ehemalige EWG-Kommissar und Soziologe Dahrendorf in seinem „Plädoyer für die Europäische Union" also einmal davon sprach, man müsse die Europäische Union als ein wichtiges und zentrales „institutionelles Experiment" der Moderne verstehen, so wird er gewiss nicht die gleichen Motive wie der konservative Jurist Hans Peter Ipsen, der pragmatische Max Ophüls oder die verwaltungsstaatliche Expertokratie vor Augen gehabt haben, die es in der EWG auch gab.

Es gehört aber zu den Besonderheiten kontingenter Entwicklung, dass gerade auch *discordante* und ausgesprochen *disparate* Motivationen zu einer gemeinsamen, für alle Beteiligten überraschenden Konstellation zusammentreffen können, dass sie sich zudem in ihrer Stimmenvielfalt auf symbolische Vokabulare verständigen kann, die jedem seine Rezeption und zugleich eine gemeinsame Mystifikation Europas erlaubt. Die Kontingenz der Moderne führt Motivationen und Entwicklungen zusammen, die sich gegenseitig nicht im Blick gehabt haben mögen; dies geschieht umso mehr, als gerade der verschieden motivierte Umgang mit Kontingenz zu einer Koinzidenz der Realität führt, die von keinem so gewollt und doch von allen betrieben worden ist.

Der politisch reale Inhalt, mit dem sich das terminologische Experiment eines europäischen Systems ‚sui generis‘ füllt, ist also noch durchaus offen. Es ist im Horizont zukünftiger Möglichkeiten kontingent. Es steht mit dieser Deutungsoffenheit und dieser Handlungsvarianz institutionell im Gegensatz zu den europäischen Nationalstaaten und ihren Verfassungen. Allerdings ist es durchaus unklar, ob nicht auch die nationalstaatlichen Regime sehr viel mehr Gemeinsamkeit mit dem „institutionellen

Experiment" der europäischen Politik aufweisen als ihnen selbst in der rhetorischen Distanzierung von der EU und der rhetorischen Zurückweisung einer Verantwortlich-keit für die kontingenten Besonderheiten der EU bewusst ist.

> „Rather than seeing the EU becoming a *state-like* object, taking on the trappings of a 19th – or more correctly 20th – century state [like the nation-states, HJL], we see national states moving towards the EU" (Jenson/Saint-Martin 2003: 11).

Wir werden sehen, wie die Nationalstaaten in Europa mit dieser möglichen Entwick-lung umgehen; auch wenn sie diese Perspektive gegenwärtig politisch-praktisch und auch in ihrem nationalen symbolischen und konstitutionellen Vokabular weit von sich weisen. Wir werden sehen, dass nicht das Unerwartete, nämlich dass auch die Natio-nalstaaten den politischen und symbolischen Weg der EU gehen könnten, in ihrer Rhetorik bereits als Furcht mit anklang. Und wir werden möglicherweise sie und die Bürger überrascht sehen; wer könnte das vorhersagen?

Literatur

Alter, Karen J., 1996: The European Court's Political Power, in: West European Policy 19, 458-487.

Asbach, Olaf, 2002: Von der Geschichte politischer Ideen zur „History of Political Discourse"? Skinner, Pocock und „Cambridge School", in: Zeitschrift für Politikwissenschaft 12, 637-668.

Auer, Dirk, 2003: Kontingenzbewusstsein und Möglichkeitssinn. Ironie und Gesellschaftskritik bei Richard Rorty, in: Thorsten Bonacker/André Brodocz/Thomas Noetzel (Hrsg.): Ironie der Politik. Frankfurt a. M., 65-84.

Benz, Arthur, 2006: Policy-making and accountability in EU multilevel governenance, in: Arthur Benz/Yannis Papadopoulos (Hrsg.): Governance and democracy – Comparing Natio-nal, European and Transnational Experiences. London, 99-114.

Boutroux, Émile, 1911 [frz.: 1874]: Die Kontingenz der Naturgesetze. Jena.

Celikates, Robin, 2007: Kontingenzerfahrung und Vernunfterwartung, in: André Brodocz (Hrsg.): Erfahrung als Argument. Baden-Baden. 91-104.

Dahrendorf, Ralf, 1973: Plädoyer für die Europäische Union. München.

Foucault, Michel, 1971: Nietzsche, die Genealogie, die Historie, in: Ders.: Gesammelte Schrif-ten II, Frankfurt a. M., 166-190.

Haas, Ernst B., 1958: The Uniting of Europe. Stanford.

Haas, Ernst B., 1964: Beyond the Nation State. Functionalism and International Integration. Stanford.

Hallstein, Walter, 1975: Die Europäische Gemeinschaft. Wien.

Hellmuth, Eckhart/von Ehrenstein, Christoph, 2001: Intellectual History made in Britain: Die Cambridge School und ihre Kritiker, in: Geschichte und Gesellschaft 27, 149-172.

Hintze, Otto, 1910: Der Commissarius und seine Bedeutung in der allgemeinen Verfassungsge-schichte, in: Gerhard Oestreich (Hrsg.): Staat und Verfassung. Gesammelte Abhandlun-gen zur allgemeinen Verfassungsgeschichte. Göttingen, 242-274.

Hoffmann, Arnd, 2005: Zufall und Kontingenz in der Geschichtstheorie. Frankfurt a. M.

Ipsen, Hans Peter, 1979: Zur Gestalt der Europäischen Gemeinschaft. Wiederabgedruckt in: Europäisches Gemeinschaftsrecht in Einzelstudien. Baden-Baden. 1984, S. 79-96.

Ipsen, Hans Peter, 1983: Die Verfassungsrolle des Europäischen Gerichtshofs für die Integration, in: Jürgen Schwarze (Hrsg.): Der Europäische Gerichtshof als Verfassungsgericht und Rechtsschutzinstanz. Baden-Baden, 29-62.

Ipsen, Hans Peter, 1987: Europäische Verfassung – Nationale Verfassung, in: Europarecht 22, 195-213.

Joas, Hans/Menke, Christoph/Wagner, Peter/Werner, Michael, 2002: Kontingenz und Moderne. Sozialphilosophische, ideengeschichtliche und historisch-soziologische Dimensionen. Erfurt.

Jenson, Jane/Saint-Martin, Denis, 2003: Is Europe still sui generis? Signals from The White Paper on European Governance. http://aei.pitt.edu/455/01/Jenson-Saint-Martin-EUSA_ 2003_1_.pdf (8.6.2009).

Knelangen, Wilhelm, 2005: Regierungssystem ‚sui generis‘? Die institutionelle Ordnung der EU in vergleichender Sicht, in: Zeitschrift für Staats- und Europawissenschaften 3 (1), 7-33.

Koselleck, Reinhart, 1979 [1965]: Geschichtliche Prognose in Lorenz von Steins Schrift zur preußischen Verfassung, in: Ders.: Vergangene Zukunft. Frankfurt a. M., 87-102.

Koselleck, Reinhart, 1979 [1976]: „Erfahrungsraum" und „Erwartungshorizont". Zwei historische Kategorien, in: Ders.: Vergangene Zukunft. Frankfurt a. M., 349-375.

Koselleck, Reinhart, 2000 [1984]: Die unbekannte Zukunft und die Kunst der Prognose, in: Ders.: Zeitschichten. Studien zur Historik. Frankfurt a. M., 203-221.

Lietzmann, Hans J., 1988: Das Bundesverfassungsgericht. Eine sozialwissenschaftliche Studie über Wertordnung, Dissenting Votes und funktionale Genese. Opladen.

Lietzmann, Hans J., 1999: Politikwissenschaft im „Zeitalter der Diktaturen". Die Entwicklung der Totalitarismustheorie Carl J. Friedrichs. Opladen.

Lietzmann, Hans J., 2001: Politik und Verfassung: Politischer Konstitutionalismus, in: Ders.: Moderne Politik. Politikverständnisse im 20. Jahrhundert. Opladen, 237-262.

Lietzmann, Hans J., 2004: Die Europäische Union als „Defekte Demokratie"?, in: Österreichische Zeitschrift für Politikwissenschaft 33 (1), 19-32.

Lietzmann, Hans J., 2005: Die politische Symbolkraft von Verfassungen und die Genealogie des europäischen Konstitutionalismus, in: Andrea Gawrich/Hans J. Lietzmann (Hrsg.): Politik und Geschichte. Münster, 60-75.

Luhmann, Niklas, 1976: Evolution und Geschichte, in: Geschichte und Gesellschaft 2, 284-309.

Luhmann, Niklas, 1993: Zeichen als Form, in: Dirk Baeker (Hrsg.): Probleme der Form. Frankfurt a. M., 45-69.

Luhmann, Niklas, 2000: Die Politik der Gesellschaft. Frankfurt a. M.

Manin, Bernhard/Stokes, Susan C./Przeworski, Adam, 1999: Introduction, in: Adam Przeworski/Susan C. Stokes/Bernhard Manin (Hrsg.): Democracy, Accountability, and Representation. Cambridge, 1-26.

Mann, Dennis-Jonathan, 2009: Ein Gebilde sui generis? Die Debatte um das Wesen der EU im Spiegel der „Nature of the Union"-Kontroverse in den USA, in: Frank Decker/Marcus Höreth (Hrsg.): Die Verfassung Europas. Perspektiven des Integrationsprojekts. Wiesbaden, 319-343.

Müller, Wilhelm Alfred, 1977: Die Wiederkehr des Zufalls. Kontingenz und Naturerfahrung bei Naturwissenschaftlern, Philosophen und Theologen. Gütersloh.

Mulsow, Martin/Mahler, Andreas (Hrsg.), 2010: Die Cambridge School der politischen Ideengeschichte. Frankfurt a. M.

O'Donnell, Guillermo, 1994: Delegative Democracy, in: Journal of Democracy 5 (1), 55-69.

O'Donnell, Guillermo, 1998: Horizontal Accountability in New Democracies, in: Journal of democracy 9 (3), 113-126.

Ophüls, Carl Friedrich, 1965: Die Europäischen Gemeinschaftsverträge als Planungsverfassungen, in: Joseph H. Kaiser (Hrsg.): Planung I. Baden-Baden, 229-245.

Ophüls, Carl Friedrich, 1966: Zur ideengeschichtlichen Herkunft der Gemeinschaftsverfassung, in: Ernst von Caemmerer/Hans-Jürgen Schlochauer/Ernst Steindorff (Hrsg.): Probleme des europäischen Rechts. Frankfurt a. M., 387-413.

Pernice, Ingolf, 2000: Der Europäische Verfassungsverbund auf dem Wege der Konsolidierung, in: Jahrbuch des öffentlichen Rechts der Gegenwart (N. F.) 48, 205-232.

Reckwitz, Andreas, 2003: Die Krise der Repräsentation und das reflexive Kontingenzbewusstsein, in: Thorsten Bonacker/André Brodocz/Thomas Noetzel (Hrsg.): Ironie der Politik. Frankfurt a. M., 85-103.

Rorty, Richard, 1989: Kontingenz, Ironie und Solidarität. Frankfurt a. M.

Rüb, Friedbert W., 2002: Hybride Regime: Politikwissenschaftliches Chamäleon oder neuer Regimetypus?, in: Petra Bendel/Aurel Croissant/Friedbert W. Rüb (Hrsg.): Zwischen Demokratie und Diktatur. Opladen. 99-118.

Sarasin, Philipp, 2009: Darwin und Foucault. Genealogie und Geschichte im Zeitalter der Biologie. Frankfurt a. M.

Skinner, Quentin, 2010 [1969]: Bedeutung und Verstehen in der Ideengeschichte, in: Martin Mulsow/Andreas Mahler (Hrsg.): Die Cambridge School der politischen Ideengeschichte. Frankfurt a. M., 21-87.

Waldenfels, Bernhard, 1999: Vielstimmigkeit der Rede. Studien zur Phänomenologie des Fremden 4. Frankfurt a. M.

Wallace, Helen, 2003: Die Dynamik des EU-Institutionengefüges, in: Markus Jachtenfuchs/Beate Kohler-Koch (Hrsg.): Europäische Integration. Opladen, 255-285.

Wefer, Matthias, 2004: Kontingenz und Dissens. Postheroische Perspektiven des politischen Systems. Wiesbaden.

Willke, Helmut, 2003: Heterotopia. Studien zur Krisis der Ordnung moderner Gesellschaften. Frankfurt a. M.

Die politische Kontingenz der Globalisierung

Edgar Grande

1 Die Problemstellung: Globalisierung und Kontingenz

Die Auswirkungen der Globalisierung, insbesondere der wirtschaftlichen Globalisierung, auf die Politik in wohlfahrtsstaatlichen Demokratien waren in den vergangenen zwanzig Jahren eines der zentralen Themen der öffentlichen Diskussion. Diese Diskussion wurde lange Zeit dominiert durch „starke", durch „extreme" Thesen, vor allem auf Seiten der Kritiker der Globalisierung. Die Globalisierungskritik war, worauf Michael Th. Greven (2010: 86) nachdrücklich hingewiesen hat, in weiten Teilen durch eine „kontingenzverleugnende Sicht auf die Politik" gekennzeichnet. Sie prognostizierte nicht weniger als das „Ende der Politik", das „Ende der Demokratie" (Guéhenno 1994) und den „Terror der Ökonomie" (Forrester 1997) – um nur einige der bekanntesten Titel zu zitieren. In all diesen Darstellungen wird die „Globalisierung" als „unbeeinflussbarer politikexogener Prozess verstanden, auf den Politik nur reagieren könne" (Greven 2010: 86).

Die Verleugnung der *politischen* Kontingenz, das heißt: der Entscheidbarkeit und der Entscheidungsbedürftigkeit von Globalisierungsprozessen und Globalisierungsproblemen im „politischen Raum" (Greven 1999: 90), erfolgt in verschiedenen Formen. Sie beginnt bereits damit, dass verdrängt oder geflissentlich übersehen wird, dass die Globalisierung beileibe kein naturwüchsiger Prozess ist, ausgelöst durch technologische Innovationen und vorangetrieben durch ökonomische Handlungszwänge, sondern nicht zuletzt das Ergebnis *politischer* Entscheidungen. Dies gilt gerade für die internationalen Finanzmärkte (Lütz 2002). Auch wenn manche Folgen dieser Entscheidungen politisch nicht intendiert gewesen sein mögen, so muss die Globalisierung dennoch als ein genuin politisches Projekt begriffen werden. Der Globalisierungsdiskurs ist aber noch in einer weiteren Hinsicht ahistorisch und politikblind. Er übersieht nämlich auch, dass die politische Sprengkraft, die der Globalisierungsprozess in den vergangenen zwanzig Jahren entwickelte, nicht aus der historisch einzigartigen Qualität der Globalisierung selbst resultiert – die im übrigen in der Diskussion früh bestritten wurde (Hirst/Thompson 1996) –, sondern darin lag, dass er auf eine historisch kontingente politische Problemkonstellation traf: den „demokratischen Rechts- und Interventionsstaat" (Leibfried/Zürn 2006: 11).

Verleugnung von politischer Kontingenz heißt im Zusammenhang mit der Globalisierung schließlich Negierung von substantiellen politischen Gestaltungsspielräumen und Handlungsalternativen. Dies erfolgt im Globalisierungsdiskurs in verschiedensten Varianten. In der neoliberalen Version wird behauptet, globalisierte Märkte bedürften keiner politischen Intervention und Regulierung (vgl. beispielhaft Wolf 2004). Gerade weil sie dem Zugriff nationaler Politik entzogen seien, könnten globale Märkte ihre überlegene Leistungsfähigkeit ausspielen und zudem noch eine ihre Möglichkeiten überschätzende nationale Politik ökonomisch disziplinieren. Genau dies versucht die linke Globalisierungskritik zu skandalisieren. Aufgrund der Globalisierung würden die Handlungs- und Entscheidungsspielräume der Politik im demokratischen Wohlfahrtsstaat unaufhaltsam schrumpfen, die Globalisierung wirke „als unbarmherziges Druckmittel auf Regierungen und Zentralbanken" (Koch 1997: 770). Mit dem „Globalkapitalismus" seien nicht nur die Alternativen *zum* Kapitalismus verschwunden, sondern auch die Alternativen *im* Kapitalismus. In dieser linken Rhetorik der Kontingenzblindheit produziert die Globalisierung einen „völlig bewußtlosen Kapitalismus", der „sein Bedrohliches weniger in seinen neuen Machtkonzentrationen und Dominanzansprüchen als in seiner Auflösung von Differenz, seiner barbarischen Einförmigkeit" (Koch 1997: 773) hat. Wo alle Unterschiede verschwinden, kann auch Politik keinen Unterschied mehr machen! Wenn die Politik überhaupt noch zu Entscheidungen gezwungen werde, dann bleibe ihr nur noch die Wahl zwischen „perversen", d. h. in gleicher Weise unerwünschten Alternativen (Dahrendorf 1996). Zugespitzt formuliert: Die Politik hat nicht mehr die Qual der Wahl bei der Verteilung von Wohltaten, ihr bleibt nur noch die Wahl der Qual, d. h. die Wahl der Folterinstrumente, mit denen sie den Bürgern immer weitere Opfer abpressen muss.

Verschwindet mit der Globalisierung tatsächlich die „moderne Kontingenz des Politischen" (Greven 2010: 88) – oder fehlt neoliberalen Globalisierungsapologeten und linken Globalisierungskritikern lediglich ein zeitgemäßes Kontingenzbewusstsein? Gibt es tatsächlich keine Alternativen zu einem neoliberalen Programm der „Entfesselung" globaler Märkte? Im Folgenden möchte ich die *These* formulieren, dass durch die Globalisierung das bisherige strategische Handlungsrepertoire der Politik zwar eingeschränkt wurde, dass die Politik aber trotz dieser Einschränkungen nach wie vor substantielle Handlungsmöglichkeiten besitzt. Diese Handlungsmöglichkeiten können durchaus für innovative Politiken und zum Erreichen ehrgeiziger Politikziele genutzt werden. Voraussetzung hierfür ist allerdings etwas, was ich als die *strategische Erweiterung* des Handlungsrepertoires der Politik bezeichnen möchte. Diese strategische Erweiterung umfasst sowohl das Handlungsinstrumentarium als auch die Handlungsformen und den Handlungsraum der Politik. Am Ende ist also nur eine Politik, die sich einer solchen „strategischen Erweiterung", einer solchen „kosmopolitischen Transformation" verweigert (Beck 2002).

Diese These werde ich in drei Schritten entwickeln und begründen. Im ersten Schritt werde ich die grundsätzliche politische Ambivalenz der Globalisierung aufzeigen und skizzieren, worin eigentlich die Problematik der Globalisierung besteht; im zweiten Schritt werde ich illustrieren, was Staaten im Zeitalter der Globalisierung noch können; und im dritten Schritt werde ich einige Faktoren herausarbeiten, von denen die Handlungsfähigkeit der Staaten und die Gestaltungsfähigkeit der Politik im Zeitalter der Globalisierung abhängt.

2   Die politische Ambivalenz der Globalisierung

Um sich einen Zugang zur politischen Kontingenz der Globalisierung zu eröffnen, genügt es nicht, abstrakt politische Handlungsoptionen zu konstruieren und neue Politikinstrumente zu entwerfen. Die eigentliche Problematik der Globalisierung und eines ihrer wichtigsten – oftmals übersehenen – Merkmale ist ihre politische *Ambivalenz*: Die Problemstruktur der Globalisierung und ihre politischen Folgen sind nicht objektiv vorgegeben und eindeutig bestimmbar, sondern sie sind mehrdeutig. Ihre *politische* Signifikanz erhält die Globalisierung erst durch politische Perzeption, Konstruktion und Interpretation.

Besonders deutlich zeigt sich die politische Ambivalenz der Globalisierung daran, dass der politische Regelungs*bedarf*, der sich aus der Globalisierung der Wirtschaft ergibt, sich *nicht objektiv* ermitteln lässt. Damit ist selbstverständlich nicht gesagt, dass die Globalisierung kein empirisches Faktum und lediglich eine politische Imagination ohne reale Basis ist. Im Bereich der ökonomischen Globalisierung ist inzwischen unstrittig, dass in den vergangenen zwanzig Jahren eine weitreichende Entgrenzung wirtschaftlicher Transaktionen und eine Erhöhung der Mobilität von Produktionsfaktoren (insbesondere des Kapitals) stattgefunden hat (Beisheim et al. 1999; Held et al. 1999). Ebenso unstrittig dürfte sein, dass aus diesem Grund ein erheblicher Teil jenes wirtschaftspolitischen Instrumentariums, das nach dem Zweiten Weltkrieg zur Steuerung des „modernen Kapitalismus" entwickelt wurde, seine Wirksamkeit inzwischen verloren hat (vgl. Scharpf/Schmidt 2000). Dies muss, wie die jüngste Finanzkrise gezeigt hat, die nationalen Regierungen nicht davon abhalten, in ihre nationalen Ökonomien mit „Konjunkturprogrammen", „Abwrackprämien" und anderen Stimulanzen zu intervenieren, um so „Vater Staat" eine unerwartete Rückkehr zu bescheren (Schimank 2009). Damit ist zunächst lediglich gesagt, dass auch die Nutzung dieses Instrumentariums politisch kontingent ist – und auch anders entschieden werden kann. Aber es impliziert doch, dass die positiven Wirkungen inzwischen möglicherweise geringer und die negativen Nebenfolgen größer sind als zu den ‚goldenen Zeiten' des „keynesian welfare national state" (Jessop 2002).

Dies ist jedoch nur die eine Seite der Medaille. Ihre besondere politische Brisanz erhält die Globalisierung erst durch den Umstand, dass nach dem Zweiten Weltkrieg in den entwickelten Industriegesellschaften mit dem demokratischen Wohlfahrtsstaat eine Institution ausgebaut wurde, an die umfassende gesellschaftliche Sicherheitserwartungen adressiert wurden und noch immer werden. Die Globalisierung wird in den entwickelten Industriegesellschaften der „OECD-Welt" vor allem deshalb zum Problem, weil sie auf ein besonders anspruchsvolles – und damit auch ein besonders verletzliches – politisch-institutionelles Arrangement trifft, nämlich den demokratischen Wohlfahrtsstaat mit all den an ihn gerichteten Leistungsansprüchen und -erwartungen (Habermas 1998).

Dies impliziert zum einen, dass die Probleme, die durch die Globalisierung verursacht werden, zwischen Ländern und Kontinenten erheblich variieren, nicht zuletzt abhängig vom Umfang und der Struktur des nationalen Wohlfahrtsstaats und der Art und Intensität gesellschaftlicher Individualisierungsprozesse. Der Vergleich mit außereuropäischen Ländern deckt nicht nur die „Eurozentriertheit" eines erheblichen Teils insbesondere der europäischen Globalisierungskritik auf, er zeigt auch, dass die dort beklagten „Globalisierungskrisen" auf einem sehr hohen Wohlstandsniveau stattfinden. Zum anderen muss daran erinnert werden, dass dieser „Vorsorgestaat" (Ewald 1993) in den hochentwickelten Industriegesellschaften zwar funktional notwendig sein mag, er dort aber bereits vor der Globalisierung aus verschiedensten Gründen massiv in die Kritik geraten und zum Objekt politischer Reformen geworden ist (vgl. Offe 1979, 1995; Heinze et al. 1999). Auch diese Reformprogramme waren und sind politisch kontingent. Aufgrund der politischen Ambivalenz der Globalisierung gibt es eben keinen Königsweg aus der „Globalisierungsfalle" (Martin/Schumann 1996). Vielmehr eröffnen sich höchst unterschiedliche Lösungswege, um mit den Herausforderungen der Globalisierung umzugehen, von denen bislang zwei die öffentliche Debatte dominierten.

Der eine Weg – das „sozialdemokratische Programm" – sieht vor, durch organisatorische und institutionelle Reformen die Leistungs*fähigkeit* der Politik zu verbessern. Durch neue institutionelle Arrangements des Regierens soll der globale Kapitalismus so reguliert werden, dass er mit dem demokratischen Wohlfahrtsstaat verträglich wird (Habermas 1998). Das ist die Problemstellung, mit der sich der Großteil der sozialwissenschaftlichen Globalisierungsforschung beschäftigt. Dies macht es innerhalb der Nationalstaaten notwendig, eine neue Balance zwischen wirtschaftlicher Effizienz und sozialer Gerechtigkeit zu finden, wie sie insbesondere mit dem Konzept des „dritten Weges" (Giddens 1998) angestrebt wurde. Gleichzeitig erfordert es die Etablierung neuer Formen der internationalen Kooperation und der supranationalen Integration, wie sie den verschiedensten „Global Governance"-Konzepten zugrunde liegen (Held 2004). Aber dies ist nur die eine Möglichkeit. Die zweite Möglichkeit – das „neoliberale Programm" – läuft darauf hinaus, die Leistungs*ansprüche* an den demokratischen Wohlfahrtsstaat zurückzufahren und die Regelungslücke auf diese Weise zu verkleinern. Dies schließt an die neokonservative Wohlfahrtsstaatskritik an, die bereits in den 1970er Jahren eine „Inflation der Ansprüche" der Bürger an den Staat beklagte und dafür plädierte, dem Bürger wieder mehr Selbstverantwortung zu übertragen (Bell 1976; Berger/Neuhaus 1979).

Es ist unschwer zu erkennen, dass sich daraus ganz unterschiedliche Einschätzungen der Globalisierung und des aus ihr resultierenden staatlichen Regelungsbedarfs ergeben. Die neoliberalen ‚Globalisierungsoptimisten' haben bislang den politischen Steuerungsbedarf sehr gering angesetzt und vor allem für einen Abbau bestehender staatlicher Leistungen und bestehender gesellschaftlicher Leistungserwartungen plädiert (Wolf 2004). Die ‚Globalisierungspessimisten' dagegen setzen beides, sowohl den politischen Steuerungsbedarf, als auch die gesellschaftlichen Leistungserwartungen, sehr hoch an – und sobald sich zwischen beidem eine Lücke auftut, beklagen sie das ‚Ende der Politik'.

All dies sind jedoch keine Indizien für das Verschwinden politischer Kontingenz im „Zeitalter der Globalisierung". Beides lässt ganz im Gegenteil erkennen, dass der Regelungsbedarf, der durch die Globalisierung entsteht, nicht „objektiv" vorgegeben ist, sondern selbst in hohem Maße politisch konstruiert – und auch politisch konstruierbar. Damit ist keineswegs gesagt, dass der staatliche Regelungsbedarf nach Belieben definiert und revidiert werden kann. Ganz im Gegenteil, die politische Diskussion der vergangenen zwanzig Jahre hat deutlich gezeigt, dass mit dem Wohlfahrtsstaat nicht nur Budgets und Bürokratien geschaffen wurden, sondern gleichzeitig auch Normen für Fairness, Solidarität und Angemessenheit in den westlichen Demokratien institutionalisiert wurden, die nicht mehr ohne Weiteres zur Disposition gestellt werden können. Dies lässt sich nicht zuletzt daran erkennen, dass der Wohlfahrtsstaat trotz des Entstehens einer neuen „kulturellen" Konfliktdimension in den westeuropäischen Ländern noch immer das salienteste politische Thema ist (Kriesi et al. 2010).

Die Globalisierung bedeutet in dieser Perspektive folglich vor allem eine „Ausweitung der Kampfzone" um die Weiterentwicklung des Projektes der Moderne – um einen Buchtitel von Michel Houellebecq aufzugreifen. Sie ist zuallererst als ein neuer „struktureller Kontext" (Jessop 2000: 343) zu begreifen, durch den der „politische Raum" (Greven 1999: 90) in den westlichen Demokratien neu vermessen, ihre Handlungsoptionen neu bewertet und die politischen Kräfteverhältnisse neu gewichtet werden (Beck 2002). Ihre Folgen sind dann ebenso wie der Regelungsbedarf für das Regieren innerhalb und jenseits des Nationalstaats nichts anderes als das vorläufige Ergebnis dieser politischen Konflikte, sie sind nicht objektiv durch die Globalisierung vorgegeben. Der Erfolg der Politik hängt dann entscheidend davon ab, ob und inwieweit sie sich der Kontingenz der neuen „Lage" bewusst ist und sie sich strategisch auf diese Ausweitung der Kampfzone einlässt.

3   Staatliche Handlungsspielräume im Zeitalter der Globalisierung

Globalisierungspessimisten könnten dagegen nun einwenden, dass in dieser globalen „Kampfzone" die Waffen höchst ungleich verteilt sind und das transnational mobile Kapital einen strukturellen Vorteil besitzt, den der sesshafte und in seinem Aktionsradius begrenzt Staat in keinem Fall wettmachen kann. Dieses Argument scheint auf den ersten Blick plausibel, ist aber so pauschal empirisch nicht haltbar. Gerade die konzeptionell anspruchsvollsten und empirisch aufwändigsten Studien zur Globalisierung (darunter Scharpf/Schmidt 2000; Bernauer 2000; Weiss 2003; Wagschal 2005; Zohlnhöfer 2009) zeigen, dass die Globalisierung der Wirtschaft keineswegs das ‚Ende der Politik' bedeutet. Der Staat besitzt nach wie vor historisch einzigartige Handlungskapazitäten und er kann damit nach wie vor weit mehr tun, als nur „die nomadisierenden Kapitalmassen bei Laune zu halten" (Koch 1997: 770). Fünf empirische Befunde sind in diesem Zusammenhang besonders instruktiv.

Erstens zeigen die verfügbaren empirischen Daten für die entwickelten Industrieländer, dass dort (trotz der Privatisierung in einigen Bereichen) in den vergangenen zwanzig Jahren kein signifikanter Rückgang der *Staatstätigkeit* stattgefunden hat. Dies gilt insbesondere für die wohlfahrtsstaatlichen Funktionen des Staates (Swank 2003). Der Staatsanteil – z. B. gemessen am Anteil der Staatsausgaben am Bruttosozialprodukt – ist in den Ländern der OECD-Welt nach wie vor sehr groß (zwischen 30 und 60 Prozent), und es existieren nach wie vor beträchtliche Unterschiede zwischen den Ländern.

Zweitens lassen diese Daten erkennen, dass auch der Umfang der *Staatseinnahmen* nicht, wie vielfach befürchtet, zurückgegangen ist (Garrett 1998; Bernauer 2000; Genschel 2000; Hobson 2003; Ganghof 2005; Wagschal 2005). Ein ‚Wettlauf nach unten' in der Steuerpolitik, der dazu geführt hätte, dass die Staatseinnahmen zurückgehen, ist über längere Zeit hinweg auf Aggregatdatenebene nicht zu beobachten. Dies gilt bemerkenswerterweise auch für die Unternehmenssteuern, die im OECD-Durchschnitt nicht signifikant zurückgegangen sind. Wenn die öffentliche Verschuldung in einigen Staaten dennoch dramatisch zugenommen hat, dann liegt das nicht daran, dass die Einnahmen eingebrochen sind, sondern dass die Ausgaben außer Kontrolle geraten sind. Um ihre Steuereinnahmen auf hohem Niveau zu halten, mussten die Staaten allerdings substantielle steuerpolitische Reformen vornehmen (Ganghof 2005).

Drittens zeigt der internationale Vergleich, dass der Nationalstaat auch in wichtigen, von der ökonomischen Globalisierung stark betroffenen Politikbereichen wie der Wirtschafts-, Sozial- und Umweltpolitik noch immer *große Handlungsspielräume* besitzt. Diese Handlungskapazitäten wurden insbesondere in einigen kleineren westeuropäischen Ländern dazu genutzt, um zentrale Ziele des demokratischen Wohlfahrtsstaats wie Vollbeschäftigung, soziale Sicherheit und nachhaltigen Umweltschutz zu erreichen. Beispielhaft hierfür sind die Niederlande, Dänemark, Finnland, die Schweiz und Schweden. Das markanteste Beispiel dürfte der Umweltschutz sein. In diesem Bereich wurden die staatlichen Handlungskapazitäten gerade in den vergangenen zwanzig Jahren auf- und ausgebaut – und dies sogar in wirtschaftlich weniger entwickelten Ländern außerhalb der OECD-Welt.

Viertens ergibt der Blick auf die Leistungsprofile der einzelnen Länder ein bemerkenswertes *Paradox der Globalisierung*: Gerade jene Länder, die aufgrund der Weltmarktoffenheit ihrer Ökonomien von den negativen Folgen der Globalisierung eigentlich besonders stark hätten negativ betroffen sein müssen, waren in Politikbereichen wie der Arbeitsmarkt-, Umwelt- und Technologiepolitik – also Politikbereichen, die besonders stark von der Wirtschaft abhängig sind – besonders erfolgreich. Sie haben es nicht nur geschafft, die Zahl der Arbeitslosen niedrig zu halten bzw. zu senken, sie spielen auch eine Pionierrolle in der Umweltpolitik, gelten als Modelle in der Technologie- und Bildungspolitik – und all dies gelang ihnen, ohne den Anspruch an soziale Sicherheit aufzugeben oder die öffentlichen Haushalte zu überfordern.

Fünftens haben die vergleichenden Analysen ergeben, dass zur Erklärung der unterschiedlichen Politikprofile zwischen Ländern „politische Faktoren nach wie vor eine große Rolle spielen" (Zohlnhöfer 2009: 409). Für die Steuer- und Finanzpolitik stellte Zohlnhöfer fest, „dass die Ergebnisse der Politik keineswegs identisch sind, wenngleich sich in einigen Bereichen Konvergenz zeigt, am deutlichsten sicherlich hinsichtlich der Körperschaftssteuersätze. Doch selbst in den Bereichen, in denen sich Konvergenz beobachten lässt, haben die Anpassungsprozesse unterschiedlich lange gedauert und Regierungen haben in vielen Bereichen unterschiedliche Wege beschritten. Das macht deutlich, dass die Globalisierung auch in der Wirtschafts- und Finanzpolitik keineswegs das Ende der Politik bedeutet, und dass es entsprechend darauf ankommt, die politischen Faktoren, die Anpassungsreaktionen auf integrierte Märkte beeinflussen, besser zu verstehen" (Zöhlnhöfer 2009: 409).

Welche politischen Faktoren spielen in diesem Zusammenhang eine Rolle? Wann macht Politik im „Zeitalter der Globalisierung" einen Unterschied und wie ist es insbesondere den europäischen Kleinstaaten gelungen, der viel zitierten „Globalisierungsfalle" zu entkommen? Bei der Beantwortung dieser Fragen ist es sinnvoll, mehrere große Bündel von Faktoren zu unterscheiden, von denen ich hier vor allem auf zwei eingehen möchte: *politisch-institutionelle Faktoren und politisch-strategische Faktoren.*

Die große Bedeutung des ersten Faktorenbündels, der *politisch-institutionellen Faktoren,* ist in der politikwissenschaftlichen und auch in Teilen der ökonomischen Literatur unstrittig. Beispielhaft hierfür ist die vergleichende Analyse von Fritz W. Scharpf (2000) zu den Arbeitsmarkt- und Sozialpolitiken in zwölf OECD-Ländern. Diese Analyse hat gezeigt, dass der Erfolg staatlicher Politik in hohem Maße von *institutionellen* Faktoren abhängig ist, die historisch vorgegeben sind und die sich der unmittelbaren politischen Gestaltung weitgehend entziehen, und dass die Bedeutung dieser Faktoren im Zuge der Globalisierung zugenommen und nicht abgenommen hat. Dazu zählt beispielsweise die institutionelle Verfasstheit des Regierungssystems, die Staatsstruktur (z. B. Föderalismus) oder die institutionelle Ausgestaltung einzelner Politikfelder (z. B. des Gesundheitssystems). Dieser Befund hat gewichtige Implikation. Daraus folgt, dass die vielbeschworenen ‚Chancen der Globalisierung' nicht von allen Ländern in gleicher Weise und in gleichem Umfang genutzt werden können. Es gibt selbst in der OECD-Welt Länder, denen es schwer fällt, ihre Politiken an die neuen Bedingungen anzupassen. Zu diesen Ländern zählt offensichtlich Deutschland.

Die große Bedeutung institutioneller Faktoren hat zur Folge, dass wir in den entwickelten Industrieländern unter dem Druck der Globalisierung eben nicht, wie lange Zeit behauptet, eine Vereinheitlichung von Problemkonstellationen und eine „barbarische Einförmigkeit" (Koch 1997: 773) nationaler Politikmuster beobachten können, sondern das genaue Gegenteil. Die bestehenden nationalen Unterschiede in der institutionellen Grundausstattung des demokratischen Wohlfahrtsstaates blieben nicht nur Großteils erhalten, sie erzeugen auch neue Divergenzen und Disparitäten, neue Spaltungen und Antagonismen sowohl innerhalb der nationalen Gesellschaften als auch zwischen den Ländern.

4   Die Politik der strategischen Erweiterung

All das heißt nun allerdings nicht, dass der Erfolg staatlicher Politik im Zeitalter der Globalisierung gänzlich institutionell determiniert ist und die Politik zwar nicht vor der transnationalen Wirtschaft, aber vor den nationalen institutionellen ‚Vetospielern' kapitulieren müsste. Die Handlungsfähigkeit der Nationalstaaten und der Erfolg ihrer Politik hängen noch von einem zweiten Bündel von Faktoren ab, die ich als *politisch-strategische Faktoren* bezeichnen möchte. Die gemeinsame Pointe dieser Faktoren besteht darin, dass sie es der Politik ermöglichen, ihr Handlungsrepertoire so zu erweitern, dass sie in den ausgeweiteten politischen Kampfzonen der Globalisierung eine ernstzunehmende Gegenmacht zum transnational agierenden Kapital bilden kann. Im Einzelnen besteht diese *Politik der strategischen Erweiterung* aus mindestens drei Elementen: erstens der Erweiterung des *Handlungsinstrumentariums* der Politik; zweitens der Erweiterung der *Organisations- und Handlungsformen*; und drittens der Erweiterung des *Handlungsraumes*.

4.1 Die Erweiterung des Handlungsinstrumentariums

Betrachtet man jene Fälle genauer, in denen die Politik auf die Herausforderungen der Globalisierung mit innovativen Reformen reagierte, dann zeigt sich, dass dabei die Entwicklung und Nutzung neuer Steuerungsinstrumente eine entscheidende Rolle spielt. In diesen Fällen reagierte die Politik auf die Effizienz- und Effektivitätsverluste ihres vorhandenen Instrumentariums nicht mit Steuerungsverzicht, sondern mit der Entwicklung neuer, wirkungsvollerer Steuerungsinstrumente. Diese Instrumente zeichnen sich alle dadurch aus, dass sie (a) nicht-hierarchisch und nicht-direktiv sind; dass (b) die klassischen Steuerungsmedien Geld und Recht an Bedeutung verlieren und dass (c) die Adressaten der Steuerung einen beträchtlichen Entscheidungsspielraum bei der Formulierung und Umsetzung staatlicher Vorgaben besitzen. Auf diese Weise können die Kosten der Umsetzung von Normen für die Steuerungsadressaten (insbesondere die Unternehmen) und die der Kontrolle der Regelbefolgung durch den Staat deutlich gesenkt werden.

Die Entwicklung solcher neuen Steuerungsinstrumente ist keine unmittelbare Folge der Globalisierung. Sie reicht bis in die 1970er Jahre zurück und war zunächst eine Reaktion auf die Defizite hierarchischer Steuerung in den wohlfahrtsstaatlichen Demokratien (Salomon 2002). Die Globalisierung hat die Entwicklung solcher neuen, „weichen" Steuerungsinstrumente aber zweifellos begünstigt und beschleunigt. Durch diese neuen Steuerungsinstrumente konnte nicht nur die Wirksamkeit staatlicher Regulierung verbessert, sondern gleichzeitig auch deren Kosten für die Unternehmen gesenkt werden. Auf diese Weise wurden die Anreize für die Unternehmen, sich den Kosten staatlicher Regulierung durch die Verlagerung von Produktionsanlagen zu entziehen, erheblich reduziert.

Die Umweltpolitik ist ein gutes Beispiel hierfür. In diesem Bereich haben sich die Steuerungsprobleme des konventionellen Instrumentariums frühzeitig gezeigt und eine intensive „Instrumentendiskussion" ausgelöst (König/Dose 1993). Ein Ergebnis dieser Diskussion war die Entwicklung von Steuerungsinstrumenten, die sich deutlich vom bislang gebräuchlichen „command-and control"-Muster staatlicher Steuerung unterschieden. Hierzu zählen verschiedenste Arten von Abkommen und Verhandlungslösungen, die teilweise der Umsetzung bestehenden Rechts dienen oder teilweise an die Stelle des Rechts getreten sind (Mol et al. 2000; Töller 2003). Die Zahl solcher „Umweltabkommen" hat in Westeuropa seit der Mitte der 1980er Jahre stark zugenommen; 1996 gab es mehr als 300 Umweltabkommen in den Ländern der EU. Etwa zwei Drittel dieser Abkommen wurden in Deutschland und den Niederlanden geschlossen, wobei die niederländische Variante des Umweltabkommens, die so genannten „covenanten", im internationalen Vergleich als besonders wirkungsvoll gilt. Diesen Umweltabkommen wird ein beträchtlicher Anteil an den niederländischen Erfolgen in der Umweltpolitik in den 1990er Jahren zugeschrieben. In steuerungstheoretischer Perspektive ist hieran besonders bemerkenswert, dass die Umweltabkommen in den Niederlanden zumeist mit ordnungsrechtlichen Instrumenten verschränkt sind, sie den Staat also nicht vollständig ersetzen, sondern im „Schatten der Hierarchie" operieren (Töller 2008).

4.2 Stärkung von Gegenmächten durch die Erweiterung der Organisations- und Handlungsformen

So viel ist richtig an der Globalisierungskritik: Die bestehenden, in der (nationalen) Industriegesellschaft etablierten und bewährten Organisations- und Handlungsformen verlieren an Macht und Durchsetzungsfähigkeit. Nirgendwo anders lassen sich die Folgen der Ausweitung der Kampfzonen und der Veränderung der Kampfbedingungen besser beobachten als an der Ohnmacht der Industriegewerkschaften gegen die strategischen Winkelzüge des transnational operierenden Kapitals. Die Beispiele von Opel, Nokia und Siemens-Benq hatten in den letzten Jahren eines gemeinsam: Während die Unternehmen ihre Produktionsstandorte mit Blick auf die Senkung ihrer Kosten (ergo: Maximierung ihrer Gewinne) schließen und verlagern, scheinen der Politik nur kurzatmige „Rettungspläne" und Erhaltungssubventionen zu verbleiben, die die überflüssig gewordenen Belegschaften mit Lohn- und Gehaltsverzichten flankieren. Politik der Erweiterung heißt deshalb auch: Stärkung von Gegenmächten durch die Erweiterung politischer Organisations- und Handlungsformen. Dies ist vor allem in zwei Formen denkbar.

Die eine Möglichkeit besteht in der Entwicklung neuer zivilgesellschaftlicher Organisationen und transnationaler Protestformen (Della Porta/Tarrow 2005). Sinnbild hierfür sind neue Formen transnationaler Kampagnen (gegen die Globalisierung), neue Organisationen der Globalisierungskritik wie Attac (Leggewie 2003), aber auch Formen des politischen Konsums (Stolle et al. 2005; Holzer 2006). Alle diese Aktionsformen haben gemeinsam, dass sie die Grenzen etablierter Organisationen und Organisationsdomänen, aber auch der nationalen Politik überwinden. Sie basieren auf netzwerkartigen Formen der Partizipation und neuen Formen der Mobilisierung in themenspezifischen Kampagnen. Eine systematische Analyse der Protestpolitik in Westeuropa seit der Mitte der 1970er Jahre zeigt jedoch auch, dass die Bedeutung der „Protestpolitik" im Zusammenhang mit der Globalisierung nicht überschätzt werden sollte. Die Globalisierung hat in den vergangenen zwanzig Jahren trotz einiger spektakulärer Protestereignisse (z. B. Seattle, Genua, Heiligendamm) zu keinem neuen Protestzyklus geführt und der Grad der Transnationalisierung der Protestarena ist insgesamt nur wenig angestiegen (Hutter 2010).

Eine zweite Möglichkeit der Entfaltung von Gegenmacht ist die Neuerfindung bestehender Organisationen, insbesondere der Gewerkschaften: Ein besonders instruktives Beispiel hierfür sind neuere Entwicklungen in den US-amerikanischen Gewerkschaften, die historisch im internationalen Vergleich als relativ schwach galten und noch immer gelten. Diese Entwicklungen werden unter dem Begriff des „Social Movement Unionism" (Geiselberger 2007) diskutiert und zeichnen sich insbesondere durch drei Merkmale aus: Erstens die Erweiterung des strategischen Handlungsrepertoires durch die gezielte Nutzung von verschiedensten Formen des Boykotts (strategische Erweiterung); zweitens durch die Erweiterung des organisatorischen Handlungsrahmens durch neue Formen der Kooperation und der Öffnung gegenüber der Zivilgesellschaft (organisatorische Erweiterung); und drittens schließlich durch die Erweiterung des politischen Zielhorizonts durch die Ausweitung des thematischen Kontexts von Arbeitskonflikten (nicht nur Lohn und Arbeitszeit, sondern auch Menschenrechte) (politische Erweiterung). Aus diesen Merkmalen lassen sich durchaus Perspektiven für eine „Revitalisierung der Gewerkschaften als soziale Bewegung" entwickeln: Organisationen wie die Teamsters, die CIW und die SEIU verlassen die verrechtlichten Kanäle, sie binden die einfachen Mitglieder wieder stärker ein und sie suchen die strategische und thematische Annäherung an die neuen und neuesten sozialen Bewegungen der Globalisierungs- und Konzernkritiker (Geiselberger 2007). Eine solche Neuerfindung der Gewerkschaften steht in Westeuropa erst in den Anfängen, sie dürfte aber unumgänglich sein, wenn diese den wechselnden Winden globaler Wirtschaftsinteressen widerstehen wollen.

4.3 Erweiterung des Handlungsraumes durch kosmopolitische Strategien

Der dritte Aspekt der Politik der Erweiterung bezieht sich auf den strategischen Handlungsraum. Hier verschafft sich die Politik neue, zusätzliche Handlungsoptionen durch die Erweiterung ihres Handlungsradius und die Nutzung von kosmopolitischen Handlungsstrategien. Auch diese kosmopolitischen Strategien haben wiederum zwei Dimensionen. Die eine ist bestens bekannt und bezieht sich auf den Auf- und Ausbau von neuen Institutionen und Organisationen jenseits des Nationalstaates, wie sie in verschiedensten Varianten der „Global Governance" konzipiert werden (Zürn 1998; Held 2004; Slaughter 2004; Grande/Pauly 2005). Diese neuen Formen des Regierens jenseits des Nationalstaats sind zweifellos wichtig, um sich jener Regelungsprobleme der „Weltrisikogesellschaft" (Beck 2007) anzunehmen, mit denen die Nationalstaaten überfordert sind und zu deren Lösung die Kooperation der Staaten unverzichtbar ist. Dabei wird jedoch vielfach übersehen, dass diese neuen Formen des transnationalen Regierens den Nationalstaat nicht nur entlasten, sondern ihn zugleich auch stärken können. Durch die Einbindung der Nationalstaaten in neue Mehrebenensysteme des transnationalen Regierens können – unter Bedingungen, über die wir noch viel zu wenig wissen – die strategischen Handlungsoptionen nationaler Politik entscheidend erweitert werden.

In mehreren empirischen Studien konnte gezeigt werden, dass zwischen der nationalen Reformfähigkeit und der internationalen Kooperationsfähigkeit von Staaten ein enger und positiver Zusammenhang besteht. Die Notwendigkeit zur internationalen Kooperation begrenzt nicht nur den autonomen Handlungsspielraum von Staaten, sie kann ihn unter Umständen zugleich auch erweitern. Zugespitzt formuliert: Besonders reformfähig sind nicht jene Staaten, die besonders kleinlich ihre nationale Souveränität verteidigen, sondern jene, die den Verzicht auf formale Souveränität geschickt nutzen, um ihre materielle Souveränität, ihre materielle Handlungsfähigkeit gegenüber der Wirtschaft, zu vergrößern. Hier stoßen wir auf ein weiteres Paradox der Globalisierung: Souveränitätsverzicht kann Souveränitätsgewinne bringen, konkret: Der Verzicht auf formelle Souveränität kann einen Zugewinn an materieller Souveränität zur Folge haben (vgl. Grande/Risse 2000; Beck 2002; Beck/Grande 2004). Dies setzt im Kern voraus, dass es den nationalen Regierungen gelingt, die internationale Kooperation von einem Nullsummenspiel zu einem Positivsummenspiel zu transformieren.

Die holländische Umweltpolitik ist wiederum ein besonders gutes Beispiel für eine solche kosmopolitische Strategie (Liefferink 1997). Die Niederlande haben seit den 1980er Jahren ihre Vorreiterrolle in der Umweltpolitik bewusst und zielgerichtet mit einem kooperativen Ansatz in der EU und in internationalen Organisationen verbunden. Auf diese Weise gelang es den Niederlanden zum einen, einen erheblichen Teil ihrer umweltpolitischen Konzepte und Instrumente zu exportieren und so die nationalen Anpassungszwänge an internationale Normen zu verringern. Gleichzeitig erleichterten die so vereinbarten internationalen Normen auch die Akzeptanz nationaler Normen und ihre Weiterentwicklung. Dieser Politikansatz basiert nicht zuletzt auf einer engen Koordination zwischen der nationalen Umweltpolitik und der Außenpolitik in diesem Politikfeld (Liefferink 1997: 238 ff.).

5   Die doppelte Kontingenz der Politik im Zeitalter der Globalisierung

Der Blick auf die empirische Globalisierungsforschung zeigt, dass auch im ‚Zeitalter der Globalisierung‘ erfolgreiche Politik noch möglich ist. Sie besitzt nach wie vor substantielle Entscheidungsalternativen und sie ist nach wie vor in der Lage, wichtige gesellschaftliche Ziele zu erreichen. Erfolgreich ist sie in dem durch die Globalisierung neu geschaffenen strategischen Kontext aber nur dann, wenn sie lernfähig, offen und flexibel ist. Eine Politik, die lediglich das Erreichte in den bestehenden organisatorischen und institutionellen Formen verteidigen will, ist zum Scheitern verurteilt. Das Gleiche gilt für eine Politik, die ausschließlich national orientiert ist. In beiden Fällen schrumpfen die Handlungsspielräume tatsächlich zunehmend. Das ist aber keine zwangsläufige Folge der Globalisierung, sondern die fatale Konsequenz einer unbeweglichen, lernunfähigen, und dem ‚nationalen Blick‘ verhafteten Politik.

Die Politik ist im Zeitalter der Globalisierung folglich in einem doppelten Sinne kontingent geworden (Holzinger 2006). Zum einen benötigt sie ein entsprechendes Kontingenzbewusstsein. „Politisiert wird etwas dadurch, dass es auf gesellschaftlicher Ebene – oder zwischenstaatlich – als entscheidbar und entscheidungsbedürftig *erkannt* und mit einigem Erfolg propagiert wird" (Greven 2010: 69; eigene Hervorhebung). Ein solches Kontingenzbewusstsein kann, wie gerade die linke Globalisierungskritik mit ihrer Kontingenzverleugnung zeigt, nicht vorausgesetzt werden. Bevor die Globalisierung zu einem politischen Projekt gemacht werden kann, muss sie als politisches Projekt wahrgenommen werden. Damit allein ist es aber nicht getan. Hinzukommen muss, dass die Politik selbst durch gezielte ‚Strategien der Erweiterung‘ die Bedingungen dafür schafft, dass für diese Entscheidungen substantielle Alternativen zur Verfügung stehen und die Voraussetzungen für eine erfolgreiche Umsetzung gegeben sind. Wo dies nicht der Fall ist, gerät sie zum folgenlosen Dezisionismus. Die entscheidende Frage lautet meines Erachtens deshalb nicht: Was *kann* die Politik im ‚Zeitalter der Globalisierung' noch? Sie lautet: Was *will* die Politik noch *können*? Die Globalisierung erzwingt keinen Abschied von der Politik, sie zwingt uns, die Politik ernst zu nehmen und – zumindest teilweise – neu zu erfinden.

Literatur

Beck, Ulrich, 2002: Macht und Gegenmacht im globalen Zeitalter. Frankfurt a. M.

Beck, Ulrich, 2007: Weltrisikogesellschaft. Frankfurt a. M.

Beck, Ulrich/Grande, Edgar, 2004: Das kosmopolitische Europa. Frankfurt a. M.

Beisheim, Marianne/Dreher, Sabine/Walter, Gregor/Zangl, Bernhard/Zürn, Michael, 1999: Im Zeitalter der Globalisierung? Thesen und Daten zur politischen und gesellschaftlichen Denationalisierung. Baden-Baden.

Bell, Daniel, 1976: The Cultural Contradictions of Capitalism. New York.

Berger, Peter L./Neuhaus, Richard J., 1979: To empower People. From State to Civil Society. Washington, D. C.

Bernauer, Thomas, 2000: Staaten im Weltmarkt. Zur Handlungsfähigkeit von Staaten trotz wirtschaftlicher Globalisierung. Opladen

Dahrendorf, Ralf, 1996: Die Quadratur des Kreises. Freiheit, Solidarität und Wohlstand, in: Transit 12 (Winter), 5-28.

Della Porta, Donatella/Tarrow, Sidney (Hrsg.), 2005: Transnational Protest and Global Activism. Lanham.

Ewald, François, 1993: Der Vorsorgestaat. Frankfurt a. M.

Forrester, Viviane, 1997: Der Terror der Ökonomie. Wien.

Ganghof, Steffen, 2005: Konditionale Konvergenz. Ideen, Institutionen und Standortwettbewerb in der Steuerpolitik von EU- und OECD-Ländern, in: Zeitschrift für Internationale Beziehungen 12 (1), 7-40.

Garret, Geoffrey, 1998: Partisan Politics in the Global Economy. Cambridge.

Geiselberger, Heinrich, 2007: Social Movement Unionism, in: Heinrich Geiselberger (Hrsg.): Und jetzt? Politik, Protest und Propaganda. Frankfurt a. M., 79-87.

Genschel, Philipp, 2000: Der Wohlfahrtsstaat im Steuerwettbewerb, in: Zeitschrift für Internationale Beziehungen 7 (2), 267-296.

Giddens, Anthony, 1998: The Third Way. The Renewal of Social Democracy. Oxford.

Grande, Edgar/Pauly, Louis W. (Hrsg.), 2005: Complex Sovereignty. Reconstituting Political Authority in the 21st Century. Toronto.

Grande, Edgar/Risse, Thomas, 2000: Bridging the Gap. Konzeptionelle Anforderungen an die politikwissenschaftliche Analyse von Globalisierungsprozessen, in: Zeitschrift für Internationale Beziehungen 7 (2), 235-266.

Greven, Michael Th., 1999: Die politische Gesellschaft. Kontingenz und Dezision als Probleme des Regierens und der Demokratie. Wiesbaden.

Greven, Michael Th., 2010: Verschwindet das Politische in der politischen Gesellschaft? Über Strategien der Kontingenzverleugnung, in: Thomas Bedorf/Kurt Röttgers (Hrsg.): Das Politische und die Politik. Frankfurt a. M., 68-89.

Guéhenno, Jean-Marie, 1994: Das Ende der Demokratie. München.

Habermas, Jürgen, 1998: Die postnationale Konstellation. Frankfurt a. M.

Held, David, 2004: Global Covenant. Cambridge.

Held, David/McGrew, Anthony/Goldblatt, David/Perraton, Jonathan, 1999: Global Transformations. Cambridge.

Heinze, Rolf G./Schmid, Josef/Strünck, Christoph, 1999: Vom Wohlfahrtsstaat zum Wettbewerbsstaat. Arbeitsmarkt und Sozialpolitik in den 90er Jahren. Opladen.

Hirst, Paul Q./Thompson, Grahame, 1996: Globalization in Question. The international Economy and the Possibilities of Governance. Cambridge.

Hobson, John M., 2003: Disappearing Taxes or the ‚Race to the Middle'? Fiscal Policy in the OECD, in: Linda Weiss (Hrsg.): States in the Global Economy. Cambridge, 37-57.

Holzer, Boris, 2006: Political Consumerism between Individual Choice and Collective Action. Social movements, role mobilization and signalling, in: International Journal of Consumer Studies 30, 406-415.

Holzinger, Markus, 2006: Der Raum des Politischen. Politische Theorie im Zeichen der Kontingenz. München.

Hutter, Swen, 2012: Restructuring Protest Politics: The Terrain of Cultural Winners, in: Hanspeter Kriesi/Edgar Grande/Martin Dolezal/Marc Helbling/Dominic Hoeglinger/Swen Hutter/Bruno Wüest: Political Conflict in Western Europe. Cambridge.

Jessop, Bob, 2000: Die (Un)Logik der Globalisierung. Der Staat und die Reartikulation des ökonomischen Raumes, in: Das Argument 42 (3), 341-354.

Jessop, Bob, 2002: The Future of the Capitalist State. Cambridge.

Koch, Claus, 1997: Im Diesseits des Kapitalismus, in: Karl Heinz Bohrer/Kurt Scheel (Hrsg.): Kapitalismus als Schicksal? Zur Politik der Entgrenzung. Stuttgart, 763-777.

König, Klaus/Dose, Nicolai (Hrsg.), 1993: Instrumente und Formen staatlichen Handelns. Köln.

Kriesi, Hanspeter/Grande, Edgar/Dolezal, Martin/Helbling, Marc/Hoeglinger, Dominic/Hutter, Swen/Wüest, Bruno, 2012: Political Conflict in Western Europe. Cambridge.

Leibfried, Stephan/Zürn, Michael (Hrsg.), 2006: Transformationen des Staates. Frankfurt a. M.

Leggewie, Claus, 2003: Die Globalisierung und ihre Gegner. München.

Liefferink, Duncan, 1997. The Netherlands. A Net Exporter of Environmental Policy Concepts, in: Skou Andersen/Duncan Liefferink (Hrsg.): European Environmental Policy. The Pioneers. Manchester, 210-250.

Lütz, Susanne, 2002: Der Staat und die Globalisierung von Finanzmärkten. Regulative Politik in Deutschland, Großbritannien und den USA. Frankfurt a. M.

Martin, Hans-Peter/Schumann, Harald, 1996: Die Globalisierungsfalle. Der Angriff auf Demokratie und Wohlstand. Reinbek bei Hamburg.

Mol, Arthur P. J./Lauber, Volkmar/Liefferink, Duncan (Hrsg.), 2000: The Voluntary Approach to Environmental Policy. Joint Environmental Approach to Environmental Policy-making in Europe. Oxford.

Offe, Claus, 1979: „Unregierbarkeit". Zur Renaissance konservativer Krisentheorien, in: Jürgen Habermas (Hrsg.): Stichworte zur „Geistigen Situation der Zeit". Frankfurt a. M., 1. Band, 294-318.

Offe, Claus, 1995: Schock, Fehlkonstrukt oder Droge? Über drei Lesarten der Sozialstaatskrise, in: Werner Fricke (Hrsg.): Jahrbuch Arbeit und Technik. Bonn, 31-41.

Salomon, Lester M. (Hrsg.), 2002: The Tools of Government. Oxford.

Scharpf, Fritz W., 2000: The Viability of Advanced Welfare States in the International Economy. Vulnerabilities and Options, in: Journal of European Public Policy 7 (2), 190-228.

Scharpf, Fritz W./Schmidt, Vivian A. (Hrsg.), 2000: Work and Welfare in the Open Economy, Oxford.

Schimank, Uwe, 2009: „Vater Staat": ein vorhersehbares Comeback. Staatsverständnis und Staatstätigkeit in der Moderne, in: der moderne staat 2 (2), 249-269.

Slaughter, Anne-Marie, 2004: A New World Order. Princeton.

Stolle, Dietlind/Hooghe, Marc/Micheletti, Michele, 2005: Politics in the Supermarket. Political Consumerism as a Form of Political Participation, in: International Political Science Review 26 (3), 245-269.

Swank, Duane, 2003: Withering Welfare? Globalization, Political Economic Institutions, and the Foundations of Contemporary Welfare States, in: Linda Weiss (Hrsg.): States in the Global Economy. Bringing Domestic Institutions Back In. Cambridge, 58-82.

Töller, Annette E., 2003: Warum kooperiert der Staat? Politische Steuerung durch Umweltvereinbarungen, in: Edgar Grande/Rainer Prätorius (Hrsg.): Politische Steuerung und neue Staatlichkeit. Baden-Baden, 154-188.

Töller, Annette E., 2008: Kooperation im Schatten der Hierarchie. Dilemmata des Verhandelns zwischen Staat und Wirtschaft, in: Gunnar Folke Schuppert/Michael Zürn (Hrsg.): Governance in einer sich wandelnden Welt. Wiesbaden, 282-312.

Wagschal, Uwe, 2005: Steuerpolitik und Steuerreformen im internationalen Vergleich. Münster.

Weiss, Linda (Hrsg.), 2003: States in the Global Economy. Bringing Domestic Institutions Back In. Cambridge.

Wolf, Martin, 2004: Why globalization works. New Haven.

Zohlnhöfer, Reimut, 2009: Globalisierung der Wirtschaft und finanzpolitische Anpassungsreaktionen in Westeuropa. Baden-Baden.

Zürn, Michael, 1998: Regieren jenseits des Nationalstaats. Frankfurt a. M.

Empirische und normative politische Theorie

Kontingente Kritik auf der Basis einer komplexen Theorie der reflexiven Demokratie

Joachim Blatter

1   Kritische Politikwissenschaft in einer kontingent-politischen Gesellschaft

In weiten Teilen der Politikwissenschaft diagnostiziert man seit Jahren eine „Entpolitisierung" – hervorgerufen durch die ökonomischen Imperative der Globalisierung und die Komplexität einer funktional immer spezialisierteren und international immer verflochteneren Welt (vgl. z. B. Hay 2007; Flinders 2006: 240-244). Für Michael Th. Greven befinden wir uns dagegen in einer „politischen Gesellschaft", die durch ein noch nie da gewesenes Ausmaß an Kontingenz und durch eine „Fundamentalpolitisierung" gekennzeichnet ist (Greven 1999). Aus der Wahrnehmung von Kontingenz ergibt sich die Notwendigkeit der bewussten Entscheidung für eine von mehreren Optionen. Da dies mit Auseinandersetzungen und Konflikten verbunden ist und das Treffen von gesellschaftlich bindenden Entscheidungen als Kern „des Politischen" betrachtet wird, folgt daraus, dass die Politisierung der Gesellschaft zunimmt.

Mit der Betonung der zunehmenden gesellschaftlichen Kontingenz findet diese Position nicht nur die Zustimmung eines Großteils der Soziologie, in der u. a. die Multioptions-Gesellschaft (Gross 1994) und die „verflüssigte Moderne" (Baumann 2000) konstatiert wurden. Der Fokus auf Kontingenz erscheint mir auch für die Analyse der gegenwärtigen Herausforderungen für demokratische Politik sehr gewinnbringend, genauso wie das zugrunde liegende Verständnis von Politik, das über die etablierten Strukturen und Prozesse des Regierungssystems hinausreicht (Greven 2000: 41-50). Allerdings möchte ich im Folgenden deutlich weiter gehen und den Gedanken der Kontingenz auch reflexiv auf die Politikwissenschaft beziehen. Im folgenden Hauptteil des Beitrags werde ich eine komplexe Theorie der reflexiven Demokratie skizzieren, die in ihrem Aufbau den Grundgedanken der Kontingenz auf mehrfache Weise umsetzt. Im Schlussteil wird dann daraus eine eigene Vorstellung von politikwissenschaftlicher Kritik abgeleitet.

Zuerst gilt es allerdings, den Begriff der Kontingenz näher zu bestimmen. Gesellschaftliche Kontingenz wird im Folgenden verstanden als explizite öffentliche Wahrnehmung der Offenheit und Gestaltbarkeit gesellschaftlicher Entwicklung, vor allem aber als Pluralisierung und Diversifizierung der formulierten und prinzipiell als legitim betrachteten Optionen gesellschaftlicher Entwicklung. Zentral für mein Verständnis von Kontingenz sind die Annahme eines normativen Pluralismus sowie die Spezifizierung einer „doppelten Kontingenz" und einer „konstitutiven Kontingenz".

Die doppelte Kontingenz liegt darin begründet, dass es in einer kontingenten Welt nicht nur mehrere legitime Antworten in Bezug auf eine Frage gibt, sondern auch eine Vielzahl von legitimen Fragen, und dass die Entscheidung, welche Frage als relevant oder vordringlich betrachtet wird, offen und umstritten ist. Kontingent sind also nicht nur politische Antworten bzw. Lösungsvorschläge, sondern auch Prioritätensetzungen in Bezug auf politische Probleminhalte, Verfahrensfragen und Dimensionen demokratischer Selbstbestimmung. So wird in der folgenden Skizze einer Theorie der reflexiven Demokratie zuerst betont, dass eine komplexe Demokratietheorie mehrere Dimensionen von demokratischer Selbstbestimmung enthält, nämlich die Input- und die Output-Dimension. Beide Dimensionen sind notwendige Bestandteile einer komplexen Demokratietheorie; welche von beiden in einer Diskussion in den Vordergrund gestellt wird, hängt vom Zusammenhang ab. Eine grundsätzliche Delegitimierung einer Dimension wird dagegen einer kontingenten Gesellschaft nicht gerecht. Zweitens wird deutlich werden, dass es beispielsweise in Bezug auf die Frage, wie Output-Legitimität sichergestellt werden kann, nicht eine, sondern mehrere prinzipiell legitime Antworten gibt.

Der Begriff der „konstitutiven Kontingenz" macht deutlich, dass in einer Theorie der reflexiven Demokratie die konstitutiven Grundannahmen der modernen Demokratie – die Nation als Grundlage für die stabile und eindeutige Abgrenzung des Volkes, die singuläre (nationale) Regierung als eindeutiger Locus politischer Entscheidungen und die Existenz stabiler und verbindlicher Verbindungen zwischen Volk und Regierung – kontingent werden. Diese konstitutiven Grundannahmen der modernen Demokratie treten aus dem Schatten der Natürlichkeit, werden politisiert und damit selbst zum zentralen Gegenstand demokratischer Selbstbestimmung. Die Demokratie wird „reflexiv" im Sinne von selbstbezüglich!

Damit schließen die Überlegungen zu einer „reflexiven Demokratie" an die Debatten zur „Zweiten Moderne" und zur „zweiten Transformation der Demokratie" an. Gemeinsame Grundannahme ist, dass die gegenwärtigen Veränderungen nicht nur quantitative Steigerungen der Moderne darstellten, sondern als qualitative Veränderungen zu verstehen sind, die auch neuer, erweiterter Begrifflichkeiten bedürfen.

Trotz des gemeinsamen Ausgangspunkts, der Diagnose zunehmender Kontingenz in den gegenwärtigen entwickelten Gesellschaften, ergeben sich dadurch deutliche Unterschiede zum demokratischen Dezisionismus von Greven. Erstens wird Kontingenz sehr viel deutlicher mit einem normativen Pluralismus verbunden. Greven formuliert in seinen demokratietheoretischen Überlegungen *einen* normativen Ausgangspunkt demokratischer Verfahren. Es geht ihm um ein input-zentriertes Demokratiekonzept, von dem ausgehend er reale politische Strukturen und Prozesse mit einem eindimensionalen Maßstab (demokratisch – nichtdemokratisch) evaluiert. Dagegen werden im Folgenden nicht nur mehrere Dimensionen demokratischer Selbstbestimmung als relevant betrachtet. Auch wird davon ausgegangen, dass mehrere normative Positionen innerhalb der Dimensionen existieren und normativ akzeptabel sind. Zweitens werden Chancen betont, die sich durch aktuelle Herausforderungen und Kontingenz für die Demokratie etwa aus der „Entgrenzung des *Demos*" und der Pluralisierung politischer Entscheidungszentren für das demokratische Prinzip politischer Gleichheit ergeben. Das Gleiche gilt für die zunehmende Rolle der multiplen, mit einander konkurrierenden Medien und deren Logik. Neben der oftmals konstatierten „Trivialisierung" des öffentlichen Diskurses gilt es auch, die damit verbundene Orientierung der Medien an der Lebenswelt der einfachen Bürger zur Kenntnis zu nehmen.

Drittens ist mit der Konstatierung „konstitutiver Kontingenzen" die Erkenntnis verbunden, dass auch die eigenen etablierten Ausgangspunkte zur Disposition stehen. Im Kontext der aktuellen Diskussionen zur Veränderung von Demokratie und ihrer Theorie ergibt sich daraus die Bereitschaft, aus den aktuellen Transformationen der Gesellschaft die Notwendigkeit einer Veränderung der Demokratietheorie abzuleiten. Im Schlussteil wird dabei skizziert, dass dies keineswegs zu einem reinen Opportunismus führen muss, sondern dass – im Gegenteil – „kritisch-reflexive" Politikwissenschaftlerinnen und -wissenschaftler sich vor allem auch gegen etablierte und dominante Denkmuster in der theoretischen Debatte wenden sollten.

2   Reflexive Modernisierung und die zweite Transformation der Demokratie

Bevor im nächsten Abschnitt die Dimensionen einer Theorie der reflexiven Demokratie skizziert werden, gilt es die konzeptionellen Grundlagen für eine solche Demokratietheorie kurz darzulegen. Begrifflich und konzeptionell lehne ich mich an den soziologischen Diskurs zur „zweiten, reflexiven Modernisierung" an (Beck et al. 1992; Beck et al. 2003). Diese Anlehnung geschieht aus zwei Gründen: Zum einen wird damit im politikwissenschaftlichen Disput, ob wir gegenwärtig eine zweite oder dritte Transformation der Demokratie erleben, Position bezogen. Dahl (1989; 1994) zählt den Wandel von autoritären politischen Systemen hin zur ersten, direkten Form der Demokratie in den griechischen Stadt-Republiken mit, um so die Gefahr zu verdeutlichen, dass mit der gegenwärtigen „dritten Transformation" von nationalstaatlichen politischen Systemen zu supranationalen Systemen de facto ein Rückschritt hin zur autoritären Herrschaft verbunden ist (Dahl 1994: 28). Genauso wie Warren (2003) gehe ich davon aus, dass es nicht nur sprachlich korrekter ist, den gegenwärtigen Wandel als zweite Transformation der Demokratie zu bezeichnen, sondern auch, weil damit eine Veränderung, aber keine Verabschiedung der Demokratie verbunden ist. Im Gegensatz zu Warren konzipiere ich diese zweite Transformation aber nicht als Ergänzung der repräsentativen Demokratie durch partizipative und deliberative Formen, sondern im Sinne der Theorie der Zweiten Moderne als einen Wandel zu einer reflexiven Demokratie, in der die Grundpfeiler der modernen Demokratie kontingent werden und damit ins Zentrum demokratischer Selbstbestimmung und politischer

Konflikte rücken. Mein Verständnis von „reflexiver Demokratie" weicht aber deutlich von dem von Schmalz-Bruns (1995) entwickelten Konzept reflexiver Demokratie ab. Dieser geht zwar nicht wie Warren (2003) ausschließlich von einer Ergänzung der repräsentativen Demokratie durch deliberative und assoziative Formen aus, sondern von der „Politisierung und Demokratisierung des Zusammenspiels unterschiedlicher Formen von Demokratie" (Schmalz-Bruns 1995: 164 f.). Dabei werden die fundamentalen Grundpfeiler der modernen Demokratie – das Volk, die Regierung und die stabile Beziehung zwischen ihnen – aber nicht in Frage gestellt. Die Reflexivität der Demokratie ist bei Schmalz-Bruns deutlich weniger fundamental konzipiert.

Zwei zentrale Annahmen der soziologischen Theorie der Zweiten Moderne verdeutlichen das Verständnis von „Reflexivität", das im Folgenden für eine reflexive Demokratietheorie fruchtbar gemacht wird:

(1) Die Vertreter der Zweiten Moderne gehen davon aus, dass die Transformation von der Ersten zur Zweiten Moderne dadurch gekennzeichnet ist, dass sich nicht nur die Institutionen, sondern auch die zentralen gesellschaftlichen Prinzipien im Wandel befinden (Beck et al. 2003: 1). In unserem Kontext heißt das, dass der gegenwärtige Wandel des politischen Systems nicht nur als Herausforderung für die Demokratie, sondern auch für die Demokratietheorie aufzufassen ist. Um zur Verbesserung der demokratischen Qualität von politischen Systemen beizutragen, müssen wir genauso über ein potentielles „Defizit der Demokratietheorie" nachdenken wie über ein potentielles „Demokratiedefizit". Ansonsten können wir nicht sicher sein, ob die Diagnose eines „Demokratiedefizits" nicht primär ein Ergebnis einer inadäquaten Bewertung ist, weil diese allein auf den Kriterien basiert, die sich am Beginn der Ersten Moderne herausgebildet haben (ähnlich argumentiert z. B. Goodhart 2007).

(2) Reflexive Modernisierung radikalisiert die Moderne durch die Infragestellung und Unterminierung ihrer Fundamente. Die konstitutionellen Grundlagen der modernen Demokratie, welche für selbstverständlich oder unproblematisch gehalten wurden, werden hinterfragt, kontingent und umstritten. Drei Arten von Veränderungen tragen zu diesem Phänomen bei (für eine ausführlichere Darstellung dieser Entwicklungen vgl. Blatter 2009a): Das Ende des Westphälischen Systems der souveränen Nationalstaaten ist gekennzeichnet durch die Erosion eines einzigen und eindeutigen Lokus politischer Entscheidungsfindung und Steuerung. Politische Entscheidungsfindung findet immer mehr an vielen diversen und verstreuten Orten gleichzeitig statt. Der Nationalstaat verliert seine hegemoniale Position als dominanter gesellschaftlicher Problemlöser und primärer Identitätsstifter. Statt dessen entwickelt sich ein polyzentrisches Governance-System, in dem verschiedene politisch-administrative Ebenen und verschiedene (öffentliche, private und gemischte) Akteure und Institutionen zur Steuerung und Integration von Gesellschaften mehr oder minder stark mit einander im Wettbewerb um Anerkennung, Loyalität, Folgebereitschaft und Beiträge von individuellen, kollektiven und korporativen Akteuren stehen.

Aber nicht nur der Lokus politischer Entscheidungsfindung und Steuerung wird diversifiziert und umstrittener, auch der konzeptionelle Ausgangspunkt jeglicher Demokratietheorie – das Volk bzw. der Demos – wird kontingent und seine Grenzen diffuser und instabiler. Mobilität und Migration, aber auch die Vergreisung vieler Gesellschaften stellen die Natürlichkeit, Stabilität und die klaren und exklusiven Grenzen des Demos in Frage. Fundamentale Fragen der Inklusion und Exklusion geraten ins Zentrum politischer Auseinandersetzung und werden zu einer zentralen Herausforderung für das Verständnis von demokratischer Selbstbestimmung.

Schließlich wird auch die Verbindung zwischen Volk und Regierung(en) immer weniger stabil und eindeutig. Die Kongruenz zwischen Volk und Regierung wird reduziert, weil sowohl der Status der Bürgerschaft wie auch der Geltungs- und Einflussbereich von Governance-Formen immer weniger an territoriale Einheiten geknüpft sind. Die Verbindung zwischen Volk und Regierung wird aber auch loser und kontingenter, weil die intermediäre Sphäre zwischen Volk und Regierung inzwischen durch ein elektronisches Multimedia-System dominiert wird. Dadurch werden stabile Kanäle der Interessenvermittlung zwischen Volk und Regierungen (Parteien und Verbände) an den Rand gedrängt oder dazu gezwungen, sich genauso wie die Regierungen den Imperativen der Aufmerksamkeitsökonomie zu unterwerfen (Meyer 2002).

Abraham Lincolns berühmte Beschreibung der Demokratie als *government of the people, by the people, and for the people* ist besonders geeignet, um diese drei fundamentalen Kontingenzen auf den begrifflichen Punkt zu bringen und von den Dimensionen zu unterscheiden, die in der zweiten Hälfte des 20. Jahrhunderts im Zentrum der demokratietheoretischen Diskussion standen. Eine Theorie der reflexiven Demokratie bezieht sich auf den ersten, grundlegenden Teil von Lincolns Beschreibung und ist dadurch gekennzeichnet, dass die Kontingenz aller drei Elemente ins Zentrum der Betrachtung gestellt wird: Sowohl die Existenz einer einheitlichen und dominanten Regierung („government") als auch ein klar abgegrenztes Volk („the people") und eine klare und konsistente Verbindung zwischen Volk und Regierung („of") stellen nur noch eine unter mehreren Möglichkeiten dar. Im Gegensatz zu diesen Grundbestandteilen der Lincolnschen Definition von Demokratie standen in jüngerer Zeit die Differenzen zwischen den verschiedenen Teilbereichen seiner Definition im Zentrum der demokratietheoretischen Diskussion (v. a. in Deutschland). Als Scharpf am Ende der 1990er Jahre die Differenzierung zwischen output- und input-orientierten Legitimationsformen wieder einführte, um auf vernachlässigte Legitimationsquellen der Europäischen Union hinzuweisen, illustrierte er diese Differenzierung explizit mit Verweis auf Abraham Lincoln: „[i]nput-oriented democratic thought emphasizes ‚government *by the people*'" whereas „the output perspective emphasizes ‚government *for the people*'" (Scharpf 1999: 6). Erstaunlicherweise ging Scharpf auch Ende der 1990er Jahre noch davon aus, dass man das erste Element von Lincolns Trias „als gegeben voraussetzen kann […] weil in der nationalstaatlichen Demokratie ein als politisches Gemeinwesen konstituiertes ‚Staatsvolk' schon existiert, so dass man sich auf die beiden anderen Elemente konzentrieren" könne (Scharpf 1998: 85). Eine solche Betrachtung mag noch angemessen gewesen sein, als Scharpf die Differenzierung zwischen output- und input-orientierten Formen der demokratischen Legitimierung zum ersten Mal eingeführt hat (Scharpf 1970). In der heutigen Welt erscheint sie aber antiquiert.[1] Und es ist nicht nur ein Aspekt („the people" bzw. „das Staatsvolk"), sondern alle drei grundlegenden Element der Lincolnschen Beschreibung von Demokratie (*government – of – the people*), welche als kontingent wahrgenommen werden und (wieder) in den Vordergrund von theoretischen und praktischen Kontroversen über demokratische Selbstbestimmung rücken.

Zwei Perspektiven können in Abgrenzung zur Scharpfschen Input- und Output-Perspektive mit dem Label „in/out" auf den begrifflichen Punkt gebracht werden. Innerhalb der ersten Perspektive geht es um Antworten auf die Fragen, welche Personen dazu gehören und welche nicht. Wie sollte die Grenze des Demos konzipiert und über die Inklusion von Mitgliedern in den Demos entschieden werden? Auch mit Blick auf die Governance-Formen stellt sich die Frage, wie legitime Formen politischer Steuerung und Integration konzipiert und wie über ihre Relevanz bzw. die immanente Verteilung von Kompetenzen entschieden wird (zweite Perspektive). Eine dritte Perspektive innerhalb einer reflexiven Demokratietheorie kann mit dem Label „on/off"-Perspektive bezeichnet werden. Damit wird die Grundlogik einer durch vielfältige Kommunikationsmedien gekennzeichneten – kontingenten – Verbindung zwischen spezifischen politischen Gemeinschaften und spezifischen politischen Governance-Formen und -Ebenen auf den Punkt gebracht, indem die gegenseitige Relevanz von politischen Gemeinschaften und Governance-Einheiten primär durch ihre mediale Präsenz bestimmt wird.

Im Vergleich zu input und output signalisieren die Begriffe in/out sowie on/off die fundamentalere und konstitutive Ebene der damit verbundenen demokratietheoretischen Dimensionen. Denn es geht nun nicht mehr um Prinzipen, Institutionen und Prozesse für eine demokratische Politikproduktion (im Sinne des policy-making), sondern um Prinzipien, Institutionen und Prozesse der Konstitutionalisierung von politischen Einheiten (im Sinne von polity-making).

Dabei ist zu berücksichtigen, dass gleichzeitig mit der wieder zunehmenden Wahrnehmung der Kontingenz der konstitutiven Elemente von Demokratien der dichotome und exklusive Charakter der konstitutiven Entscheidungen in Frage gestellt wird. Aus der Perspektive der Zweiten Moderne erscheint es zumindest möglich, dass eine konstitutive Politik nicht mehr dem dezisionistischen „Entweder-oder"-Prinzip unterworfen ist, sondern dem „Sowohl-als-auch"-Prinzip folgen kann (Beck/Grande

---

1   Es muss allerdings betont werden, dass Scharpf mit dem Verweis auf die output-Dimension den Horizont der relevanten demokratietheoretischen Perspektiven wenigstens erweitert, während die meisten seiner Kritiker auf einer engen input-orientierten Perspektive beharren.

2004). Dies würde es auch ermöglichen, eine reflexive Demokratie so zu denken, dass durch die Kontingenz von konstitutiven Dimensionen der Demokratie die politischen Kontroversen zwar fundamentaler, aber nicht fundamentalistischer werden (müssen).

3   Komplexe Theorie der Demokratie: Pluralität in Bezug auf konzeptionelle Dimensionen und normative Positionen

In diesem Abschnitt soll ganz kurz das Konzept einer komplexen Demokratietheorie skizziert werden, wie es Fritz Scharpf entwickelt hat und dabei vor allem darauf hingewiesen werden, dass in jeder Dimension verschiedene normative Positionen zu finden sind, aus denen unterschiedliche institutionelle Empfehlungen abzuleiten sind bzw. auf deren Basis existierende politische Strukturen und Prozesse evaluiert und kritisiert werden können. Dabei konzentriere ich mich auf die Output-Dimension, da die „doppelte Kontingenz" einer komplexen Demokratietheorie vor allem in dieser Dimension meist nicht wahrgenommen wird. Auch innerhalb der Input-Dimension gibt es verschiedene, teils antagonistische, normative Positionen (z. B. zwischen Anhängern einer wettbewerbsorientierten und einer konsensorientierten Demokratie).

Michael Th. Greven hat wie viele andere die von Fritz Scharpf eingeführte Output-Legitimierung von Demokratien kritisiert (Greven 2000: 191-203). Ein Teil der Kritik kann darauf zurückgeführt werden, dass Scharpf im Unterschied zu seinem früheren Versuch einer komplexen Theorie der Demokratie (Scharpf 1970) bei der Wiedereinführung der Differenzierung zwischen Input- und Output-Legitimation letztere in einem sehr viel engeren Sinne definiert und nur noch mit einer einzigen normativen Position verbunden hat. Wenn wir die Output-Perspektive als eine Dimension einer komplexen Demokratietheorie betrachten wollen, dann müssen wir auf Scharpfs früheres Verständnis zurückgreifen. Bei der erstmaligen Einführung dieser beiden Perspektiven hat er sich zwar explizit auf Eastons systemtheoretischen Ansatz zu den Quellen der Unterstützung für ein politisches System bezogen, dessen Begrifflichkeiten dann aber anderes ausgelegt.

Easton (1965; 1975) unterschied zwischen gesellschaftlichen Anforderungen (social demands), die an das politische System gestellt werden (input), und der Fähigkeit des politischen Systems, diese Anforderungen zu befriedigen (output). Außerdem differenzierte er zwischen einer spezifischen und einer diffusen Unterstützung für ein politisches System. Während die erste Form der Unterstützung durch den kurzfristigen output des politischen Systems bestimmt wird, hängt die zweite Form von den langfristigen Fähigkeiten zur Befriedigung der gesellschaftlichen Anforderungen und vom grundlegenden Glauben an die Legitimität des politischen Systems ab. Im Gegensatz dazu setzt Scharpf nicht nur Unterstützung mit Legitimität gleich, sondern auch noch die Befriedigung von gesellschaftlichen Anforderungen mit der Steigerung der gesellschaftlichen Wohlfahrt. In Eastons Konzeption von output gibt es keine

Spezifikation der gesellschaftlichen Anforderungen, welche durch den output des politischen Systems befriedigt werden sollen. Die Scharpfsche Festlegung auf Wohlfahrtssteigerung schließt dagegen andere Anforderungen (wie Gleichheit oder Freiheit) aus und entspricht der Ineinssetzung von Output-Legitimität mit einer sozialdemokratischen Position innerhalb der Output-Perspektive. Bevor mit Rückgriff auf Scharpfs frühere Ausführungen auch die anderen möglichen normativen Positionen innerhalb der Output-Perspektive präsentiert werden, soll noch einmal das generische Verständnis von demokratischer Selbstbestimmung innerhalb einer output-orientierten Perspektive formuliert werden: Demokratische Selbstbestimmung ist nur möglich, wenn das politische System die Kapazitäten und Fähigkeiten besitzt, den Willen des Volkes auch umzusetzen bzw. die Freiheit des Bürgers auch zu garantieren.

In seinen ersten Ausführungen zu output-orientierten Perspektiven in der Demokratietheorie führte Scharpf (1970: 21 f.) eine Reihe von unterschiedlichen Ansätzen innerhalb dieser Perspektive auf. Wenn wir diese nach normativen Positionen gruppieren, können wir eine sozialdemokratische und eine liberale Position unterscheiden. Diese demokratietheoretischen Positionen basieren auf unterschiedlichen Ontologien und Ideologien und leiten daraus divergente institutionelle Voraussetzungen zur Umsetzung eines Volks- oder Bürgerwillens ab. In sozialdemokratischen (und sozialistischen/marxistischen) Ansätzen geht man implizit oder explizit von einer Gesellschaft aus, die aus diversen Subsystemen besteht[2] und deren primäres Ziel es ist, den kollektiven Willen des Volkes umzusetzen.[3] Daraus ergibt sich die Notwendigkeit, dass das politische System in der Lage sein muss, das sozioökonomische System zu kontrollieren bzw. zu steuern, um den politischen Willen (der Mehrheit) des Volkes umsetzen zu können. Idealtypisch braucht es dafür einen souveränen und integrierten Staat. In kapitalistischen und komplexen Gesellschaften, wo die Ressourcen breit zwischen einer Vielzahl von privaten und öffentlichen Akteuren gestreut sind, werden korporatistische Arrangements und Policy-Netzwerke benötigt, um die politische Steuerung und Kontrolle zu verbessern (Scharpf 1999: 13-21).

Liberale Theorien differenzieren die Gesellschaft nicht in unterschiedliche Teilsysteme, sondern konzentrieren sich auf die Beziehungen zwischen Individuen/Minoritäten und Kollektiven/Mehrheiten. Außerdem stehen bei ihnen die Möglichkeiten zur Umsetzung des Willens der einzelnen Bürger im Zentrum der Überlegungen. Daraus resultieren Empfehlungen zur Einrichtung eines politischen Systems, das auf interne „Checks and Balances" ausgerichtet ist und in dem die verfassungsrechtliche Kontrolle der Regierung eine große Rolle einnimmt. Diese Empfehlungen sind darauf ausgerichtet, die Handlungsfähigkeit der Politik gegenüber den Bürgern zu begrenzen bzw. die Tyrannei der Mehrheit zu verhindern. Aus einer liberalen Position wird die

---

2   Zumindest kann man die Grundannahmen systemtheoretisch so formulieren, ohne den dahinter stehenden diversen Konzepten vollkommen Unrecht zu tun.

3   Mit diesem Ansatz ist nicht notwendigerweise eine holistische Ontologie mit der Annahme der Existenz eines von den Individualinteressen unabhängigen Volkswillens verbunden.

Output-Legitimität des politischen Systems gestärkt, wenn es institutionell so ausgestaltet ist, dass es die Autonomie der Individuen bzw. der Minoritäten sicher stellt (vgl. etwa Ostrom 1987; Held 2006: 56-94).

Der Dualismus zwischen einem sozialistischen bzw. sozialdemokratischen und einer liberalen Vorstellung von demokratischer Selbstbestimmung dominierte das 19. und frühe 20. Jahrhundert und führte nach dem Zweiten Weltkrieg zur Formierung zweier rivalisierender Blöcke. Während im Ostblock die sozialistische Position durch die Einparteienherrschaft in radikaler Form umgesetzt wurde, dominierte in den westlichen Demokratien die liberale Position – allerdings immer in einem mehr oder weniger stark sozialdemokratisch geprägten institutionellen Kompromiss. Nach dem Zusammenbruch des Ostblockes und einer durch liberale Ideen geprägten Globalisierung wurden diese Kompromisse in den westlichen Ländern in Frage gestellt und die staatliche Kontrolle von Wirtschaft und Gesellschaft reduziert. Sozialdemokraten wie Scharpf betrachten die Legitimitätsprobleme in den westlichen Demokratien als Ergebnis dieser reduzierten Steuerungsfähigkeit der Nationalstaaten und argumentieren, dass eine Stärkung der politischen Steuerungsfähigkeit auf verschiedensten Ebenen notwendig ist, um die Legitimität des politischen Systems wieder herzustellen (Scharpf 1999). Aus einer liberalen Perspektive erscheint dagegen die reduzierte Steuerungsfähigkeit der Politik als ein sehr viel geringeres Problem, da sich damit auch die Gefahr von problematischen Eingriffen des Staates verringert. Außerdem verkörpern komplexe Mehrebenen-Systeme wie die Europäische Union das Prinzip der „Checks and Balances" und lassen staatliche Interventionen nur noch in den Bereichen zu, in denen ein breiter gesellschaftlicher Konsens über nationalstaatliche Grenzen hinaus herrscht (Moravscik 2002; 2004: 349).

Vor dem Hintergrund der ökonomischen Liberalisierungstendenzen und der Globalisierung erscheint die Wiedereinführung und Betonung der Relevanz einer output-orientierten Perspektive als zwingende Notwendigkeit, um die aktuellen Herausforderungen demokratischer Selbstbestimmung in den Blickpunkt zu bekommen. Ob man wie Scharpf die Re-Regulierung auf internationaler bzw. supranationaler Ebene als Chance für die demokratische Legitimität des politischen System betrachtet oder ob die dadurch entstehenden komplexen Mehrebenensysteme vielmehr eine Bedrohung für die Demokratie darstellen, hängt zu einem erheblichen Teil von der normativen Position des Betrachters ab. Ich werde im Schlussteil dieses Aufsatzes darauf eingehen, ob es für Politikwissenschaftlerinnen und -wissenschaftler eine Möglichkeit gibt, Kritik und konstruktive Vorschläge auf einer Basis zu entwickeln, die über die eigenen Überzeugungen hinausreichen. Zuerst möchte ich aber die skizzierte komplexe Theorie der Demokratie mit den Elementen einer reflexiven Demokratie ergänzen, indem ich drei konstitutive Perspektiven zur input- und Output-Perspektive hinzufüge.

4   Reflexive Demokratie

Das im Folgenden skizzierte Verständnis der reflexiven Demokratie baut auf drei zusätzlichen Dimensionen demokratischer Selbstbestimmung auf, die sich aus der (wieder) zunehmenden Wahrnehmung von „konstitutiven Kontingenzen" ergeben. Diese sind wiederum ein Resultat der oben bereits erwähnten sozioökonomischen und technischen Transformationen: a) zunehmende Mobilität/Migration, b) Multiplizierung von Governance-Formen und -Ebenen, und c) die zunehmende Bedeutung der Logiken eines Multimedia-Systems bei der Wahrnehmung nicht nur von relevanten Problemen, sondern auch von relevanten Populationen und politischen Institutionen. Zuerst wird jeweils auf die Charakteristika eingegangen, durch welche sie sich von den Input- und Output-Perspektiven unterscheiden. Dann wird auf die aktuelle praktische Relevanz dieser Perspektiven verwiesen und schließlich werden die zentralen normativen bzw. ideologischen Positionen innerhalb der Perspektiven skizziert.

4.1 In/out-Dimension I: Government of which people?

Die erste in/out-orientierte demokratietheoretische Perspektive konzentriert sich auf die Integration von Individuen (und Gruppen) in politische Gemeinschaften. Dabei wird die Exklusivität moderner politischer Gemeinschaften gleichzeitig deutlich und kontingent. Der erste Grundpfeiler von Lincolns Definition der Demokratie – das Volk, bzw. die Grenzen des Demos werden wieder kontingent und umstritten. Im Gegensatz zu den Debatten über Multikulturalismus, Minderheitenrechte und eine „politics of difference" (Benhabib 1996), welche noch der Input-Perspektive zugerechnet werden können, konzentriert sich diese erste In/out-Perspektive auf die externen Grenzen von politischen Gemeinschaften und es ist nicht die Homogenität, sondern die Stabilität und die Exklusivität der Mitgliedschaft innerhalb eines Demos, welche kontingent und umstritten werden.

   Eine der wichtigsten Aspekte der ersten Transformation von der direkten Demokratie in städtischen Republiken zur repräsentativen Demokratie in den modernen Nationalstaaten war die – sehr umkämpfte – Expansion des Demos hin zu einer politischen Gemeinschaft, in der alle Erwachsenen ungeachtet ihres Geschlechts und ihres sozioökonomischen Status als gleichberechtigte Staatsbürger anerkannt werden (Held 2006: 94). Die Abgrenzung nach außen wurde in den einzelnen Ländern mit einer je spezifischen Mischung zwischen dem *juis solis* und dem *juis sanguinis* Prinzip geregelt – die Frage der formalen Inklusion und Exklusion stand aber im 20. Jahrhundert nicht mehr im Zentrum der demokratietheoretischen Kontroversen. Stattdessen kreiste diese Diskussion um die richtigen Institutionen und Prozesse, mit denen sichergestellt werden kann, dass der Wille der individuellen Bürger in gleicher bzw. fairer Weise im politischen Entscheidungsprozess berücksichtigt wird (die Input-Perspektive). In jüngster Zeit ändert sich das wieder, weil die in der Moderne akzeptierten Grenzen des Demos nicht mehr sakrosankt sind und weil die Exklusivität der individuellen Mitgliedschaft in einer, und *nur* einer, politischen Gemeinschaft ins Wanken gerät. Dabei sind insbesondere zwei Herausforderungen hervorzuheben:

(1) Mobilität und Migration unterminieren nicht nur die Stabilität der individuellen Mitgliedschaft in einer politischen Gemeinschaft, sondern auch die territoriale Kongruenz zwischen Bewohnern und Bürgern. In den Immigrationsländern gibt es immer mehr Bewohner, die keine Bürger sind und in Emigrationsländern immer mehr Bürger, die für kürzere oder längere Zeit nicht in diesen Ländern wohnen (Expatriates). Die Grenze zwischen Mitgliedern und Nichtmitgliedern politischer Gemeinschaften und die Regeln zum Eintritt in politische Gemeinschaften rücken dadurch aus dem Schatten der Natürlichkeit und in vielen Ländern ins Zentrum politischer Auseinandersetzungen (Bauböck et al. 2007a; 2007b). Die empirische Relevanz dieses Themas wird insbesondere dann verständlich, wenn man sich auf theoretischer Ebene bewusst macht, dass Ein- und Ausbürgerungen eine permanente Rekonstituierung des Demos darstellen und die Entscheidungen über die entsprechenden Regeln einen fundamentalen Aspekt reflexiver demokratischer Selbstbestimmung darstellen. In der Demokratietheorie wurde die Festlegung der Grenzen des Demos als ein dem demokratischen Prozess vorgelagerter, relativ kurzer Moment der Konstituierung eines Staatsvolkes konzipiert. Die damit verbundene Entscheidung wurde als abhängig von historischen Kontexten betrachtet, die sich normativen demokratietheoretischen Kriterien entzieht (Whelan 1983; Habermas 1999: 116). Vor dem Hintergrund hoher Mobilität und großer Migrantenströme ist keine dieser Annahmen mehr plausibel. Es scheint, dass viele Politiker und Bürger die fundamentale Bedeutung der Entscheidungen über Einbürgerungen deutlicher wahrnehmen als Demokratietheoretiker. Die Tatsache, dass die Frage nach den legitimen Grenzen des Demos in der Geschichte oftmals im Sinne eines ethnischen Nationalismus beantwortet wurde, hat Theoretiker wie Habermas dazu gebracht, die konstitutive Bedeutung von Einbürgerungen zu ignorieren und diese fundamentale Dimension demokratischer Selbstbestimmung zu tabuisieren.[4] Ein kritisch-reflexiver Demokratietheoretiker würde diese fundamentale Bedeutung dagegen anerkennen, ohne allerdings einseitige substantielle oder prozedurale normative Positionen (z. B. die unbeschränkte Souveränität der bisherigen Mitglieder einer politischen Gemeinschaft, über Neumitglieder zu entscheiden) als legitim zu betrachten.

Glücklicherweise zeigt sich gleichzeitig zur wieder stärkeren Bedeutung der formalen Mitgliedschaftsregeln in der politischen Auseinandersetzung, dass die Entscheidungen über In- und Exklusion ihren dichotomen Charakter und damit ihre Schärfe verlieren. Dies resultiert einerseits daher, dass heute viele zivilrechtliche und

---

4   Interessanterweise benutzt Habermas das Wort „Kontingenz" nur, um die historische Zufälligkeit der Grenzen des Demos zu bezeichnen. Grenzen politischer Gemeinschaften stellen für ihn zufällige Ergebnisse von Kriegen dar (Habermas 1999: 116).

soziale Rechte nicht mehr an die politische Mitgliedschaft in einer politischen Gemeinschaft (Staatsbürgerschaft), sondern an den Wohnsitz oder an den Arbeitsplatz gekoppelt sind – Phänomene, die mit den Begriffen quasi-citizenship und denizenship bezeichnet werden (Groenendijk 2007a, 2007b). Zum andern, weil der Prozess der Migration oftmals nicht mehr einen eindeutigen Übergang vom Herkunfts- in das Einwanderungsland darstellt. Deswegen wird Migration mehr und mehr als transnationales Phänomen betrachtet, bei dem die Migranten dauerhafte Bindungen an beide Orten entwickeln (z. B. Smith 2005). Insbesondere viele Emigrationsländer fördern diese doppelten Bindungen durch die Akzeptanz von überlappenden Mitgliedschaften. Doppelte Staatsbürgerschaften werden seit einigen Jahren in immer mehr Ländern akzeptiert oder zumindest toleriert (Blatter et al. 2009). Das Phänomen der doppelten Staatsbürgerschaften stellt eine fundamentale Veränderung der modernen politischen Ordnung dar, weil damit die Exklusivität politischer Gemeinschaften und die Eindeutigkeit individueller Zugehörigkeit zu politischen Gemeinschaften unterminiert werden (Faist 2004; 2007; Blatter 2008).

Die demographischen Herausforderungen, vor denen viele Länder stehen, stellen einen zweiten Hintergrund dafür dar, dass bisherige sakrosankte Grenzen des Demos in Frage gestellt werden. In vielen europäischen, aber auch in wichtigen asiatischen Ländern führt die „Überalterung" der Gesellschaft zu neuen Spannungslinien zwischen den Generationen. Von Jüngeren (und deren Advokaten, wie z. B. dem früheren Bundespräsidenten Herzog) wird befürchtet, dass die quantitative Zunahme der älteren Wahlberechtigten im Vergleich zu den jüngeren eine zukunftsgerichtete Politik in der Demokratie verunmöglicht. Mit Bezug auf diese Gewichtsverschiebung im bisherigen Demos gibt es an vielen Orten Initiativen für die Ausweitung der Wahlberechtigung auf Jugendliche und Kinder (die von ihren Eltern vertreten werden könnten). Damit gerät auch die zweite wichtige Grenze des Demos ins Wanken. Die Ausgrenzung von Kindern wurde von fast allen früheren Demokratietheoretikern als völlig natürlich betrachtet und selbst moderne Demokratietheoretiker wie Robert Dahl argumentieren, dass Demokratien in Bezug auf Kinder ihr grundsätzlichstes Prinzip – dass alle, die politischer Herrschaft unterworfen sind, unabhängig von ihren individuellen Kompetenzen, gleichberechtigt bei der Gestaltung und Kontrolle dieser Herrschaft beteiligt sein müssen – verletzen dürfen (Dahl 1989: 127).

In Bezug auf potentielle Lösungen für das Problem der nun wieder als kontingent wahrgenommenen Grenzen des Demos können wir zwei ideologische Ausrichtungen unterscheiden. Ein konservativer Ansatz konzentriert sich auf politische Regulierung, die die Integrität und die Reproduktion der einheimischen Bevölkerung sicherstellt. Dementsprechend gilt es die Immigration zu beschränken und überlappende Mitgliedschaften zu vermeiden, um für die einheimische Bevölkerung eine eindeutige Identität und das Gefühl der Sicherheit zu gewährleisten, welche sich wiederum positiv u. a. auf die Geburtenrate auswirken sollten, so dass eine endogene Reproduktion des Demos und seiner traditionellen politischen Kultur sichergestellt ist

(Huntington 2004; Renshon 2004). Liberale und Progressive wägen dagegen die Rechte partikularer Bevölkerungsgruppen auf demokratische Selbstbestimmung, soziale Sicherheit und kulturelle Integrität mit den Menschenrechten der Migranten auf individuelle Sicherheit und kulturelle Anerkennung ab. Außerdem geht es ihnen nicht um die Bewahrung existierender kultureller Gemeinschaften, sondern sie betrachten kulturellen Wandel und soziokulturelle Differenzierungen positiv. Relativ offene und überlappende Grenzen des Demos ermöglichen die Einbindung von politischen Gemeinschaften in umfassendere Gemeinschaften und die kreative Rekombination von politischen Identitäten, so dass sich „die Natur" des Demos in ähnlicher Weise ändert wie die nachfolgend skizzierten Formen des Regierens (Turner 2000; Carens 2001; Benhabib 2004; Bauböck 2005).

4.2 In/out-Perspektive II: Which (kind of) government(s) of the people?

Die zweite Perspektive, die man auch mit dem Begriff „in/out" auf den Punkt bringen kann, setzt ein Fragezeichen an einen weiteren fundamentalen Aspekt von Lincolns Definition der Demokratie. Die Annahme, dass es einen eindeutigen Lokus politischer Entscheidungen gibt, wird mit der Ausbreitung eines polyzentrischen Governance-Systems, in dem gleichzeitig eine Vielzahl von unterschiedlichen Governance-Ebenen und -Formen existieren, immer weniger plausibel. Der immer stärker ausgeprägte Polyzentrismus des politisch-administrativen Systems führt dazu, dass der politische Wettbewerb auf einer fundamentaleren Ebene stattfindet. Es geht nun nicht mehr allein um die Rivalität zwischen Parteien und Politikern, die in Wettbewerb um die Gestaltung von Politikprogrammen (policies) in festgelegten institutionellen Strukturen stehen. Stets geht es auch darum, welche politische Ebene wie viele Kompetenzen in dem jeweiligen Politikfeld erhalten soll und mit welcher Governance-Form (rein öffentliche Institutionen, gesellschaftliche Selbstverwaltungsorganisationen oder gemischte Formen) das substantielle Politikprogramm verwirklicht werden soll. Daran wird zunehmend deutlich, dass sich die politische Auseinandersetzung nicht nur um das policy-making dreht, sondern dass es dabei immer auch um polity-making geht. Wir befinden uns damit in einem Zustand konstitutiver Kontingenz, weil mit jeder politischen Entscheidung, wie auf ein soziales Problem reagiert werden soll, auch ein konstitutiver Aspekt verbunden ist, weil damit jeweils die Grenzen und der Charakter der politischen Einheit (polity) bestätigt oder reformiert und das Verhältnis der verschiedenen Governance-Ebenen und -Formen rekalibriert werden.

Bis zum Ausbruch der aktuellen Finanzkrise schien es einige Jahre sogar so, als müsse Politik insgesamt zunehmend um Kompetenzzuschreibungen bei der Lösung gesellschaftlicher Probleme und um Anerkennung als relevanter Identitätsstifter kämpfen. Viele Aufgaben, die zu Beginn des 20. Jahrhunderts dem öffentlichen Sektor übertragen wurden, standen am Ende des Jahrhunderts zur Disposition. Dies gilt vor allem für den Kommunikations- und Verkehrsbereich, aber auch für den Bereich der externen und internen Sicherheit. Oftmals wird die Produktion dieser kollektiven Güter an private Organisationen vergeben und die Aufsicht an technokratische Regulierungsbehörden delegiert. Diese Entwicklung wurde als Entpolitisierung und als Gefahr für die demokratische Selbstbestimmung gebrandmarkt (z. B. Boggs 2000; Burnham 2001; Buller/Flinders 2005; solche Kritik findet sich aber bereits bei der ersten Generation der Frankfurter Schule, vgl. Marcuse 1964).

Eine solche Interpretation basiert auf einer Definition von Politisierung, die Politisierung leicht mit der Größe des öffentlichen Sektors und der Entscheidungsfähigkeit des modernen Nationalstaates verwechselt. Im Gegensatz dazu folgt das Konzept der reflexiven Demokratie der Ansicht, dass „politicisation is the realisation that established social norms, practices and relations are contingent rather than sacrosanct" (Blühdorn 2006: 312). Aus dieser Perspektive erscheint es offensichtlich, dass die politische Selbstbestimmung gesteigert wird, wenn offen diskutiert wird, ob die klassischen Organisationsformen des modernen Nationalstaates weiterhin für die politische Entscheidungsfindung, für die Implementation von Politikprogrammen und für die Produktion/Bereitstellung von öffentlichen Gütern zuständig sein sollen oder nicht (ähnlich Greven 1999: 78). Das bedeutet, dass im Rahmen einer Theorie der reflexiven Demokratie die erste skizzierte Position zur (De-)Politisierung nur eine normative Position unter anderen wird.

Auch bei dieser zweiten Dimension erleben wir, dass gleichzeitig mit der zunehmenden Wahrnehmung fundamentaler Kontingenz und der daraus resultierenden Konkurrenz zwischen Governance-Ebenen und -Formen die kategoriale Differenz zwischen den Ebenen und Formen abnimmt. Phänomene wie die Mehrebenenverflechtung und public-private-partnerships führen zu einem Verschwimmen der Grenzen zwischen politischen Ebenen oder zwischen öffentlichen und privaten Regulierungsformen. Demokratien sind damit kaum mehr mit einer einfachen „Entweder-oder"-Entscheidung konfrontiert, sondern mit Situationen, in denen die institutionelle Ausdifferenzierung im Prinzip eine „Sowohl-als-auch"-Lösung ermöglicht. Dadurch werden (polity-)Entscheidungen in weniger fundamentale „Mehr-oder-weniger"-Kontroversen transformiert.

Die zentrale normative Konfliktlinie innerhalb dieser demokratietheoretischen Perspektive verläuft zwischen denjenigen, die eine von ihren Bürgern gewählte und kontrollierte nationalstaatliche Regierung als einzigen Garanten demokratischer Selbstbestimmung ansehen und solchen, die die nationale Regierung nur als eine mögliche Option demokratischer Selbstbestimmung betrachten. Die erste Gruppe sucht nach „internen" Wegen zur Stärkung der Demokratie, z. B. durch die Stärkung der Beteiligungs- und Kontrollrechte der nationalen Parlamente oder durch direktdemokratische Vetomöglichkeiten der Bürger. In alternativen Überlegungen spielen „externe" Formen der Partizipation und Kontrolle eine größere Rolle, so z. B. wenn die Zunahme von unkonventionellen Partizipationsformen jenseits von Wahlen und

Abstimmungen innerhalb der Nationalstaaten beschrieben und/oder propagiert wird (Norris 2002; Stolle/Hooghe 2004) oder wenn Formen der externen Kontrolle im internationalen Bereich z. B. durch internationale Gerichte, öffentliche Diskurse, institutionellen Wettbewerb oder benchmarking hervorgehoben werden (Grant/Keohane 2005; Risse 2006). Diese zweite Position radikalisiert den konstitutionellen Ansatz der checks-and-balances aus der output-orientierten Demokratietheorie. Die Logik der gegenseitigen institutionellen Kontrolle wird über die etablierten und formalen Formen der horizontalen und vertikalen Gewaltenteilung und -verschränkung innerhalb der Nationalstaaten hinausgeführt. Aus dem „konstitutionellen Moment", in dem die Kompetenzverteilung festgelegt wird, wird ein permanentes Momentum demokratischer Selbstbestimmung, weil die Profilierungsnotwendigkeiten der rivalisierenden politischen Institutionen zu einem wichtigen Motiv der Policy-Produktion werden (Blatter 2009b).

Die zwei Positionen besitzen sehr unterschiedliche Antworten auf die Frage, wie gleiche Partizipationsmöglichkeiten für die Bürger sicherzustellen sind. Die erste Position verweist auf die Errungenschaft der nationalstaatlichen Demokratie, innerhalb derer eine formale Gleichheit durch die gleichgewichtige Stimme für alle erwachsenen Bürger bei regelmäßigen Wahlen gesichert ist. Die zweite Position kann diese formale Gleichheit nicht garantieren, verweist aber auf die vielfältigeren Zugangsmöglichkeiten eines Systems polyzentrischer und überlappender Governance-Formen und auf die zunehmende Inkongruenz zwischen formalen Mitgliedern einer politischen Einheit (Staatsbürgern) und den von politischen Entscheidungen Betroffenen, was den demokratischen Wert der formalen Gleichheit der Staatsbürger deutlich reduziert.

4.3   In/out-Perspektive III: Spot on/off for problems, people and politics

In jüngerer Zeit nehmen die Medien (wieder) einen prominenten Platz ein, wenn über die (meist als gefährdet angesehene) Zukunft der Demokratie diskutiert wird. Bevor darauf näher eingegangen wird, gilt es zuerst einmal klarzustellen, was das Spezifische der jüngsten Herausforderungen darstellt. Es ist die Transformation des Mediensystems von einem System der Massenmedien, in dem prototypisch *ein* nationales Fernsehprogramm *eine* Bühne mit *einem* umfassenden Publikum herstellte, zu einem Multimedia-System, in dem eine Vielzahl von verschiedenen Medien, inklusive der interaktiven sozialen Räume des Internets, um die Aufmerksamkeit (und teilweise auch die Beteiligung) des Publikums rivalisiert. Parallel dazu verlieren die anderen Kanäle der Interessenvermittlung (Parteien und Verbände) ihre Integrationskraft und Stabilität. Ähnlich wie die Medien – und gleichzeitig mit Hilfe der Medien – müssen sie verstärkt um Aufmerksamkeit und Akzeptanz bei den Menschen und der Politik kämpfen.

Dies verändert und radikalisiert die Institutionen und Mechanismen der „intermediären Sphäre" zwischen Regierung(en) und Bürgerinnen. Die Imperative der Aufmerksamkeitsökonomie bestimmen die „intermediäre Sphäre" und machen den Nachrichtenwert zum zentralen Kriterium für die Selektion und Priorisierung von „relevanten" bzw. „interessanten" gesellschaftlichen Problemen, Bevölkerungsgruppen und politischen Institutionen. Damit gewinnt die „intermediäre Sphäre" an funktionaler und institutioneller Eigenständigkeit und die Verbindung zwischen Bürgern und Regierung(en) wird kontingent und abhängig von den Logiken der Aufmerksamkeit des Multimedia-Systems. Im Vergleich zu Parteien und Verbänden werden die Medien weniger von Faktoren aus den politischen und gesellschaftlichen Systemen determiniert. So wurden die Parteien und deren Handlungslogiken bisher zum größten Teil von Regeln des politischen Systems – den Wahlsystemen – bestimmt, die Stärke der Interessenverbände war primär das Resultat ihrer sozioökonomischen Macht (Mitgliederzahl bzw. Kapitalkraft). Auch bei den Parteizeitungen und öffentlich-rechtlichen Fernsehanstalten dominierten die Einflüsse des gesellschaftlichen und politischen Systems. Im Multimedia-System des Internet-Zeitalters verlieren alle diese exogenen Einflüsse im Vergleich zur endogenen Logik der Aufmerksamkeitserzeugung an Bedeutung.

Während die mit der Ausbreitung eines Multimedia-Systems einhergehende Autonomisierung der „intermediären Sphäre" relativ wenig wahrgenommen wird, konzentriert sich die Diskussion auf die „Kolonialisierung" der politischen und sozioökonomischen Institutionen und Prozesse durch die Medienlogik. Nicht nur Parteien, auch Regierungen bzw. Governance-Institutionen müssen ihre auf die Medien gerichteten Anstrengungen verstärken und sich den Imperativen der Aufmerksamkeitsökonomie anpassen (Meyer 2002). Dies zum einen, um ihre Politik zu vermitteln und ihre Relevanz zu verdeutlichen, zum anderen auch deswegen, weil kommunikative Strategien auch als Steuerungsinstrumente für inhaltliche Programme an Bedeutung gewinnen (Blatter 2007). Innerhalb der Gesellschaft tragen die neuen Medien dazu bei, dass traditionelle Bindungen zwischen Bürgerinnen und Parteien bzw. Verbänden gelockert werden und neue, spontane Formen der politischen Beteiligung und Interessenformulierung an Bedeutung gewinnen.

Diese makro-strukturellen Veränderungen führen zu einem neuen bzw. erweiterten Verständnis von politischen Entscheidungsprozessen. Eine Politik, die den Gesetzen der Aufmerksamkeitsökonomie folgt, zeichnet sich dadurch aus, dass dem „Timing" zentrale Bedeutung zukommt, da Probleme, politische Institutionen und politische Gemeinschaften um das knappe Gut der Aufmerksamkeit rivalisieren. Damit geht es im politischen Entscheidungsprozess zuerst einmal darum, Prioritäten in Bezug auf die Relevanz von bestimmten Problemen zu setzen, bevor es dann in einem zweiten Schritt um die Durchsetzung von spezifischen Präferenzen bei der politischen Reaktion auf diese Probleme geht (Jones/Baumgartner 2005). In Verbindung mit den bereits skizzierten In/out-Perspektiven führt dies dazu, dass es in einer reflexiven Demokratie bei der Institutionalisierung von politischen Entscheidungsprozessen nicht mehr nur darum geht, wie spezifische soziale Anforderungen (demands) im Entscheidungsprozess berücksichtigt werden und inwieweit kollektive Entscheidungen umgesetzt werden können (die Input- und Output-Perspektiven), sondern es geht zuerst einmal darum, ob soziale Akteure vom politischen System überhaupt als legitime/relevante Träger von Anforderungen wahrgenommen werden und ob politische Institutionen und Governance-Ebenen/-Formen bzw. das politische System insgesamt von gesellschaftlichen Akteuren überhaupt als relevante/legitime Problemlösungsinstanz betrachtet werden.

Die Existenz struktureller Filter, welche zur Ignoranz von sozialen Anforderungen an die Politik führen, ist seit langem thematisiert (so z. B. von Bachrach/Baratz 1962 unter dem Stichwort der „non-decisions"). Trotzdem lassen sich zwei Gründe dafür anführen, von einer neuen Dimension demokratischer Selbstbestimmung zu sprechen. Erstens hat sich eine „intermediäre Sphäre", die von der Aufmerksamkeitsökonomie des Multimedia-Systems dominiert wird, entwickelt und folgt ihren eigenen Filterkriterien. Zweitens gewinnt die „intermediäre Sphäre" an Bedeutung, weil sie nicht mehr nur als Verbindungsglied zwischen zwei fixen Einheiten (Volk und Regierung) fungiert, sondern eine konstitutive Bedeutung erhält, weil diese fixen Einheiten jeweils multiple Ausprägungen haben können und deswegen kontingent werden. Damit wird ihre Reproduktion/relative Stärke zu einem zentralen Aspekt der politischen Auseinandersetzung, welche wiederum durch die Logik des Multimedia-Systems geprägt wird. Dies stellt nicht nur die Kongruenz zwischen Volk und Regierung, welche in der ersten Moderne auf der Basis des klar demarkierten Territorialstaates hergestellt wurde, in Frage, sondern auch ihre kontinuierliche gegenseitige Relevanz als eindeutige Bezugspunkte politischer Herrschaft. Für die Bürger ist es heute nicht mehr selbstverständlich, dass sie eine Governance-Ebene oder -Form als für sie relevant wahrnehmen. Und für politische Entscheidungsträger in verflochtenen Mehrebenen-Systemen ist es keineswegs immer eindeutig, welcher politischen Gemeinschaft sie sich verpflichtet fühlen bzw. welche politischen Gemeinschaften sie als relevant betrachten (sollten).

Die Wahrnehmung der empirischen Relevanz und der konzeptionellen Differenz einer solchen demokratietheoretischen Perspektive ist auch hier nur der erste Schritt. Wie in den anderen Perspektiven kann man auch in dieser Perspektive unterschiedliche ideologische Positionen identifizieren in Bezug auf die Frage, wie demokratische Selbstbestimmung unter den geschilderten Bedingungen sichergestellt bzw. erreicht werden kann. Gegenwärtig dominiert die erste Position, die den zunehmenden Einfluss der Medien sehr kritisch betrachtet, weil dies mit einer zunehmenden Bedeutung von Personen statt Programmen und von Emotionen statt rationalen Diskursen einhergeht. Es wird die Gefahr beschworen, dass die symbolische Performanz, im Sinne einer „Als-ob-Politik", wichtiger wird als substantielle Performanz, im Sinne der nachhaltigen Problemlösung (Meyer 2002; Falter 2002; Elchardus 2002). Daraus

resultieren Empfehlungen zur Regulierung der Medienindustrie. Dadurch soll sichergestellt werden, dass das Mediensystem einerseits als möglichst offener Vermittler
von Informationen über tatsächliche Problemlagen und über tatsächliche Leistungen
von Governance-Institutionen fungiert und andererseits vielfältige Plattformen für
rationale Deliberationen liefert.

Eine Gegenposition konzipiert das Multimedia-System als einen alternativen und
zusätzlichen Filter, Verstärker und Produzenten von Wahrnehmungen und Einfluss-
versuchen zwischen Bürgern und Governance-Einheiten. Die Zunahme der Bedeutung des Multimedia-Systems wäre nur ein massives Problem, wenn die anderen Kanäle der Interessenvermittlung und die anderen Instrumente politischer Steuerung
völlig verdrängt würden oder wenn die Filter- und Verstärkungseffekte des Mediensystems kongruent mit denjenigen der anderen Vermittlungsinstanzen (Parteien und
Verbände) sind. Ist das nicht der Fall, dann kann das Multimedia-System als ein Teil
eines erweiterten Systems der checks and balances im Bereich der deutlich an Autonomie und Gewicht gewachsenen „intermediären Sphäre" betrachtet werden. Es
spricht einiges dafür, dass genau dies der Fall ist, wenn die Imperative der Aufmerksamkeitsökonomie den *spot* der Medien auf zwei Bereiche lenken, die im System der
traditionellen intermediären Organisationen eher zu kurz kommen: auf das Neue und
auf das Prekäre. Aus dieser Position ist es deswegen genauso wichtig, die spezifische
Rolle des Multimedia-Systems anzuerkennen und dessen Autonomie sicherzustellen,
wie es notwendig ist, dafür zu sorgen, dass die Medienlogik nicht die anderen Kanäle
der Vermittlung zwischen Bürgern und Regierungen kolonialisiert und dominiert.
Außerdem erscheint die medien-induzierte Hinwendung zu symbolischer Performanz,
Emotionen und Personen durchaus adäquat, wenn man – wie vorher skizziert – berücksichtigt, dass es heute in politischen Prozessen stets auch um polity-making und
nicht nur um policy-making geht (Street 2004; Sarcinelli 2002).

Insgesamt verbindet diese Position den Begriff der reflexiven Demokratie mit
einem deutlich anderen Verständnis von „Reflexivität": Während die erste Position
die Funktion des Multimedia-Systems in der Herstellung von Öffentlichkeit (im Sinne
von Habermas) und in der Ermöglichung von „reflektierter Kommunikation" sieht,
betrachtet die zweite Position seine Funktion primär in der „reflexhaften" Koppelung
von politischen Gemeinschaften und politischen Governance-Formen. Im Gegensatz
zu Wahlen zielt die reflexhafte Koppelung der Medien primär auf ein kontinuierliches
up-dating politischer Prioritäten (statt diskontinuierlicher kollektiver Präferenz-
bildung) und auf die Rekonstitution/Rekalibrierung von polities (statt auf policy-
making). Dies führt zu deutlich unterschiedlichen Maßstäben für die Bewertung existierender Demokratien.

5   Kontingente und reflexive politikwissenschaftliche Kritik auf Basis einer komplexen Theorie

Vor dem Hintergrund der skizzierten komplexen Theorie einer reflexiven Demokratie ergibt sich eine Vorstellung von Politikwissenschaft und von politikwissenschaftlicher Kritik, die sich der Tatsache bewusst ist, dass jegliche Konzeption der Gesellschaft unweigerlich normative Implikationen hat und die dennoch versucht, konzeptionelle Perspektiven nicht mit normativen Positionen in eins zu setzen. Wie gezeigt, kann eine output-orientierte Demokratieperspektive mit mehreren normativen Positionen verknüpft werden; erst nach einer solchen – kontingenten – Verknüpfung ergeben sich Evaluationskriterien für eine normative Kritik an existierenden Demokratien. Durch die Differenzierung von konzeptionellen Perspektiven und normativen Positionen lassen sich zwei verschiedene Arten von Kritik unterscheiden: die konzeptionelle Kritik an einer zu engen Definition von (demokratischer) Politik einerseits und die normative Kritik an einseitiger Ausgestaltung politischer Institutionen und einseitiger Ausübung politischer Entscheidungsmöglichkeiten andererseits.

Für kritisch-reflexive Politikwissenschaftlerinnen und -wissenschaftler ist es nicht ausreichend, den eigenen normativen Standort explizit zu machen, es gilt ihn in einem Feld von potentiell möglichen (d. h. prinzipiell als legitim anerkannten) Positionen zu verorten. Da damit die prinzipielle Kontingenz dieses normativen Standpunktes deutlich wird, geht eine reflexive Politikwissenschaft unweigerlich mit einem gewissen Maß an normativem Relativismus einher, wobei „gewisses Maß" zu betonen ist, denn fundamentalistisch-einseitige Positionen, wie z. B. die Verabsolutierung von kollektiver Selbstbestimmung gegenüber universellen Menschenrechten können als nicht legitim ausgeschlossen werden. Wenn man den Kontingenz-Begriff wirklich ernst nimmt, dann ist damit in einer pluralistischen Gesellschaft nicht nur die gesellschaftliche Offenheit für politische Entscheidungen, sondern auch die prinzipielle Anerkennung verschiedener Entscheidungsergebnisse und Formen, in denen diese Entscheidungen getroffen werden, verbunden. Das bedeutet nicht, dass alle realweltlichen (Ver-)Formungen der Demokratie als legitim betrachtet werden müssen. So ist z. B. die Herrschaft von Berlusconi in Italien von jeder skizzierten normativen Position innerhalb der „on/off"-Perspektive aus gesehen kritikwürdig. Während man von einer „rationalistischen" Position aus vor allem die Personalisierung der Politik und den Populismus von Berlusconi kritisieren kann, sind aus einer kulturell-systemischen Perspektive vor allem die Kolonialisierung der Politik/des Parteiensystems durch einen Medientycoon und Berlusconis dominierende Stellung im elektronischen Mediensystem Italiens kritikwürdig. Die dramaturgischen Inszenierungen der Politik in Italien erscheinen dagegen durchaus angemessen in einem Land, in dem die Politik längst nicht mehr als gesellschaftliches Problemlösungszentrum angesehen wird und in dem sie um die Aufmerksamkeit und Relevanzzuschreibungen der Bewohner buhlen muss.

Insgesamt zeichnet sich politikwissenschaftliche Kritik auf der Basis einer komplexen Theorie der reflexiven Demokratie durch ihre Kontingenz bzw. Kontextabhängigkeit und ihre Reflexivität aus. Im Gegensatz zu einer „herrschaftskritischen" Herangehensweise wird die Aufgabe der Politikwissenschaft nicht primär darin gesehen, ausgehend von eindeutigen demokratietheoretischen Prinzipien die realweltlichen Abweichungen zu kritisieren, sondern vielmehr darin, die normativen Widersprüche und Spannungslinien, in denen sich demokratische Regierungssysteme befinden, zu reflektieren und dann für die in spezifischen konkreten Kontexten vernachlässigten normativen Positionen und Handlungsempfehlungen einzutreten.

Eine reflexive Kritik durch Politikwissenschafterinnen und -wissenschaftler wird damit in doppelter Weise kontingent. Erstens, weil vor der normativen Kritik an realweltlichen Zuständen der normative Möglichkeitsraum aufgespannt wird und damit die Pluralität von Dimensionen und normativen Positionen der normativen Demokratietheorie deutlich wird. Zweitens, weil die Stoßrichtung der normativen Kritik an realweltlichen Zuständen je nach konkreter Situation sehr unterschiedlich sein kann. Eine kontingenzbewusste kritische Politikwissenschaft ist vor allem aber auch selbstreflexiv, indem sie die dominanten politikwissenschaftlichen (Demokratie-)Theorien in Frage stellt. Die skizzierte Ergänzung der komplexen Demokratietheorie durch die Dimensionen einer reflexiven Demokratie verdeutlicht meine Ansicht, dass eine solche Infragestellung weniger durch radikale Alternativen zu etablierten demokratietheoretischen Vorstellungen erfolgen sollte, sondern vor allem durch die Infragestellung einer sehr engen Definition von Demokratie.

Literatur

Bachrach, Peter/Baratz, Morton S., 1962: Two Faces of Power, in: American Political Science Review 56, 947-952.

Bauböck, Rainer, 2005: Citizenship Policies: International, State, Migrant and Democratic Perspectives. Global Migration Perspectives 19. Geneva.

Bauböck, Rainer/Ersbøll, Eva/Groenendijk, Kees/Waldrauch, Harald (Hrsg.), 2007a: Acquisition and Loss of Nationality. Policies and Trends in 15 European States. Volume 1: Comparative Analyses. Amsterdam.

Bauböck, Rainer/Ersbøll, Eva/Groenendijk, Kees/Waldrauch, Harald (Hrsg.), 2007b: Acquisition and Loss of Nationality. Policies and Trends in 15 European States. Volume 2: Country Analyses. Amsterdam.

Baumann, Zygmunt, 2000: Liquid Modernity. Cambridge.

Beck, Ulrich/Giddins, Anthony/Lash, Scott, 1992: Reflexive Modernisierung. Eine Kontroverse. Frankfurt a. M.

Beck, Ulrich/Bonss, Wolfgang/Lau, Christoph, 2003: The Theory of Reflexive Modernization. Problematic, Hypotheses and Research Programme, in: Theory, Culture & Society 20 (2), 1-33.

Beck, Ulrich/Grande, Edgar, 2004: Kosmopolitisches Europa. Gesellschaft und Politik in der Zweiten Moderne. Frankfurt a. M.

Benhabib, Seyla (Hrsg.), 1996: Democracy and Difference. Contesting the Boundaries of the Political. Princeton.

Benhabib, Seyla 2004. The Rights of Others: Aliens, Residents and Citizens. Cambridge.

Blatter, Joachim, 2007: Governance – theoretische Formen und historische Transformation. Politische Steuerungs- und Integrationsformen in Metropolregionen der USA (1850-2000). Baden-Baden.

Blatter, Joachim, 2008: Dual Citizenship and Democracy. Working Paper No. 1 der Reihe „Glocal Governance and Democracy". [Seminar für Politikwissenschaft. Universität Luzern] http://www.unilu.ch/deu/workingpapers_287648.aspx (13. 11. 2009).

Blatter, Joachim/Erdmann, Stefanie/Schwanke, Katja, 2009: Acceptance of Dual Citizenship: Empirical Data and Political Contexts. Working Paper No. 2 der Reihe „Glocal Governance and Democracy". [Seminar für Politikwissenschaft. Universität Luzern] http://unilu.ch/deu/workingpapers_287628.aspx (13. 11. 2009).

Blatter, Joachim, 2009a: Efficiency and Democracy: Reconstructing the Foundation of a Troubled Relationship, in: Ingolfur Blühdorn (Hrsg.): In Search Of Legitimacy. Policy Making in Europe and the Challenge of Societal Complexity. Opladen, Farmington Hills, MI, 51-71.

Blatter, Joachim, 2009b: Performing Symbolic Politics and International Environmental Regulation: Tracing and Theorizing a Causal Mechanism beyond Regime Theory, in: Global Environmental Politics 9 (4), 81-110.

Blühdorn, Ingolfur, 2006: The Third Transformation of Democracy: On the Efficient Management of Late-modern Complexity, in: Ingolfur Blühdorn/Uwe Jun (Hrsg.): Economic Efficiency – Democratic Empowerment. Contested Modernisation in Britain and Germany. Lanham, Maryland, 299-331.

Boggs, Carl, 2000: The End of Politics. Corporate Power and the Decline of the Public Sphere. New York, London.

Buller, Jim/Flinders, Matt, 2005: The Domestic Origins of Depoliticisation in the Area of British Economic Policy, in: British Journal of Politics and International Relations 7 (4), 526-543.

Burnham, Peter, 2001: New Labour and the Politics of Depoliticisation, in: British Journal of Politics and International Relations 3 (2), 127-149.

Carens, Joseph H., 2001: The Rights of Residents, in: Randall Hansen/Patrick Weil (Hrsg.): Reinventing Citizenship: Dual Citizenship, Social Rights and Federal Citizenship in Europe and the U.S. Oxford.

Dahl, Robert A., 1989: Democracy and its Critics. New Haven.

Dahl, Robert A., 1994: A Democratic Dilemma: System Effectiveness versus Citizen Participation, in: Political Science Quarterly 109 (1), 23-34.

Easton, David, 1965: A System Analysis of Political Life. New York.

Easton, David, 1975: A Re-assessment of the Concept of Political Support, in: British Journal of Political Science 5 (1), 435-457.

Elchardus, Mark, 2002: De Dramademocratie. Tielt.

Faist, Thomas, 2004: Dual Citizenship as Overlapping Membership, in: Danièle Joly (Hrsg.): International Migration in the New Millenium. Global Movement and Settlement. Aldershot (UK), 210-232.

Faist, Thomas (Hrsg.), 2007: Dual Citizenship in Europe. From Nationhood to Social Integration. Aldershot.

Falter, Jürgen, 2002: Politik im medialen Wanderzirkus. Wie Inszenierung die Politikverdrossenheit befördert, in: Vorgänge 2, 5-9.

Flinders, Matthew, 2006: Public/Private: The Boundaries of the State, in: Colin Hay/Michael Lister/David Marsh (Hrsg.): The State. Theories & Issues. Basingstoke, 223-247.

Goodhart, Michael, 2007: Europe's Democratic Deficits Through the Looking Glass: The European Union as a Challenge for Democracy, in: Perspectives on Politics 5 (3), 567-584.

Grant, Ruth W./Keohane, Robert O., 2005: Accountability and Abuses of Power in World Politics, in: American Political Science Review 99 (1), 29-43.

Greven, Michael Th., 1999: Die politische Gesellschaft. Opladen.

Greven, Michael Th., 2000: Kontingenz und Dezision. Beiträge zur Analyse der politischen Gesellschaft. Opladen.

Groenendijk, Kees, 2007a: The Legal Integration of Potential Citizens: Denizens in the EU in the Final Years Before the Implementation of the 2003 Directive on Long-term Resident Third Country Nationals, in: Bauböck et al. (Hrsg.), 2007a, 385-410.

Groenendijk, Kees, 2007b: The Status of Quasi-citizenship in EU Member States: Why some States Have ‚Almost Citizens', in: Bauböck et al. (Hrsg.), 2007a, 411-430.

Gross, Peter, 1994: Die Multioptionsgesellschaft. Frankfurt a. M.

Hay, Colin, 2007: Why We hate Politics. Cambridge, Malden.

Habermas, Jürgen, 1999: The Inclusion of the Other. Studies in Political Theory. Cambridge.

Held, David, 2006: Models of Democracy. Cambridge.

Huntington, Samuel P., 2004: Who Are We? The Challenges to America's National Identity. New York.

Jones, Bryan D./Baumgartner, Frank R., 2005: The Politics of Attention. How Government Prioritizes Problems. Chicago.

Marcuse, Herbert, 1964: One-dimensional Man. Boston.

Meyer, Thomas/Hinchman, Lew, 2002: Media Democracy. How the Media Colonize Politics. Cambridge.

Moravscik, Andrew, 2002: In Defence of the „Democratic Deficit": Reassessing the Legitimacy of the European Union, in: Journal of Common Market Studies 40 (4), 603-634.

Moravscik, Andrew, 2004: Is there a „Democratic Deficit" in World Politics? A Framework for Analysis, in: Government and Opposition 39 (2), 336-363.

Norris, Pippa (Hrsg.), 2002: Critical Citizens. Global Support for Democratic Government. Oxford.

Ostrom, Vincant, 1987: The Political Theory of a Compound Republic: Designing the American Experiment. Lincoln.

Renshon, Stanley. A., 2004: Dual Citizenship and American Democracy: Patriotism, National Attachment, and National Identity, in: Social Philosophy & Policy Foundation 21 (1), 100-120.

Risse, Thomas, 2006: Transnational Governance and Legitimacy, in: Arthur Benz/Yannis Papadopoulos (Hrsg.): Governance and Democracy. Comparing National, European and International Experiences. London, New York, 179-199.

Sarcinelli, Ulrich, 2002: Politik als „legitimes Theater"? Über die Rolle des Politischen in der Mediendemokratie, in: Vorgänge (2), 10-22.

Scharpf, Fritz W., 1970: Demokratietheorie zwischen Utopie und Anpassung. Konstanz.

Scharpf, Fritz W., 1998: Demokratische Politik in der internationalisierten Ökonomie, in: Michael Th. Greven (Hrsg.): Demokratie – eine Kultur des Westens? 20. Wissenschaftlicher Kongress der Deutschen Vereinigung für Politische Wissenschaft. Opladen, 81-103.

Scharpf, Fritz W., 1999: Governing in Europe: Effective and Democratic? Oxford, New York.

Schmalz-Bruns, Rainer, 1995: Reflexive Demokratie: Die demokratische Transformation moderner Politik. Baden-Baden.

Smith, Robert C., 2005: Mexican New York. Transnational Lives of New Immigrants. California.

Stolle, Dietlind/Hooghe, Marc, 2004: Review Article: Inaccurate, Exceptional, One-sided or Irrelevant? The Debate about the Alleged Decline of Societal Capital and Civic Engagement in Western Societies, in: British Journal of Political Science (35), 149-167.

Street, John, 2004: Celebrity Politicians: Popular Culture and Political Representation, in: British Journal for Politics and International Relations (6), 435-452.

Turner, Brian S., 2000: Liberal Citizenship and Cosmopolitan Virtue, in: Andrew Vandenberg (Hrsg.): Citizenship and Democracy in a Global Era. Houndsmill, 18-32.

Warren, Mark E., 2003: A Second Transformation of Democracy, in: Bruce Cain/Russell Dalton/Susan Scarrow (Hrsg.): Democracy Transformed? Expanding Political Opportunities in Advanced Industrial Democracies. Oxford, 223-249.

Whelan, Frederick G., 1983: Prologue: Democratic Theory and the Boundary Problem, in: James R. Pennock/John W. Chapman (Hrsg.): Liberal Democracy. New York, London, 13-47.

Politische Theorie im Zeichen der Kontingenz. Zum Verhältnis von Dezisionismus und Prozeduralismus

Markus Holzinger

1   Einleitung: Das Verhältnis von Kontingenz und Geltung in der politischen Theorie

In seiner Schrift „*Marx' Gespenster*" kommt Jacques Derrida (2004), der Theoretiker der Dekonstruktion, in einer längeren Passage auf das Buch *The End of History and The Last Man* von Francis Fukuyama zu sprechen. Diese Analyse von Derrida bringt wie in einem Brennglas das Thema des folgenden Aufsatzes auf den Punkt.

Bekanntermaßen behauptet Fukuyama in dieser Schrift, dass im Prozess globaler Modernisierung nach dem Scheitern des kommunistischen Experiments die westlichen Werte letztendlich dominant würden. Alle Regionen der Welt würden sich die westliche politische Kultur und deren Begründungs- und Rechtfertigungsperspektive gleichsam wie eine zweite Haut überziehen. Es gäbe nur noch eine globale Ordnung und eine westliche Metakultur. Die Frage, die sich allerdings Derrida aufdrängt, lautet: In welchem Sinne lässt sich von *einer Welt* sprechen?

Und hier kommt nun die Dichotomie von Kontingenz und Geltung ins Spiel. Auf der einen Seite erkennt Fukuyama an, dass auch die modernisierte demokratische Gesellschaft von Ambivalenzen und vom „maelstrom of external contingency" (Fukuyama 2006: 47) überschattet werde. Man denke an die vielen Staaten, in denen Demokratien sich noch gar nicht oder nur zum Teil realisiert haben. Auf der anderen Seite erweise sich die moderne Gesellschaft des Westens, so die Überzeugung des amerikanischen Politologen, auf lange Sicht als evolutionäres Muster, das sich zunehmend durchsetzen werde. Zumindest, so notiert Fukuyama (2006: 45) an einer Stelle, würde es sich als weltweites Ideal durchsetzen: „What is emerging victorious, in other words, is not so much liberal practice, as the liberal idea."

Es scheint Derrida so, als ob diese prognostische und terminologische Unschärfe und diese Art von Schaukelbewegung zwischen Theorie und Praxis die wahre Theoriepolitik der Prämissen von Fukuyama offenbare. „Je nach dem, wie es ihm gerade zum Vorteil gereicht und seine These stützt", so erklärt Derrida (2004: 93ff.), „definiert Fukuyama die liberale Demokratie bald als wirkliche Realität, bald als bloßes Ideal. […] Der Verkündigung der *faktischen* ‚guten Nachricht', ihrem wirklichen, phänomenalen, historischen und empirisch feststellbaren Ereignis, substituiert er die Verkündigung einer *idealen* guten Nachricht, die jeder Empirizität inadäquat ist […]."

Für Derrida sind wir demnach Zeugen der Geburt einer Ideologie. Fukuyama suggeriere, dass sich global etwas realisiert habe, das *in Wirklichkeit* nur *eine Idee, ein Ideal ohne vollrealisierten Inhalt, ein Gespinst sei.*[1] In Wahrheit möchte der Politologe sein eigenes Lebensmodell rechtfertigen und für seine eigene Vorstellung einer idealen Gesellschaft werben. Aber so sind die Verhältnisse nicht. So ist die so genannte globale „Weltgesellschaft" nicht. Im globalen Maßstab hat es „die" liberale Demokratie offensichtlich nie gegeben.

Man könnte sagen, dass der kritische Befund Derridas einen Aspekt der dezisionistischen Kritik am Normativismus auf den Punkt bringt. Für den Normativisten, der politische Entscheidungen – zumal unter dem Banner der Demokratietheorie – an der Rationalität ihrer Ergebnisse bemisst, sind diese politischen Entscheidungen mit einer guten Ordnung oder einer Verfahrensgerechtigkeit verknüpft, die über mehr oder weniger substantiell begriffene Werte vermittelt werden. Theorien benennen in diesem Kontext normative Kriterien, wie eine politische Grundstruktur gerechtfertigt werden könnte. In der Demokratie seien diese ideellen Werte realisiert. Demokratie sei „die Herrschaft allgemein gerechtfertigter Gründe. [...] Es geht in demokratischen Entscheidungen um Fragen der Richtigkeit oder Gerechtigkeit" (Forst 1996: 194 f.).

Für den Dezisionismus hingegen, der die Gründe von Entscheidungen auf eine kontingente Basis gestellt sieht, ergibt sich eine Pointe in Bezug auf die Geltungsfrage. *Sie stellt sich zunächst überhaupt nicht.* Die Soziologie und Politikwissenschaft, so lautet der dezisionistische Vorwurf, befindet sich im Normativismus auf dem eigentlichen Feld der Verleugnung des Sozialen. Denn das politische Herrschaftsgefüge und operative Tagesgeschäft entzieht sich auf einer ersten Ebene einer Beurteilung durch Eigenschaften einer normativen politischen Theorie. Idee und Realität klaffen auseinander. Politik ist zunächst die Verkörperung von faktischen Machtverhältnissen. Genau darauf zielt Derridas Kritik an Fukuyama ab. Die „theoretische Anerkennung verlangende Begründung im Philosophendiskurs und die politisch-legitimatorische Anerkennung der jeweiligen historischen Entwicklung der demokratischen Regimeform bei den ‚citizens' im realen politischen Prozess sind zwei Paar Schuhe", urteilt Michael Th. Greven (2003: 77). Man könne daher, ganz im Sinne Derridas, den Eindruck gewinnen, so skizziert Eckard Bolsinger (1998: 472) den Sachverhalt, „daß Phänomene wie Herrschaft, Macht, Gewalt und Kampf, verstanden als friedlicher und gewaltsamer Konflikt", im Normativismus der politischen Philosophie „in moralische und rechtliche Fragen umgedeutet werden". Für den Dezisionismus erwächst dabei das Geltungsproblem nicht nur aus dem Streit um die Kontinuität des Projektes der Aufklärung, sondern ist genau genommen vorerst überhaupt kein philosophisches Problem, sondern vielmehr ein faktisches Geschehen einer real ablaufenden politischen Praxis.

---

1   Ludwig Wittgenstein (1989: 14) spricht interessanterweise in einem ähnlichen Zusammenhang von „Hirngespinst". Er bezieht sich dabei auf die platonische „Idee des Guten".

Soweit zunächst zu einer allgemeinen Gestalt des Dezisionismusproblems. In den öffentlichen Debatten über das Wesen des Politischen hatte das Phänomen Kontingenz freilich lange Zeit keine besonders vernehmbare Stimme. Kontingenz wurde gleichgesetzt mit Nihilismus. Kontingenz bedeutet im dezisionistischen Kontext so viel wie *normativ unbestimmt und normativ grundlos.*[2] Der Dezisionismus behauptet dementsprechend, dass es keine *entscheidenden Gründe*, also auch kein normatives Fundament, für eine Entscheidung gibt (vgl. Kersting 2002: 258). Eine dezisionistische Schule, zu der sich jemand offen bekennen würde, galt daher lange als undenkbar (vgl. Greven 2000: 51 f.).

In den letzten Jahren sind jedoch von einigen Autoren erhebliche Anstrengungen unternommen worden, den Dezisionismus wieder diskursfähig zu machen bzw. ihn „als autonomen Typus politischer Theorie zu rekonstruieren und weiterzuentwickeln", wie Bolsinger (1998: 471) kommentiert.

In der folgenden Abhandlung wird es nicht um eine umfassende Rekonstruktion dieser zentralen Debatte in der politischen Theorie gehen. Die Betrachtung ist auf das Verhältnis von Dezisionismus und Normativismus in der gegenwärtigen politischen Theorie beschränkt, da es im Rahmen dieses Textes nicht möglich ist, auf alle spezifischen Details einzugehen. Dabei werde ich so vorgehen, dass ich die Charakteristika beider Ansätze vorstellen und im Anschluss nach einer möglichen Vermittlung fragen werde.

Mein Vorhaben lässt sich durch die Beobachtung leiten, dass in der Politik sowohl normative als auch kontingente Elemente herausgearbeitet werden können. Erstere beziehen sich insbesondere auf die normativen Grundlagen der Demokratie und den wechselseitigen Konstitutionszusammenhang von Recht und Demokratie. Kontingenz hingegen tritt in der Politik insofern zu Tage, als natürlich auch für die politische Ordnung wie für alle anderen gilt, dass über sie entschieden wird und im Zweifelsfall in einer Situation, die „normativ betrachtet, aus einem Nichts geboren" wird (Schmitt 2004: 38). Was man immer auch am Dezisionismus kritisieren mag, so lässt sich nicht leugnen, so auch Greven (2000: 54 f.), dass im Element der Entscheidung eine der grundlegenden Operationen der Politik zu finden ist. Wie weit auch immer und zu welchem Resultat das Projekt der Moderne sich entfalten wird, die wesentliche existentielle soziale Voraussetzung von Politik in der Gesellschaft ist ihre Kontingenz: Alles muss heute entschieden werden, alles kann entschieden werden.

---

2 Als kontingent bezeichnet man etwas, das zufällig so ist, wie es uns erscheint, das aber auch anders sein kann. Aristoteles definierte das Kontingente als dasjenige, was weder unmöglich noch notwendig ist und aus diesem Grund auch nicht oder auch anders sein kann. Das ist zunächst die analytische Definition des Begriffs Kontingenz. Nun wird man nicht übersehen können, dass sich der Begriff Kontingenz einer bündigen und verallgemeinerbaren Bedeutung entzieht. So bezieht sich der Begriff auf die kulturelle Ideengeschichte, auf handlungstheoretische Aspekte, auf epistemologische Probleme, auf anthropologische, organisationssoziologische sowie politiktheoretische Sachverhalte (vgl. Holzinger 2006; 2007).

Und fast alles muss ohne den Baldachin allgemeingültiger Normen entschieden werden, wie es Greven scheint.

Zunächst werde ich dabei an ausgewählten Themen den Dezisionismus skizzieren. Sodann will ich auf strittige Punkte im Erklärungsansatz des Dezisionismus zu sprechen kommen, die ich an relevanten Gegenpositionen aufzeigen möchte. Anhand von typischen Argumentationsmustern sollen Schwächen dieser Theorien freigelegt werden. Dabei konzentriere ich mich im wesentlichen auf die Ansätze von John Rawls und Jürgen Habermas, die sicherlich die wichtigsten Beiträge in der gegenwärtigen Debatte um die Möglichkeit der Begründung einer normativen politischen Theorie darstellen, um dann schließlich zu dem Schluss zu kommen, dass beide Theorieschulen sich als die zwei Seiten ein und derselben Medaille des politischen Fundaments der modernen Gesellschaften manifestieren.

2   Zur Theorie des Dezisionismus

An dem kurzen Auftakt zeigt sich bereits deutlich: In der politischen Theorie ist eines der zentralen Themengebiete des Phänomens der Kontingenz im Spannungsfeld von Faktizität und Geltung zu sehen. Im Hinblick auf dieses Problem lässt sich bis heute eine Spaltung in zwei völlig inkommensurable Perspektiven ausmachen, die Carl Schmitt (1989: 22) folgendermaßen umschrieben hat:

> „Der Unterschied zwischen den beiden Richtungen im Naturrecht wird am besten dahin formuliert, daß das eine System von dem Interesse an gewissen Gerechtigkeitsvorstellungen und infolgedessen von einem Inhalt der Entscheidung ausgeht, während bei dem anderen ein Interesse nur daran besteht, daß überhaupt eine Entscheidung getroffen wird."

Bis in die heutige politische Theorie wird dieses eben beschriebene Spannungsfeld reproduziert. Auf der einen Seite betonte Kant noch in der „Metaphysik der Sitten", dass jedem positiven Recht eine inhaltliche Legitimation des Rechts vorausgehen müsse. Es könne „eine äußere Gesetzgebung gedacht werden, die lauter positive Gesetze enthielte", dann aber müsse ein „natürliches Gesetz vorausgehen, welches die Autorität des Gesetzgebers (d. i. die Befugnis, durch seine bloße Willkür andere zu verbinden) begründete" (Kant 1982a: B 24).

Auf der anderen Seite bringt der Dezisionismus die Konsequenz zum Ausdruck, dass sich Entscheidungen von jeglichen überpositiven Werten abgekoppelt haben und wir es – zumindest in der westlichen Sphäre Europas – immer mehr mit einer Entmoralisierung der Gesellschaft zu tun haben. Dezisionistische Entscheidungen sind das Resultat einer Expansion von Kontingenz innerhalb der Normensysteme. Normatives Denken, wie wir es seit Kant gewohnt sind, fragt, was richtig und moralisch geboten ist. Das idealistische Naturrecht war Ausdruck der Überzeugung, dass Regeln durch Vernunft begründet sind und dass Normen einer sittlichen Idee folgen. Für Entscheidungen unter dezisionistischen Vorzeichen ist das Fehlen allgemein anerkennungswürdiger Gründe für ihre Geltung charakteristisch. Dieser geistesgeschichtliche Hintergrund ist es nun auch, der die Variable Kontingenz zu einem wichtigen Parameter für das Problem der Legitimität von Politik macht. Nach einer normativen Auffassung muss die Legitimität des Staates durch eine demokratische Verfassung gestützt sein. Gemeinsam für alle dezisionistischen Ansätze hingegen ist die These, dass diejenigen, die an moralischen Begründungen in der Sphäre des Politischen interessiert sind, das *spezifische Politische* und die Politik aus dem Blick verlieren. Damit werde in gewisser Weise dasjenige, was eigentlich den primären Kern des Politischen ausmache, verdeckt. Dieser Entpolitisierung des Politischen gelte es theoretisch zu widersprechen. Was ist aber „in Wirklichkeit" als das spezifisch Politische von Politik zu identifizieren? Die Antwort lautet: Die Eigengesetzlichkeit des politischen Systems ist es, kollektiv verbindliche Entscheidungen herzustellen, *und nichts darüber hinaus.*

2.1 Eine Herrschaftssoziologie des Politischen

Politische Entscheidungen sind aus dem Blickwinkel des Dezisionismus nicht primär eine Sache der Moraltheorie, sondern eine Gestalt der Macht, ein Ensemble von Strategien politischer Herrschaft. Aber wie wäre Politik dann zu beschreiben?

Wenn ich mich auch der Gefahr der Vereinfachung aussetze, müssen hier einige Stichworte genügen. In der Politik zählt für den Dezisionisten der Pragmatismus des Augenblicks. In ihr geht es weniger um Gerechtigkeit und die Glückseligkeit der Bürger als um Lobbyinteressen. Der zähe Aushandlungsprozess um Reformen hat mit Moral wenig gemeinsam. Politik besteht auch nicht darin, eine stolze Idee umzusetzen oder um deren diskursiv konstituierte Anerkennungswürdigkeit zu debattieren, sondern sie eher „kleinzuadministrieren". Politik konzentriert sich aber ebenso auf das Verhindern des Erfolgs anderer. Im Zentrum der Macht herrscht die Intrige. Es geht um die Verletzung des Gegners. Willy Brandt soll gesagt haben, dass die kalte „Überrumpelung" die „erfolgreichste Methode in der Politik überhaupt" sei. Politik ist kurzum, so hat es klassisch Weber gefasst, das „Streben nach Machtanteil oder nach Beeinflussung der Machtverteilung. […] Wer Politik treibt, erstrebt Macht […]" (Weber 1992: 7). Das Politische manifestiert sich daher für den Dezisionisten eher als Kampf zwischen Herrschaftsbereichen. Mit anderen Worten: In der Regel hat es Politik mit der Hervorbringung von Entscheidungen zu tun und ist im wesentlichen *Entscheidungspolitik.*

Eine solche Sichtweise von Politik wird ohne Zweifel umso adäquater, je situativer sich Politik gestaltet und je kurzfristiger sich das politische Handeln an neue Lagen anpassen muss. Eine unter Zeitdruck operierende Politik – wie sie heute in vielen Kollektiven vorzufinden ist – operiert zunehmend unter Zwang und situationsfixiert, wie Hartmut Rosa verdeutlicht (siehe Rosa in diesem Band). Sie schreitet pragmatisch voran. Das „Muddling Through" wird zum Leitprinzip – was nicht weiter verwundert. Schließlich schwinden die Zeiträume für Entscheidungen. Die Anzahl unerlässlicher Entscheidungen nimmt zu, die Zeitressourcen pro Entscheidung werden beschränkter.

Die Entscheidungspfade werden auch immer komplexer. Und dies umso mehr, als Politik immer wieder vernetzt ist mit einem Geflecht aufeinander reagierender anderer Teilsysteme. Die Autonomie des politischen Akteurs ist Teil einer Kette von Interdependenzen, die es an die anderen Akteure bindet und beschränkt, was zu entscheiden oder zu unternehmen ihm möglich ist. Je näher man an die realen Sachverhalte des politischen Alltags heranzoomt, um so mehr zeigen sich die symbiotischen Relationen der einzelnen Systeme untereinander. Die britische Politik zögert beispielsweise trotz gehäufter Meldungen über Fälle einer neuen Rinderkrankheit, eine aktive Warnpolitik anzugehen, um das Wirtschaftssystem zu schonen. Die Politiker wissen, dass es für sie schwierig ist, Sachverhalte publik zu machen, die ausschließlich prognostischer Qualität sind und mit keinen Tatsachen korrelieren. Nacktes Warnen kann teuer werden. Die Regierung muss Wahlchancen und Machtsteigerung mit dem aufkommenden Risiko verknüpfen. Und einige Zeit später hat man die BSE-Krise vor der Tür und sieht sich mit einer Bevölkerung konfrontiert, die gegen das Verharmlosungsgebäude der Regierung protestiert. Die Entscheidungsunsicherheit von Politik nimmt zu. Es wird immer komplizierter, einen geeigneten Pfad der „Warnpraxis" einzuschlagen.

Vor dem Hintergrund dieser Überlegungen zeigt sich, dass Politik in hohem Grade Entscheidungen in der Gegenwart über globale Risiken und Nebenwirkungen treffen muss, deren zukünftiges Risikopotential nicht gesichert ist und über das noch bei aufwendigsten Folgenabwägungen keine sicheren Prognosen zu erwarten sind. An die Stelle einer klaren Grenze und einer regelmäßig zu erwartenden Routine tritt immer häufiger eine Unschärfe, für die es noch keine Regel gibt. Die globale Finanzkrise, die im Herbst 2008 die politischen Institutionen unter Druck setzte, liefert dabei eine weitere aufschlussreiche Illustration. Die Riskanz des politischen Entscheiders liegt im Kontingenzdruck, der auf ihm lastet. Ging es in den ersten Monaten noch um ein kleines Konjunkturpaket, mit dem man den Banken einen Schirm aufspannen wollte, wurde im Frühjahr 2009 in Deutschland bereits über 100 Milliarden Euro an Bürgschaft debattiert. Der Rettungsschirm, der unter dem Druck anhaltender Spekulationswellen gegen den Euro am 9. Mai 2010 von den europäischen Regierungschefs entschieden wurde, belief sich ein Jahr später dann auf 750 Milliarden Euro. Was sind die Konsequenzen für das politische System? Die Politik verlagert Entscheidungen an andere, schnellere Entscheidungsinstanzen, damit „zeitnäher" und vielleicht auch effizienter entschieden werden kann (vgl. Rosa 2005: 415 ff.). Es wird outgesourct, dereguliert und privatisiert. Politische Akteure nutzen ad hoc-Entscheidungen und neue informelle Kooperationsformen um globale Risiken zu steuern (Holzinger 2010). Die Experten und die Exekutive gewinnen an Macht über die Legislative.

Zudem hat sich auch das politische Publikum verändert. In früheren Zeiten war noch eine ausgesprochen starke Übereinstimmung von sozialstrukturellen Formationen, sozialmoralischen Milieus, politischen Lagern und Parteien zu beobachten. Man denke hier nur an die zahlreichen Vereine und Verbände, die Gewerkschaften und die Sportclubs. Aber heute gibt es „den" Wähler genauso wenig wie „den" Kunden. Das politische Publikum hat sich in ein amorphes Wesen transformiert, dessen Wahlstrategien kaum noch transparent sind (vgl. Holzinger 2006: 172 ff.). Demzufolge muss eine Politik, die auf solche Umstände Resonanz erzeugen soll, sich in weiten Phasen ihrer Agitation auf medienwirksames Eventmanagement konzentrieren und muss die Gunst der Stunde dadurch nutzen, dass sie den Skandal als Munition einsetzt. Ohne Werbung, PR und Imagepflege läuft heute auch in der Politik nichts mehr. Aber ohne medienwirksame politische Darsteller lässt sich nichts so inszenieren, wie es die Medien brauchen. Im Mediendschungel heißt Information, *dass ein Unterschied beobachtet wird* (Gregory Bateson). Für die Rolle szenographische Aufmerksamkeit zu erlangen, kommen daher nur besondere Ausnahmemenschen in Frage. Menschen, wie Karl Theodor zu Guttenberg, die bereits durch eine neue Optik auffallen: „Ein markantes Gesicht, mal elegante Anzüge, mal luxuriöse Wüstenkluft, dazu Posen, die ihn mal zum Weltbesitzer machen wie auf dem Times Square in New York [...]" (Der Spiegel 8/2011: 27). „Erfolgreiche Entrepreneure", so Friedbert Rüb (2008: 104), „sind strategische Manipulateure und geschmeidige Opportunisten". Politische Taten werden aus solcher Perspektive immer mehr durch symbolische Handlungen überlagert. Die Medialisierung übernimmt die Oberhand. Politische Agitation zerrinnt in Entertainment und Kitsch.

2.2 Entscheidungshoheit der Politik: Zur Theorie des Ausnahmezustands

Eine der zentralen Fragestellungen der dezisionistischen Argumentation lautet: Entweder ist die gesellschaftliche Ordnung Auswirkung politischer Dezision oder aber die gesellschaftliche Ordnung legitimiert die Dezision des politischen Souveräns. Im ersten Fall wäre die politische Grundordnung der Gesellschaft eine Auswirkung und Manifestation des Monarchen oder des Diktators, der – häufig als Repräsentant einer überirdischen Potenz – über die Geschicke seiner Untertanen befiehlt. Im zweiten Fall würde die Stelle der Macht einer Gesellschaft durch das Volk besetzt, das Normen für die Herstellung politischer Entscheidungen setzt. Letztere metarechtliche Autorität eines objektiven Geltungsgrundes enttarnt der Dezisionismus als Ideologie. Gemäß Schmitt gibt es keine Instanz über dem politischen Entscheider, da der Regress bei der jeweiligen Verweisung auf die jeweils nächste Instanz irgendwo sein Ende findet. Am Ende entscheidet die Politik (vgl. Schmitt 2004: 27). Die konstituierende Gewalt, so behauptet Schmitt, ist als das eigentlich *produktive Fundament* der Konstituierten gedacht. Die moralische Gültigkeit der politischen Ordnung verdankt sich der ursprünglichen Dezision, dass es eine steuernde und moralische Ebene geben soll. *Recht ist stets von etwas anderem konstituiert, anders gesagt, ist immer schon politisch erzeugt.* Damit muss auch das Verhältnis von Faktizität und Geltung neu formuliert werden: Worin besteht die Legitimität der konstituierten Gewalt und des Rechtssystems, wenn doch letzteres in der Kontingenz eines historischen Entscheidungsaktes ihren Ursprung hat?

Schmitt hat diesen Gedanken am Begriff des Ausnahmezustands expliziert. Gemäß Schmitt ist eine staatlich geordnete Rechtsordnung nur solange intakt, solange die tatsächlichen Lebensverhältnisse stabil und von der Staatsgewalt kontrollierbar sind. Zu einer Rechtsverwirklichungsnorm gehört die Aufrechterhaltung der *faktischen politischen Ordnung.* Nun muss nach Schmitt der überzeugendste Normativist einsehen, dass es Extremsituationen gibt – Krieg, Bürgerkrieg, Seuchen, Wirtschaftskatastrophen, Terrorattentate, plötzlich hereinbrechende Naturkatastrophen – in denen just dieser gesellschaftliche Ordnungsrahmen, in dem Recht in Funktion gesetzt wird, nicht mehr aufrechterhalten werden kann. Zurück bleibt im Regelfall ein handlungsfähiger politischer Akteur. Wenn diese strukturelle Größe in diesem Stadium der Unordnung noch genug Macht bereithält, die Rechtsordnung zu suspendieren, um die soziale Ordnung wieder in ihrer Funktion zu installieren, dann beweist sich eben dieser politische Akteur als souverän. Im Ausnahmezustand wird der Primat der Dezision offensichtlich, weil hier die Norm, wie Schmitt meint, durch die Entscheidung suspendiert wird. Es ist die Entgrenzung politischer Macht, die den Ausnahmezustand charakterisiert (vgl. dazu auch Holzinger/May/Pohler 2010). Das aber heißt: Im Ausnahmezustand überschreitet der Staat die Grenzlinien zwischen Politik und Recht. Schmitt (2004: 18 f.) stellt fest:

> „Die Existenz des Staates bewährt hier eine zweifellose Überlegenheit über die Geltung der Rechtsnorm. Die Entscheidung macht sich frei von jeder normativen Gebundenheit und wird im eigentlichen Sinne absolut."

Den konstruktiven Sinn von Schmitts Argument hat Giorgio Agamben vor einiger Zeit anschaulich angesichts des Irak-Krieges 2003 der Vereinigten Staaten freigelegt. Bekanntlich entschied sich George Bush ohne UNO-Resolution für den Irak-Krieg. Es hatte auch keine beweiskräftige Verbindung zwischen Al Qaida und dem Regime in Bagdad gegeben. Amerikas kriegerische Irak-Intervention richtete sich gegen das Völkerrecht, das im Gewaltverbot des Artikels 2, Absatz 4 der „Charta der Vereinten Nationen" von 1945 seinen Ausdruck findet. In Anlehnung an Schmitt beschrieb deswegen auch Agamben (2003: 33) die Politik der USA als eine „offene Übertretung der Regeln des nationalen und internationalen Rechts". Im Fortgang seiner Argumentation kommt Agamben genau auf die von Schmitt konstatierte Vorrangstellung der Politik vor der Demokratie zu sprechen: „Im Ausnahmefall suspendiert der Staat das Recht, kraft eines Selbsterhaltungsrechtes, wie man sagt" (Schmitt 2004: 18 f.). Bei Agamben (2003: 33) liest sich das folgendermaßen:

„Die Vereinigten Staaten bedienen sich derzeit des Ausnahmezustands nicht nur als eines Instrumentes der Innenpolitik, sondern auch und vor allem, um ihre Außenpolitik zu legitimieren. Man kann in dieser Hinsicht sagen, dass die Regierung der Vereinigten Staaten dem ganzen Planeten den Status eines permanenten Ausnahmezustandes aufzuzwingen sucht, der als die zwingende Antwort auf eine Art Weltbürgerkrieg zwischen Staat und Terrorismus dargestellt wird."

Kein Zweifel besteht somit darin: Der politische Entscheider ist ein potentiell totalitärer Akteur. Im Ausnahmezustand treten, wie Agamben (2004: 66) wieder ins Gedächtnis gerufen hat, Kontingenz und Dezision als das verborgene Fundament der Demokratie an die Oberfläche und werden gleichsam „in den Rechtskontext zurückgeholt". Es ist die jederzeit mögliche Suspendierung des Rechts durch den politischen Souverän, der den Ausnahmezustand für Agamben (2004: 9) zu einer permanenten „Schwelle der Unbestimmtheit zwischen Demokratie und Absolutismus" werden lässt.

2.3 Die „politische Gesellschaft" als totalitäre Gesellschaft

Mit dieser Überlegung bin ich nun bereits an der Pforte zu einer Schlussfolgerung, die Greven in der Ausarbeitung seines Theorems von der „politischen Gesellschaft" gezogen hat. Auch Greven kommt auf der Basis der oben skizzierten Interpretation der Geltungsfrage zu einer weitreichenden Folgerung. Gerade weil sich Kontingenz – wie Agamben zu Recht sieht – in das Herz der Entscheidungsregeln von Politik selbst eingenistet hat, lautet der besondere Clou seines Ansatzes, dass das Politische der politischen Gesellschaft nicht mit Demokratie gleichzusetzen ist. Von demokratischer Teilhabe ist in Grevens Skizze der politischen Gesellschaft zunächst gar nicht die Rede. Theoretikern, die Demokratie als das politische Steuerungsprinzip anerkennen, hält Greven entgegen, dass diese noch nicht das eminent Politische der politischen Gesellschaft verstanden hätten. Die politische Gesellschaft ist nicht unbedingt eine demokratische Gesellschaft. In der Politik gehe es eben nur um soziale Geltung kraft Entscheidung und nicht um Wahrheit. Gerade weil die Politik in der modernen Gesellschaft, wie Greven analysiert, letztlich keinen äußeren Halt mehr in Religion, Vernunft oder Moral besitzt, sondern quasi auf Nichts aufsetzt, gibt es für die Politik in der Kontingenz keine ethischen oder religiösen Grenzen mehr. Der politische Dezisionismus ist ja eine Konsequenz der Selbstbezüglichkeit des Politischen. „Politik wird immer voraussetzungsloser oder, was dasselbe ist, selbstbezüglicher" (Greven 2000: 247).

Auch die politischen Extreme des letzten Jahrhunderts – der Nationalsozialismus und der totalitäre Kommunismus – seien genau aus diesem Grund möglich gewesen. Sie demonstrieren gerade nicht einen nachweislichen Modernisierungsrückstand.

„Die terroristischen und brutalen Formen, die diese Transformationsprojekte in die Moderne in den genannten beiden Fällen angenommen haben, erklären sich eben nicht aus dem Zusammentreffen einer vermeintlichen ‚Rückständigkeit' der Gesellschaften mit dem importierten politischen Veränderungswillen kleiner politischer Eliten" (Greven 1999: 140).

Gemäß Greven habe eigentlich erst die Politisierung der Gesellschaft „die monströsen Erscheinungsformen des Politischen dieses Jahrhunderts" ermöglicht (Greven 1999: 59). Das Zerstörungspotential der modernen Gesellschaft und der Blutzoll des 20. Jahrhunderts manifestieren doch gerade ihre normative Bodenlosigkeit.

Wie immer man die oben angesprochene These auch einschätzen mag, durch das Theorem Grevens rücken jüngere Veröffentlichungen über das ideengeschichtliche Fundament des Nationalsozialismus, das Vogt (2002) im Pragmatismus und Kontingenzethos verortet. Boris Groys hat in mehreren Veröffentlichungen darauf hingewiesen, dass eine der Eigenarten des kommunistischen Experiments in der Sowjetunion darin bestanden hat, auf vollständige Kontingenz, quasi auf einem *Nullpunkt*, aufzusetzen. Auf der politischen und ökonomischen Ebene hat die Oktoberrevolution absolut tabula rasa gemacht und hat „einen solchen vollständigen Bruch mit der Vergangenheit, eine solche absolute Zerstörung jeglichen individuellen Erbes tatsächlich vollzogen" (Groys 2003: 241). Stalins radikaler Konstruktivismus, der in einem „Exzess im Exzess" (Schlögel 2008: 21) ausbrach und fast die gesamte eigene russische Führungsriege mit sich riss, wollte die neue Sowjetunion tatsächlich auf einem absoluten „Nullpunkt des Lebens" (Groys 2003: 242) errichten. Die Folgerung ist, dass der „postsowjetische Mensch" der Gegenwartsgesellschaft geradezu aus dem „Nirgendwo" kommt.

3   Moralität durch Verfahren: John Rawls und Jürgen Habermas

Es ist der Verdienst der prozeduralistischen Konzeptionen, auf eine normativ tiefersitzende Komponente unseres demokratischen Rechtsstaates hingewiesen zu haben. Für den Prozeduralismus von John Rawls und Jürgen Habermas gibt es etwas der Kontingenz Entzogenes in unserer modernen Kultur, das Habermas am Beispiel von Recht und Politik und John Rawls an der Frage diskutiert, wie die allgemeine gesellschaftliche Grundstruktur geordnet sein müsste, wenn sie mit allgemein verbindlichen Gerechtigkeitsprinzipien übereinstimmen würde.[3] Ausgangspunkt der Theorien von Habermas und Rawls dazu sind zwei Vermutungen.

(1) Auf der einen Seite muss davon ausgegangen werden, dass die Legitimität der Allgemeinheit der Gesetze sowie des repräsentativen Parlamentarismus nicht allein durch die *faktische* Akzeptanz positiv getroffener Entscheidungen gesichert werden kann. Rawls bindet die Idee einer politischen „Grundstruktur" der Gesellschaft an

---

3   Zu den Gemeinsamkeiten und Differenzen zwischen Habermas und Rawls siehe nur Forst (1996; 1999).

Gerechtigkeitsansprüche zurück. Habermas glaubt, dass sich im Recht selbst Faktizi-tät und Geltung *verschränken* (vgl. Habermas 1992a: 46). Und in der Tat: der Ge-danke von Rawls und Habermas hat zunächst gar nichts Unverständliches. Wohl alle, die ein Ohr für die einschlägige Fragestellung demokratischer Verfahren haben, wür-den wohl ohne weiteres zugeben, dass wir ganz intuitiv einen Unterschied machen, ob Recht aus bloßer Willkür gesprochen wird oder ob die Normadressaten es auch ver-innerlichen und akzeptieren.

Zudem basiert die Bundesrepublik Deutschland beispielsweise verfassungsmäßig auf einer „freiheitlich demokratischen Grundordnung". Zwar kann hier der Dezisio-nist einhaken und darauf hinweisen, dass ja auch diese Ordnung – und das ist in die-sem Fall zweifelsohne festzustellen – eine kontingente fremdbestimmte Auflage der Alliierten gewesen ist (vgl. Greven 2007: 275 f.).[4] Und auch über die Einrichtung eines legitimen Verfahrens muss entschieden werden, so dass die Dezision dem, was man als Einlösung eines Geltungsanspruchs bezeichnet, notwendigerweise voraus-gehen muss (vgl. Wellmer 1998: 272 f.). Aber der dezisionistische Gründungsakt – auch derjenige der Besatzungsmächte – kann seine Motivation „sehr wohl aus dem Glauben an gewisse höchste Werte oder Güter beziehen, mithin auch aus einer dann freilich näher zu bestimmenden ‚Rationalität'" (Schwaabe 2001: 181 f.).

Es kommt also ganz darauf an, mit welcher Begründung und mit welcher Inten-tion der letztentscheidende politische Wille die Legitimität des Staates fundiert. Der Dezisionismus mag wohl recht behalten, wenn er darauf hinweist, dass sich die rechtsstaatliche Grundordnung einer grundlegenden Dezision verdankt. Aber diese Entscheidung kann im Moment ihres Vollzugs durchaus wiederum von Rechts- und Gerechtigkeitsbestimmungen geleitet werden. Auf die Motive Herrschaft und Macht-erhaltung ist dieser Wille jedenfalls nicht per se einzuschränken. Habermas formuliert ganz ähnlich, dass nämlich „nur die juridischen Gesetze legitime Geltung beanspru-chen dürfen, die in einem ihrerseits rechtlich verfaßten diskursiven Rechtsetzungs-prozeß die Zustimmung aller Rechtsgenossen finden können" (Habermas 1992a: 141).

(2) Auf der anderen Seite können die Normen, die moderne Gesellschaften akzeptie-ren, nicht mehr durch einen substantiellen Wertekonsens zusammengehalten werden. Hierin gehen Rawls' und Habermas' ein Stück weit auf den Dezisionismus zu. Frei-lich ist die theoretische Leitfigur dabei die Ethik Kants. Beide Philosophen beanspru-chen, „eine verfahrensmäßige Deutung von Kants Begriff der Autonomie und des Kategorischen Imperativs" (Rawls 1979: 289) zu erarbeiten. Prozedural – und nicht substantialistisch – werden Rawls und Habermas normative Modelle deswegen ge-nannt, weil sie über die Ergebnisse, die moralisch bewertet werden sollen, selbst keine

---

4   Und insofern muss natürlich auch für diese Ordnung festgestellt werden: „Auch die Rechtsordnung, wie jede Ordnung, beruht auf einer Entscheidung und nicht auf einer Norm" (Schmitt 2004: 16).

inhaltlichen Kriterien liefern. Der Prozeduralismus betont, dass nach dem Verlust von metaphysischen Weltbildgehalten die Legitimation von Politik und Recht nicht mehr externen Größen entnommen werden kann, sondern nur im politischen Setzungsprozess selbst erzeugt werden kann.

Der springende Punkt des Prozeduralismus besteht mithin in seiner Metaphysikfeindlichkeit. Im nachmetaphysischen Zeitalter können Vorstellungen von einem guten Leben nur noch im Hinblick auf die Durchführung von Verfahren erwartet werden, *in denen die Partizipanten selbst alle weiteren materialen Inhalte aushandeln müssen.* Wie alle Ansätze, die einen rechtfertigungstheoretischen Prozeduralismus vertreten, gelten nur die Regeln, die die beteiligten Akteure im Rahmen eines Verfahrens sich selbst setzen. Rawls (2003: 81) betont Folgendes:

> „Die Bürger betrachten in ihrem politischen Denken und bei der Diskussion politischer Fragen die soziale Ordnung nicht als eine festgelegte natürliche Ordnung oder als eine auf religiöse oder aristokratische Werte gegründete institutionelle Hierarchie."

Die Gesellschaft ist auch bei Rawls auf nichts aufgebaut. Die Bürger konstruieren sich ihre eigene Welt in einem öffentlichen Prozess.

Das heißt also: Bei der Marschroute, welcher der Prozeduralismus folgt, müssen die Personen, die sich ihm anschließen wollen, kein spezifisches moralisches Marschgepäck mit auf den Weg nehmen. Dies bedeutet nicht, dass sich Menschen nicht nach ethischen Kriterien orientieren dürften und sollten. Aber – wie Rawls (2003: 75) geltend macht – im Kontext eines „öffentlichen Vernunftsgebrauchs", in dem öffentlich vorgetragene Argumente zählen, dürfen diese privaten Interessen und Neigungen keine Rolle spielen. In ähnlicher Weise lässt sich Habermas auf das Problem ein: Das Recht ist in der Tat, gemäß Habermas, als lediglich zu beobachtendes positives Faktum nicht normativ fundiert. Der moralische Aspekt des Rechts ist weniger seine Rechtssubstanz oder Rechtsgeltung, sondern die Rationalität des Verfahrens, unter dem es verabschiedet wurde.

> „Seinen vollen normativen Sinn erhält das Recht nicht per se durch seine Form, auch nicht durch einen a priori gegebenen moralischen Inhalt, sondern durch ein Verfahren der Rechtssetzung, das Legitimität erzeugt" (Habermas 1992a: 169).

Wenn wir über Recht sprechen, müssen wir, laut Habermas, nicht nur wissen, über welchen Inhalt wir sprechen, *sondern auch in welcher Weise wir darüber sprechen wollen.*

Entscheidend ist dabei freilich die Frage, wie der normative Raum eingerichtet sein muss, so dass die ablaufende Verfahrensrationalität normativ gehaltvoll ist. Fair ist die Übereinkunft dann, wenn sie unter angemessenen Bedingungen entsteht. Der Fairness wegen bedarf es eines Maßstabes, der beschreibt, unter welchen Bedingungen eine Übereinkunft zustande kommt. Und wie ist dieser Maßstab beschaffen?

Bei Rawls lautet die Antwort bekanntlich folgendermaßen: Eine Grundstruktur wäre dann fair, wenn „man sich in einem anfänglichen Zustand der Gleichheit auf sie einigen würde" (Rawls 1979: 39). Gemäß Rawls müssen die Akteure, die sich im Urzustand um die Grundsätze einer gerechten Gesellschaft kümmern, von ihren unmittelbaren Interessen absehen und nach dem Vernünftigen für alle fragen. In dieser Position sind also faire Regelungen denkbar, weil die Ausgangslage es gewährleistet, dass niemand bevorzugt wird oder sich Verhandlungsvorteile verschafft.

Bei Habermas ist die Ausgangslage ähnlich, wobei seine Konzeption stärker die Kommunikationsrechte der Bürger in den Vordergrund stellt. Die Diskursethik besagt, dass dasjenige, was das politische System als ein rationales Handeln auszeichnet, darin liegt, dass sich das erzielte Einverständnis zwischen Sprechern implizit auf gute Gründe stützen muss (vgl. Habermas 1992a: 138). Oder anders gesagt: Nicht die Ergebnisse, auf die sich Akteure einigen würden, sind notwendigerweise normativ gehaltvoll oder gar gerecht, wohl aber die „Fairness" der Ausgangs- und Diskussionssituation ist es, unter der zuallererst ein fairer Beschluss im Parlament und im Rechtssystem möglich ist.

4   Fazit: Dezisionismus und normativer Prozeduralismus

Zusammenfassend kann gesagt werden: Eine Folge der zunehmenden Geltung des Phänomens Kontingenz ist die Entmoralisierungsthese des Dezisionismus, die in variierenden Formaten von der Grundüberlegung ausgeht, dass der Gegenstand der Moral im Rahmen der Normenbegründung immer mehr außer Kraft gesetzt werde. Eine verbreitete Anschauung lautet, dass sich in der Kontingenzgesellschaft Politik zunehmend von anderen Begründungselementen verabschiede. Insbesondere Moral sei für die Politik irrelevant geworden.

Das bedeutet zweierlei. Zum einen werden die Legitimationsstandards politischer Verfahrensdesigns durch die Machtcodierung unterlaufen. Die totalitäre Gesellschaft ist hier sicherlich die Extremform dieses Tatbestands. Zum anderen dringt immer mehr die Vorstellung in das öffentliche Bewusstsein, dass Worte wie Ehre und Moral für die Politik höchstens von historischem Interesse sind. Politainment ist die Manifestation dieser Entwicklung. Der Dezisionismus versteht als letzte Instanz von Politik und Recht, d. h. als Basis der Geltung der beiden Sphären, eine Dezision und nicht eine Norm. Es ist der Verdienst des nüchternen Blicks des Dezisionismus auf die Moderne, das Forschungsinteresse auf die *reale Praxis* der Entscheidungsfindung gelegt zu haben. Hier wäre in Zukunft in der Tat mehr Realitätsbezug denn Moralphilosophie vonnöten. Der Dezisionismus insistiert somit zu Recht gegenüber normativen Rechtfertigungs- und Begründungsansätzen auf einem machtsoziologischen Argumentationszusammenhang.

Man könnte das Problem auch in einem moralischen Problemkontext folgendermaßen fassen: Es ist ein Unterschied, ob in einer politischen Ordnung normative Anliegen – nehmen wir als Beispiel die Menschenrechte – einen universellen Sollensanspruch ausdrücken, also unabhängig von kontingenten Umständen wie Abstammung, Rasse, Kultur oder Religion gelten *sollen*[5], oder ob sie faktisch in den jeweiligen Regionen der so genannten „Weltgesellschaft" auch erfüllt werden. Auch die Ratifizierung universeller Menschenrechtsabkommen sagt nur bedingt etwas über deren Realisierung in den einzelnen Staaten aus. Normative Ansätze benennen zwar häufig (unterschiedliche) Voraussetzungen, unter denen eine gerechte politische Ordnung für alle Beteiligten entstehen *könnte*. Sie erbringen aber nicht den Beweis, dass diese Bedingungen in unserer Welt auch realisiert *sind*. Diese Unterschiede zwischen Faktizität und Geltung müssen in wissenschaftlichen Aussagesystemen berücksichtigt werden. Anders formuliert: Es *gibt* Entitäten wie „Rechte" nicht an sich. Auch die Menschenrechte können wie alle Rechte „nur verliehene Rechte sein" (Tugendhat 1998: 48*)*. Sie *existieren* faktisch innerhalb einer staatlichen Ordnung oder nicht. Und das ist eine empirische Frage.

Unabhängig davon kann ihr moralischer Gehalt als normativ universal erwünscht werden. Das letzte Merkmal lässt sich so verstehen, dass jede staatliche Ordnung so organisiert sein *sollte*, dass alle Mitglieder Zugang zu jenen Rechten haben. Im Angesicht der Wirklichkeit ist dieses Postulat freilich in einem moralischen Sinne häufig – wie Habermas (1992a: 535) sagt – „nicht mehr als eine – eher aus Verzweiflung geborene – Hoffnung".

Demgegenüber wurde mit dem Prozeduralismus anhand der Theorien von Habermas und Rawls gezeigt, dass es unter den Bedingungen eines fortgeschrittenen Kontingenzbewusstseins eine letzte Legitimationsinstanz geben kann, die unverzichtbar erscheint, wenn die moderne Gesellschaft nicht vollkommen auf Beliebigkeit aufsetzen will: „Die kommunikative Vernunft", so Habermas (1992b: 185), „ist gewiß eine schwankende Schale – aber sie ertrinkt nicht im Meer der Kontingenz, auch wenn das Erzittern auf hoher See der einzige Modus ist, in der sie Kontingenzen ‚bewältigt'." Und in der Tat: Dass bis zum Jahr 2000 87 frühere Autokratien mit dem allgemeinen, gleichen und freien Wahlrecht die Grundlagen einer demokratischen Ordnung implementierten, spricht für die Tatsache, dass viele Menschen nach wie vor daran glauben, dass sie es bei der Demokratie mit einer Regierungsform zu tun haben, die die Legitimationslücken anderer Staatsformen zu füllen in der Lage ist.

Ist die französische Revolution in ihrer Forderung von Gleichheit, Freiheit, Brüderlichkeit oder die Menschenrechtserklärung der amerikanischen Revolution vom 4. Juli 1776, alle Menschen seien gleich, nicht auf den normativen Anspruch der Menschen zurückzuführen, dass Gerechtigkeitsprinzipien reziprok und allgemein bestehen können? Ist nicht gerade der Prozess der „Fundamentalpolitisierung" (Greven 1999) mit dem Resultat identisch, dass moralische Rechte und angemessene Verfahrensdesigns – und in diesem Sinne normative Ansprüche – zur *Faktizität* gerinnen? „Die Macht steht den Bürgern nicht mehr gegenüber, sie sind nicht mehr Untertanen,

---

5   Im Sinne von: „Soziale Menschenrechte gelten qua Menschenrecht für alle Menschen weltweit" (Lohmann/Gosepath 1998: 16).

sondern sie nehmen jetzt […] an der Macht selbst teil." (Tugendhat 1998: 50)[6]. Fairness und Ehrlichkeit, Vertrauen und wechselseitige Gleichachtung sind, so Gertrud Nunner-Winkler (2003: 318), nach wie vor die Fundamente politischer Stabilität.

Dass die Frage nach einer gerechten politischen Ordnung auch heute nicht der Vergangenheit angehört, zeigt sich auch darin, dass sich fast alle Ansätze, die dem Dezisionismus angehören, früher oder später von der Rhetorik der Begründungslosigkeit wieder absetzen. Vermutlich hat dies vor allem damit zu tun, dass ein reines Plädoyer für Faktizität und Kontingenz für die meisten Autoren unzumutbar ist. Selbst der Dezisionist Carl Schmitt wollte sich mit einem bloßen Rechtspositivismus nicht zufrieden geben. In *Legalität und Legitimität* schreibt Schmitt (1998: 23):

> „Eine voraussetzungslose Gleichsetzung des Rechts mit dem Ergebnis irgendeines formalen Verfahrens wäre nur voraussetzungslose, also blinde Unterwerfung unter die reine, das heißt von jeder inhaltlichen Beziehung zu Recht und Gerechtigkeit losgelöste Dezision der mit der Gesetzgebung betrauten Stellen, voraussetzungsloser Verzicht auf jeden Widerstand."

Auch bei Greven zeigt sich, dass sein Konzept eines „demokratischen Dezisionismus" mit einem „fröhlichen Nihilismus" (Greven 2000: 61) nicht vereinbar ist. Der einzige praktische Ausweg bestünde für Greven darin, „die für die Demokratie notwendigen Bürger und Bürgerinnen in einem bisher noch nie dagewesenem Maße zu sozialisieren und auch bewusst zu erziehen" (Greven 1999: 209). Zu „bewusster politischer Erziehung zur Demokratie" gibt es auch für Greven „keine echte praktische Alternative" (Greven 1999: 209). Greven scheint hier eindeutig normative Bedingungen einer vernünftigen politischen Praxis zu benennen.

Als Fazit ließe sich im Anschluss an die Diskussion der beiden Theorien ziehen, dass es sich beim politischen Dezisionismus, der zur Etablierung einer selbstreflexiven Moderne gehört, und bei Habermas' und Rawls' Ansätzen politischer und sozialer Gerechtigkeit um die zwei Seiten derselben Medaille der modernen politischen Ordnung handelt. Die Hypothese, dass die normative Seite heute *überall* und alternativlos bereits fest etabliert ist, wie Hauke Brunkhorst (1999: 379) dies zu unterstellen scheint, darf allerdings bezweifelt werden. Darauf zielte ja auch Derridas oben skizzierte Kritik an Fukuyama ab. Diese Ansicht dient vor allem dazu, das Bedürfnis nach einer glücklichen Historie zu befriedigen.[7] Diesem immer noch einer christ-

---

6   Strittig ist freilich das Problem der Repräsentativität, d. h. ob das Wahlvolk in der politischen Ordnung tatsächlich „herrscht". Und auch an Habermas' Konzept wurde bekanntlich kritisiert, dass er von einer Isolierung von Innehabung und Ausübung der Staatsgewalt ausgeht, was dann das Problem der Rückbindung der Parlamentarier an die Wählerschaft aufwirft. Sein Schleusenmodell der politischen Ordnung führt so zu einer eigentümlich äußerlichen Gegenüberstellung einer spontanen zivilgesellschaftlichen Öffentlichkeit und einer prüfenden und entscheidenden institutionellen Politik (Schmalz-Bruns 1995: 115).

7   Ebenso verbreiten gegenwärtig breit rezipierte Theoreme, die von einer etablierten „Weltgesellschaft" (Stichweh 2000), einer sich global bereits realisierten westlichen „Weltkultur" (Meyer 2005) oder von einem Prozess der globalen „Vollrealisierung funktionaler

lichen Eschatologie folgenden Phantasma seien innergesellschaftliche Konflikte, die ökologische Krise sowie die an den Rändern des „Jus Publicum Europaeum" stattfindenden Kriege (Münkler 2004) entgegengehalten, die z. B. in Gestalt des transnationalen Terrorismus in den Westen hinüberschwappen. Auf die „Weltrisikogesellschaft" (Beck 2007) warten möglicherweise ganz neue Gefahren und Risiken. Und das lässt erwarten, dass wir uns in unruhige Zeiten hineinbewegen.

Literatur

Agamben, Giorgio, 2003: Der Gewahrsam – Ausnahmezustand als Weltordnung, in: FAZ vom 19. 04. 2003, 33.

Agamben, Giorgio, 2004: Ausnahmezustand (Homo Sacer II.I). Frankfurt a. M.

Beck, Ulrich, 2007: Weltrisikogesellschaft. Frankfurt a. M.

Bolsinger, Eckard, 1998: Was ist Dezisionismus? Rekonstruktion eines autonomen Typs politischer Theorie, in: Politische Vierteljahresschrift 39/3, 471-502.

Brunkhorst, Hauke, 1999: Heterarchie und Demokratie, in: Hauke Brunkhorst/Peter Niesen (Hrsg.): Das Recht der Republik. Frankfurt a. M., 373-385.

Derrida, Jacques, 2004: Marx' Gespenster. Der Staat der Schuld, die Trauerarbeit und die neue Internationale. Frankfurt a. M.

Forst, Rainer, 1996: Kontexte der Gerechtigkeit. Frankfurt a. M.

Forst, Rainer, 1999: Die Rechtfertigung der Gerechtigkeit. Rawls' Politischer Liberalismus und Habermas' Diskurstheorie in der Diskussion, in: Hauke Brunkhorst/Peter Niesen (Hrsg.): Das Recht der Republik. Frankfurt a. M., 105-168.

Fukuyama, Francis, 2006: The End of History and The Last Man. London.

Greven, Michael Th., 1999: Die politische Gesellschaft. Opladen.

Greven, Michael Th., 2000: Kontingenz und Dezision. Opladen.

Greven, Michael Th., 2003: Sind Demokratien reformierbar? Bedarf, Bedingungen und normative Orientierungen für eine Demokratiereform, in: Claus Offe (Hrsg.): Demokratisierung der Demokratie. Diagnosen und Reformvorschläge. Frankfurt a. M., New York, 72-91.

Greven, Michael Th., 2007: Politisches Denken in Deutschland nach 1945. Opladen.

Groys, Boris, 2003: Topologie der Kunst. München, Wien.

Habermas, Jürgen, 1992a: Faktizität und Geltung. Beiträge zur Diskurstheorie des Rechts und des demokratischen Rechtsstaats. Frankfurt a. M.

Habermas, Jürgen, 1992b: Nachmetaphysisches Denken. Frankfurt a. M.

Holzinger, Markus, 2006: Der Raum des Politischen. Politische Theorie im Zeichen der Kontingenz. München.

Holzinger, Markus, 2007: Kontingenz in der Gegenwartsgesellschaft. Dimensionen eines Leitbegriffs moderner Sozialtheorie. Bielefeld.

Differenzierung" (Luhmann 1997: 163) ausgehen, daher den gleichen Platonismus, wie ihn Derrida oben an Fukuyama kritisierte. Hier verschleiert die artifizielle Unterscheidung von Makro- und Mikroebenen den reinen Fiktionalismus dieser angeblichen Makroansätze (vgl. Holzinger 2007: 135 ff.).

Holzinger, Markus/May, Stefan/Pohler, Wiebke, 2010: Weltrisikogesellschaft als Ausnahme-zustand. Weilerswist.

Holzinger, Markus, 2010: Die Informalisierung der Politik: Neue Form des Risk Governance oder Entdemokratisierung von Politik?, in: Vorgänge. Zeitschrift für Bürgerrechte und Gesellschaftspolitik 49 (3), 119-129.

Kant, Immanuel, [5]1982: Die Metaphysik der Sitten, Teil 1 und Teil 2. Frankfurt a. M.

Kersting, Wolfgang, 2002: Kritik der Gleichheit. Weilerswist.

Lohmann, Georg/Gosepath, Stefan, 1998: Einleitung, in: Stefan Gosepath/Georg Lohmann (Hrsg.): Philosophie der Menschenrechte. Frankfurt a. M., 7-27.

Luhmann, Niklas, 1997: Die Gesellschaft der Gesellschaft. Frankfurt a. M.

Meyer, John W./Krücken, Georg (Hrsg.), 2005: Weltkultur. Wie die westlichen Prinzipien die Welt durchdringen. Frankfurt a. M.

Münkler, Herfried, 2004: Die neuen Kriege. Reinbek bei Hamburg.

Nunner-Winkler, Gertrud, 2003: Politik und Moral, in: Armin Nassehi/Markus Schroer (Hrsg.): Der Begriff des Politischen. Baden-Baden, 309-325.

Rawls, John, 1979: Eine Theorie der Gerechtigkeit. Frankfurt a. M.

Rawls, John, 2003: Politischer Liberalismus. Frankfurt a. M.

Rosa, Hartmut, 2005: Beschleunigung. Die Veränderung der Temporalstrukturen in der Moder-ne. Frankfurt a. M.

Rüb, Friedbert W., 2008: Policy-Analyse unter den Bedingungen von Kontingenz, in: Frank Janning/Katrin Toens (Hrsg.): Die Zukunft der Policy-Forschung. Wiesbaden, 88-111.

Schlögel, Karl, 2008: Terror und Traum. Moskau 1937. München.

Schmalz-Bruns, Rainer, 1995: Reflexive Demokratie. Baden-Baden.

Schmitt, Carl, [5]1989: Die Diktatur. Berlin.

Schmitt, Carl, [6]1998: Legalität und Legitimität. Berlin.

Schmitt, Carl, [8]2004: Politische Theologie. Vier Kapitel zur Lehre von der Souveränität. Berlin.

Schwaabe, Christian, 2001: Liberalismus und Dezisionismus. Zur Rehabilitierung eines libera-len Dezisionismus im Anschluß an Carl Schmitt, Jacques Derrida und Hermann Lübbe, in: Politisches Denken, Jahrbuch 2001, Stuttgart, 175-201.

Stichweh, Rudolf, 2000: Die Weltgesellschaft. Frankfurt a. M.

Tugendhat, Ernst, 1998: Die Kontroverse um die Menschenrechte, in: Stefan Gosepath/Georg Lohmann (Hrsg.): Philosophie der Menschenrechte. Frankfurt a. M., 48-61.

Vogt, Peter, 2002: Pragmatismus und Faschismus. Weilerswist.

Weber, Max, 1992: Politik als Beruf. Stuttgart.

Wellmer, Albrecht, 1998: Menschenrechte und Demokratie, in: Stefan Gosepath/Georg Loh-mann (Hrsg.): Philosophie der Menschenrechte. Frankfurt a. M., 265-291.

Wittgenstein, Ludwig, 1989: Vortrag über Ethik. Frankfurt a. M.

Kontingenz und Gerechtigkeit am Beispiel der Sozialversicherung

Katrin Toens

Kontingenz und Gerechtigkeit haben gemeinsam, dass sie nicht gerade im Zentrum politikwissenschaftlicher Aufmerksamkeit stehen. Bewegt sich die Kontingenzthematik generell im Spannungsverhältnis zum Bestimmtheitsanspruch empirischer Forschung, so werden Fragen der sozialen Gerechtigkeit nur eingeschränkt zum Gegenstand des Faches gemacht, etwa in der normativen politischen Theorie. Außer der Marginalisierung in der Politikwissenschaft scheinen die beiden Themen jedoch wenig gemein zu haben. Auf den ersten Blick erwecken sie sogar den Anschein widerstreitender Perspektiven. Kontingenz signalisiert den Raum des Unbestimmten, Nichtwissens und Möglichen. Übertragen auf die Politik meint das die permanente Umstrittenheit und den ungewissen Ausgang politischer Entscheidungen. Politische Entscheidungen können so oder auch anders ausfallen, und die Frage, was gerecht ist, ist mit Blick auf die Vielfalt empirischer Gerechtigkeitsauffassungen nicht eindeutig beantwortbar. Dagegen beziehen normative Theorien der sozialen Gerechtigkeit Position im wissenschaftlichen Streit um die moralischen Geltungsansprüche konkurrierender Verteilungsprinzipien. Sie ergreifen Partei für bestimmte distributive Anwendungsprinzipien, die durch wissenschaftliche Rechtfertigung dem kontingenten Ausgang politischer Entscheidungsfindungsprozesse entzogen bleiben sollen.

Fordert die normative Gerechtigkeitstheorie der Politik also gerade eindeutige (im Sinne von allgemein rechtfertigbare) Gerechtigkeitsurteile ab, so bilden diese im Spiegel der politischen Kontingenz immer nur einen möglichen Standpunkt unter anderen. Lautet das Credo der Verteilungstheorie Sicherheit – als normative Gewissheit, Gegenstand der Verteilung und politische Gewährleistungsgarantie –, so scheint die politische Kontingenz jeglicher Vorstellung von Sicherheit doch gerade Hohn zu sprechen. Wie im Folgenden argumentiert wird, beleuchtet diese polarisierende Darstellung jedoch lediglich Teilaspekte der Beziehung zwischen politischer Kontingenz und sozialer Gerechtigkeit. Aus einer vermittelnden Analyseperspektive wird deutlich, dass politische Kontingenz und soziale Gerechtigkeit zwei Seiten einer Medaille sind. Und das zu zeigen, bedarf es der Fokussierung auf das soziale Handeln im Umgang mit Kontingenz. Was die neuzeitliche Gesellschaft auf der Schwelle zur Moderne ausmacht, ist der offensive Umgang mit Kontingenz. Die Verdrängung mittelalterlicher Weltbilder durch eine Sichtweise der Welt als Möglichkeitsraum rückt individuelle Handlungen und Handlungschancen erstmals in den Mittelpunkt menschlichen Daseins. Fortan ist Kontingenz nicht einfach nur da; sie wird kulturell aufbereitet und

als Ressource chancenbewussten Handelns genutzt. Der Glaube an die rationale Be-
rechenbarkeit und Wägbarkeit der Kosten und Nutzen individuellen Handelns steht
am Anfang einer Ereigniskette, die in die Risikobewältigung des modernen Versicherungswesens und schließlich in das Vertrauen auf die wissenschaftlich gestützte politische Gestaltbarkeit der Gesellschaft mündet.

Indem die Versicherung kontingenzimmanente Gefahren in kalkulierbare Risiken verwandelt, entscheidet sie die Ambivalenz der Kontingenz zugunsten kontin-
genzimmanenter Handlungschancen. Versicherungstechnisch konstruierte Sicherheit
verspricht die Verlustgefahren individuellen Risikohandelns rückwirkend abzu-
sichern. In der Versicherung bilden „Sicherheit" und Kontingenz somit ein untrenn-
bares Ganzes. Sicherheit ist kein Gegensatz zur Kontingenznutzung durch Risikohandeln, sondern die eine Seite einer Konstruktion, die ohne die andere nicht denkbar
ist. Mit der Entstehung der Sozialversicherung wird diese Konstruktion um eine explizit politische Dimension, und zwar die streitbare Verteilungsgerechtigkeit, erweitert.
Es ist diese Verquickung aus Kontingenz, sozialer Sicherheit und streitbarer Verteilungsgerechtigkeit in der Sozialversicherung, die den empirischen Bezugspunkt der
folgenden Überlegungen darstellt. Empirisch weist die Sozialversicherung gleichermaßen Bezüge zur politischen Kontingenz und zur sozialen Gerechtigkeit auf. Dadurch, dass die Sozialversicherung Armut zum sozialen Risiko erklärt, verspricht sie
Schutz vor einer der größten Gefahren des gesellschaftlichen Strukturwandels in der
Moderne. Die Herauslösung der Armut aus dem individuellen Schuldzusammenhang
liberaler Versicherungsideologie gleicht einem sozialpolitischen Paradigmenwechsel.
Erstmals in der Geschichte der bürgerlichen Sozialpolitik wird die versicherungsba-
sierte Kontingenzbewältigung für breite Teile der Bevölkerung geöffnet und zu einer
Angelegenheit sozialer Gerechtigkeit erklärt. Das macht die Sozialversicherung zu
einer Institution gesellschaftlicher Kontingenzbewältigung *par excellence*. Doch nicht
nur das. Indem sie unveräußerliche Ansprüche auf soziale Sicherheit individuell zuteilt oder aber verweigert, wird sie zum Adressaten sozialpolitischer Gerechtigkeits-
diskurse, die sich über weite Strecken des 20. Jahrhunderts an den institutionellen
Unzulänglichkeiten und Sollbruchstellen gesellschaftlich vorherrschender Standards
der sozialen Sicherheit entzünden.

Die Beziehung zwischen Kontingenz, Sozialversicherung und sozialer Gerechtigkeit existiert nicht nur ausgehend von der Sozialversicherung, die die sozial gerechte Kontingenzbewältigung zum Gegenstand hat. Insofern Kontingenz die relative
Offenheit des Handlungsraumes vor einer politischen Entscheidung signalisiert, gilt
auch umgekehrt, dass die Sozialversicherung das ungewisse Ergebnis politischer
Handlungskontingenz ist. Zwar drängte die fortschreitende Industrialisierung während
der zweiten Hälfte des 19. Jahrhunderts in Deutschland auf die umfassendere sozialstaatliche Regulierung des Armutsproblems. Was jedoch dann geschah, hätte politisch
auch anders entschieden werden können.

Die folgende Argumentation ist in drei Abschnitte gegliedert. Abschnitt eins zeigt, dass die Debatte über Kontingenz und Gerechtigkeit in der Politikwissenschaft bisher kaum geführt wurde. Stattdessen werden beide Themen überwiegend isoliert voneinander und als Gegensätze behandelt. Abschnitt zwei illustriert daher den Zusammenhang zwischen Kontingenz und sozialer Gerechtigkeit am Beispiel der politischen Entstehungsgeschichte der Sozialversicherung. Im abschließenden Ausblick werden die Ergebnisse der Untersuchung zusammengefasst und auf die aktuelle Krise institutioneller Kontingenzbewältigung in der deutschen Gegenwartsgesellschaft bezogen.

1   Kontingenz und Gerechtigkeit: Einblicke in eine kaum stattfindende politikwissenschaftliche Debatte

Etwas kontingent zu nennen bedeutet, dass politische Entscheidungen immer auch anders (hätten) gefällt werden können. Eine derartige Behauptung steht im Widerspruch zu der Erwartung, dass sich die Wissenschaftlichkeit von Aussagen über die Politik an der Rekonstruktion von Gesetz- und Regelmäßigkeiten politischen Handelns festmachen lässt. Löst man sich aber von der Vorstellung einer Wissenschaft, die Politik systematisch erfassen und vorhersagen kann, dann lässt sich das Verhältnis zwischen Kontingenz und Wissenschaft auch als konstruktives Spannungsverhältnis deuten. Die Kontingenzberücksichtigung kann die Forschung vor bestimmten Gefahren schützen, so zum Beispiel vor einer vorschnellen Verallgemeinerung und dem unreflektierten Umgang mit den herkömmlichen Methoden (dazu Knöbl in diesem Band). Umgekehrt muss die übermäßige Kontingenzreduzierung dazu führen, dass der wirklichkeitswissenschaftliche Anspruch empirischer Forschung nicht eingelöst werden kann. Kontingenzsensibilität bildet somit keine Gefahr, sondern eine Herausforderung für die Politikwissenschaft (Shapiro/Bedi 2007). Es wäre allerdings ein Trugschluss zu meinen, dass sich die zeitgenössische empirische Politikforschung völlig ungeachtet der Kontingenzfrage entwickelt hat. Je nach dem, was man unter Kontingenz versteht und welche Rolle man ihr in der Analyse von Politik zuschreibt, wird die Frage der Kontingenzverdrängung in der Forschung unterschiedlich beantwortet. Ein Beispiel bildet die frühe Verwaltungs- und Policyforschung, der (mitunter aus den eigenen Reihen) vorgeworfen wird, sie würde Kontingenz durch ein auf rationale Planung und Problemlösung verengtes Politikverständnis reduzieren (Mayntz 2005; siehe auch Greven 2008). In einer einschlägigen Enzyklopädie wird der gleiche Ansatz jedoch als kontingenzsensibel beschrieben, weil „die Heterogenität der Interessen und Meinungen und die Bedeutung der Macht in Prozessen der Entscheidungsfindung mit Blick auf die Regierung (zumindest zur Kenntnis genommen wird)" (van Vught 1992: 1936, Übersetzung KT). Kontingenzsensibel bedeutet dann so viel wie:

der Unbestimmtheit und Unvorhersehbarkeit politischer Prozessverläufe wird ein gewisser Platz im Denken eingeräumt.

Von dieser eher impliziten Bezugnahme auf Kontingenz als integrativen Bestandteil machtdurchsetzter politischer Regierungsprozesse sind politikwissenschaftliche Ansätze zu unterscheiden, die Kontingenz explizit zum Ausgangspunkt der Analyse politischen Handelns nehmen. Ein einschlägiges Beispiel der jüngeren policyanalytischen Diskussion bildet der organisationssoziologisch fundierte Multiple-Streams-Ansatz (etwa Zahariadis 2003; Peters 2005; Rüb 2008). Diese Perspektive fokussiert das kontingente Zusammenspiel von politischen Handlungssträngen („Streams"), in denen Lösungskonstruktionen, Problemwahrnehmungen und Entscheidungsgelegenheiten unabhängig voneinander produziert werden. Durch die machtstrategische Verknüpfung der Handlungsströme können politische Entscheidungen manipuliert werden. Angewendet auf die Frage der Verteilungsgerechtigkeit würde das bedeuten, dass sich die Verteilung in Abhängigkeit machtstrategisch agierender politischer Unternehmer einstellt, denen es gelingt (oder auch nicht gelingt), politische Gelegenheitsfenster für die Verknüpfung unabhängiger Handlungsstränge in politischen Entscheidungen zu nutzen. Entscheidungen sind dann nicht das Ergebnis rationaler Problemlösung; sie ergeben sich vielmehr aus der Eigendynamik politischer Handlungsstränge, die zeitlich unvorhersehbar miteinander in Berührung gebracht werden und dadurch den Fortgang der Ereignisse prägen. Auf die Spitze getrieben würde das bedeuten, dass Kontingenz in geballter Form auf die Politik einwirkt, nämlich als das „grundlose Eintreten einer beliebigen Alternative" (Bubner 1984: 37).

Ein zweiter Ansatz, der Kontingenz zum Ausgangspunkt politischen Handelns nimmt, ist der demokratische Dezisionismus von Michael Th. Greven (1999; 2000; 2005; 2010). Grevens historisch fundierte kritische Zeitdiagnose der *politischen Gesellschaft* (1999) basiert auf dem folgenden zentralen Gedankengang: Säkularisierungsprozesse und die expansive sozialstaatliche Durchdringung der Gesellschaft im Laufe des 20. Jahrhunderts haben dazu geführt, dass politische Kontingenz – im Sinne der politischen Entscheidbarkeit individueller und gesellschaftlicher Lebensumstände – zur Massenerfahrung geworden ist. Dadurch werden Realitäten, die in der Vergangenheit als schicksalhaft hingenommen wurden, in die politische Disposition getrieben (ganz nach dem Motto „Einmal entscheidbar, immer entscheidbar"). Was Politik aus dieser Perspektive ausmacht, ist die Möglichkeit – und der Zwang –, zwischen unterschiedlichen Handlungsalternativen entscheiden zu können bzw. zu müssen. Wo also einerseits die Handlungs- und Gestaltungsoption der Politik als solcher immer schon immanent ist, wiegt die Last der Entscheidung umso schwerer. Die Eindeutigkeitskonstrukte normativer Verteilungs- und Gerechtigkeitstheorien helfen hier nicht weiter. Kontingenz eröffnet eine Vielfalt von Entscheidungsoptionen, nur nicht die, sich der radikalen Pluralität empirischer Gerechtigkeitsurteile zu entziehen (Greven 2005). Umgekehrt bildet jede politische Entscheidung einen temporären Knotenpunkt im politischen Prozess, weil sie das Spektrum von Handlungsoptionen radikal zusammenzieht, um es anschließend wieder auseinander zu treiben. Denn sobald eine Entscheidung als solche bewusst geworden ist, bleibt sie für die Zukunft anfechtbar und kontingent (Greven 2010: 69).

Aufgrund der Betonung der zwingenden Pluralität empirischer Gerechtigkeitsvorstellungen steht Greven der Idee einer Gerechtigkeitspolitik diskursethischer Provenienz skeptisch gegenüber. Soziale Gerechtigkeit verwirklicht sich seiner Ansicht nach nicht als politische Vernunft, auf die es sich in deliberativ demokratisch gestützten Lernprozessen hinzubewegen gilt; sie ist nur „eine der Leerformeln, unter denen die realpolitischen Auseinandersetzungen über die Sinnhaftigkeit und Verteilungswirkung politischer Institutionen und Entscheidungen geführt wird" (Greven 2005: 266).

Ebenso wie die politische Kontingenz ist auch die soziale Gerechtigkeit in den letzten Jahrzehnten unterschiedlich thematisiert worden. Anders als bei der Kontingenzthematik folgt die politikwissenschaftliche Marginalisierung der Frage sozialer Gerechtigkeit nicht aus der überwiegend impliziten Thematisierung, sondern aus der schwachen Anbindung normativer Gerechtigkeitstheorie an die empirische Politikforschung. Das Spektrum der Ansätze reicht von der prinzipienorientierten Verteilungstheorie (dazu Miller 1976; Toens 2003), über den Prozeduralismus (Rawls 1993; 1971) und die komplexe Gerechtigkeitstheorie (Walzer 1994; Miller 1999), bis zur Diskursethik (Forst 1994). Während die prinzipienorientierte Verteilungstheorie Gerechtigkeit aus dem universellen Geltungsanspruch einzelner Verteilungsprinzipien (i. d. R. Recht, Leistung oder Bedarf) herleitet, hängt die Wahl der Verteilungsregeln aus Sicht der komplexen Gerechtigkeitstheorie von der kulturellen Bestimmung des institutionellen Anwendungskontextes ab. Schließlich ist es aus der diskursethischen Perspektive die allgemeine Anerkennbarkeit guter Gründe, auf Basis derer sich der Vorrang einer Gerechtigkeitsvorstellung gegenüber einer anderen rechtfertigen lässt.

Immer wieder umstritten ist der Stellenwert der politischen Macht in sozialen Verteilungstheorien. Das betrifft etwa die Frage, ob die Idee gleicher Rechte nur so verstanden werden kann, dass sie auf eine Form der Gleichverteilung von Ansprüchen auf Güter basiert (dazu Gosepath 2012), oder ob ein solches Verständnis von Verteilungsgerechtigkeit mit einem zu engen Gerechtigkeitsbegriff operiert. Geht man nämlich davon aus, dass die Aufdeckung der ungerechten Bedingungen und falschen Legitimationsannahmen einer gegebenen Verteilungsordnung diskursive Definitions- und Rechtfertigungsmacht voraussetzt, dann wird die Aufmerksamkeit von der Ausgangsfrage nach dem Gegenstand der Verteilung umgelenkt auf die Frage, wer die politische Macht besitzt, eine bestimmte Ordnung der Verteilung in Kraft setzen zu können (Forst 2012; dazu auch Kreide/Landwehr/Toens 2012). Andere wiederum streiten sich um die Frage, ob und inwieweit Konzeptionen der Verteilungsgerechtigkeit offen sein sollten für die Thematisierung der Qualität sozialer Anerkennungsbeziehungen, wie sie in der politischen Ausgestaltung des Sozialrechts sowie in Organisationsweisen von Öffentlichkeit und Demokratie zum Ausdruck gebracht werden (Fraser/Honneth 2003). Schließlich unterscheiden sich prozedurale von substantiellen Gerechtigkeitstheorien darin, dass die gerechte Verteilung, statt von (kontext-abhängigen) Verteilungsprinzipien, von den Verfahrensregeln der Urteilsfindung abhängig gemacht wird.

Aufgrund der Heterogenität sozialer Gerechtigkeitstheorien kann hier nicht näher auf einzelne Ansätze eingegangen werden. Vielmehr muss der entscheidende Hinweis ausreichen, dass unterschiedliche Theorien der sozialen Gerechtigkeit eines teilen, und zwar die implizite Distanzierung von der politischen Kontingenz. Diese wird zu-mindest der Tendenz nach mit Ungerechtigkeit gleichgesetzt. Ungerechte Verteilung ist politisch ungeordnet im Sinne von zufällig und grundlos. Beispiele von Aus-drucksweisen der Kontingenz, die offensichtlich Gefahr laufen, Ungerechtigkeiten in der Verteilung von Gütern zu erzeugen, sind politische Willkür, monopolisierte Marktmacht sowie unstete Familien- und Freundschaftsbeziehungen. Vor diesem Hin-tergrund richten normative Verteilungstheorien eine Art Heilserwartung an die Poli-tik. Weil sich Kontingenz – ergo Ungerechtigkeit – in der Gesellschaft nicht vermei-den lässt, wird die Politik umso stärker unter Rationalitätsdruck gesetzt. Mindestens *sie* soll vernünftig entscheiden, was gerecht ist und wie verteilt wird.

Zusammenfassend kann festgehalten werden, dass politikwissenschaftliche De-batten um Kontingenz und Gerechtigkeit entweder polarisierend geführt werden oder aneinander vorbei reden. Betont die normative Gerechtigkeitstheorie die Notwendig-keit und Fähigkeit der Politik, Ungerechtigkeiten zu kompensieren bzw. abzustellen, so verweist die empirische Politikforschung auf das widerspenstige Eigenleben machtdurchsetzter und fragmentierter Politikprozesse, die sich der Erwartung auf ver-nünftige Urteilsfindung und rationale Problemlösung größtenteils entziehen. Was kontingent ist, kann somit nicht gerecht sein und umgekehrt. Das Problem dieser Vor-gehensweise besteht darin, dass sie den Blick auf den Zusammenhang zwischen poli-tischer Kontingenz und sozialer Gerechtigkeit verstellt. Dieser Zusammenhang soll im Folgenden am Beispiel der Sozialversicherung illustriert werden.

2   Kontingenz und Gerechtigkeit am Beispiel der Sozialversicherung

Die Kontingenzbewältigung moderner Gesellschaften lässt sich im Verweis auf das soziale Ordnungsprinzip der begrenzten Unbestimmtheit beschreiben (Hondrich 1985). Weder die rückhaltlose Bejahung der Kontingenz noch ihre Verdrängung gilt als angemessen. Was die Bewältigung von Kontingenz in der modernen Gesellschaft vielmehr ausmacht, ist ein empfindliches Balanceverhältnis zwischen ihrer Begren-zung und Entfesselung. Der Grund liegt in der Ambivalenz der Phantasien und Erfah-rungen, die mit Kontingenz in Verbindung gebracht werden können. Kontingenz-phantasien können sowohl in den unzähligen Ängsten vor den Gefahren und Un-wägbarkeiten modernen Lebens Gestalt annehmen als auch in der Vorstellung der Realisierbarkeit von Hoffnungen und Wünschen. Auch als Erfahrung zeigt sich Kontingenz potentiell in beidem, dem unerwarteten Eintreten einer Gefahr und der gelingenden Wahrnehmung einer Chance. Ein rückhaltlos kontingentes Leben ist daher ein angstvolles Leben, ebenso wie ein vollkommen vorherbestimmtes Leben ein hoffnungsloses Leben ist. Zu viel Kontingenz kann ebenso wie zu viel Bestimmtheit als Zumutung wahrgenommen werden. Wann die diffizile Grenze zwischen Kontingenz- und Bestimmtheitszumutung überschritten wird, ist abhängig von dem subjektiven Kontingenzempfinden. An der Kumulation von sozialen Risiken in der Armut[1], und letztlich der Geschichte ihrer Bekämpfung, zeigt sich jedoch auch, dass die politisch beeinflussbaren äußeren Lebensumstände in das subjektive Kontingenzempfinden hineinspielen.[2]

Die Sozialpolitikforschung beschreibt die beiden Pole, die es durch Kontingenzbewältigung auszutarieren gilt, mit den Begriffen Sicherheit und Freiheit (Sachße 1991). In dieser Gegenüberstellung würde man Kontingenz zunächst auf der Seite der Freiheit vermuten, weil sie die Veränderung und Gestaltbarkeit individuellen und sozialen Lebens spürbar macht. Im emanzipatorischen Sinn, nämlich als Ressource individueller und gesellschaftlicher Selbstbestimmtheit, existiert Kontingenz jedoch nicht völlig unabhängig von Sicherheit. Wenn etwa Bonß schreibt, dass Risikohandeln in der modernen Gesellschaft darauf zielt, „sichere Erwartungshorizonte zu durchbrechen, andere Handlungskombinationen auszuprobieren und Zukunft offen zu halten" (Bonß 1995: 54), dann verdeutlicht er nicht nur den Freiheitscharakter der Kontingenz, sondern ebenso die Rolle der Sicherheit in diesem Zusammenhang. Sicherheit dient dem Risikohandeln als Reibungsfläche, aber auch als Schutz vor unzumutbaren Verlustgefahren (dazu auch Münkler 2010: 12).

Ein einschlägiges Beispiel für die institutionelle Begrenzung von Unbestimmtheit bildet die Risikobewältigung des modernen Versicherungswesens. Risiko ist das bewusste zur Disposition stellen von Struktur um einer Chance willen (Rammstedt, zitiert in Evers und Nowotny 1987: 34). Aus der unbegrenzten Fülle von Handlungen, die mit Ungewissheit und möglichen Folgeschäden verbunden sind, markiert das Risiko den Bereich, der aus dem Schatten der Gefahr herausgeholt und in gesellschaftlichen Diskursen thematisierbar, benennbar und letztlich abwägbar wird (Evers/Nowotny 1987: 34). Insofern ruht das Risiko im Versicherungsprinzip und letztlich in dem alten Solidaritätsgedanken des gemeinsamen Schutzes vor Gefahr durch die Teilung und Rekompensation von Folgeschäden. Erst das moderne Versicherungswesen ermöglichte die Ausweitung des Risikohandelns mit seinen gesamtgesell-

---

1 Bereits Georg Simmer beschrieb 1908, dass sich in der Armut – wie in einem Brennglas – die ganze Vielfalt sozialer Risiken materieller, gesundheitlicher und auch immaterieller Art bündelt (Simmel, zitiert in Leibfried/Leisering 1995: 8).

2 Die Sozialpolitikforschung unterscheidet diesbezüglich zwischen unterschiedlichen Sicherheitskonzeptionen, die sich sowohl auf die Idee der Selbstsicherheit als Stabilisierung der Innengaranten der Sicherheit beziehen können als auch auf die hochgradig subjektive Vermittlung der Außengaranten der Sicherheit in Form von wohlfahrtsstaatlichen Einrichtungen (Evers/Nowotny 1987: 25-31).

schaftlich weitreichenden Folgen der Entstehung und politischen Regulierung von Märkten. Eine Theorie der sozial gerechten Kontingenzbewältigung müsste hier ansetzen. Denn die Frage der gerechten Verteilung der Kosten und Nutzen institutioneller Risikobewältigung wird mit dem Durchbruch des ökonomischen Risikohandelns als strukturgebendes Prinzip liberaler Marktgesellschaft virulent.

Bereits die Frühgeschichte des modernen Versicherungswesens, das sich ausgehend von der Handelsschifffahrt des 13. Jahrhunderts ausdifferenziert hat, signalisiert die ungleiche Verteilung der Kosten und Nutzen des Risikohandelns. So verweist etwa Plumpe (2002) auf die Relevanz der Trennung zwischen den Risikohandelnden und den von Risikoentscheidungen Betroffenen. Der Grundgedanke der Sicherheitsstrategie bestand darin, „dass Risiken auf zurechenbaren Entscheidungen beruhten, gegen deren Verlustgefahren sich der Entscheidende durch rationales Handeln ‚sichern' konnte" (Plumpe 2002: 25). Und weiter: „Für den von Risikoentscheidungen Betroffenen stellte sich die Situation freilich anders dar. War für den Kaufmann die Seefahrt riskant, so war sie für den Matrosen gefährlich" (Bonß, zitiert in Plumpe 2002: 25). Von der ungleichen Kontingenzerfahrung der Risikohandelnden und der vom Risikohandeln Betroffenen lässt sich nun gleichermaßen die Brücke zur Politik und sozialen Gerechtigkeit schlagen. Die Kontingenzbewältigung wurde in dem Maße zu einem gesamtgesellschaftlich wirksamen und damit politischen Unterfangen, in dem sich die frühbürgerliche Sozialpolitik als Komplementärinstitution des markttreibenden Versicherungsprinzips entwickelt hat. Während die liberale Versicherung die Chancen unternehmerischen Risikohandelns für das sozial aufstrebende Bürgertum erhöhte und dadurch die Entfaltung der Marktgesellschaft vorantrieb, ermöglichte die repressive Armenfürsorge die Entstehung von Arbeitsmärkten (de Swaan 1992; Bohlender 2010).

Das frühneuzeitliche Bettelverbot, die Kriminalisierung und strafrechtliche Verfolgung des Vagabundierens sowie die Entstehung der Armen- und Arbeitshäuser schränkten die Möglichkeiten des Broterwerbs für die breite Masse der Bevölkerung auf die lohnabhängige Erwerbsarbeit ein. Sie spielten damit dem risikohandelnden Unternehmertum ein williges Arbeitskräftepotential in die Hände. Armut, die für die Masse der Bevölkerung eine der größten Gefahren gesellschaftlichen Strukturwandels darstellte, dürfte so lange nicht in ein soziales Risiko transformiert werden, wie die bürgerliche Arbeitsethik für diejenigen ein Fremdwort blieb, denen auch ihr Nutzen vollkommen verschlossen bleiben musste. So liefen die Kontingenzerfahrung der Risikohandelnden und der von Risikoentscheidungen Betroffenen diametral auseinander. Für die eine Seite bildeten die freie Entscheidung zum Risikohandeln und der Zugang zur privaten Versicherung gleichermaßen Schutz vor Bestimmtheits- und Kontingenzzumutung. Für die andere Seite führte die erzwungene Alternativlosigkeit der abhängigen Lohnarbeit um jeden Preis[3] zu einer bis dahin unbekannten Last aus beidem. Von der gerechten Verteilung der Kosten und Nutzen des Risikohandelns konnte also keineswegs die Rede sein.

Forcierte das Versicherungsprinzip die Durchsetzung der Marktgesellschaft, so tat dies die bürgerliche Sozialpolitik mit anderen Mitteln. Erst die Entstehung der Sozialversicherung in der zweiten Hälfte des 19. Jahrhunderts markierte einen, wenn auch halbherzig vollzogenen, sozialpolitischen Paradigmenwandel. Denn einerseits blieb die Sozialversicherung dem Muster einer instrumentell auf die Durchsetzung der abhängigen Lohnarbeit ausgerichteten Arbeiterpolitik verhaftet. Andererseits – und das ist aus der distributiven Gerechtigkeitsperspektive entscheidend – wurde sie zum „Garant eines subjektiven öffentlichen Rechts *des Arbeiters* auf soziale Sicherheit" (Lessenich 2003:145; Herv. von KT). Das macht(e) sie keineswegs (ein) für alle (mal) gerecht, denn von der Armutsgefahr betroffen waren (und sind) ja gerade Bevölkerungsgruppen ohne sozialversicherungspflichtig geregelte Vollzeiterwerbstätigkeit. Gemessen an dem institutionellen Arrangement aus liberaler Versicherung und flankierender Armenfürsorge markiert die Sozialversicherung jedoch einen institutionellen Gerechtigkeitsfortschritt. Mit der Umwandlung der Armutsgefahr in ein soziales Risiko wurde die institutionelle Kontingenzbewältigung erstmals für Bevölkerungsgruppen geöffnet, die unter dem alten Arrangement vor allem die sozialen Kosten des Risikohandelns zu tragen hatten. Was aus der Kontingenzperspektive jedoch noch schwerer wiegt, ist der folgende Zusammenhang: Indem die Sozialversicherungspolitik Rechtsansprüche auf soziale Sicherheit moralisch begründet individuell zuteilt bzw. verweigert, wurde durch sie erstmals in der Geschichte bürgerlicher Sozialpolitik der politische Anspruch auf die institutionelle Verwirklichung sozialer Verteilungsgerechtigkeit virulent. Das machte die Sozialversicherung zum Adressaten der normativen Gerechtigkeitsforderungen exkludierter Bevölkerungsgruppen, allen voran der Frauen, die als Hausfrauen, Teilzeiterwerbsarbeiterinnen und Mütter nur eingeschränkt und vermittelt über ihre Ehemänner Zugang zur sozialen Sicherheit erhielten (Mädje/Neusüß 1996; Kulawik 1999; Toens 2000). Als erfahrbarer Möglichkeitsraum für politische Alternativen ist Kontingenz dem normativen Recht, in Form historisch konkreter politischer Gerechtigkeitsforderungen, somit vorangestellt. Die politische Aneignung der Kontingenz als Ressource chancenbewussten Handelns setzt voraus, dass aus der allgegenwärtigen Kontingenzerfahrung ein *Kontingenzbewusstsein* erwächst, welches zum politischen Handeln befähigt, indem es „auf die mögliche Gestaltbarkeit von Wirklichkeit zielt, die durch Handlungen immer auch anders möglich ist" (Hoffmann 2005: 64). Damit ist die empirische Eigendynamik der Politisierung angesprochen, auf die Grevens Zeitdiagnose der politischen Gesellschaft aufbaut.

---

3   … und das heißt *jeden* Preis, von der Armut und Existenznot bis hin zum Tod durch Arbeitsunfall.

Wie Evers und Nowotny (1987) gezeigt haben, lässt sich die Sozialversicherung als institutionelles Regulativ betrachten, in dem Prozesse der Wissensvermittlung im Umgang mit Kontingenzerfahrung Gestalt annehmen.[4] Aus dieser Perspektive ist die Sozialversicherung das Ergebnis sozialer Lernprozesse, in denen das individuelle und gesellschaftliche Ringen um (Selbst-)Sicherheit auf komplexe Weise miteinander verschränkt sind. Diese Entwicklung war jedoch keinesfalls politisch determiniert. Sie ergab sich vielmehr aus dem kontingenten Zusammenspiel der unabhängigen Suchbewegungen von Akteuren, die mit jeweils eigenen Motiven und Handlungszielen unterwegs waren. Der organisierten Arbeiterschaft ging es vor allem um die politische Selbstwirksamkeit. Dass damit kein Automatismus hin zur Schaffung sozialstaatlicher Lösungen des Armutsproblems verbunden war, zeigt sich bereits daran, dass diese, zumindest innerhalb des radikalen Flügels der Arbeiterbewegung, auch gar nicht gewollt waren.[5] Die aufstrebende empirische Sozialforschung entdeckte die Armut als ein sozial (statt individuell) verursachtes Problem. Als staatliche Auftragsforschung entwickelte sie zwar sozialpolitische Lösungsansätze, die Motivationsgrundlage wurde jedoch nicht, oder zumindest nicht überwiegend, durch die normative Zielsetzung sozialer Verteilungsgerechtigkeit bestimmt. Wesentlich war vielmehr das wissenschaftsimmanente Ziel, der klassischen Nationalökonomie den Rang abzulaufen (Kern 1882; Evers/Nowotny 1987: 127). Mit dem Plädoyer für ein Denken in Kategorien sozialer Ordnungen und Regulative, das das reduktionistische Modell des ‚homo oeconomicus‘ und der Ausschließlichkeit privater Vorsorge zu überwinden suchte, bot sich der Sozialwissenschaft die Chance der Emanzipation von der orthodoxen Wirtschaftswissenschaft, die kaum daran interessiert war, die Armut im Einzelnen zu quantifizieren.

Ein weiteres Ereignis, dessen Relevanz für die Entstehung sozialstaatlicher Lösungen nicht außer Acht gelassen werden kann, war der rasante Anstieg von Arbeitsunfällen, mit dem die liberale Haftpflichtversicherung offensichtlich überfordert war.

---

4   Die Autoren sprechen zwar nicht explizit von Kontingenz. Wie auch Bohlender (2010) thematisieren sie Sicherheit im Spannungsverhältnis zur Unsicherheit. Ich verwende die Begriffe Kontingenz und Unsicherheit über weite Strecken meiner Argumentation synonym. Unsicherheit ist meines Erachtens gerade aus politikwissenschaftlicher Sicht eine zentrale Dimension der Kontingenzerfahrung, weil sie die politische Ohnmachtserfahrung mit einschließt. Dadurch geht sie über Unwissenheit hinaus, die ebenso unter dem Begriff der Kontingenzerfahrung gefasst werden kann (näher dazu Schedler 2007). Denn politische Ohnmacht lässt sich nicht allein durch den Erwerb von Wissen überwinden. Es bedarf zusätzlich der Aneignung von sozialen Kompetenzen und letztlich der Erfahrung der politischen Selbstwirksamkeit.

5   Bezeichnend für den revolutionären Flügel der Arbeiterbewegung, der sich mitunter an den Schriften von Karl Marx orientierte, war ein hohes Misstrauen gegenüber dem Staat. Dieser wurde tendenziell als Instrument der herrschenden Klasse betrachtet. Der Gedanke der Arbeiterrevolution zielte daher nicht auf die Erfindung des Sozialstaates, sondern den Zustand einer klassenlosen Gesellschaft, die den Staat unnötig macht (näher dazu Evers/ Nowotny 1987: 100).

Bonß (1995) beschreibt diese Situation folgendermaßen: Es „setzt sich etwas Unvernünftiges und nicht Verantwortbares ‚hinter dem Rücken der Subjekte' durch. Trotz aller Vorsicht sehen sich die Handelnden plötzlich und unerwartet mit einem mehr oder weniger großen Schaden konfrontiert, für den niemand so recht haftbar gemacht werden kann, der sich also mit den Mitteln der ‚einfachen Haftpflichtversicherung' nicht recht bewältigen ließ" (Bonß 1995: 197-198). Aus dieser Erfahrung resultierte die historisch neuartige Situation der sozialen Rat- und Hilflosigkeit, die selbst die ärgsten Verfechter des liberalen Versicherungswesens in die Knie zwang. Sie wurden von den unbeabsichtigten Folgen ihres Handelns überrascht, einschließlich ihrer Bereitschaft, die staatliche Intervention – entgegen grundfester ideologischer Orientierungen – zuzulassen bzw. aktiv herbei zu wünschen.[6] Auf Seiten der Arbeiter förderte die Aufteilung der Verantwortung für die Sicherheit am Arbeitsplatz zwischen Unternehmen und Staat, wie sie etwa in der preußischen Dampfkesselverordnung von 1831[7] zum Ausdruck gebracht wurde, vermutlich das politische Kontingenzbewusstsein. Über die reale Möglichkeit politischer Alternativen zum Status quo war zumindest nicht mehr so einfach hinwegzusehen.

Schließlich gelang Bismarck die machtstrategische Nutzung des von unterschiedlichen Seiten erzeugten politischen Drucks zugunsten der Integration von Gewerkschaftsbewegung und Sozialdemokratie in das politisch noch ungefestigte Nationalstaatsprojekt.[8] In Retrospektive verweist die Rede von der Bismarck'schen Sozialversicherung als eigener Welt des Wohlfahrtskapitalismus (näher dazu Lessenich 1998) auf die paradoxe Koexistenz der Wirksamkeit und Reduzierung von Kontingenz. Denn einerseits zeigt die ideosynkratische Sozialversicherungspolitik Bismarcks, dass Kontingenz selbst noch in der politisch zugespitzten Situation eines verhältnismäßig starken Handlungsdrucks als „mögliche Bestimmbarkeit des Wirklichen in der Schwebe" (Hoffmann 2005: 61) Gestalt annahm; andererseits stellten die sozialpolitischen Regierungsentscheidungen, die in dieser Phase getroffen wurden, die Weichen für das spezifisch deutsche Arrangement der gesellschaftlichen Kontingenzbewältigung durch den *Sicherungsstaat* (Nullmeier/Rüb 1993). Weil der Sicherungsstaat der Sicherung des staatlichen Institutionengefüges statt der Förderung

---

6   Wie Polanyi (1987/1944) mit seiner bekannten Studie über die große Transformation gezeigt hat, führte die Errichtung freier Märkte keineswegs zur Abschaffung von Kontrollen, Reglementierungen und Interventionen, sie zwingt vielmehr selbst diejenigen dazu, die Politik mit ständig neuen Vollmachten, Organen und Instrumenten zur politischen Durchsetzung des laissez faire auszustatten, die sich nichts sehnlicher wünschen, als den Staat von allen unnötigen Aufgaben zu befreien, und deren ureigenste Philosophie die Einschränkung der staatlichen Tätigkeit forderte (Polanyi, zitiert in Evers/Nowotny 1987).

7   „Durch die Dampfkesselverordnung wurden alle ‚gefährlichen Anlagen' genehmigungspflichtig, was umgekehrt auf eine Verantwortungsaufteilung zwischen Staat und Unternehmen hinauslief" (Wolf, zitiert in Bonß 1995: 194).

8   Siehe passend dazu das Bismarck-Zitat, „die Welle macht man nicht, man reitet sie" (Hoffmann in diesem Band).

sozialer Sicherheit dient, ist er ein „Sozialstaat ohne den Willen zur sozialen Gestaltung und ohne demokratische Öffnung" (Nullmeier/Rüb 1993: 14). Wo der Sicherungsstaat die Sicherheit von Beamten und sozialversicherungspflichtig beschäftigten ‚Normalarbeitern' verwirklicht, reduziert er Kontingenz auf Kosten der Sicherheit von Menschen mit atypischen Erwerbsbiographien und letztlich, ganz im Sinne der Staatsräson „Teile und herrsche", auf Kosten der demokratischen Gestaltungsoffenheit der Sozialversicherungspolitik selbst.

Zusammenfassend kann festgehalten werden, dass der institutionelle Gerechtigkeitsfortschritt der Sozialversicherung nicht das Resultat eines großen humanitären Entwurfs oder kohärenten Metaplanes war. Er war vielmehr das kumulative und ungeplante Ergebnis des Zusammenwirkens vieler Einzelentscheidungen von Menschen mit teilweise konträr entgegengesetzten ideologischen Orientierungen und politischen Handlungszielen. Aus einer Analyseperspektive im Schnittbereich aus Kontingenz- und Gerechtigkeitsforschung lässt sich die Entstehungsgeschichte der Sozialversicherung als ambivalent bezeichnen. Einerseits sind soziale Lernprozesse im Umgang mit Kontingenz erkennbar, weil die Kontingenzerfahrung sozial Benachteiligter erstmals in der Sozialgeschichte der Armutsbekämpfung in die öffentliche Wahrnehmung vordrang und für die politischen Aushandlungsprozesse gesamtgesellschaftlich tragfähiger Sicherheitskonstruktionen eine Rolle zu spielen begann. Andererseits trug die Institutionalisierung der Sozialversicherung offensichtlich dazu bei, Kontingenz auf Kosten der demokratischen Gestaltungsoffenheit zukünftiger Arrangements zu reduzieren.

3   Zusammenfassung und Ausblick

Die Geschichte der Sozialversicherung zeigt, dass politische Kontingenz institutionellen Gerechtigkeitsfortschritt nicht zwingend ausschließt. Als das Wissen um die reale Möglichkeit politischer Alternativen bildet sie sogar eine der Voraussetzungen für den institutionellen Gerechtigkeitsfortschritt, der mit der Sozialversicherung verwirklicht wurde. Denn dadurch entstand ein politisches Kontingenzbewusstsein, das für die Erzeugung eines sozialpolitischen Reform- und Veränderungsdrucks genutzt werden konnte. Der Gerechtigkeitsfortschritt, von dem hier die Rede war, erschließt sich allerdings erst im Vergleich zu dem historisch älteren Arrangement aus liberaler Versicherung und disziplinierender Armenfürsorge, das in Retrospektive betrachtet zu der ungerechten Verteilung der mit dem Risikohandeln verbundenen Kosten und Nutzen geführt hatte. Insofern zeigt die Geschichte der Sozialversicherung auch, dass soziale Gerechtigkeit nie mehr sein kann als ein abstrakter Wert, der sich empirisch erst erschließt in Relation zu *etwas* und *jemandem*, und letztlich in Bezug auf die konkrete Geschichte der Kontingenz- und Ungerechtigkeitserfahrung, die in dieser Relation enthalten ist.

Im Übergang vom liberalen Versicherungswesen zur postliberalen Sozialversicherung zeigt sich überdies die Bedeutung sozialer Lernprozesse für die gesellschaftliche Kontingenzbewältigung. Denn über die Frage, ob Kontingenzbewältigung tatsächlich zugunsten der Erweiterung individueller und gesellschaftlicher Handlungs- und Gestaltungsspielräume funktioniert, kann nicht basierend auf der Definitionsmacht der Wenigen entschieden werden. Vielmehr muss diese Frage immer wieder neu erörtert werden, und dies unter der Bedingung politisch und sozial geteilter Definitionsmacht über das, was Sicherheit ausmacht und in welchen institutionellen Arrangements sie jeweils zur Geltung gebracht werden kann. Das Anliegen der diskursethischen Gerechtigkeitstheorie, soziale Lernprozesse in deliberativ-demokratischen Entscheidungsverfahren auf Dauer zu stellen, ist daher nachvollziehbar, wenn auch über die Frage der Gerechtigkeit und Realisierbarkeit etwaiger Verfahrensvorschläge weiter gestritten werden sollte (dazu Toens 2007; Kreide/Landwehr/Toens 2012). Letztlich kann jedoch meines Erachtens nur ein Perspektivwechsel vom Streit um die Verteilungsgerechtigkeit hin zu der Forderung nach gerechten demokratischen Entscheidungsverfahren dazu führen, dass die Diskrepanz zwischen dem emanzipativen Versprechen der Kontingenzbewältigung auf der einen Seite und den institutionellen Unzulänglichkeiten konkreter Arrangements auf der anderen reflexiv eingeholt wird. Der Grund ist der, dass es heute nicht mehr ausschließlich um die Verteilungsgerechtigkeit gehen kann; darüber hinaus sollte es möglich sein, die Angemessenheit gesellschaftlicher Arrangements der Kontingenzbewältigung im Licht neuer Kontingenzerfahrungen zur Disposition zu stellen. Das erfordert eine Lernbereitschaft, die über das inhaltliche Lernen in neuen Policy-Bereichen hinausgehend „das Lernen politischer Gesellschaften auch in einem institutionellen und normativen Wandel der Demokratie selbst ausdrückt, einem ‚Lernen zweiter Ordnung‘, das die rechtlich gefaßten Institutionen wieder mehr in Einklang bringt mit der veränderten Lebenspraxis und dem gewandelten Bewußtsein der Bürger und Bürgerinnen und nicht zuletzt der politisch Handelnden" (Greven 1999: 146). Die Geschichte der gesellschaftlichen Kontingenzbewältigung, die hier lediglich am Beispiel des modernen Versicherungswesens kurz angerissen werden konnte, erweckt nämlich den Verdacht der folgenden Paradoxie. Weil das Versicherungsprinzip darauf ausgerichtet ist, Gefahren rückwirkend zu kompensieren statt präventiv zu mildern, wird durch die versicherungstechnische Kontingenzbewältigung ständig mehr Kontingenz erzeugt als bewältigt. Das Spektrum der Folgewirkungen reicht von den negativen externen Effekten des Risikohandelns in Form der Armutsgefahr über die so genannten Gefahren zweiter Ordnung[9] bis hin zu der akuten Gefahr, dass das Balanceverhältnis aus der Begrenzung und Entfesselung von Kontingenz endgültig und auf Kosten des Vertrauens in die politische Gestaltbarkeit der Gesellschaft in die Schieflage zu geraten droht.

---

9   Gefahren zweiter Ordnung sind Risiken, die durch potentiell unbeherrschbare Handlungsfolgen wieder zu Gefahren werden (ausführlicher Bonß 1995: 80).

Der Glaube an die politische Alternativlosigkeit wird heute mitunter von der Po-litik selbst forciert, und zwar durch „rhetorische Strategien und programmatische Ver-suche, etwas als unentscheidbar, unvermeidbar und notwendig hinzustellen" (Greven 2010: 69). So hilflos die Suche nach Rückversicherung in der Rede von Sachzwängen und Systemrelevanz in Anbetracht der unumkehrbaren Politisierungsdynamik politi-scher Gesellschaften auch scheinen mag, so sehr zeigt sie, dass die von der Regie-rungspolitik hervorgebrachten Sicherheitskonstruktionen nicht auf die Ermöglichung demokratischer Selbstbestimmung ausgerichtet sind. Politisch geht es heute wieder mehr denn je – wenn auch unter radikal anderen Bedingungen – um die „Versiche-rung des Egoismus der bürgerlichen (Markt)Gesellschaft" (Karl Marx, zitiert in Boh-lender 2010: 101). Ist die Rede von der politischen Alternativlosigkeit auch an und für sich nicht alternativlos, so begünstigt sie längst das „befremdliche Überleben des Neoliberalismus" (Crouch 2011). Befremdlich ist dieses Überleben deshalb, weil es heute in der zynischen Gestalt von Versicherungsgesellschaften und Großbanken in Erscheinung tritt, die ihren verunsicherten Klienten einerseits vorgaukeln, sie allein wüssten noch, was Sicherheit bedeutet, während sie andererseits staatliche Gelder zu ihrer Rettung entgegennehmen, die anderswo, und womöglich auf Kosten der demo-kratischen Selbstbestimmung und sozialen Sicherheit, wieder eingespart werden „müssen".

Literatur

Bohlender, Matthias, 2010: Soziale (Un)Sicherheit. Zur Genealogie eines Dispositivs moderner Gesellschaften. Berlin, 101-124.

Bonß, Wolfgang, 1995: Vom Risiko. Unsicherheit und Ungewissheit in der Moderne. Ham-burg.

Bubner, Rüdiger, 1984: Geschichtsprozesse und Handlungsnormen – Untersuchungen zur prak-tischen Philosophie. Frankfurt a. M.

Crouch, Colin, 2011: Das befremdliche Überleben des Neoliberalismus. Frankfurt a. M.

Evers, Adalbert/Nowotny, Helga, 1987: Über den Umgang mit Unsicherheit. Die Entdeckung der Gestaltbarkeit von Gesellschaft. Frankfurt a. M.

Ewald, François, 1989: Die Versicherungsgesellschaft, in: Kritische Justiz 22, 385-93.

Forst, Rainer, 1994: Kontexte der Gerechtigkeit: politische Philosophie jenseits von Liberalis-mus und Kommunitarismus. Frankfurt a. M.

Forst, Rainer, 2012: Zur Frage der Verteilungsgerechtigkeit, in: Regina Kreide/Claudia Land-wehr/Katrin Toens (Hrsg.): Demokratie und Gerechtigkeit in Verteilungskonflikten. Baden-Baden.

Fraser, Nancy/Honneth, Axel, 2003: Umverteilung oder Anerkennung? Eine politisch-philoso-phische Kontroverse. Frankfurt a. M.

Gosepath, Stefan, 2012: Die Verteidigung der sozialen Gerechtigkeit, in: Regina Kreide/Clau-dia Landwehr/Katrin Toens (Hrsg.): Demokratie und Gerechtigkeit in Verteilungskonflik-ten. Baden-Baden.

Greven, Michael Th., 1999: Die politische Gesellschaft. Kontingenz und Dezision als Probleme des Regierens und der Demokratie. Opladen.

Greven, Michael Th., 2000: Kontingenz und Dezision. Beiträge zur Analyse der politischen Gesellschaft. Opladen.

Greven, Michael Th., 2005: Gerechtigkeitspolitik in der politischen Gesellschaft, in: Michael Corsten/Hartmut Rosa/Ralph Schrader (Hrsg.): Die Gerechtigkeit der Gesellschaft. Wiesbaden, 261-278.

Greven, Michael Th., 2008: „Politik" als Problemlösung – und als vernachlässigte Problemursache. Anmerkungen zur Policy-Forschung, in: Frank Janning/Katrin Toens (Hrsg.): Die Zukunft der Policyforschung: Theorien, Methoden, Anwendungen. Wiesbaden, 23-34.

Greven, Michael Th., 2010: Verschwindet das Politische in der politischen Gesellschaft? Über Strategien der Kontingenzverleugnung, in: Thomas Bedorf/Kurt Röttgers (Hrsg.): Das Politische und die Politik. Berlin, 68-88.

Hoffmann, Arnd, 2005: Zufall und Kontingenz in der Geschichtstheorie: mit zwei Studien zur Theorie und Praxis der Sozialgeschichte. Frankfurt a. M.

Hondrich, Karl Otto, 1985: Begrenzte Unbestimmtheit als soziales Organisationsprinzip, in: Kontingenz. Neue Hefte für Philosophie 24/25, 59-78.

Kern, Horst, 1982: Empirische Sozialforschung. Ursprünge, Ansätze, Entwicklungslinien. München.

Kreide, Regina/Landwehr, Claudia/Toens, Katrin, 2012: Einleitung, in: dies. (Hsrg.): Demokratie und Gerechtigkeit in Verteilungskonflikten. Baden-Baden.

Kulawik, Teresa, 1999: Wohlfahrtsstaat und Mutterschaft: Schweden und Deutschland 1870-1912. Frankfurt a. M.

Leibfried, Stephan/Leisering, Lutz, 1995: Riskante Lebensläufe im Sozialstaat, in: Dies. u. a. (Hrsg.): Zeit der Armut. Lebensläufe im Sozialstaat. Frankfurt a. M., 7-23.

Lessenich, Stephan/Ostner, Ilona, 1998: Welten des Wohlfahrtskapitalismus – Wandel der Wohlfahrtsstaatsforschung. Beiträge aus der dritten Welt, in: Dies. (Hrsg.): Welten des Wohlfahrtsstaatskapitalismus. Der Sozialstaat in vergleichender Perspektive. Frankfurt a. M., 9-19.

Lessenich, Stephan, 2003: Dynamischer Immobilismus. Kontinuität und Wandel im deutschen Sozialmodell. Frankfurt a. M.

Mädje, Eva/Neusüß, Claudia, 1996: Frauen in der Sozialpolitik – und Armutsforschung, in: Teresa Kulawik (Hrsg.): Der halbierte Staat: Grundlagen feministischer Politikwissenschaft. Frankfurt a. M., 206-223.

Mayntz, Renate, 2005: Governance Theory als fortentwickelte Steuerungstheorie?, in: Gunnar Folke Schuppert (Hrsg.): Governance-Forschung. Vergewisserung über Stand und Entwicklungslinien. Baden-Baden, 11-20.

Münkler, Herfried, 2010: Strategien der Sicherung: Welten der Sicherheit und Kulturen des Risikos. Theoretische Perspektiven, in: ders./Matthias Bohlender/Sabine Meurer (Hrsg.): Sicherheit und Risiko. Über den Umgang mit Gefahr im 21. Jahrhundert. Berlin, 11-34.

Nullmeier, Frank/Rüb, Friedbert (Hrsg.), 1993: Die Transformation der Sozialpolitik. Vom Sozialstaat zum Sicherungsstaat. Frankfurt a. M.

Miller, David, 1976: Social Justice. Oxford.

Miller, David, 1999: Principles of Social Justice. Cambridge/Mass.

Peters, B. Guy, 2005: Governance: A Garbage Can Perspective, in: Edgar Grande/Louis Pauly (Hrsg.): Complex Sovereignty. Reconstituting political authority in the twenty-first century. Toronto, 68-96.

Plumpe, Werner, 2002: Rationalität und Risiko. Zum historischen Charakter der modernen Wirtschaft, in: Axel Honneth (Hrsg.): Befreiung aus der Mündigkeit. Paradoxien des gegenwärtigen Kapitalismus. Frankfurt a. M.

Polanyi, Karl, 1987 [¹1944]: The Great Transformation. The political and economic origins of our time. Boston.

Rawls, John, 1993: Eine Theorie der Gerechtigkeit. Frankfurt a. M. [A Theory of Justice. Cambridge/Mass 1971].

Rüb, Friedbert W., 2008: Policy-Analyse unter Bedingungen der Kontingenz. Konzeptuelle Überlegungen zu einer möglichen Neuorientierung, in: Frank Janning/Katrin Toens (Hrsg.): Die Zukunft der Policyforschung. Theorien, Methoden, Anwendungen. Opladen, 88-112.

Sachße, Christoph, 1990: Freiheit, Gleichheit, Sicherheit: Grundwerte im Konflikt, in: ders./H. Tristram Engelhardt (Hrsg.): Sicherheit und Freiheit. Zur Ethik des Wohlfahrtsstaates. Frankfurt a. M., 9-28.

Schedler, Andreas, 2007: Mapping Contingency, in: Ian Shapiro/Sonu Bedi (Hrsg.): Political Contingency. Studying the Unexpected, the Accidental, and the Unforseen. New York, London, 54-79.

Shapiro, Ian/Bedi, Sonu, 2007: Introduction. Contingency's Challenge to Political Scienc, in: dies. (Hrsg.): Political Contingency. Studying the Unexpected, the Accidental, and the Unforeseen. New York, London, 21-54.

Swaan de, Abram, 1993: Der sorgende Staat. Wohlfahrt, Gesundheit und Bildung in Europa und den USA der Neuzeit. Frankfurt a. M.

Toens, Katrin, 2000: Feministische Perspektiven in der Sozialpolitikforschung, in: Kathrin Braun/Gesine Fuchs/Christiane Lemke/Katrin Toens (Hrsg.): Feministische Perspektiven in der Politikwissenschaft. München, 182-194.

Toens, Katrin, 2003: Recht, Leistung, Bedarf. Die Verteilungsprinzipien der sozialen Gerechtigkeit am Beispiel der erwerbszentrierten Sozialhilfereform. Hamburg, Münster.

Toens, Katrin, 2007: The dilemma of regress. Democracy and justice in recent critical theory, in: European Journal of Political Theory 6 (2), 160-179.

van Vught, Frans A., 1992: Public Administration, in: Burton Clark (Hrsg.): The Encyclopedia of Higher Education, Analytic Perspectives, Volume III. Oxford, 1932-1943.

Walzer, Michael, 1994: Sphären der Gerechtigkeit: ein Plädoyer für Pluralität und Gleichheit. Frankfurt a. M.

Zahariadis, Nikolaos, 2003: Ambiguity and Choice in Public Policy. Political Decision Making in Modern Democracies. Washington D. C.

Normative Pluralität und Kontingenz als Herausforderungen politischer Theorie. Prolegomena zur Theorie eines Politischen Pluralismus[1]

Ulrich Willems

„The problem of normative diversity is the original problem of modern politics […]“ (Macedo 2000: 28).

„We would like to think ourselves necessary, inevitable, ordained from all eternity. All religions, nearly all philosophies, and even a part of science testify to the unwearying, heroic effort of mankind desperately denying its contingency“ (Monod 1971: 44).

„[…] contingency is something no political theory can avoid“ (Gray 2006: 336).

„Sich der bedingten Gültigkeit der eigenen Überzeugungen bewußt zu sein und dennoch entschlossen für sie einzustehen, unterscheidet den zivilisierten Menschen vom Barbaren“ (Schumpeter 1946: 385).

1 Einleitung

Die Frage, ob und in welcher Weise normative *Pluralität* eine Herausforderung für die normative politische Theorie darstellt, zählt ohne Zweifel zu den zentralen Fragen der politiktheoretischen Debatte der letzten 30 bis 40 Jahre. Das hat zum einen Gründe in der politiktheoretischen Debatte selbst. Denn nach der vermeintlichen „Renaissance“ der politischen Theorie durch John Rawls‘ „Theorie der Gerechtigkeit“ (Rawls 1979) wird zumindest die angloamerikanische normative politiktheoretische Debatte in starkem Maße durch Rawls selbst und die Theorietradition, in der er steht, nämlich den Liberalismus, geprägt.[2] Zu den zentralen Merkmalen des Liberalismus zählt ne-

---

1 Der vorliegende Beitrag entstand im Kontext des vom Verfasser verantworteten Forschungsschwerpunktes „Prinzipien und Verfahren der politischen Regulierung moralischen Dissenses und moralischer Konflikte in der Biopolitik“ der Kolleg-Forschergruppe „Theoretische Grundfragen der Normenbegründung in Medizinethik und Biopolitik“ an der Universität Münster (http://www.uni-muenster.de/KFG-Normenbegruendung/index.html). Ausgangspunkt war jedoch ein Gespräch mit Michael Th. Greven über das Verhältnis von Pluralität und Kontingenz im Sommer 2009. Manon Westphal und Fabian Wenner haben dankenswerter Weise das Manuskript gelesen und wertvolle Hinweise und Anregungen gegeben.

2 Ein Indiz für die zentrale Stellung der liberalen Theorie in der jüngeren politiktheoretischen Debatte bildet der Umstand, dass die verfochtenen Alternativen als Ausgangspunkt vielfach eine Auseinandersetzung mit Rawls bzw. der liberalen Theorie wählen (Kymlicka

ben Freiheitssicherung und Anti-Paternalismus eine spezifische Vorstellung von der Legitimation politischer Ordnung, nämlich das „Rechtfertigungserfordernis" (vgl. McCabe 2010: 3-5). Danach muss eine legitime politische Ordnung mit Gründen gerechtfertigt werden, die die Zustimmung aller (vernünftigen) Bürger finden können.[3] Rawls selbst hat dann mit der revidierten Fassung seiner Gerechtigkeitstheorie den zentralen Referenzpunkt des Rechtfertigungsproblems vorgegeben, nämlich das „Faktum des Pluralismus", also eine Pluralität von philosophischen, moralischen, religiösen und weltanschaulichen Überzeugungen, über die die Bürger mit guten Gründen verschiedener Ansicht sein können.[4] Doch der Liberalismus ist nicht die einzige Theorietradition, die Pluralität als zentrale Herausforderung zeitgenössischer politischer Theorie bestimmt. Denn beinahe zeitgleich mit der von Rawls initiierten „Renaissance" der politischen Theorie beginnt auch die Wahrnehmungs- und Wirkungsgeschichte des politiktheoretischen Werkes von Isaiah Berlin als Diagnose einer tiefgreifenden ontologischen oder metaphysischen Pluralität von Werten (vgl. insbesondere Berlin 1969)[5], was die Frage provoziert, wie unter diesen Bedingungen politische Ordnung konstituiert und gerechtfertigt werden kann.

Dass normative Pluralität als eine der zentralen Herausforderungen zeitgenössischer politischer Theorie bestimmt wird, hat zum anderen aber auch Gründe in gesellschaftlichen und politischen Entwicklungen. Dazu zählen zum einen die Immigration von Personen und Gruppen aus nicht-westlichen und nicht-christlichen Kontexten in westliche Länder sowie die Politisierung dieser kulturellen und religiösen Minderheiten, zum anderen die (Re-)Vitalisierung, Politisierung oder Wiederentdeckung der Religion. Die Frage nach dem Umgang mit dieser neuen kulturellen und religiösen

---

1997: 16). Vgl. als Überblick über die (angloamerikanische) politiktheoretische Debatte des 20. Jahrhunderts auch Vincent (2008), für das letzte Viertel Moon (2004).

3   „If life in society is practicable and desirable, then its principles must be amenable to explanation and understanding, and the rules and restraints that are necessary must be capable of being justified to the people who are to live under them. […] The view I want to identify as a foundation of liberal thought is based on the demand for justification of the social world. […] the liberal insists that intelligible justifications in social and political life must be available in principle for everyone […] Its legitimacy and the basis of social obligation must be made out to each individual […]" (Waldron 1987: 134-135).

4   Auch in der deliberativen politiktheoretischen Traditionslinie bildet das „Rechtfertigungserfordernis" eine, wenn nicht die zentrale normative Orientierung, weshalb auch dort normative Pluralität als eine zentralen Herausforderung gesehen wird. Vgl. für die angloamerikanische Variante u. a. Gutmann (1996) und Bohman (1996), für den deutschsprachigen Kontext u. a. Habermas (2005) und Forst (2003, 2007).

5   Einige der prägnantesten Formulierungen Berlins finden sich in Abschnitt 8 seines berühmten Essays über „Zwei Freiheitsbegriffe": „Wenn, wie ich glaube, die Ziele der Menschen vielfältig sind und wenn sie prinzipiell nicht alle miteinander vereinbar sind, dann lässt sich die Möglichkeit von Konflikt – und von Tragik – im privaten wie im gesellschaftlichen Leben des Menschen nie ganz ausschließen. Die Notwendigkeit, zwischen absoluten Ansprüchen zu wählen, ist dann eine unausweichliche Eigentümlichkeit des menschlichen Daseins" (Berlin 1995: 252; vgl. auch Berlin 1992: 25-29).

Pluralität ist seitdem ein beständiger Topos der politischen Tagesordnung westlicher Gesellschaften. Dies wiederum hat seinen Niederschlag in theoretischen Debatten über Multikulturalismus[6] und Säkularismus[7] gefunden.

Allerdings fallen die Antworten auf die Frage, in welcher Weise normative Pluralität eine Herausforderung für die normative politische Theorie darstellt und zu welchen normativen und theoriestrategischen Konsequenzen diese Herausforderung nötigt, sowohl innerhalb als auch zwischen den verschiedenen Theorietraditionen höchst unterschiedlich aus.[8] Im Lager des Liberalismus wird das eine Ende des Spektrums von Ansätzen wie etwa Dworkin oder Barry gebildet, die eine grundlegende Herausforderung der politischen Theorie durch normative Pluralität bestreiten und an liberalen Prinzipien als universal gültigen normativen Orientierungen oder gar als Ausdruck einer überlegenen Vorstellung des guten Lebens festhalten (Talisse 2004: 130).[9] Das andere Ende des Spektrums bildet der politische Liberalismus John Rawls' (Rawls 1993), der auf der Basis einer Rekonstruktion der implizit anerkannten Ideen und Prinzipien liberaler Gesellschaften, also unter Vermeidung des Rekurses auf umstrittene religiöse und weltanschauliche Überzeugungen, „freistehende" allgemein zustimmungsfähige normative Grundsätze für die Regulierung gesellschaftlicher Koope-

---

6   Vgl. u. a. Taylor (1993) sowie Kymlicka (1995a, 1995b).

7   Die unter dem Stichwort Säkularismus firmierende normative Debatte über die angemessene Ausgestaltung des Verhältnisses von Politik und Religion hat sich wiederum in zwei Teildebatten aufgespalten. In der Ersten geht es um die Prinzipien und Institutionen für die Regelung des Verhältnisses von Religion und Politik; vgl. u. a. Bhargava (1998), Cady (2010), Levey (2009), Bouchard/Taylor (2008) sowie The Hedgehog Review 12 (3), 2010. In der Zweiten geht es um den Status religiöser Argumente in Politik und Öffentlichkeit westlicher Gesellschaften; vgl. u. a. Audi (2000; 1997), Rawls (1999), Habermas (2005) sowie als Überblick über den Diskussionsstand Weithman (1997) und Willems (2003). Im Zuge dieser Debatten ist auch deutlich geworden, dass in nicht-westlichen Ländern eigenständige, sich von westlichen Modellen unterscheidende Traditionen und Praktiken des Umgangs mit religiöser Pluralität existieren, die bisher nur unzureichend erforscht wurden und Eingang in die politiktheoretische Debatte gefunden haben. Als eine solche Alternative wird etwa der indische Säkularismus diskutiert; vgl. dazu Bhargava (2009, 2010).

8   Vgl. zum Folgenden die unterschiedlichen Skizzen der Diskurslandschaft u. a. bei Galston (2002: 3-10), McCabe (2010: Part II), Moore (2009) und Talisse (2004: 130).

9   So schreibt Barry (2001: 262-263): „[...] because human beings are virtually identical as they come from the hand of nature [...] there is nothing straightforwardly absurd about the idea that there is a single best way for human beings to live [...] the human situation is sufficiently uniform to make it possible to say that there are quite a number of things that every society ought to achieve if it is to provide a tolerable good life for all its members. Moreover, the very fact of irresolvable disagreement over the nature of the good life, once we get beyond the basics, is itself a premise in the argument for liberal institutions. For, in the face of these disagreements, what we need is a fair way of adjudicating between the conflicting demands that they give rise to. This is what liberalism offers. But saying that is to make a universal claim". – Vgl. auch Dworkin (1995: 193): „[...] liberalism is continuous with the best personal ethics, with the right philosophical view of the good life. [...] liberal equality [...] can most easily be defended in that way. "

ration aus der Praxis liberaler Gesellschaften zu rekonstruieren sucht, die gleichzeitig aus der Perspektive (vernünftiger) religiöser und weltanschaulicher Überzeugungen zustimmungsfähig sind und so den Gegenstand eines überlappenden Konsenses bilden können. Hier wird die Herausforderung normativer Pluralität für die politische Theorie zwar nicht bestritten, aber als begrenzt und daher lösbar betrachtet. Auch im Lager des Wertepluralismus werden höchst verschiedene Antworten gegeben. So plädiert Berlin auf der Basis des von ihm diagnostizierten Wertepluralismus für den relativen, wenn auch nicht absoluten Vorrang negativer Freiheit.[10] Diese von Berlin vorgenommene Kopplung einer Diagnose von Wertepluralität und liberalen Prinzipien ist von einer Reihe von Autoren, wenn auch mit unterschiedlichen Argumentationsstrategien und unterschiedlichen Geltungsansprüchen, fortgesetzt worden (vgl. u. a. Galston 2002; Crowder 2002; Raz 1986). Demgegenüber hat vor allem John Gray bestritten, dass sich auf der Basis des diagnostizierten Wertepluralismus eine Vorrangstellung liberaler Prinzipien und Institutionen begründen ließe, und hat stattdessen für das Ideal der friedlichen Koexistenz unterschiedlicher Lebensweisen, also einen Modus Vivendi plädiert (Gray 2000a) – und damit für genau jenes Ideal, das Rawls als unzureichende, weil nicht auf moralischen Gründen beruhende und daher instabile Grundlage einer dauerhaften fairen Kooperation in pluralistischen Gesellschaften erachtet. Weil es sich beim Wertepluralismus um eine ontologisch bzw. metaphysisch höchst umstrittene Diagnose für die endemischen Dissense und Konflikte in der Politik handelt, kann sie – so eine dritte Position im wertepluralistischen Lager – kaum als allgemein zustimmungsfähige Basis für die Begründung oder Plausibilisierung des Ideals eines Modus Vivendi oder einer kompromissbasierten Politik dienen. Diese Vertreter eines „politischen Pluralismus" haben daher dafür plädiert, das Ideal des Modus Vivendi oder einer kompromissbasierten Politik nicht in umstrittenen metaphysischen Grundannahmen zu fundieren, sondern als (einzige) realistische Option für den Umgang mit den für pluralistische Gesellschaften typischen endemischen Dissensen und Konflikten vorzustellen (vgl. u. a. Horton 2006, 2009, 2010; Bellamy 1999).[11] Jenseits dieses Spektrums gibt es eine Reihe von Positionen, die aus dem

---

10 So fährt Berlin an der eben zitierten Stelle fort: „Das verleiht der Freiheit […] ihren Wert – sie ist Selbstzweck, nicht zeitweiliges Bedürfnis, das aus unseren wirren Vorstellungen oder unserem irrationalen, ungeordneten Dasein erwächst, aus einer Notlage, die eines Tages mit einem Allheilmittel behoben werden könnte. Ich will damit nicht sagen, dass die Freiheit des Individuums der einzige oder auch nur der vorrangigen Maßstab für gesellschaftliches Handeln sei – das gilt selbst in den liberalsten Gesellschaften nicht" (Berlin 1995: 252).

11 „Within a pluralist polity, however, the only principles likely to attain the reasonable endorsement (or non-rejection) of citizens would be expressive of a compromise. In other words, they would be composite rather than synthetic principles. […] Rights and liberties derive from the particular accords and laws arrived at between citizens participating in the political process. They do not constitute that process. Democracy so conceived operates as a form of rolling contract for the construction of principles of justice that reflect the evolving character and circumstances of a particular people" (Bellamy 1999: 110-111).

metaphysisch oder epistemologisch begründeten Umstand der Pluralität von Prinzipien, Werten und Orientierungen bzw. dem endemischen Dissens darüber relativistische Konsequenzen ziehen.[12] Während für Vertreter eines liberalen Pluralismus die Herausforderung normativer Pluralität für die politische Theorie darin besteht, liberale Prinzipien als universale oder doch zumindest kontextuell vorzugswürdige Orientierungen zu begründen oder zu plausibilisieren, sehen sich Theorien eines Modus-Vivendi- und politischen Pluralismus vor die Herausforderung gestellt, minimale moralische Standards für die Unterscheidung zwischen legitimen und illegitimen Formen politischer Arrangements auszuweisen, wollen sie nicht einem grundsätzlichen Relativismus beipflichten.

Liegen dergestalt für die Frage, ob und in welcher Weise normative Pluralität eine Herausforderung für die politische Theorie darstellt, eine Vielzahl von Antworten vor, lässt sich Gleiches in Bezug auf die Frage nach den Effekten von *Kontingenz* für die politische Theorie nicht sagen. Das hat vor allem damit zu tun, dass Kontingenz ein lange vernachlässigtes Thema der Politikwissenschaft und der politischen Theorie im Besonderen darstellt (vgl. jedoch zuletzt Holzinger 2006, vgl. auch seinen Beitrag in diesem Band). Eine der wenigen Ausnahmen stellt das Werk von Michael Th. Greven dar, vor allem seine Theorie der politischen Gesellschaft. Nach Greven nötigen Prozesse der Enttraditionalisierung (Säkularisierung und Pluralisierung), die Durchsetzung und Dominanz von partikularen Interessen als zentralem Motiv und Material der Politik (Interessenreduktionismus), die umfassende politische Durchdringung von Gesellschaften durch Politiken der wohlfahrtsstaatlichen Inklusion und die Einbeziehung nahezu der gesamten erwachsenen Bevölkerung als Referenzsubjekte von Politik sowie als politische Akteure (Fundamentalpolitisierung) gegenwärtige Gesellschaften dazu, immer mehr Sachverhalte politisch zu entscheiden und sei es durch die Entscheidung, nicht zu entscheiden. Die Gesellschaft wird daher – so Greven – zur „politischen Gesellschaft", in der virtuell alles politisierbar ist und allgemeine und verbindliche Geltung nur noch durch politische Entscheidung produziert werden kann. Kontingenz und Dezision werden so zum Signum der Politik (Greven 1999, 2000).[13] Kontingenz wird dabei von Greven im Wesentlichen als das Bewusstsein von der Existenz möglicher Alternativen verstanden:

„‚Kontingenz' bedeutet, wenn es um den Bereich menschlichen Entscheidens und Handelns geht, also gesellschaftstheoretisch und politisch gesprochen, nicht, dass alles möglich wäre, sondern nur, dass alles auch anders sein könnte, weil es keinen notwendigen

---

12 Vgl. u. a. Rorty (1988, 1993) sowie Engelhardt (1996, 2006a, 2006b, 2010). Auch Greven (1999, 2000) scheint zu einer relativistischen Position zu tendieren.

13 „Fundamentalpolitisierung bildet historisch den Schlußstein in der Architektur der politischen Gesellschaft: Alles ist prinzipiell entscheidbar geworden, alles entscheidbare stellt sich als Interessenkonflikt dar, für alles kann die Politik ihre Zuständigkeit erklären und jedes erwachsene Gesellschaftsmitglied gilt als politisches Subjekt. Zusammen ergeben diese vier tief greifenden Qualitäten der politischen Gesellschaft seitdem der Epoche eine historisch einzigartige Dynamik und Kontingenz [...]" (Greven 1999: 55).

Grund seiner Existenz gibt. ‚Kontingent' ist also alles, was zugleich nicht notwendig aber möglich ist; Kontingenz bezeichnet damit mehr als jeder andere Modus den sozialontologischen Status des Politischen" (Greven 2007: 14).

Dabei kann es durchaus zu Divergenzen zwischen „objektivem", gegebenenfalls aus der Beobachterperspektive diagnostizierbarem, und gesellschaftlich wahrgenommenem und thematisiertem Möglichkeitshorizont kommen (Greven 2007: 15).

Die Pluralität von normativen Orientierungen und von Interessen wird sowohl als eine der Ursachen einer Zunahme von Kontingenz als auch als Randbedingung politischer Entscheidungsproduktion thematisiert. Eine wesentliche Entwicklung ist der in Prozessen der Enttraditionalisierung gründende Verlust einer integrativen, normative Pluralität begrenzenden Kultur geteilter Werte, wie sie etwa das Christentum bildete (Greven 1999: 23-24). Die Entstehung neuer Formen einer vorpolitischen normativen Übereinstimmung ist unter gegenwärtigen Bedingungen nicht zu erwarten, weil „die komplexe, differenzierte und pluralistische Gesellschaftsstruktur der Moderne, auf deren Hintergrund sich die lebensweltliche Vielfalt der Milieus und letztlich individuellen Bewusstseins ausbildet, […] jeden Konsens nicht trivialer Art unwahrscheinlich macht" (Greven 2007: 15). Empirisch wird diese Pluralität durch den „wechselseitige[n] Relativismus und Partikularismus aller Positionen" (Greven 2000: 154) erfahrbar. Die politische Situation der Zeit besteht daher nach Greven darin, dass angesichts eines „prinzipiell unentscheidbaren Pluralismus" unter „Kontroversverhältnissen" entschieden werden muss, also „keine allgemein anerkannten Gründe, Kriterien oder Verfahren" existieren, die vorhandene Dissense in der Sache überwinden könnten (Greven 2007: 15).[14] Nicht nur die materialen Inhalte von Politik[15], sondern auch ihre grundlegenden Strukturen, Institutionen und Verfahren sind mithin Ergebnisse kontingenter politischer Entscheidungen und können nicht unter Rekurs auf „allgemein anerkannte Gründe, Kriterien oder Verfahren" begründet werden – dies gilt auch und gerade für demokratische und freiheitliche Gesellschaften (Greven 2000: 115). Ihre Existenz hängt nach Greven letztlich allein an der wiederum kontingenten

---

14   „Jenseits dieses Wirklichkeits- und Möglichkeitsraumes des politischen Entscheidens gibt es keine allgemein anerkannte Berufungsinstanz, die universell gültige und anerkannte Kriterien bereit hielte. Jedes wissenschaftliche, philosophische oder theologische Argument wird in den politischen Gesellschaften unserer Tage in den Strudel des prinzipiell unentscheidbaren Pluralismus hineingezogen. „Unentscheidbar" meint hier, dass neben und außerhalb der Politik keine allgemein anerkannten Gründe, Kriterien oder Verfahren zur Verfügung stehen, die den empirisch anzutreffenden Pluralismus der Präferenzen und Interessen in einer bestimmten Frage in der Sache überwinden helfen könnten. In diesem Sinne bedeutet „unentscheidbar" paradoxerweise genau das Gegenteil, nämlich, dass zur Herbeiführung von Geltung einer Regelung irgendwie von irgendwem dazu Berufenen entschieden werden muss" (Greven 2007: 15-16).

15   „[…] die dominierende Praxis der Demokratie […] beruht auf nichtidentitärer Repräsentation partikularer Interessen und Mehrheitsentscheidungen, die sich weniger der Übereinstimmung von Argumenten als vielmehr der Akkumulation strategisch-instrumenteller Optionen verdanken" (Greven 2000: 160).

und auf höchst unterschiedlichen Motiven beruhenden mehrheitlichen Unterstützung
der Bürger. Denn „nur was sich in ausreichendem Maße unmittelbar an Handlungs-
motive und nachfolgend Handlungen von mündigen Individuen anschlösse, als Ergebnis kontingenter Entscheidungen zur und für die Demokratie im Bewusstsein ihrer
Risiken, könnte hier und da der Demokratie eine Zukunft verschaffen" (Greven 2000:
156). Auch normative Begrenzungen der Politik wie etwa Grund- und Menschenrechte verdanken ihre Anerkennung und Inkraftsetzung nicht oder doch zumindest nicht
primär den mit Anspruch auf allgemeine Anerkennung vorgenommenen Versuchen
ihrer philosophischen oder theologischen Begründung, sondern politischen Entscheidungen[16] und somit letztlich „allein der Resonanz und Zustimmung der Mitbürger"
(Greven 2007: 274). Diese Zustimmung hat ihre Basis zwar zu einem wesentlichen
Teil in den gesellschaftlichen und kulturellen Debatten über die betreffenden normativen Standards (Greven 2007: 274), speist sich aber ebenfalls nicht allein aus normativen, sondern auch aus anderen Motiven und Interessen. Die Existenz und Reproduktion demokratischer Verfahren und Institutionen beruhen allerdings nicht nur auf
ausreichender gesellschaftlicher Unterstützung, sondern hängen auch von den jeweils
gegebenen gesellschaftlichen und politischen Verhältnissen wie etwa dem Ausmaß
der Entgrenzung von Politik ab, die demokratische Verfahren und Institutionen be-
günstigen, aber auch behindern oder gar unmöglich machen können. Greven selbst hat
nun weniger die Frage nach der Herausbildung und Reproduktion derjenigen Motive
und Orientierungen der Bürger, die den Bestand demokratischer und freiheitlicher
Gesellschaften verbürgen, verfolgt (vgl. aber Greven 1999: Kap. 4.6.; Greven 2000:
120-121). Vielmehr hat er vor allem die Analyse der realen gesellschaftlichen und politischen Entwicklungen vorangetrieben, die für das gegenwärtige und künftige
Schicksal der Demokratie bedeutsam sind (vgl. u. a. Greven 2000: Teil II; Greven
2003, 2005a, 2009). Man geht wohl nicht fehl, wenn man diese Schwerpunktsetzung
auch als eine Stellungnahme hinsichtlich der Aufgaben politischer Theorie als einer
„umfassenden politische Theorie der Gesellschaft" (Greven 1999: 59) versteht. Normative und präskriptive Ansprüche politischer Theorie werden aus der Perspektive
einer solchen wirklichkeitswissenschaftlich ausgerichteten politischen Theorie eher
mit Skepsis betrachtet. Normative Fragen werden – sowohl mit Blick auf die materialen Inhalte von Politik als auch mit Blick auf die grundlegenden Institutionen und
Verfahren politischer Ordnung – „praktisch und politisch" zu Fragen der Politik, nicht
der Philosophie erklärt (Greven 2005b: 266; mit Verweis auf Rorty 1988). Und in der
praktischen Politik verwandeln sich die präskriptiven Positionen normativer politi-

---

16 „Im politischen Prozess gibt es in den politischen Gesellschaften unserer Tage bis heute
keine automatische Geltung universalistischer Normen, sondern immer Instanzen, Institutionen, Ämter und Personen, die über die Bedingungen und den Inhalt von Normgeltung
entscheiden und die für ihre Entscheidungen Verbindlichkeit reklamieren können – und die
zum Teil auch über die Mittel verfügen, ihren Entscheidungen Nachdruck zu verleihen"
(Greven 2007: 16).

scher Theorie zu nichts anderem als den Interventionen von „Gelegenheitspolitikern"
(Greven 2005b: 277). Pluralität und Kontingenz stellen aus dieser Sicht daher weniger
eine Herausforderung als vielmehr das Ende normativer politischer Theorie dar. Ganz
lassen sich normative Fragen allerdings nicht dispensieren. Denn es stellt sich zumindest die Frage,

> „wie angesichts der Pluralität von Interessen, moralischen und wertorientierten Überzeu-
> gungen und der daraus sich ergebenden Unvermeidbarkeit machtgestützter politischer
> Auseinandersetzung zwischen konkurrierenden und unvereinbaren Wertsetzungsinteres-
> sen sowie angesichts der daraus resultierenden Unabschließbarkeit von Prozessen der
> In-Geltung-Setzung von Normen das zentrale Problem der Sicherung eines funktional
> ausreichenden Maßes an Verbindlichkeit gelöst werden kann" (Greven 1991: 227).

Das aber ist letztlich die Frage nach einem zustimmungsfähigen Entwurf politischer
Ordnung, genauer: nach grundsätzlich möglichen und realisierbaren Prinzipien und
Strukturen politischer Ordnung und der Organisation des politischen Prozesses unter
Bedingungen von Pluralität und Kontingenz.[17]

Die äußerst knappe Skizze der bisherigen theoretischen Debatten über Pluralität
und Kontingenz als Herausforderung politischer Theorie ergibt ein wenig befriedi-
gendes Bild. Mit Blick auf normative Pluralität besteht nicht nur Dissens darüber,
welcher Art die Pluralität ist, die für gegenwärtige Gesellschaften charakteristisch ist,
sondern auch darüber, worin eine angemessene (normative) Antwort auf diese Herausforderung besteht. Mit Blick auf Kontingenz bleibt ebenfalls unklar, wie das Problem einer hinreichenden Verbindlichkeit politischer Ordnung sowie politischer Entscheidungen gelöst werden kann, und welchen Beitrag politische Theorie zur Lösung
dieser Aufgabe zu leisten imstande ist. Unklar bleibt letztendlich auch, in welchem
Verhältnis Pluralität und Kontingenz stehen. In einer solchen Lage empfiehlt es sich,
in einem ersten Schritt die vorliegenden Antworten auf die Frage nach Pluralität und
Kontingenz als Herausforderung politischer Theorie zu rekonstruieren und auf die tatsächlichen, also jenseits der behaupteten Theorienkonkurrenz bestehenden Gemeinsamkeiten, Differenzen, Probleme und offenen Fragen hin zu untersuchen. Im Folgenden soll ein Versuch, die Aufgaben politischer Theorie angesichts der Herausforderungen durch Pluralismus und Kontingenz zu bestimmen, exemplarisch analysiert
werden. John Gray zählt zu denjenigen zeitgenössischen politischen Theoretikern, die
sich in besonderer Weise mit Pluralität und Kontingenz als Herausforderung normativer politischer Theorie beschäftigt haben. Gray rekonstruiert die Kontingenz normativer Orientierungen für die Gestaltung politischer Ordnung, ihrer Institutionen und
Prozeduren als Kehrseite ihrer grundlegenden Pluralität – und versucht mit seiner

---

17 Die gegenwärtige Debatte um eine „realistische" politische Theorie (vgl. u. a. Geuss 2008)
    sowie die Beiträge im „European Journal of Political Theory" 9 (4), 2010, lassen sich als
    Reaktion auf eine solche Aufgabenbeschreibung verstehen. Implizit, wenn auch nur in der
    negativen, kritischen Variante verfährt Greven – etwa in seiner Kritik an deliberativen
    Demokratiekonzepten – selbst auf diese Weise (vgl. etwa 2005b: 270-274).

Theorie eines normativ beschränkten Modus Vivendi erklärtermaßen zugleich, einen unbegrenzten Relativismus zu vermeiden.

2   John Grays Theorie des Modus Vivendi

John Gray vertritt einen starken Wertepluralismus im Anschluss an Isaiah Berlin.[18] Der starke Wertepluralismus geht nicht von einem Pluralismus individueller Lebenspläne und Ideale oder Lebensweisen aus, sondern – in gewisser Weise unter Bezug auf eine grundlegendere Ebene – von einer Diversität von Gütern, Tugenden und Übeln (Gray 2000a: 8-9).[19] Diese Güter und Übel kennzeichnen Möglichkeiten und Dimensionen menschlichen Wohlergehens und menschlichen Gedeihens bzw. diejenigen Faktoren, die menschliches Wohlergehen und menschliches Gedeihen beeinträchtigen, verhindern oder zerstören. Diese Diversität von Gütern und Übeln zeichnet sich aus der Perspektive eines starken Wertepluralismus durch eine bestimmte Struktur aus, nämlich durch – zumindest partielle – Inkommensurabilität, Inkompatibilität und Inkomparabilität. Inkommensurabilität bezeichnet den Umstand, dass die verschiedenen Werte keinen gemeinsamen Nenner haben, also nicht auf einer gemein-

---

18   „Berlin's master idea is that ultimate values are objective and knowable, but they are many, they often come into conflict with one another and are uncombinable in a single human life or a single society, and that in many such conflicts there is no overarching standard whereby the competing claims of such ultimate values are rationally arbitrable. Conflicts among such values are among incommensurables, and the choices we make among them are radical and tragic choices. There is, then, no *summum bonum* or *logos*, no Aristotelian mean or Platonic form of the good, no perfect form of human life, which we may never achieve but towards which we may struggle, no measuring rod on which different forms of human life encompassing different and uncombinable goods can be ranked. The assertion of the variety and incommensurability of the goods of human life is not, it is worth noting, the Augustinian thesis that human life is imperfect, and imperfectible; it is the thesis that the very idea of perfection is incoherent" (Gray 1996b: 65). Diagnosen des Wertepluralismus lassen sich danach unterscheiden, ob die Relationen zwischen Werten durchgängig, häufig oder nur gelegentlich durch Inkompatibilität und Inkommensurabilität und die daraus resultierenden Konflikte gekennzeichnet sind (vgl. Jones 2006: 191). Der Wertepluralismus von Gray geht nicht von einer durchgängigen Existenz von Inkompatibilität und Inkommensurabilität aus, aber man geht wohl nicht fehl, wenn man Gray wie Berlin der Seite des Spektrums zurechnet, die eher häufige Fälle von Inkommensurabilität und Inkompatibilität unterstellt.

19   Nach Gray vertritt der Wertepluralismus „[...] that there is an irreducible diversity of ultimate values (goods, excellences, options, reasons for action and so forth) and that when these values come into conflict or competition with one another there is no overarching standard or principle, no common currency or measure, whereby such conflicts can be arbitrated or resolved" (2007: 103).

samen Skala bemessen werden können.[20] Inkompatibilität (bzw. Nicht-Kombinierbarkeit) bedeutet, dass die gleichzeitige Realisierung von Werten ausgeschlossen ist, und zwar aufgrund der „Natur" dieser Werte und ihrer Konstellationen und nicht allein aufgrund begrenzter Ressourcen oder situativer Beschränkungen. Inkomparabilität schließlich besagt, dass es nicht möglich ist, Urteile über die Vorzugswürdigkeit oder Gleichrangigkeit von Werten zu fällen, bzw. dass es kein übergreifendes Prinzip oder einen Satz von Prinzipien gibt, mit dessen oder deren Hilfe sich Konkurrenzen und Konflikte zwischen Werten auf eine Weise lösen ließen, die allgemeine Akzeptanz finden könnte (Gray 1998: 20).[21]

---

20 Vgl. das Beispiel bei Stocker (1989: 167): „[…] it makes no sense to talk about a given amount of pleasure being greater than a given amount of understanding: „This act leads to more pleasure than that act leads to understanding" and „The gain in pleasurableness of this act over that act is greater than the gain in understanding of that one over this" are nonsense". Lukes (2008: 100) bezeichnet das Phänomen als Irreduzibilität von Werten.

21 Gray operiert mit anderen Begriffen bzw. verwendet die Begriffe teilweise anders. Er bezeichnet die drei Phänomene als „anti-reductionism about values", „non-harmony among values" und „value-incommensurability"(Gray 1998: 20). Gray scheint dabei wie viele andere (vgl. etwa Dzur 1998: 377) inkommensurabel und inkomparabel als Synonyme zu verwenden, und folgt darin wohl Joseph Raz (1986: 322; vgl. Gray 2007: 103-106). Raz definiert Inkommensurabilität im Sinne von Inkomparabilität folgendermaßen: „A and B are incommensurate if it is neither true that one is better than the other nor true that they are of equal value" (1986: 322). Zentrales Testkriterium für Inkommensurabilität ist bei Raz (1986: 325) fehlende Transitivität: „Two valuable options are incommensurate if (1) neither is better than the other, and (2) there is (or could be) another option which is better than one but is not better than the other". Die Sprachregelung hier im Text folgt einem Vorschlag von Birnbacher (2007: 244) und McCabe (2010: 17-19), hat aber auch Anhalt in einzelnen Formulierungen von Gray (vgl. etwa 2000a: 41). Die entscheidende Frage mit Blick auf Inkommensurabilität und Inkomparabilität besteht darin, ob das Fehlen eines gemeinsamen Maßstabes die Möglichkeit einer rationalen Wahl zwischen verschiedenen Optionen ausschließt. Dabei sind vielfältige Relationen von Inkommensurabilität und Inkomparabilität möglich: Einerseits vermag das Fehlen eines gemeinsamen Maßstabes die Unvergleichbarkeit von Optionen nicht nur vielfach am besten zu erklären, sondern kann auch als Indiz dafür angeführt werden kann, dass Unvergleichbarkeit nicht nur Ausdruck von mangelndem oder unvollständigem Wissen ist (vgl. McCabe 2010: 18; mit Verweis auf Raz 1986: 327). Andererseits kann Inkomparabilität auch bei der Existenz eines gemeinsamen Maßstabes gegeben sein, nämlich dann, wenn dieser gemeinsame Maßstab neben quantitativen auch qualitative Unterscheidungen kennt (Chang 2001: 16144; Hsieh 2008). Schließlich gibt es Formen konstitutiver Inkomparabilität (vgl. Raz 1986: 345-353), die auf gesellschaftlichen Konventionen oder Institutionen beruhen, dass bestimmte Güter nicht gegen andere aufgewogen oder ausgetauscht werden dürfen, wie etwa Freundschaft gegen Geld, obwohl dies prinzipiell auch anders denkbar oder möglich wäre. Werte, die gegen keine anderen aufgewogen oder getauscht werden dürfen, können als „sakrale" Werte bezeichnet werden (Lukes 2008: 127). Mit Blick auf die Debatte um die Relation von Inkommensurabilität und Inkomparabilität lässt sich aber insgesamt festhalten, dass die zentrale These des Wertepluralismus neben der Inkompatibilität in der Inkomparabilität von Werten und den sich daraus ergebenden Problemen für die rationale Wahl zwischen Werten besteht (McCabe 2010: 17; vgl. auch Gray 2000a: 54; Gray 1998: 27). An-

Sind Werte zumindest teilweise inkommensurabel, inkompatibel und inkompa-rabel, dann sind die Voraussetzungen für eine rationale Wahl zwischen solchen Wer-ten nicht immer gegeben (vgl. auch Jones 2006: 194). Vernunft und Reflexion können keine zureichenden Gründe für die Wahl liefern, vielmehr muss bzw. kann nur „radi-kal" gewählt werden. Radikale Wahl bedeutet dabei in den meisten Konstellationen nicht notwendigerweise eine grundlose Wahl; die Gründe werden jedoch von spezifi-schen Lebensweisen, Kontexten und Situationen geliefert und sind in diesem Sinne kontingent (Gray 2000a: 36, 42-43, 55-56).[22] Allerdings sind nicht alle Relationen zwischen Werten durch Inkommensurabilität, Inkompatibilität und Inkomparabilität gekennzeichnet, so dass es durchaus Werte gibt, zwischen denen vernünftig bzw. rational gewählt werden kann.[23]

Unumgängliche Wahlentscheidungen zwischen diversen, zum Teil inkommensu-rablen, inkompatiblen und inkomparablen Werten kristallisieren sich in unterschied-liche Lebensweisen mit höchst verschiedenen Kombinationen von Werten.[24] Dabei ist von einer wechselseitigen Konstitution von radikalen Wahlentscheidungen und Le-bensweisen auszugehen. Auf der einen Seite gewinnen spezifische Güter ihre Bedeu-

---

ders als Bacon (2010: 382) es nahelegt, rückt Gray mit seiner Forderung nach Qualifizie-rung des Razschen Transitivitätskriteriums (1998: 35, Anm. 6) auch nicht von der Inkom-parabilität von Werten als grundlegendem Hindernis rationalen ethischen Urteilens ab: „To say of goods that their worth is not rationally comparable does not mean that one is incomparably more valuable than the other. It means that no such comparative judgement is possible. That does not mean that incommensurable goods are incomparable in value with any other good. When we judge goods to be incommensurables we mean that they cannot be compared with one another, not – absurdly – that their value cannot be com-pared with that of any other good. [...] Judgements of incommensurability track relational properties among goods and bads. We can judge the life of a crack addict to be a poorer human life than that of either a career in a leprosarium or a judicious bon viveur without being able to rank the career's against the hedonist's. Incommensurability can be a transi-tive relationship [...] Incommensurability need not be an impediment to practical or moral reasoning" (Gray 1998: 27). – „[...] the claim that two goods have incommensurable value means that such goods cannot be compared tout court. They can be compared endlessly – but they cannot be compared with one another in overall value" (Gray 2000a: 41-42). – Einen Überblick über die Debatte um Inkommensurabilität, Inkompatibilität und Inkompa-rabilität liefern die Beiträge im Sammelband von Ruth Chang (1997) sowie bei Chang (2001), Hsieh (2008) und Mason (2011).

22   Vgl. dazu auch Raz: „[...] we can judge the importance of the reasons for two options without judging their relative importance" (Raz 1986: 332, vgl. auch 339). Inkommen-surabilität und Inkomparabilität lassen es aber durchaus zu, nach Ausgleich und Kompro-missen zwischen konfligierenden Werten zu suchen.

23   „Thus, the absence of a single right answer does not mean that no answer is better than any other, but the right or best answers will still be incommensurable with respect to another" (Jones 2006: 195; mit Verweis auf Gray 2000a: 6-7, 42, 62-68).

24   „[...] there are many forms of life in which humans can thrive. Among these are some whose worth cannot be compared. Where such ways of life are rivals, there is no one of them that is best. People who belong to different ways of life need to have no disagree-ment. They may simply be different" (Gray 2000a: 5).

tung, ihren Wert erst im Kontext von spezifischen Lebensweisen und den dort herrschenden Konventionen, also im Kontext einer spezifischen gesellschaftlichen Praxis (Gray 2000a: 43), auf der anderen Seite tragen die Wahlentscheidungen bei Unbestimmtheiten innerhalb von Werten wie bei Konflikten zwischen Werten selbst zur Konturierung und Veränderung von Lebensweisen bei. Auf kollektiver Ebene manifestieren sich diese unterschiedlichen Lebensweisen in Form geteilter Kulturen. Die verschiedenen Lebensweisen und Kulturen realisieren unterschiedliche Möglichkeiten menschlichen Wohlergehens und menschlichen Gedeihens.[25] Lebensweisen und Kulturen können bloße Alternativen bilden; sie können aber auch miteinander unvereinbar sein und Konflikte provozieren. Allerdings bilden Lebensweisen und Kulturen selten völlig inkompatible, hermetisch voneinander abgegrenzte soziale Gebilde. Kontakte, Verbindungen und Überlappungen zwischen Kulturen werden zum einen dadurch konstituiert, dass Menschen durchaus mehreren Lebensweisen oder Kulturen angehören können[26], und zum anderen dadurch, dass sie universale Werte enthalten, die in jeder Kultur eine Rolle spielen, jedoch unterschiedlich gewichtet und miteinander kombiniert werden (Gray 2006: 328). Auch intern sind Kulturen keineswegs homogen, sondern durch Konflikt und zum Teil auch Protest gekennzeichnet (Gray 2006: 330; vgl. auch Gray 1998: 23). Werte, Lebensweisen und Kulturen sind zudem wandelbar, und es können sich auch völlig neue Wertüberzeugungen herausbilden (Gray 1998: 25; vgl. auch Gray 2000a: 60).[27] Sind Lebensweisen und Kulturen aber nicht völlig hermetisch voneinander isoliert und sind auch Konflikte um Werte und zwischen Werten innerhalb von Lebensweisen und Kulturen unvermeidlich, bedeutet dies, dass die Angehörigen bestimmter Lebensweisen und Kulturen diesen auch nicht völlig ausgeliefert sind. Vielmehr eröffnen Gesellschaften mit einem Mindestmaß an Pluralität den ihnen angehörenden Individuen und Gruppen die Möglichkeit, sich

---

25 „The human good is shown in rival ways of living; different ways of life combine human goods in different ways, and any particular way of life must, by necessity, neglect some goods altogether" (Gray 2000a: 34).

26 Die Mitgliedschaft oder Zugehörigkeit zu mehreren Lebensweisen oder Kulturen ist insbesondere für gegenwärtige Gesellschaften charakteristisch. Hieraus resultieren auch viele der gegenwärtigen moralischen und politischen Konflikte: „Paradoxically, it is in our circumstances, in which many people belong to more than one moral practice, that we find difficulty in comprehending that the same behavior can reasonably be evaluated differently in different contexts. We are used to the idea that moral judgements are applications of common practices. We have yet to adjust our thinking to the fact, that we apply different common practices, and thereby honour different values, in different contexts of our life" (Gray 2000a: 56). Als ein Beispiel für solche Konflikte führt er eine asiatische Immigrantin der zweiten Generation in einer westlichen Gesellschaft an, die mit Blick auf ihre Wahl eines Lebenspartners den gegensätzlichen Imperativen der Herkunftskultur, in der Ehen arrangiert werden, und der liberalen Vorstellungen des Westens, nach denen dies eine Frage persönlicher Wahl ist, ausgesetzt ist (Gray 2000a: 56).

27 „[…] there are indefinite many forms of human life, as yet uninvented by the species, in which the human good will be realized. Of these we can have knowledge only when they are embodied in practice" (Gray 1996b: 312-313).

reflexiv von ihren Lebensweisen und Kulturen zu distanzieren. Darüber hinaus eröffnen die Überlappung von Lebensweisen und Kulturen sowie die Existenz universaler Werte auch die (wenn auch begrenzte) Möglichkeit von Verstehen, Interpretation und Dialog zwischen den Angehörigen unterschiedlicher Lebensweisen und Kulturen (Gray 2000a: 52-53).[28]

Universelle Güter und Übel konstituieren so zwar eine Gemeinsamkeit verschiedener Lebensweisen und Kulturen, bilden aber keineswegs die Basis einer universalen Moral, auch nicht einer minimalen Universalmoral (Gray 2000a: 66; Gray 2006: 328).[29] Zwar beruhen universelle Güter und Übel auf grundlegenden menschlichen Bedürfnissen[30], die ihre Basis in einer vergleichsweise stabilen menschlichen Natur haben, also nicht durch kulturelle Traditionen oder Konventionen geformt werden.[31] Aber diese grundlegenden menschlichen Bedürfnisse bilden kein harmonisches System: häufig rivalisieren sie miteinander oder sind nicht gleichzeitig erfüllbar, weshalb sie eben auch Grundlage von Konflikten sein können. Weil auch universale Werte zumindest teilweise inkommensurabel, inkompatibel und inkomparabel sind, kann auch zwischen ihnen nicht rational, sondern muss radikal gewählt werden. Diese Wahlentscheidungen werden von verschiedenen Lebensweisen und Kulturen auf sehr

---

28 Curtis (2007) überzeichnet daher den Gegensatz zwischen Gray und Taylor, wenn er ersteren als Theoretiker des Konflikts zwischen Lebensweisen und Kulturen, letzteren als Verfechter der Möglichkeit von Wertetransformation und damit von kulturellem Dialog und Verständigung kennzeichnet.

29 „Strong pluralism does not reject all universal moral claims. It does not deny that [t]here are universal, pan-cultural goods and bads. It affirms their reality. It sees such universal values as marking boundary conditions beyond which worthwhile human lives cannot be lived. For those who are subject to them the practices of slavery and genocide are insuperable obstacles to a worthwhile human life; but there are indefinitely many ways of life that lack these and other practices precluded by the universal minimum of generically human values" (Gray 1998: 23-24).

30 „Whenever the thwarting of a generically human need renders a worthwhile life unattainable, there is a universal evil" (Gray 2000a: 66). Material nennt Gray gewaltsamen Tod, dauerhafte Unterernährung, Folter bzw. die Folter von Angehörigen, die unfreiwillige Trennung von Angehörigen und Freunden, zwangsweise Emigration, Erniedrigung, Verfolgung, Drohung mit Genozid, Armut oder vermeidbare Krankheit (Gray 2000a: 44, 66). Eine Lebensweise oder Kultur, die solche Erfahrungen nicht als Übel ausweist, ist nach Gray „defekt" (2000a: 66).

31 „The claim that there are generically human evils does not rest finally on a consensus of belief. It rests on the fact that the experiences to which these evils give rise are much the same for all human beings, whatever their ethical beliefs may be" (Gray 2000a: 66). Gray (1996b: 303) rekurriert zustimmend auf Hampshire (1989: 106): „It makes sense to speak of happiness, freedom, and pleasure as good things as contrasted with unhappiness, imprisonment, enslavement and pain as bad things: states to be pursued for their own sake and states to be prevented and avoided for their own sake. For such states there is no need to appeal to any distinctive conception of the human good […]".

unterschiedliche Art und Weise getroffen.[32] Es hängt daher von der Geschichte und den aktuellen Bedingungen und Umständen einzelner Gesellschaften ab, wie sie zwischen inkommensurablen, inkompatiblen und inkomparablen universalen Werten wählen (Gray 1998: 31). Radikale Wahl ist daher auch in diesem Falle nicht grundlos, allerdings verdanken sich die Gründe lokalen Gegebenheiten.

Die Annahme einer mit Blick auf wesentliche Charakteristika stabilen und kontinuierlichen menschlichen Natur verbürgt aber nicht nur die Universalität mancher Güter und Übel, sondern auch die Objektivität von Werten überhaupt.[33] Werte markieren in dieser Perspektive „objektive" Möglichkeiten und Dimensionen menschlichen Wohlergehens und menschlichen Gedeihens bzw. derjenigen Faktoren, die menschliches Wohlergehen und menschliches Gedeihen beeinträchtigen, verhindern oder zerstören.[34] Die (wenn auch nur kontingente) Gegebenheit der menschlichen Natur und die sich daraus ergebende „Objektivität" von Werten als Möglichkeiten und Dimensionen menschlichen Wohlergehens und menschlichen Gedeihens bzw. derjenigen Faktoren, die menschliches Wohlergehen und menschliches Gedeihen beeinträchtigen, verhindern oder zerstören, ist für Gray gleichzeitig der Grund dafür, Ethik als ein empirisches Unternehmen zu betrachten (Gray 2000a: 35), das auf menschliche Erfahrung rekurriert.[35] Annahmen über den Beitrag von Gütern zu menschlichem

---

32 Hampshire fährt an der eben zitierten Stelle fort: „[...] though a distinctive conception of the human good would be invoked when a decision had to be made in some situation between these evils, giving priority to one over the avoidance of the other" (Hampshire 1989: 106; zit. n. Gray 1996b: 303).

33 In diesem Sinne ist der Wertepluralismus „[...] a truth about human nature, not the contemporary condition" (Gray 2000a: 11), „a species of moral realism, which we can call objective pluralism" (Gray 2007: 106). Die zentrale, die Objektivität verbürgende Erfahrung ist für Gray die des unauflösbaren Konfliktes von Werten (Gray 2007: 106; mit Verweis auf Williams 1981: Kap. 5, S. 75).

34 Allerdings ist die menschliche Natur nur kontingent so, wie sie ist: „Human nature could have been other than we know it to be, and it is not impossible that it should cease to be as it is" (Gray 2000a: 35).

35 „It is not through our practices and conventions that judgements of value have objectivity. It is by tracking experience; but experience does not support a single view of the good" (Gray 2000a: 64). Wertepluralisten sind daher nach Gray metaethisch Kognitivisten: „[...] values and conflicts of values are matters of knowledge" (1996a: 41). Nach Berlin ist die Objektivität von Werten auch die Basis wechselseitigen Verstehens: „[...] I do believe that there is a plurality of values which men can and do seek, and that these values differ. There is not an infinity of them: the number of human values, of values which I can pursue while maintaining my human semblance, my human character, is finite [...] And the difference this makes is that if a man pursues one of these values, I, who do not, am able to understand why he pursues it or what it would be like, in his circumstances, for me to be induced to pursue it. Hence the possibility of human understanding. I think these values are objective – that is to say, their nature, the pursuit of them, is part of what it is to be a human being, and this is an objective given. [...] That is why pluralism is not relativism – the multiple values are objective, part of the essence of humanity rather than arbitrary creations of men's subjective fancies" (Berlin 1998: 57).

Wohlergehen und menschlichem Gedeihen können sich als Irrtum erweisen; Lebens-
weisen und Kulturen können sich gegenüber anderen als überlegen erweisen, weil sie
erfahrungsgesättigter sind und auf einem umfassenderen Blick auf die menschliche
Existenz basieren. In diesem Sinne kann es moralisches Lernen geben, ohne dass eine
Konvergenz auf eine einzige, überlegene Weise des guten Lebens erforderlich wäre
(Gray 2000a: 62-64)[36]:

> "So long as I can correct my false beliefs about it, the good life remains an object of
> inquiry for me. True, there are no fixed rules for determining when our ethical beliefs are
> in error. In this, however, ethics is no different from science. That does not mean that
> every question about the good life has one right answer. There can be many answers that
> are wrong and many that are right. In this, ethics resembles art" (Gray 2000a: 63).

Güter und Übel sind daher explizit keine kulturellen Konstruktionen. Sie erhalten
jedoch ihre Bedeutung und ihren Wert in spezifischen sozialen Praktiken[37], also durch
die Geschichte, die Bedürfnisse und die Ziele konkreter, in spezifischen Lebensweisen und Kulturen situierter Menschen. Aber sowohl die jeweiligen Kontexte als
auch die Konventionen können sich verändern und zur Wiederentdeckung, Neuerfindung oder Neubewertung von Gütern und Übeln führen (Gray 2000a: 43-44, 60). Mit
der starken Betonung der „Objektivität" von Werten sowie der (allerdings durch den
Wertepluralismus begrenzten) Möglichkeit rationaler Urteile über Lebensformen und
Kulturen sucht Gray sich explizit von subjektivistischen, skeptizistischen, relativistischen und nihilistischen ethischen Theorien abzugrenzen.[38]

Das Faktum der zumindest partiellen Inkommensurabilität, Inkompatibilität und
Inkomparabilität von Werten, gerade auch von universellen Werten, und die gelegent-
liche Unumgänglichkeit radikaler Wahl zwischen Werten haben nun aber Konsequenzen für die Struktur politischer Ordnung. Denn da es keinen Satz unumstrittener,
allgemein akzeptabler und nicht miteinander konfligierender Prinzipien für die Rege-

---

36 Gray bezeichnet seine Position als Irrealismus. Diese Position zeichnet sich dadurch aus,
    dass sich Fehler der ethischen Urteilsbildung identifizieren lassen, ohne dass es möglich
    wäre, das richtige Leben umfassend zu bestimmen: Diese Sichtweise „is closer to the
    realist assertion of the objectivity of value-judgement than it is to any of the standard
    varieties of scepticism, relativism and subjectivism. For it affirms that the content of the
    good life depends not on our beliefs and opinions, our preferences or decisions, but on
    experience. From another point of view, irrealism means giving up a traditional ideal of
    truth in ethics. Though we can be in error about how we want to live, there need not be one
    truth about the best life. There are many things the good life is not, but no one thing it is
    bound to be" (Gray 2000a: 63).

37 „We must have common practices if we are to make divergent judgements. Our practices
    are not, however, all of one piece. They are connected together, but in loose strands, not a
    tightly woven fabric. In consequence, the same behavior can be judged differently in
    different practices. It is true that our judgements can be right or wrong only by reference to
    common practices; but different practices can reasonably be applied in different contexts"
    (Gray 2000a: 55).

38 Explizit grenzt er sich vom Relativismus eines Richard Rorty ab (Gray 2006: 326).

lung des Zusammenlebens unterschiedlicher Lebensweisen geben kann, bedarf es der lokalen politischen Aushandlung von Bedingungen für eine friedliche Koexistenz konfligierender Lebensweisen und Kulturen, also der Aushandlung eines Modus Vivendi. Friedliche Koexistenz ist dabei weder ein Wert a priori noch ein Wert, der allen anderen vorgeordnet wäre; es handelt sich noch nicht einmal um einen Wert, der von allen Lebensformen geteilt werden muss. Die Basis eines Modus Vivendi besteht vielmehr darin, dass die betroffenen Lebensweisen hinreichend viele Werte und Interessen haben, möglicherweise auch gemeinsam haben, die einen Modus Vivendi gegenüber den möglichen Alternativen zur friedlichen Koexistenz konfligierender Lebensweisen und Kulturen als erstrebenswert erscheinen lassen (Gray 2000a: 20). Friedliche Koexistenz ist dann erstrebenswert, wenn sie den Schutz oder die Beförderung von Interessen und Werten ermöglicht, die ohne sie gefährdet wären (Gray 2000a: 135). Die Sicherung der individuell wie der gemeinsam geschätzten Interessen und Werte kann, muss aber eben nicht, die Motivation stiften, sich mit Blick auf diejenigen Interessen und Werte, bei denen Dissens oder gar Konflikt besteht, auf die Suche nach Kompromissen oder Formen der friedlichen Koexistenz zu begeben (Gray 1998: 32). Insofern handelt es sich beim Ideal der friedlichen Koexistenz um ein kontingentes politisches Gut (Gray 2000a: 135).[39] Auch die Existenz einer solchen hinreichend großen Zahl von geteilten Werten oder Interessen stellt eine kontingente Ausgangsbedingung eines Modus Vivendi dar (Gray 2000a: 136). Eine weitere, ebenfalls kontingente Ausgangsbedingung besteht schließlich darin, dass die Konfliktparteien sich weder als antagonistisch begreifen (Gray 2000a: 68) noch auf eine endgültige Lösung moralischer Konflikte zielen (Gray 2000a: 375).[40] Letztlich muss eine hinreichend große Zahl der Konflikt- bzw. Verhandlungspartner ausreichenden Anlass haben davon auszugehen, dass ein Modus Vivendi unter gegebenen Umständen das geeignetste oder relativ beste Instrument ist, ihre Ziele und Interessen zu befördern, und vor allem, dass ein Modus Vivendi dem gewaltsamen Konfliktaustrag vorzuziehen ist. Diese Situation ist keineswegs immer gegeben. Menschen können auch unter allen Umständen und mit allen Mitteln einen Sieg des wahren Glaubens anstreben oder ihre Kultur durchsetzen wollen; sie können auch von Hass oder Rachegelüsten getrieben sein, anderen Menschen schaden oder sie gar vernichten wollen (Gray 2006: 333-334).

Das zentrale Ziel eines Modus Vivendi bilden Institutionen, die den Ausgleich von und Kompromisse zwischen rivalisierenden Werten, Lebensweisen und Kulturen

---

39 „Modus vivendi will be pursued only if it is seen as advancing human goals, and in this sense it can only be a contingent good. But so are all political goods. Political ideals are not a priori values, and they cannot avoid appealing to existing human interests" (Gray 2006: 333).

40 Der Modus Vivendi ist daher im Wesentlichen eine praktische Angelegenheit, „a question of what ingenuity, inventiveness, imagination, and persuasive argument can be brought to the political process to create a successful modus vivendi. [...] Political problems are not puzzles with a guaranteed right answer" (Horton 2009: 18).

ermöglichen und ein friedliches Zusammenleben möglich machen, ohne dass die Beteiligten die Ansprüche ihrer Wertorientierungen preisgeben oder ihre Lebensweisen und Kulturen kompromittieren müssten (Gray 2000a: 25).[41] Die konkreten Formen solcher Institutionen können und werden in verschiedenen Regimen sehr unterschiedlich ausfallen, weil die Konstellationen, Voraussetzungen und Bedingungen der Koexistenz zwischen unterschiedlichen Lebensweisen und Kulturen jeweils spezifische Lösungen erfordern (Gray 2000a: 121). Die Varianz beruht auch darauf, dass solche Institutionen nicht nur instrumentellen Charakter haben, sondern auch expressive Dimensionen aufweisen. Die unvermeidliche Kopplung von instrumentellen und expressiven Dimensionen institutioneller Arrangements ist ein weiterer Grund dafür, dass die Entwicklung sozialer und politischer Institutionen weder auf universale Gesetze zurückgeführt werden kann noch dass solche institutionellen Arrangements nach universellen Gesetzen am Reißbrett entworfen werden könnten (Gray 2000b: 23). Dementsprechend hängt die Angemessenheit oder Vorzugswürdigkeit rechtlicher oder politischer Prozeduren für den Umgang mit Konflikten zwischen Interessen, Werten und Rechten vom jeweiligen Kontext ab, also von historischen Umständen und Traditionen und spezifischen Konstellationen von Lebensweisen und Kulturen (Gray 2000a: 116).

Aus der Perspektive einer Theorie des Modus Vivendi handelt es sich daher auch bei Menschenrechten und Demokratie um spezifische Institutionen und Verfahren friedlicher Koexistenz, die eine unter mehreren Möglichkeiten für die Eindämmung oder Zivilisierung von Konflikten bilden (Gray 2000b: 11):

> „We will come to think of human rights as convenient articles of peace, whereby individuals and communities with conflicting values and interests may consent to coexist. We will think of democratic government not as an expression of a universal right to national self-determination, but as an expedient, enabling disparate communities to reach common decisions and to remove governments without violence. We would think of these inheritances not as embodying universal principles, but as conventions, which can and should be refashioned in a world of plural societies and patchwork states" (Gray 2000a: 105).

Die Vorzugswürdigkeit von Menschenrechten und demokratischen Institutionen bemisst sich demzufolge allein daran, ob diese es unter den jeweils gegebenen Umständen den Individuen und Gemeinschaften ermöglichen, friedlich miteinander zu

---

41 Ein stabiler Modus Vivendi beruht aber nicht allein auf geteilten Interessen und den auf dieser Basis gebildeten Institutionen zur Regelung von Konflikten. Vielmehr bedarf es auch der politischen Tugend der Zivilität (Gray 2007: 116-117). Curtis hat Gray daraufhin vorgeworfen, dass nicht nur unklar bliebe, wie denn diese Tugend entstehe oder produziert werden könne, sondern auch, dass sein Pluralismus letztlich doch die Akzeptanz oder gar die Respektierung von Pluralität voraussetze (2007: 88) – und formuliert damit einen ähnlichen Einwand, wie er von Talisse gegen Gray formuliert wurde (s. o.). Dagegen lässt sich wiederum einwenden, dass die Tugend der Zivilität auf die Interaktionsorientierungen zielt, nicht auf die Haltungen oder Urteile zum Faktum der Pluralität.

koexistieren und zugleich ihre unterschiedlichen Werte, Lebensweisen und Kulturen zu bewahren und zu erneuern (Gray 2007: 210).

Gegen ein übermäßiges Vertrauen in ein System grundlegender Rechte wie im gegenwärtigen (politischen) Liberalismus spricht nach Gray zunächst in pragmatischer Hinsicht, dass Rechte in der Regel als etwas Unbedingtes und Vorrangiges begriffen werden. Dies führt dazu, dass ein auf Rechte fokussierter Umgang mit Konflikten nicht selten einseitige Entscheidungen produziert. Damit werden Konflikte jedoch in vielen Fällen nicht tatsächlich still gestellt, sondern erhalten einen endemischen Charakter. Konflikte zwischen Rechten können dann als unlösbar erscheinen. Demgegenüber erlaubt es die politische Behandlung hoch umstrittener Fragen in Form von Verhandlungen und Kompromissen, konfligierende Ideale und Interessen in eine Balance zu bringen und stabile Lösungen zu suchen, die gleichwohl bei veränderten Bedingungen einer Revision offen stehen. Eine permanente Aussicht auf Möglichkeiten der Revision befördere die Stabilität solcher Lösungen und unterminiere sie nicht etwa (Gray 2000a: 116). Gray illustriert die unterschiedlichen Logiken und die unterschiedlichen Effekte eines rechte- und eines politikbasierten Umgangs mit Konflikten zwischen Rechten, Werten und Interessen am unterschiedlichen Verlauf und Ausgang der Kontroversen über den Schwangerschaftsabbruch in den USA und in Europa. Während in den USA aufgrund des vom Supreme Court 1973 postulierten Vorrangs des Rechtes auf Privatheit und die daraus abgeleitete Rechtmäßigkeit des Schwangerschaftsabbruches im ersten Trimester die Abtreibungsfrage in eine Situation gemündet ist, in der die Konflikte endemisch wurden und keine Kompromisse mehr möglich scheinen, ist der Schwangerschaftsabbruch in Europa überwiegend Gegenstand der Gesetzgebung gewesen, was es einerseits erlaubt hat, Kompromisse zwischen gegensätzlichen moralischen Ansichten zu finden, und es andererseits ermöglicht hat, die jeweils gefundenen Lösungen mit der Veränderung von sozialen Werten und Umständen zu revidieren (Gray 2000a: 116-117).

Doch neben diesem pragmatischen gibt es auch prinzipielle Gründe, die gegen den Vorrang von individuellen Rechten und das Vertrauen in ein System von Rechten sprechen. Dagegen sprechen zunächst die Konflikte sowohl zwischen Rechten als auch um die Interpretation einzelner Rechte, die nach Gray auf ihrer Inkommensurabilität, Inkompatibilität und Inkomparabilität beruhen. Denn unter diesen Voraussetzungen kann es kein kohärentes System von Rechten geben; vielmehr ist jedes solche System Ausdruck partikularer Wahlentscheidungen. Gegen den Vorrang von Rechten spricht aber auch der Umstand, dass Rechte menschliche Interessen schützen. Sowohl die Definition von Interessen als auch die Beantwortung der Frage, welchen Schutz sie benötigen, setzen nämlich Auffassungen vom menschlichen Leben voraus, die aber dem Wertepluralismus zufolge gerade unterschiedlich sein können. Dementsprechend kann es keine Vorordnung des Rechten vor dem Guten geben:

> „The right can never be prior to the good. Without the content that can be given only by a conception of the good, the right is empty" (Gray 2000a: 19) – „[…] rights claims are never primordial or foundational but always conclusionary, provisional results of long chains of reasoning that unavoidably invoke contested judgements about human interests and well-being" (Gray 2007: 108).

Das bedeutet für das Projekt eines politischen Liberalismus:

> „A strictly political liberalism, which is dependent at no point on any view of the good, is an impossibility. The central categories of such a liberalism – „rights", „justice", and the like – have a content only insofar as they express a view of the good" (Gray 2000a: 19).[42]

Von entscheidender Bedeutung ist aber nun die Frage, ob es irgendwelche Grenzen der Legitimität für Arrangements friedlicher Koexistenz gibt, oder doch zumindest Kriterien, die die Unterscheidung unterschiedlich legitimer Arrangements friedlicher Koexistenz erlauben. Gray selbst besteht auf solchen Grenzen[43]:

> „[…] modus vivendi is far from being the idea that anything goes" (Gray 2000a: 20).

Zur Begründung und Bestimmung dieser Grenzen rekurriert Gray nun auf die oben bereits erwähnten universalen Güter und Übel, die ihre Basis in grundlegenden menschlichen Gattungsbedürfnissen oder -interessen haben, und deren Schutz moralische Minimalbedingungen zu konstituieren vermag (Thorup/Lassen 2007: 383). Sie beruhen nicht auf einem gesellschaftlichen Konsens, sondern

> „on the fact that the experiences to which these evils give rise are much the same for all human beings, whatever their ethical beliefs may be. The constancy with which these experiences are found […] reflects a constancy in human nature, not an agreement in opinion" (Gray 2000a: 66).

Es kann allerdings keine definitive Liste der Zustände geben, die menschliches Wohlergehen gefährden oder verhindern (Gray 2000a: 66). Das ist auch dem Umstand geschuldet, dass die Elemente der Minimalmoral zumindest teilweise inkommensurabel, inkompatibel und inkomparabel sind und dementsprechend miteinander konfligieren können. Deshalb ist auch innerhalb des moralischen Minimums radikale Wahl unumgänglich (Gray 2007: 122).

> „To affirm the reality of universal human goods is not to endorse a universal morality […] Universal values are compatible with many moralities, including liberalism, […] but they underdetermine them all. There is no one regime that can reasonably be imposed on all. Even minimal standards can be met in different ways" (Gray 2000a: 67).

---

42 Gray illustriert auch dies mit dem Verweis auf die sehr unterschiedlichen Interpretationen des Rechts auf Redefreiheit im Umgang mit „hate speech" in den USA und in Europa, die er auf die ebenfalls sehr unterschiedlichen historischen Erfahrungen zurückführt (Gray 2000a: 77-78).

43 „[…] universal human values [as] constraints on what can count as a reasonable compromise between rival values" (Gray 2000a: 19, 20).

Es kann aber auch deshalb keine eindeutige Liste von Kriterien für die Legitimität politischer Regime geben, die in allen historischen Kontexten anwendbar wäre, weil die Umstände menschlicher Geschichte zu komplex und zu veränderlich sind, als dass universale Werte in eine universale Theorie politischer Legitimität übersetzt werden könnten (Gray 2000a: 106).

Dies ist auch der entscheidende Grund, weshalb Gray die von „liberalen" Pluralisten wie Berlin und Raz verfochtene Vorordnung bestimmter Werte – im Falle Berlins negative Freiheit, im Falle von Raz Autonomie – für unvereinbar mit dem Wertepluralismus erachtet (vgl. Gray 2000a: 94-104). Grays zentrales Argument lautet, dass es sich bei beiden Werten um Werte handelt, die mit illiberalen Lebensweisen und Kulturen inkompatibel seien. Sofern jedoch liberale Werte und die Werte dieser illiberalen Lebensweisen und Kulturen inkomparabel sind, kann es kein auf einem umfassenden rationalen Vergleich dieser Werte beruhendes Argument geben, das einen universalen Vorrang liberaler Werte begründet:

> „ What does follow from the truth of pluralism is that liberal institutions can have no universal authority. Where liberal values come into conflict with others which depend for their existence on non-liberal social and political structures and forms of life, and where these values are truly incommensurables, there can – if pluralism is true – be no argument according universal priority to liberal values. To deny this is to deny the thesis of the incommensurability of values" (Gray 1996a: 155).

Hinzu kommt, dass die liberalen Freiheiten selbst inkommensurabel, inkompatibel und inkomparabel sind.

> „When it is applied to liberty, or any other core liberal values, value-pluralism does not support liberal principles. Rather, liberal principles are subverted by value-pluralism. Core liberal values are sites of conflict which liberal principles cannot resolve" (Gray 2000a: 94, vgl. auch 95).

Das Plädoyer liberaler Pluralisten für den Vorrang einzelner liberaler Werte ist nur dann mit dem Wertepluralismus vereinbar, wenn es nicht mit Universalitätsanspruch auftritt, sondern sich als Explikation von spezifischen, nämlich liberalen Lebensweisen oder Kulturen versteht.[44]

Aus der Perspektive des Wertepluralismus zielen liberale Freiheiten und Rechte wie z. B. Pressefreiheit, Religionsfreiheit oder das Recht zum Austritt aus Gemeinschaften im Wesentlichen auf den Schutz universaler Interessen oder Güter, die ein

---

44   „Allegiance to a liberal state is, on this view, never primarily to principles which it may be thought to embody, and which are supposed to be compelling for all human beings; it is always to specific institutions, having a specific history, and to the common culture that animates them, which itself is a creature of historical contingency" (Gray 2007: 117, vgl. auch 130). – „[…] liberal selves and liberal cultures are particular social forms that are granted no special privileges by history or human nature" (Gray 2007: 126-127) – „[…] we should instead recognize liberal forms of life as being constituted by contingent human identities in contingent communities, both of which are just like any others in their contingency" (Gray 2007: 125).

Regime aber aufgrund der zwischen ihnen bestehenden Inkompatibilitäten und Konflikte nicht alle gleichzeitig zu schützen vermag. Wie im Einzelfall die Abwägung
zwischen den durch liberale Rechte und Freiheiten geschützten Gütern und anderen
schützenswerten Gütern bzw. der Verhinderung von Übeln ausfällt, hängt nicht zuletzt von den jeweiligen Kontexten ab (vgl. auch Newey 2001: 275). Gray betont
sogar explizit, dass unter bestimmten Umständen Konflikte zwischen unterschiedlichen Gemeinschaften nur dadurch vermieden werden können, dass individuelle
Wahlfreiheiten eingeschränkt werden. Als ein Beispiel für eine solche Relativierung
individueller Rechte führt er Singapur an, wo um des Friedens zwischen den ethnischen und religiösen Gemeinschaften willen das Recht auf freie Wahl des Wohnortes
mit dem Ziel der Verhinderung von Ghettobildungen und ethnischer Mobilisierung
eingeschränkt worden sei (Gray 1998: 33). In ähnlicher Weise werde dort – so Gray –
zwar allgemeine Religionsfreiheit gewährt, aber Missionierung verboten, um auf
diese Weise Konflikte zwischen den religiösen Gemeinschaften zu vermeiden (Gray
2000a: 112). Liberale Regime sind daher nicht in jedem Fall vorzugswürdig:

> „[…] a non-liberal regime, whose political institutions lack public accountability and
> which does not assure liberal intellectual freedoms, but which assures the security and the
> everyday liberties of its subjects, might legitimately be judged to satisfy the universal
> minimum better than some weak liberal regime" (Gray 2007: 123).

Wendet man den Blick nun von den generellen Bedingungen der Legitimität politischer Regime auf unsere heutigen Bedingungen, vor allem auf diejenigen in westlichen Gesellschaften, dann lassen sich die von Gray entwickelten Legitimitätsanfor-
derungen konkretisieren. Unter den Bedingungen des Pluralismus gilt dann – darin
stimmt er mit liberalen Konzeptionen, etwa Rawls' Konzept der Gerechtigkeit als
Fairness, überein –, dass kein Regime, das eine einzelne Sicht des Guten um jeden
Preis durchsetzen will, unter Bedingungen des Pluralismus legitim sein kann (Gray
2000a: 134). Beide stimmen auch darin überein, dass beim Fehlen bestimmter Güter
ein menschliches Leben kaum möglich ist (Gray 2000a: 134). Die Listen von Legiti-
mationsanforderungen an gegenwärtige Regime, die sich bei Gray finden, sind in
ihrer Geltung nicht – wie bei Rawls – auf liberale Gesellschaften beschränkt. Gray betont allerdings auch, dass diese Listen niemals vollständig erfüllt werden könnten und
zudem unvollständig bleiben müssten, weil es schlicht unmöglich sei, die notwendigen und hinreichenden Bedingungen von Legitimität für alle Umstände zu bestimmen
(Gray 2000a: 107):

> „In contemporary circumstances, all reasonable legitimate regimes require a rule of law
> and the capacity to maintain peace, effective representative institutions, and a government
> that is removable by its citizens without recourse to violence. In addition, they require the
> capacity to assure the satisfaction of basic needs to all and to protect minorities from

disadvantage. Last, though by no means least, they need to reflect the ways of life and common identities of their citizens" (Gray 2000a: 106 f.).[45]

Die zentrale Herausforderung westlicher liberaler Gesellschaften besteht heute allerdings darin, dass sie es vor allem durch die weltweite Migration in neuer Weise mit einer Pluralität nicht-liberaler Lebensweisen zu tun haben. Denn wenn liberale Gesellschaften zunehmend mit der Existenz nicht-liberaler Lebensweisen in ihrer eigenen Mitte konfrontiert sind, stehen sie vor der Alternative, entweder ihren auf einer individualistischen Kultur beruhenden partikularen liberalen Modus Vivendi zu verteidigen – allerdings mit dem Risiko, dadurch die Voraussetzungen eines friedlichen Zusammenlebens innerhalb der (zugegebenermaßen ihrerseits umstrittenen) Grenzen des moralischen Minimums zu zerstören – oder aber angesichts der veränderten Bedingungen nach einem neuen Modus Vivendi zu suchen. Dass liberal-demokratische Gesellschaften Exponenten einer partikularen Lebensweise sind, dass ihr spezifischer Modus Vivendi, nämlich die Vorrangstellung von individueller Freiheit und Gleichheit, nicht mit allen Lebensweisen kompatibel ist, zeigt etwa die Debatte über den Multikulturalismus, deren harten Kern die Frage nach der Rolle und dem Status kollektiver Rechte bildet. Aus der Perspektive liberaler Werte geraten kollektive Rechte notwendiger Weise in Konflikt mit individuellen Rechten, vor allem mit den individuellen Rechten von heterodoxen Individuen innerhalb von kulturellen Minderheiten, die für kollektive Rechte streiten. Allenfalls dann, wenn kollektive Rechte sich als notwendiges Instrument zur Sicherung der Voraussetzungen der Ausübung individueller Freiheit erweisen, lassen sie sich für begrenzte Zwecke rechtfertigen – aber auch dann allenfalls als Sicherungen gegen den kulturellen Druck der Mehrheitskultur und keinesfalls als Instrumente zur Aushebelung der Rechte von internen Dissidenten.[46] In dem Moment, in dem man kollektive Rechte zu Konkurrenten individueller Rechte „auf Augenhöhe" macht, überschreitet man – zumindest aus der Perspektive liberaler Theoretiker – die Grenzen einer liberalen und streitet für eine andere, nicht-liberale Form politischer Ordnung.[47]

---

45 In früheren Publikationen Grays findet sich sogar eine Auszeichnung individueller Autonomie als eines unverzichtbaren, aber eben lokalen Wertes liberaler Gesellschaften: „Among us – the inhabitants of modern Western societies characterized by a high degree of social mobility, pluralism in lifestyles and individualism in ethical culture – autonomy is a constitutive ingredient in any form of the good life. If we lacked even a modicum of autonomy, if we were not even part authors of our lives – if our jobs, our marriages or sexual partners, our place of abode or our religion were assigned to us or chosen for us – we would consider our individuality stifled and the goodness of our lives diminished" (Gray 1996b: 307).

46 In diesem Sinne unterscheidet Kymlicka (1995a) zwischen legitimen „external protections" und illegitimen „internal retrictions".

47 Die Grenzen zwischen einer liberalen und einer nicht-liberalen Ordnung können kaum scharf gezogen werden. So ist zum Beispiel keineswegs eindeutig zu bestimmen, ob Charles Taylors Plädoyer in der Multikulturalismus-Debatte für einen „Liberalismus 2", der um der Anerkennung und des Schutzes kultureller Minderheiten durch kollektive

Gray plädiert angesichts des Umstandes, dass sich ein grundsätzlicher Vorrang von individuellen Rechten nicht rechtfertigen lässt, dafür, dass sich liberale Gesellschaften als post-liberale Gesellschaften verstehen sollten. Zentral für den Post-Liberalismus ist es, die eigene liberale als historisch gewachsene, partikulare Lebensweise zu verstehen.[48] Die Kontingenz von Entstehungskontext und Ausprägung politischer Ordnungen steht ihrer Legitimität und Akzeptanz jedoch nicht im Wege:

> „A man's culture is an historic contingency, but since it is all he has he would be foolish to ignore it because it is not composed of eternal verities. It is itself a contingent flow of intellectual and emotional adventures, a mixture of old and new where the new is often a backward swerve to pick up what has been temporarily forgotten; a mixture of the emergent and the recessive; of the substandard and the somewhat flimsy, of the commonplace, the refined and the magnificent" (Oakeshott 2001: 17; zustimmend zit. bei Gray 1996b: 324).

Mit Blick auf die Herausforderungen liberaler durch eine Pluralität nicht-liberaler Lebensweisen und Kulturen zeichnet Gray Mäßigung und Selbstbeschränkung als grundlegende Tugenden aus (Thorup/Lassen 2007: 384).[49]

Damit können nach Gray auch liberale Gesellschaften adäquat auf die Erkenntnis reagieren, dass ihre Entwicklung und Zukunft nicht von universell gültigen Prinzipien abhängig, sondern letztlich Ergebnis immer neu verhandelter und auf Zeit angelegter

---

Rechte willen nur noch grundlegende individuelle Rechte vorordnen will (Taylor 1993), auf ein Feld noch diesseits oder schon jenseits dieser Grenze zielt. In ähnlicher Weise changiert sein Begriff des „overlapping consensus", der im Gegensatz zu Rawls' nicht auf der Idee beruht, dass eine unabhängige und freistehende Rechtfertigung der Prinzipien für die Organisation des gesellschaftlichen Zusammenlebens, die den Kern des überlappenden Konsenses bilden, möglich sei (Taylor 1996, 1998), zwischen einer universalen, wenn auch nicht mit den Mitteln der „bloßen Vernunft" (Taylor 2011) herleitbaren liberalen Ordnung einerseits und einem Modus Vivendi andererseits. Für Letzteres spricht nicht nur, dass die Parteien eines Taylorschen überlappenden Konsenses die konsentierten Prinzipien vor dem Hintergrund ihrer unterschiedlichen Theorien des Guten durchaus verschieden interpretieren, was zu Konflikten um die und zwischen den Prinzipien führt, sondern auch der Umstand, dass Taylor in gewissen Grenzen kollektive Rechte zu Konkurrenten individueller Rechte erklärt.

48 Gray hat inzwischen den früher von ihm mit Blick auf den Post-Liberalismus verfochtenen universalen Anspruch aufgegeben: „This post-liberal view seems to me now to be mistaken. It is mistaken in arguing that strong value-pluralism is, in contemporary historical circumstances, a good reason for the universal, or near-universal adoption of a Western-style civil society, in any of its varieties. In political milieux which harbor a diversity of cultural traditions and identities, such as we find in most parts of the world today, the institutional forms best suited to a modus vivendi may well not be the individualist institutions of liberal civil society but rather those of political and legal pluralism, in which the fundamental units are not individuals but communities" (Gray 2007: 203).

49 „We are not going to wage a war in which everyone has to be converted to feminism or the latest version of liberal universalism although I'm a strong supporter for the freedom of women and gay equality" (Thorup/Lassen 2007: 384).

Kompromisslösungen ist. Diese werden notwendig, weil liberale Gesellschaften nicht homogen, sondern im höchsten Grade plural und damit konfliktanfällig sind.

Im Zuge der Rekonstruktion von Grays Theorie des Modus Vivendi dürfte hinreichend deutlich geworden sein, dass Pluralität und Kontingenz normativer Orientierungen sich bei ihm als zwei Seiten einer Medaille erweisen.[50] Denn geht man wie Gray in der Tradition Berlins davon aus, dass Werte zumindest teilweise inkommensurabel, inkompatibel und inkomparabel sind, dann sind radikale Wahlentscheidungen nötig, für die es keine übergreifenden oder unabhängigen rationalen oder normativen Kriterien gibt, und die daher so, aber auch anders ausfallen könnten. Das provoziert die Frage, wie unter solchen Bedingungen politische Ordnung möglich ist. Denn was für Werte allgemein gilt, nämlich dass sie zumindest teilweise inkommensurabel, inkompatibel und inkomparabel sind, gilt natürlich auch in Bezug auf die Vorstellungen und Prinzipien für die Gestaltung des gesellschaftlichen und politischen Zusammenlebens. Auch hier sind radikale Wahlentscheidungen nötig, für die es keine übergreifenden oder unabhängigen rationalen oder normativen Kriterien gibt, und die daher so, aber auch anders ausfallen können. Diese Wahlentscheidungen werden in den verschiedenen Lebensweisen und Kulturen unvermeidlich unterschiedlich ausfallen und dementsprechend werden sich die politischen Ordnungskonzepte unterschiedlicher Lebensweisen und Kulturen erheblich voneinander unterscheiden. Selbst das von Gray präferierte Modell einer Orientierung am Ideal der friedlichen Koexistenz stellt nur eine unter mehreren Möglichkeiten der Reaktion auf die Situation einer Pluralität von Lebensweisen und Kulturen dar. Schließlich ist der jeweils ausgehandelte Modus Vivendi selbst immer auch zumindest teilweise das Ergebnis radikaler Wahlentscheidungen. Auch mit Blick auf die politische Ordnung erweisen sich also daher bei Gray Pluralität und Kontingenz als zwei Seiten einer Medaille.[51]

3   Kontingenzaversion als zentrales Motiv der Kritik an John Grays Theorie des Modus Vivendi

Grays Theorie des Wertepluralismus sowie sein Plädoyer für einen Modus Vivendi als angemessene Antwort auf die Herausforderung der Pluralität von Werten ist mit einer Reihe von Einwänden konfrontiert.[52] Diese Kritik zielt vor allem auf diejenigen Überlegungen Grays, die die Kontingenz politischer Normativität betonen.

---

50 Vgl. auch Kelly: „The primary implication of the situatedness of human reason is the radical contingency of liberal or any other systems of values. It is only one of a variety of forms that human society can take" (2006: 141).

51 Vgl. dazu auch McCabe (2010: 156-158) sowie Horton (2006: 163);

52 Vgl. zur Auseinandersetzung mit Gray u. a. das special issue der Critical Review of International Social and Political Philosophy 9 (2), 2006 (Horton/Newey 2007) sowie Weinstock (1997), Crowder (1998, 2006), Talisse (2000), Curtis (2007), Moore (2009), Bacon (2010) sowie zuletzt Lassman (2011: 72-83).

Zunächst einmal handelt es sich beim Wertepluralismus um eine metaphysische bzw. ontologische Theorie über die Struktur von Werten, die hoch umstritten ist. Die umstrittenen Fragen lassen sich zudem nicht empirisch klären. Wertepluralisten verweisen zwar in der Regel auf die Erfahrung endemischer normativer Dissense in der politischen Praxis sowie auf den fortbestehenden Dissens in der politiktheoretischen Diskussion. Doch der empirisch beobachtbare Dissens kann nicht als Beleg für den Wertepluralismus angeführt werden, weil es wiederum vielfältige alternative Erklärungen für diese Phänomene gibt. So muss ein beobachtbarer Dissens in moralischen Fragen nicht notwendig auf der Inkommensurabilität, Inkompatibilität oder Inkomparabilität von Werten beruhen, sondern kann etwa auch Folge eines Dissenses über nichtmoralische Fakten sein. Normative Dissense können aber auch darauf beruhen, dass gar nicht die moralischen Prinzipien oder Werte selbst, sondern nur ihre Anwendungen in spezifischen Kontexten und in konkreten Situationen umstritten sind (Arras 2010). Schließlich können normative Dissense auch auf Unzulänglichkeiten oder Störungen der moralischen Urteilsfähigkeit sowie auf Missverständnissen beruhen. Hinzu kommt, dass normative Dissense sich auch als bloße Grenz- und Ausnahmefälle erweisen können. Als eine umstrittene und bestreitbare metaethische Theorie kann der Wertepluralismus aber auch nicht als eine allgemein akzeptable Basis für die Begründung politischer Ordnungsmodelle dienen[53] – und damit auch nicht als Argument für die Vorzugswürdigkeit von Arrangements friedlicher Koexistenz.

Aufgrund dessen ist es auch nicht unerheblich, welcher Zusammenhang zwischen der Diagnose eines grundlegenden Wertepluralismus und dem von Gray präferierten politischen Ordnungsmodell des Modus Vivendi besteht. Die Kritik rekonstruiert hier einen engen Zusammenhang und leitet daraus ab, dass mit der engen Bindung an den Wertepluralismus auch das Plädoyer für den Modus Vivendi nicht mit allgemeiner Zustimmung rechnen kann. Das zentrale Argument der Kritik lautet, dass Grays Vision einer friedlichen Koexistenz voraussetzt, dass die Bürger die Wahrheit des Wertepluralismus akzeptieren. Der Wertepluralismus sei aber eine Theorie, die inkonsistent mit vielen Lebensweisen ist, die Gray in eine Ordnung friedlicher Koexistenz zusammenbringen will – so sähen etwa Katholiken, Protestanten, Utilitaristen und Marxisten einander nicht als Verfechter unterschiedlicher (aber möglicher) moralischer Orientierungen, sondern als Verfechter defekter moralischer Kon-

---

53 Die Position eines tiefgreifenden Wertepluralismus macht aber umgekehrt auch deutlich, dass der „politische", von umstrittenen metaphysischen Annahmen vermeintlich unabhängige Liberalismus eines John Rawls so „politisch" nicht ist. Denn etwa mit seiner Vorordnung des Gerechten vor dem Guten sowie individueller Freiheit vor kollektiven Rechten ist er nicht nur mit nicht-liberalen Lebensweisen, sondern auch mit einem starken Wertepluralismus im Grayschen Sinne unvereinbar – und letzteren wird man kaum als „unvernünftig" aus dem Kreis der Rechtfertigungsadressaten herausdefinieren können (oder doch nur um den Preis eines grundlegenden Relativismus).

zepte oder bloßer Immoralität (Crowder 2000: 455).[54] Würden die Bürger jedoch die Wahrheit des Wertepluralismus akzeptieren, gäben sie zentrale Inhalte ihrer jeweiligen Lebensweisen und Kulturen auf. Die Akzeptanz des Wertepluralismus ginge daher mit einer Reduzierung der Vielfalt von Werten einher.

> „It is by no means obviously in the interests of the Catholic to establish peaceful relationships with promoters of theological error. If the Catholic seeks the kind of peace Gray imagines it must be because the Catholic believes that the Protestant way of life is valuable insofar as it advances the interests of Protestants. This would be to recognize that the Protestant way of life realizes a distinctive set of human values. But only a Catholic who is also a value pluralist can believe this; and it could be argued that a value-pluralist catholic is not a Catholic at all" (Talisse 2000).

Grays Position in Bezug auf den Zusammenhang von Wertepluralismus und Modus Vivendi ist nicht eindeutig. Einerseits lassen sich Passagen finden, in denen er betont, dass die Argumentation für einen Modus Vivendi letztlich auf der Wahrheit des Wertepluralismus beruhe (Gray 2000a: 6, 125; Gray 2006: 336). Andererseits – so Gray – bestehe keine logische oder notwendige Beziehung zwischen Wertepluralismus und Modus Vivendi – letzterer stelle bloß ein mögliches politisches Projekt auf der Basis des ersteren dar (vgl. Gray 2006: 336; Gray 2000a: 135). Dementsprechend sei eine Konversionen zum Wertepluralismus auch nicht notwendig (Gray 2000a: 25).[55]

Es sprechen eine Reihe von Gründen dagegen, dass die Kopplung von Wertepluralismus und Modus Vivendi so eng ist, wie die Kritik unterstellt. Zunächst einmal wäre eine allgemeine Konversion zur metaethischen Theorie des Wertepluralismus nur von begrenztem praktischen Nutzen für die Akzeptanz eines Modus Vivendi bzw. seine konkrete Ausgestaltung. Selbst wenn jedermann zum Wertepluralismus konvertieren würde, beseitigte das nicht die Inkommensurabilität, Inkompatibilität und Inkomparabilität von Werten sowie die daraus resultierenden Konflikte. Zudem gäbe es nach wie vor unterschiedliche Ansichten darüber, wie inklusiv oder exklusiv ein Modus Vivendi sein sollte. Wertepluralisten sehen zwar ein bestimmtes Spektrum von Lebensweisen und Kulturen als legitime Alternativen an, werden aber auch bestimmte Optionen als falsch, als menschlichem Gedeihen und menschlichem Wohlergehen abträglich zurückweisen und daher wie Wertmonisten bestimmte Optionen als unvernünftig aus einem Modus Vivendi ausschließen (vgl. Horton 2006: 160-161). Schließlich muss die Anerkennung anderer Lebensweisen und Kulturen als alternative Möglichkeiten menschlichen Gedeihens und Wohlergehens im Falle einer harten Konkurrenz oder Inkompatibilität nicht notwendig dazu führen, dass man diese Alternativen respektiert und ihnen ein gleiches Existenzrecht einräumt. Zudem ist es kei-

---

54 Vgl. auch Lassman (2011: 81), Dzur (1998: 384), Crowder (1998: 296; 2000: 454-455), Larmore (1996: 154-155) und Newey (2001: 198).

55 Zudem würde eine solche Konversion – auch wenn sie zur Aufhebung eines Irrtums führen würde – das Überdauern von wertvollen Optionen gefährden, die den Wertepluralismus bestreiten (Gray 2000a: 136).

neswegs so, dass das einzige Motiv für einen Modus Vivendi in der Anerkennung anderer Lebensweisen und Kulturen als legitime alternative Formen der Werterealisation besteht. Es mag zwar sein, dass Wertepluralisten tendenziell eher geneigt sind, einen Modus Vivendi als „vernünftige" Lösung von Dissensen und Konflikten über Interessen und Werte zu betrachten. Entscheidend ist jedoch, dass ein Modus Vivendi auf sehr vielen, höchst unterschiedlichen Motiven beruhen kann, darunter die Bewahrung oder Realisierung von Interessen und Werten, die die Konfliktparteien teilen oder je einzeln verfolgen, die ohne ein Arrangement friedlicher Koexistenz gefährdet wären. Die Kritik verkennt vor allem, dass der Modus Vivendi ein konditionales, kontingentes und eben kein von der Vernunft als unter allen Umständen als „notwendig" oder „unbedingt geboten" ausweisbares Arrangement ist:

> „only [...] if people want to live together in a civil manner, without resort to tyranny or persistent violent struggle, and in a way that at least extends a measure of toleration to diverse ways of life, then modus vivendi is the best way forward" (Horton 2006: 166-167).

In diesem Sinne ist ein Modus Vivendi Ausdruck einer spezifischen Sichtweise des Guten zweiter Ordnung (vgl. Gray 2000a: 25), die auch nicht mit allen anderen Sichtweisen kompatibel ist, vor allem mit solchen nicht, die friedliche Koexistenz aus prinzipiellen Gründen ablehnen oder die eigene Lebensweise um jeden Preis, selbst um den des Verlustes zentraler Güter oder gar des eigenen Untergangs, realisieren wollen (vgl. Gray 2000a: 25).

Ein weiterer zentraler Einwand richtet sich gegen den Modus Vivendi selbst. Der etwa von Rawls und Larmore formulierte Einwand lautet, dass der Modus Vivendi unfair und instabil sei. Unfair sei er, weil das Ergebnis allein oder doch im Wesentlichen durch die jeweiligen Kräfteverhältnisse zwischen den Konfliktparteien determiniert werde; instabil sei er, weil eine Veränderung der Kräfteverhältnisse in der Regel zu einer Revision des Modus Vivendi führen werde.[56] Fairness und Stabilität erforderten vielmehr von den Parteien geteilte, wenn auch unterschiedlich generierte oder begründete Motive oder Überzeugungen.

Mit Blick auf die Frage der Stabilität ist es jedoch keineswegs so, dass es einzig die jeweiligen Kräfteverhältnisse bzw. ihre Veränderungen sind, die die Akzeptanz des Modus Vivendi gewährleisten oder unterminieren:

> „[...] a modus vivendi emerges through the deployment of whatever moral, intellectual, cultural, rhetorical, emotional, motivational and other resources that the parties can mobilise in the political process. In particular [...] this includes, contra Rawls, whatever moral

---

56 Modus vivendi „hostage to the shifting distribution of power: Individuals will lose their reason to uphold the agreement if their relative power or bargaining strength increases significantly" (Larmore, C. 1990: 346) – „social unity is only apparent, as its stability is contingent on circumstances remaining such as not to upset the fortunate convergence of interests" (Rawls 1993: 147). Vgl. u. a. auch Lassman (2011: 82), Curtis (2007: 94), Bacon (2010: 383) und Kelly (2005: 118).

> values and ethical commitments the parties bring to the conflict that can be constructively
> utilized in the forging of a workable settlement" (Horton 2009: 7)

Darüber hinaus wird man auch in Rechnung stellen dürfen, dass Arrangements friedlicher Koexistenz ihre eigene Sozialisationswirkung entfalten: Je länger sie sich als tragfähige Basis des friedlichen Zusammenlebens erweisen, desto stärker werden sie auch als Errungenschaft betrachtet. Die heutzutage weitgehende Akzeptanz der ehemals vielfach heftig umkämpften Formen der Trennung von Staat und Kirche in Europa bildet hier ein eindrückliches Beispiel (vgl. dazu Willems 2012b). Das schließt die Möglichkeit von Korrekturen und Revisionen nicht aus.

> „It may encourage a political culture of negotiation, compromise and flexibility, of
> accepting limits to what can be changed and of seeking only the practically feasible.
> Moreover, its utility may mean that groups are wary, on ethical and prudential grounds,
> about seeking to exploit short-term shifts of power in their favour. It is also likely to
> generate support for institutions that are seen to be generally effective in brokering
> settlements" (Horton 2006: 162).

Mit Blick auf die Frage der Stabilität erweisen sich die Argumente von Rawls und Larmore letztlich als empirische Thesen; grundsätzlich sind weder Modi Vivendi noch überlappende Kompromisse davor gefeit, durch einschneidende Veränderungen der Umstände untergraben zu werden (Horton 2006: 162).

Auch das Argument der Unfairness ist letztlich nicht schlagend. Denn ein Modus Vivendi als ein politisches Arrangement unterscheidet sich in mehrfacher Hinsicht von einer Situation, in der eine Partei der oder den anderen die Bedingungen diktieren könnte.[57] Ein erster Unterschied besteht darin, dass ein Modus Vivendi die Zustimmung oder zumindest Akzeptanz der beteiligten Parteien finden muss. Die Gründe für die Zustimmung oder Akzeptanz lassen sich allerdings nicht unabhängig von den Parteien, sondern nur durch diese selbst bestimmen.

> „[…] what is found acceptable is always a contingent and circumstantial matter and some-
> thing that has to be settled by those involved; there is no good reason to think that the
> appropriate content of any modus vivendi can be determined in advance, for example by
> political theorists, of the workings of the political process itself" (Horton 2010: 439).

Wie oben bereits betont, kommen als mögliche Gründe zudem nicht allein moralische oder prudentielle Erwägungen in Betracht, sondern auch pragmatische wie etwa die

---

57 „The situation of one lot of people terrorizing another lot of people is not per se a political
    situation: it is, rather, the situation which the existence of the political is in the first place
    supposed to alleviate (replace): If the power of one lot of people over another is to re-
    present a solution to the first political question, and not itself be part of the problem, some-
    thing has to be said to explain (to the less empowered, to concerned bystanders, to children
    being educated in this structure, etc.) what the difference is between the solution and the
    problem, and that cannot simply be an account of successful domination" (Williams 2005:
    439). – „I identify the first political question in Hobbesian terms as the securing of order,
    protection, safety, trust, and the conditions of cooperation. It is first, because solving it is
    the condition of solving, indeed posing, any others" (Williams 2005: 3).

Schonung von Ressourcen, die sonst im politischen Kampf verausgabt werden müssten (Horton 2006: 164). Darüber hinaus ist es sehr wahrscheinlich, dass in vielen Kontexten und Konstellationen die konfligierenden Parteien auch einige moralische Prinzipien oder Werte teilen werden oder zumindest aneinander anschlussfähig sind. Die Wahrscheinlichkeit ist umso größer, je verflochtener die konfligierenden Lebensweisen und Kulturen sind bzw. je stärker sich die Mitgliedschaften in unterschiedlichen Kulturen und Lebenswesen überschneiden.

Des Weiteren zielt ein Modus Vivendi auf ein Arrangement, das den Parteien zumindest ein minimal lebenswertes Leben bzw. die Sicherung und Realisierung zentraler Werte und Interessen ermöglicht. Es geht also nicht darum, ein gleiches Recht oder gleiche Chancen darauf zu haben, seine Lebensweise oder Kultur so weit als möglich realisieren zu können. Arrangements der friedlichen Koexistenz müssen auch nicht zuvor definierten Standards der Fairness oder Gerechtigkeit genügen. Dementsprechend gibt es keine Garantie, dass Modi Vivendi Ausprägungen annehmen, die liberalen Prinzipien entsprechen (Horton 2010: 438).

Schließlich hat Gray mit den universalen Gütern und Übeln Standards für die Bewertung der Legitimität von Arrangements friedlicher Koexistenz formuliert. Sie fungieren ihm zufolge explizit als „limits on what can count as modus vivendi" (Gray 2000a: 138):

> „Regimes in which genocide is practiced, or torture institutionalized, that depend for their continuing existence on the suppression of minorities, or of the majority, which humiliate their citizens or those who coexist with them in society, which destroy the common environment, which sanction religious persecution, which fail to meet basic human needs in circumstances where that is practically feasible or which render impossible the search for peace among different ways of life – such regimes are obstacles to the well-being of those whom they govern. Because their power depends on the infliction of the worst universal evils, they are illegitimate, however long-lived they may be" (Gray 2000a: 107).

Die These von universalen Gütern und Übeln als Standards für die Bewertung der Legitimität eines Modus Vivendi sowie seine Konkretisierung dieser Standards haben Gray den weiteren Vorwurf eingetragen, dass er letztlich die von ihm explizit zurückgewiesenen liberalen oder universalen Legitimitätskriterien gleichsam „durch die Hintertür" wieder einführe (vgl. u. a. Crowder 2000: 451 ff.; Lassman 2006: 223-224; Lassman 2011: 82-83) bzw. dass seine Standards nur einen sehr eingeschränkten Pluralismus zuließen, der sich auf diejenigen Lebensweisen und Kulturen beschränke, die zu einer friedlichen Koexistenz auf der Basis von Reziprozität bereit seien (vgl. u. a. Curtis 2007: 88; Moore 2009: 252; Crowder 2000: 451). Moore schließlich hat den Einwand formuliert, dass Grays Versuch, auf der einen Seite mit den universalen Gütern und Übeln einen Standard einzuführen, der am Kriterium der Garantie menschlichen Gedeihens ausgerichtet sei, und zugleich auf der anderen Seite an einem grundlegenden, radikale Wahlentscheidungen erfordernden Wertepluralismus festhalten zu wollen, letztlich zum Scheitern verurteilt sei:

„The problem [...] is that Gray's argument does not and cannot work, because he cannot justify the partial ranking without implicitly assuming that some value is supreme with regard to the others, such that it must always be satisfied and cannot ever be sacrificed to achieve other values. Accepting that position entails abandoning pluralism; holding on to pluralism entails abandoning such efforts to rank values and value systems, because the only thing that is capable of effecting such a ranking is a value that is morally more important than all the others values, and pluralism denies that there is any such preeminent values. Simply put, the two projects are logically incompatible" (Moore 2009: 253).

Alle diese Einwände setzen jedoch voraus, dass Gray mit seiner These von universalen Gütern und Übeln tatsächlich versucht, eine universale Minimalmoral zu formulieren, die eine objektive, allseits konsentierbare Basis für die Beurteilung der Legitimität von Arrangements friedlicher Koexistenz erlaubte. Doch genau dies will Gray explizit nicht, weil dem nicht nur die teilweise Inkommensurabilität, Inkompatibilität und Inkomparabilität universaler Güter und Übel entgegensteht, sondern diese auch keineswegs unter allen Umständen und in allen Kontexten unbedingten Vorrang genießen. Vielmehr können universale Güter und Übel als Ressource der Kritik begriffen werden, die aufgrund ihrer Universalität zudem eine Kommunikation über Kriterien der Legitimität von Arrangements friedlicher Koexistenz über die Grenzen von Lebensweisen und Kulturen hinaus ermöglichen. Weil die Inkommensurabilität, Inkompatibilität und Inkomparabilität universaler Güter und Übel kein neutrales Urteil aus der Perspektive der normativen politischen Theorie erlauben, kann man Grays oben zitierte Konkretion der Grenzen eines Modus Vivendi wohl am ehesten so verstehen, dass Formen friedlicher Koexistenz, die diesen Bedingungen nicht genügen, in gegenwärtigen Gesellschaften kein ausreichendes Maß an Zustimmung finden werden. Auch den Respekt gegenüber anderen Lebensweisen und Kulturen, der nach Gray gefordert ist, wenn das Projekt friedlicher Koexistenz Erfolg haben soll, wird man so verstehen müssen, dass diese anderen Lebensweisen und Kulturen nicht Formen des Irrtums oder der Häresie repräsentieren, die nichts anderes als ihre Vernichtung gebieten – nötig ist gleichsam eine Form agonalen Respekts, die nicht fordert, andere Lebensweisen und Kulturen als legitime Alternativen zu affirmieren. Die Graysche Bestimmung von universalen, aber zumindest teilweise inkommensurablen, inkompatiblen und inkomparablen Gütern und Übeln als Ressourcen der Kritik stellt letztlich den Versuch dar, zwischen der Skylla universaler moralischer Prinzipien und der Charybdis eines grundlegenden Relativismus hindurch zu segeln. Die konkrete Bestimmung der Grenzen kann daher nichts anders sein als das Ergebnis eines kontingenten, letztlich auf Dauer gestellten Aushandlungsprozesses zwischen den Bürgern (vgl. Bellamy 1999: 110-111). Diese Aushandlungsprozesse finden zudem jeweils in spezifischen Kontexten und unter nicht-idealen Bedingungen statt:

„A political settlement is, in fact, always the creation of some particular people, facing particular problems, in a particular place, at a particular time, standing in complex and unequal relationships with each other and utilizing whatever partial and incomplete knowledge they have available to them: it is never the fully informed, free and equal individu-

als constructed by the theorists who decide, but a conglomeration of flawed, ignorant, irrational, emotional, partisan, unequal and socially embedded ones – people, surprisingly,
just like us" (Horton 2009: 16).

Die Kritiken an Grays Theorie des Modus Vivendi lassen sich daher als Versuch entschlüsseln, die grundsätzliche Kontextualität und Kontingenz politischer Ordnungsmodelle wie der Kriterien zur Beurteilung ihrer Legitimität zu bestreiten. Sie sind in
diesem Sinne Ausdruck einer Kontingenzaversion.

4   Politische Theorie unter Bedingungen normativer Pluralität
und Kontingenz

Aus der Basisannahme eines „starken" Wertepluralismus bilden normative Pluralität
und Kontingenz zwei Seiten einer Medaille. Das bedeutet, dass politische Akteure
unter Bedingungen normativer Pluralität sowohl mit Blick auf die alltägliche Politik
als auch mit Blick auf politische Ordnungsmodelle regelmäßig zu radikalen, wenn
auch nicht grundlosen Wahlentscheidungen genötigt werden. Die normative Infrastruktur moderner Politik ist daher in hohem Maße kontingent. Daraus resultieren
jedoch grundlegende Beschränkungen der Möglichkeiten zeitgenössischer politischer
Theorie. Denn angesichts der Unumgänglichkeit von Wahlentscheidungen können
normative politiktheoretische Überlegungen zwar für eine Option plädieren, die unter
Bedingungen des Wertepluralismus letztlich aber eben nur eine und zudem grundsätzlich bestreitbare Alternative unter anderen bildet. Politische Theorie wird daher unvermeidlich zu einer „parteiliche[n] Intervention" (Geuss 2008: 29-30). Dadurch
werden die (vielfach ja sogar universalen) präskriptiven Ambitionen politischer Theorie durch die reale normative Pluralität weitgehend devaluiert. Vor diesem Hintergrund verbleiben der politischen Theorie im Wesentlichen drei Aufgaben.

Die erste Aufgabe besteht darin, sich reflexiv der gesellschaftlichen und politischen Grenzen wie Möglichkeiten politischen Handelns, vor allem mit Blick auf die
Verwirklichung politischer Ideale und Ordnungskonzepte, zu vergewissern (vgl. Gray
2007: 23) und auf diese Weise eine illusionslosere, realistischere politische Praxis zu
ermöglichen (vgl. Gray 2000a: 139).[58] Das schließt die systematische Kritik solcher
Präskriptionen und Ideale ein, die an der Wirklichkeit scheitern müssen (vgl. Newey
2006: 264).[59] Ein solches Vorhaben ist jedoch kein einfaches Unterfangen. Denn was

---

58 Vgl. dazu auch die jüngere Debatte um eine „realistische" politische Theorie u. a. im European Journal of Political Theory 9 (4), 2010. Auch Geuss (2008: 93) hat zuletzt einen minimalen Realismus – im Sinne eines kognitiven Kontaktes zur realen Welt – als Bedingung
guter bzw. erfolgreicher politischer Theorie gefordert.

59 Für Gray besteht in dieser Hinsicht die hauptsächliche Bedeutung der politischen Theorie
darin, die Bedingungen, Grenzen und Möglichkeiten der menschlichen Natur zu bestimmen: „The appropriate method in political theory is not reflective equilibrium, which can
only elevate the ephemera of current opinion to illusory permanence, but naturalism. The

als Begrenzung des politisch Möglichen fungiert, ist weder der empirischen Untersuchung noch der Reflektion unmittelbar zugänglich. Sowohl die Unterscheidung von
wirklichen und bloß imaginierten Beschränkungen politischen Handelns wie auch die
Identifizierung utopischer Ziel oder Ideale werden daher umstritten bleiben (Newey
2006: 279), werden also Gegenstände von Konflikten bilden, die letztlich politisch
entschieden werden müssen.

Eine zweite Aufgabe besteht darin, die „Logik" wie die „Mechanik" der politischen Praktiken von Gesellschaften zu entschlüsseln (vgl. dazu auch Geuss 2008: 37-
42). Die politischen Institutionen und Verfahren von Gesellschaften stellen wie ihre
Interpretationen durch die Mitglieder dieser Gesellschaften aus der Perspektive eines
wertepluralistischen Ansatzes die kontingenten, oft über lange Zeiträume und in kon-
fliktreichen Prozessen ausgehandelten Arrangements zwischen unterschiedlichen Lebensweisen und Kulturen in spezifischen Umständen dar. Die „Logik" wie die „Mechanik" solcher Arrangements sind jedoch vielfach implizit. Politische Debatten über
den Umgang mit neuen Herausforderungen wie etwa der religiösen Pluralisierung
westlicher Gesellschaften (vgl. dazu Willems 2012a) machen es erforderlich, die
„Logik" und „Mechanik" existierender Arrangements explizit zu machen.[60] Auch
diese Aufgabe ist jedoch nicht einfach oder unproblematisch, weil Praxis und Theorie
nicht unabhängig voneinander sind und daher die Verflechtung von politischen Idealen und politischer Wirklichkeit in Rechnung gestellt werden muss:

> „[…] practice is not an autonomous activity to which theory comes as an after-thought.
> Instead, by now, false theory and decadent practice are complementary and mutually
> supportive, and it may be doubted that there is in most modern societies any enclave of
> practice innocent of corruption by rationalist theorizing" (Gray 1989: 213).

Eine dritte Aufgabe politischer Theorie besteht schließlich im zeitdiagnostischen Versuch der Identifizierung grundlegender Herausforderungen politischen Handelns, vor
allem solcher, die die Grenzen der Leistungsfähigkeit existierender politischer Praktiken und politischer Arrangements überschreiten. Das schließt die Entwicklung und
Bereitstellung von (innovativen) begrifflichen Werkzeugen ein, die sowohl ein ge-
naueres Verständnis der Herausforderungen erlauben als auch neue Möglichkeiten des
Umgangs mit diesen Herausforderungen erschließen (vgl. dazu Geuss 2008: 42-50).

---

goal should be to achieve the fullest and most accurate view of human nature and present
circumstances, and see what follows. Of course this presupposes that human nature is in-
dependent of our opinions about this. Equally, it assumes that it is possible to ascertain the
content and conditions of human flourishing with some degree of objectivity. Value-
pluralism is the truth about human beings, not the construction the theorist adopts in order
to secure a pre-determined result. The political implications are left open. If there is a
reasonable fit between value-pluralism and modus vivendi it is because modus vivendi
leaves many things open"(Gray 2006: 344).

60   In diesem Sinne wird man auch den derzeit proklamierten „practice turn" in der politischen
      Theorie verstehen dürfen; vgl. dazu u. a. Stoeckl (2010).

Literatur

Arras, John, 2011: Theory and bioethics, in: Edward N. Zalta (Hrsg.): Stanford Encyclopedia of Philosophy (Summer 2010 Edition): http://plato.stanford.edu/archives/sum2010/entries/theory-bioethics/ (08.12.2011).

Audi, Robert, 2000: Religious commitment and secular reason. Cambridge, New York.

Audi, Robert/Wolterstorff, Nicholas, 1997: Religion in the public square. The place of religious convictions in political debate. Lanham.

Bacon, Michael, 2010: Breaking up is hard to do: John Gray's complicated relationship with the liberal project, in: Social Theory and Pracice 36 (3), 365-384.

Barry, Brian, 2001: Culture and equality. An egalitarian critique of multiculturalism. Cambridge.

Bellamy, Richard, 1999: Liberalism and pluralism. Towards a politics of compromise. London, New York.

Berlin, Isaiah, 1969: Two concepts of liberty, in: Isaiah Berlin: Four essays on liberty. London et al., 118-172.

Berlin, Isaiah, 1992: Das Streben nach dem Ideal, in: Isaiah Berlin: Das krumme Holz der Humanität. Kapitel der Ideengeschichte, hrsg. v. Henry Hardy. Frankfurt a. M., 13-36.

Berlin, Isaiah, 1995: Zwei Freiheitsbegriffe, in: Isaiah Berlin: Freiheit. Vier Versuche. Frankfurt a. M., 197-256.

Berlin, Isaiah, 1998: My intellectual path, in: New York Review of Books, 14 May 1998, 53-60.

Bhargava, Rajeev, 2009: Political secularism: why it is needed and what can be learnt from its Indian version, in: Geoffrey Brahm Levey/Tariq Modood (Hrsg.): Secularism, religion and multicultural citizenship. Cambridge et al., 82-109.

Bhargava, Rajeev, 2010: The „secular ideal" before secularism: A preliminary sketch, in: Linell Elizabeth Cady/Elizabeth Shakman Hurd (Hrsg.): Comparative secularisms in a global age. Houndmills, New York, 159-180.

Bhargava, Rajeev (Hrsg.), 1998: Secularism and its critics. Delhi, New York.

Birnbacher, Dieter, 2007: Analytische Einführung in die Ethik: De-Gruyter-Studienbuch. Berlin, New York.

Bohman, James, 1996: Public deliberation. Pluralism, complexity, and democracy. Cambridge et al.

Bouchard, Gérard/Taylor, Charles, 2008: Building the future. A time for reconciliation. o. O.

Cady, Linell Elizabeth/Hurd, Elizabeth Shakman (Hrsg.), 2010: Comparative secularisms in a global age. Houndmills, New York.

Chang, Ruth, 2001: Value Pluralism in: Neil J. Smelser/Paul B. Baltes (Hrsg.): International Encyclopedia of the Social and Behavioral Sciences, vol. 24. Oxford, 16139-16145.

Chang, Ruth (Hrsg.), 1997: Incommensurability, incomparability, and practical reason. Cambridge, London.

Crowder, George, 1998: John Gray's pluralist critique of liberalism, in: Journal of Applied Philosophy 15, 287-298.

Crowder, George, 2000: Two-faced liberalism: John Gray's pluralist politics and the reinstatement of enlightenment liberalism, in: Critical Review 14 (4), 441-458.

Crowder, George, 2002: Liberalism and value pluralism. London, New York.

Crowder, George, 2006: Value Pluralism and Communitarianism, in: Contemporary Political Theory 5 (4), 405-427.

Curtis, William M., 2007: Liberals and Pluralists: Charles Taylor vs John Gray, in: Contemporary Political Theory 6 (1), 86-107.

Dworkin, Ronald, 1995: Foundations of liberal equality, in: Stephen L. Darwall (Hrsg.): Equal freedom. Selected Tanner lectures on human values. Ann Arbor, 190-306.

Dzur, Albert W., 1998: Value pluralism versus political liberalism, in: Social Theory and Practice 24 (3), 375-392.

Engelhardt, H. Tristram, 1996: The foundations of bioethics. New York.

Engelhardt, H. Tristram, 2006a: Global bioethics: An introduction to the collapse of consensus, in: H. Tristram Engelhardt: Global bioethics. The collapse of consensus. Salem, 1-17.

Engelhardt, H. Tristram, 2006b: The search for a global morality: Bioethics, the culture wars, and moral diversity, in: H. Tristram Engelhardt: Global bioethics. The collapse of consensus. Salem, 18-49.

Engelhardt, H. Tristram, 2010: Moral obligation after the death of God: Critical reflections on concerns from Immanuel Kant, G. W. F. Hegel, and Elizabeth Anscombe, in: Social Philosophy and Policy 27 (2), 317-340.

Forst, Rainer, 2003: Toleranz im Konflikt. Geschichte, Gehalt und Gegenwart eines umstrittenen Begriffs. Frankfurt a. M.

Forst, Rainer, 2007: Das Recht auf Rechtfertigung. Elemente einer konstruktivistischen Theorie der Gerechtigkeit. Frankfurt a. M.

Galston, William A., 2002: Liberal pluralism. The implications of value pluralism for political theory and practice. Cambridge et al.

Geuss, Raymond, 2008: Philosophy and real politics. Princeton, Oxford.

Gray, John, 1989: Liberalisms. Essays in political philosophy. London.

Gray, John, 1996a: Isaiah Berlin. Princeton.

Gray, John, 1996b: Post-liberalism. Studies in political thought. New York, London.

Gray, John, 1998: Where pluralists and liberals part company, in: International Journal of Philosophical Studies 6 (1), 17-36.

Gray, John, 2000a: Two faces of liberalism. New York.

Gray, John, 2000b: Two liberalisms of fear, in: Hedgehog Review 2 (1), 9-23.

Gray, John, 2006: Reply to Critics, in: Critical Review of International Social and Political Philosophy 9 (2), 323-347.

Gray, John, 2007: Enlightenment's wake. Politics and culture at the close of the modern age. London, New York.

Greven, Michael Th., 1991: Macht und Politik in der „Theorie kommunikativen Handelns" von Jürgen Habermas, in: Michael Th. Greven (Hrsg.): Macht in der Demokratie. Denkanstöße zur Wiederbelebung einer klassischen Frage in der zeitgenössischen Politischen Theorie. Baden-Baden, 213-238.

Greven, Michael Th., 1999: Die politische Gesellschaft. Kontingenz und Dezision als Probleme des Regierens und der Demokratie. Opladen.

Greven, Michael Th., 2000: Kontingenz und Dezision. Beiträge zur Analyse der politischen Gesellschaft. Opladen.

Greven, Michael Th., 2003: Sind Demokratien reformierbar? Bedarf, Bedingungen und normative Orientierungen für eine Demokratiereform, in: Claus Offe (Hrsg.): Demokratisierung der Demokratie. Diagnosen und Reformvorschläge. Frankfurt, New York, 72-91.

Greven, Michael Th., 2005a: „Bedroht der Kapitalismus die Demokratie?" Einige Überlegungen in historischer und globaler Perspektive, in: Christian Fenner (Hrsg.): Bedroht Kapitalismus die Demokratie? Colloquium am Institut für Politikwissenschaft der Universität Leipzig. Leipzig, 57-86.

Greven, Michael Th., 2005b: „Gerechtigkeitspolitik" in der politischen Gesellschaft, in: Michael Corsten/Hartmut Rosa/Ralph Schrader (Hrsg.): Die Gerechtigkeit der Gesellschaft. Wiesbaden, 261-278.

Greven, Michael Th., 2007: Politisches Denken in Deutschland nach 1945. Erfahrung und Umgang mit der Kontingenz in der unmittelbaren Nachkriegszeit. Opladen, Farmington Hills.

Greven, Michael Th., 2009: Zukunft oder Erosion der Demokratie?, in: Hanna Kaspar et al. (Hrsg.): Politik – Wissenschaft – Medien. Festschrift für Jürgen W. Falter zum 65. Geburtstag. Wiesbaden, 411-428.

Gutmann, Amy/Thompson, Dennis F., 1996: Democracy and disagreement. Cambridge, London.

Habermas, Jürgen, 2005: Zwischen Naturalismus und Religion. Philosophische Aufsätze. Frankfurt a. M.

Hampshire, Stuart, 1989: Innocence and experience. London.

Holzinger, Markus, 2006: Der Raum des Politischen. Politische Theorie im Zeichen der Kontingenz. München.

Horton, John, 2006: John Gray and the Political Theory of Modus Vivendi, in: Critical Review of International Social and Political Philosophy 9 (2), 155-169.

Horton, John, 2009: Towards a Political Theory of Modus Vivendi. Keele.

Horton, John, 2010: Realism, liberal moralism and a political theory of modus vivendi, in: European Journal of Political Theory 9 (4), 431-448.

Horton, John/Newey, Glen (Hrsg.), 2007: The political theory of John Gray. London.

Hsieh, Nien-hê, 2011: Incommensurable Values, in: Edward N. Zalta (Hrsg.): The Stanford Encyclopedia of Philosophy (Fall 2008 Edition): http://plato.stanford.edu/archives/fall2008/entries/value-incommensurable/ (08.12.2011).

Jones, Peter, 2006: Toleration, value-pluralism, and the fact of pluralism, in: Critical Review of International Social and Political Philosophy 9 (2), 189-210.

Kelly, Paul, 2005: Liberalism. Cambridge.

Kelly, Paul, 2006: The social theory of anti-liberalism, in: Critical Review of International Social and Political Philosophy 9 (2), 137-154.

Kymlicka, Will, 1995a: Multicultural citizenship. A liberal theory of minority rights. Oxford et al.

Kymlicka, Will, 1997: Politische Philosophie heute. Eine Einführung. Frankfurt a. M., New York.

Kymlicka, Will (Hrsg.), 1995b: The Rights of minority cultures. Oxford, New York.

Larmore, Charles, 1990: Political liberalism, in: Political Theory 18 (3), 339-360.

Larmore, Charles E., 1996: The morals of modernity. Cambridge, New York.

Lassman, Peter, 2006: Pluralism and its discontents: John Gray's counter-enlightenment, in: Critical Review of International Social and Political Philosophy 9 (2), 211-255.

Lassman, Peter, 2011: Pluralism. Cambridge.

Levey, Geoffrey Brahm/Modood, Tariq (Hrsg.), 2009: Secularism, religion and multicultural citizenship. Cambridge et al.

Lukes, Steven, 2008: Moral relativism. New York.

Macedo, Stephen, 2000: Diversity and distrust. Civic education in a multicultural democracy. Cambridge.

Mason, Elinor, 2011: Value Pluralism, in: Edward N. Zalta (Hrsg.): The Stanford Encyclopedia of Philosophy (Fall 2011 Edition), http://plato.stanford.edu/archives/fall2011/entries/value-pluralism/ (08.12.2011).

McCabe, David, 2010: Modus vivendi liberalism. Theory and practice. Cambridge.

Monod, Jacques, 1971: Chance and necessity. An essay on the natural philosophy of modern biology. New York.

Moon, J. Donald, 2004: The current state of political theory, in: Stephen K. White/J. Donald Moon (Hrsg.): What is political theory? London, 12-29.

Moore, Matthew J., 2009: Pluralism, Relativism, and Liberalism, in: Political Research Quarterly 62 (2), 244-256.

Newey, Glen, 2001: After politics. The rejection of politics in contemporary liberal philosophy. Houndmills, New York.

Newey, Glen, 2006: Gray's Blues: Pessimism as a political project, in: critical Review of International Social and Political Philosophy 9 (2), 263-284.

Oakeshott, Michael, 2001: The voice of liberal learning. Foreword and Introduction by Timothy Fuller. Indianapolis.

Rawls, John, 1979: Eine Theorie der Gerechtigkeit. Frankfurt a. M.

Rawls, John, 1993: Political liberalism. New York.

Rawls, John, 1999: The idea of public reason revisited, in: John Rawls (Hrsg.): Collected papers, hrsg. von Samuel Freeman. Cambridge, London, 573-615.

Raz, Joseph, 1986: The morality of freedom. Oxford, New York.

Rorty, Richard, 1988: Der Vorang der Demokratie vor der Philosophie, in: Rorty, Richard: Solidarität oder Objektivität? Drei philosophische Essays. Stuttgart, 82-125.

Rorty, Richard, 1993: Kontingenz, Ironie und Solidarität. Frankfurt a. M.

Schumpeter, Joseph A., 1946: Kapitalismus, Sozialismus und Demokratie. Bern.

Stocker, Michael, 1989: Plural and conflicting values. Oxford.

Stoeckl, Christina, 2010: Welche politische Philosophie für die postsäkulare Gesellschaft? Bestandsaufnahme eines practice turn, in: Transit. Europäische Revue 39/2010 – Online-Supplement: http://www.iwm.at/index.php?option=com_content&task=view&id=302 &Itemid=332.

Talisse, Robert B., 2000: Two-faced liberalism: John Gray's pluralist politics and the reinstatement of enlightenment liberalism, in: Critical Review 14 (4), 441-458.

Talisse, Robert B., 2004: Can Value Pluralists be Comprehensive Liberals? Galston's Liberal Pluralism, in: Contemporary Political Theory 3 (2), 127-139.

Taylor, Charles, 1993: Die Politik der Anerkennung, in: Amy Gutmann (Hrsg.): Charles Taylor: Multikulturalismus und die Politik der Anerkennung. Frankfurt a. M., 13-78.

Taylor, Charles, 1996: Drei Formen des Säkularismus, in: Otto Kallscheuer (Hrsg.): Das Europa der Religionen. Frankfurt a. M., 217-246.

Taylor, Charles, 1998: Modes of secularism, in: Rajeev Bhargava (Hrsg.): Secularism and its critics. Delhi, New York, 31-53.

Taylor, Charles, 2011: Die bloße Vernunft („Reason Alone", in: Charles Taylor (Hrsg.): Dilemmas and Connections. Selected essays. Cambridge, London, 326-346.

Thorup, Mikkel/Lassen, Frank Beck, 2007: Where did Nazism come from? Tibet?, in: Philosophy & Social Criticism 33 (3), 373-385.

Vincent, Andrew, 2008: The nature of political theory. Oxford, New York.

Waldron, Jeremy, 1987: Theoretical foundations of liberalism, in: The Philosophical Quarterly 37 (147), 127-150.

Weinstock, Daniel M., 1997: The Graying of Berlin, in: Critical Review 11 (4), 481-501.

Weithman, Paul J. (Hrsg.), 1997: Religion and contemporary liberalism. Notre Dame.

Willems, Ulrich, 2003: Religion als Privatsache? Eine kritische Auseinandersetzung mit dem liberalen Prinzip einer strikten Trennung von Politik und Religion, in: Michael Minkenberg/Ulrich Willems (Hrsg.): Politik und Religion. Wiesbaden, 88-112.

Willems, Ulrich, 2012a: Religionsfreiheit und Religionspolitik im Zeitalter religiöser und kultureller Pluralität. Ein Plädoyer für einen neuen religionspolitischen modus vivendi und modus procedendi, in: Daniel Bogner/Marianne Heimbach-Steins (Hrsg.): Freiheit – Gleichheit – Religion. Würzburg, 131-151.

Willems, Ulrich, 2012b: Religiöse Pluralität, religiöser Pluralismus und Religionsfreiheit in westlichen politischen Gemeinwesen, in: Karl Gabriel/Christian Spieß/Katja Winkler (Hrsg.): Modelle des religiösen Pluralismus. Historische, religionssoziologische und religionspolitische Perspektiven. Paderborn, 243-267.

Williams, Bernard, 1981: Moral luck. Philosophical papers 1973-1980. Cambridge.

Williams, Bernard, 2005: In the beginning was the deed. Realism and moralism in political argument. Princeton, Oxford.

Autorinnen und Autoren

Joachim Blatter, Prof. Dr., ist Professor für Politikwissenschaft mit dem Schwerpunkt Politische Theorie an der Universität Luzern. Zu seinen aktuellen Forschungsschwerpunkten zählen Transformationen der Demokratie, Migration und Bürgerschaft sowie Governance-Theorien. Ausgewählte Publikationen: *Governance – Theoretische Formen und historische Transformationen, Baden-Baden* 2007; *Qualitative Politikanalyse. Eine Einführung in Forschungsansätze und Methoden.* Wiesbaden 2007, zus. mit Frank Janning und Claudius Wagemann; *Regieren im Mehrebenensystem. Ergebnisse eines Forschungsseminars.* Zürich 2007, hrsg. zus. mit Daniel Kübler und U. Scheuss.

Elena Esposito, Prof. Dr., ist Professorin für Kommunikationssoziologie an der Università di Modena e Reggio Emilia. Ihre Forschungsschwerpunkte sind soziologische Medientheorie, Zeitlichkeit in modernen Gesellschaften, Gedächtnisforschung und Soziologie der Finanzmärkte. Ausgewählte Publikationen: *Die Zukunft der Futures. Die Zeit des Geldes in Finanzwelt und Gesellschaft.* Heidelberg 2010; *Die Fiktion der wahrscheinlichen Realität.* Frankfurt a. M. 2007; *Reform und Innovation in einer unstabilen Gesellschaft.* Stuttgart 2005, hrsg. zus. mit Giancarlo Corsi; *Die Verbindlichkeit des Vorübergehenden. Paradoxien der Mode.* Frankfurt a. M. 2004.

Anna Geis, Prof. Dr., ist Professorin für Internationale Beziehungen am Institut für Politikwissenschaft der Otto-von-Guericke-Universität Magdeburg. Ihre Forschungsschwerpunkte sind Demokratietheorie, Kriegstheorien, Staatstheorie sowie normative Aspekte von Weltordnung. Ausgewählte Publikationen: *Legitimationsprobleme demokratischer Sicherheitspolitik: Perspektiven einer demokratiezentrierten Friedens- und Gewaltforschung.* 2011 (Habilitationsschrift, Universität Frankfurt a.M.); *Schattenseiten des Demokratischen Friedens.* Frankfurt a. M. 2007, hrsg. mit Harald Müller und Wolfgang Wagner; *Den Krieg überdenken. Kriegsbegriffe und Kriegstheorien in der Kontroverse.* Baden-Baden 2006, Hrsg.; *Regieren mit Mediation.* Wiesbaden 2005.

Edgar Grande, Prof. Dr., ist Professor für Vergleichende Politikwissenschaft am Geschwister-Scholl-Institut für Politikwissenschaft an der Ludwig-Maximilians-Universität München und Sprecher des Munich Center on Governance, Communication, Public Policy and Law. Ausgewählte Publikationen: *Varieties of Second Modernity: Extra-European and European Experiences and Perspectives.* Special issue des British Journal of Sociology (61) 2010, hrsg. zus. mit Ulrich Beck; *Perspektiven der Governanceforschung.* Baden-Baden 2009, hrsg. zus. mit Stefan May; *West European Politics in the Age of Globalization.* Cambridge 2008, zus. mit Hanspeter Kriesi et al.

Arnd Hoffmann, Dr. phil., ist wissenschaftlicher Berater der ProCredit Holding AG (Frankfurt a. M.) und in diesem Rahmen Dozent für die Fächer Philosophie, Geschichte und Kommunikation an der Academia Regional Latinoamerica. Ausgewählte Publikationen: *Der Stachel des historischen Ereignisses. Realitätsreste in der Geschichtswissenschaft*, in: Alexandra Kleihues (Hrsg.): Realitätseffekte. Ästhetische Repräsentation des Alltäglichen im 20. Jahrhundert. München 2008, 153-170; *Wie man Geschichte wieder loswird, um Zeit zu gewinnen. Vorüberlegungen zu einer Theorie der historischen Zeiten*, in: Zeitschrift des Max-Planck-Instituts für Europäische Rechtsgeschichte (11) 2007, 16-25; *Zufall und Kontingenz in der Geschichtstheorie. Mit zwei Studien zu Theorie und Praxis der Sozialgeschichte*. Frankfurt a. M. 2005.

Markus Holzinger, PD Dr. phil., ist Privatdozent für Soziologie an der Georg-August-Universität Göttingen, wo er derzeit die Professur von Prof. Dr. Wolfgang Knöbl vertritt. Seine Forschungsschwerpunkte sind Soziologische Theorie, Wissenschafts- und Risikosoziologie, Politische Soziologie und Organisationssoziologie. Ausgewählte Publikationen: *Weltrisikogesellschaft als Ausnahmezustand*. Weilerswist 2010, zus. mit Stefan May und Wiebke Pohler; *Kontingenz in der Gegenwartsgesellschaft. Dimensionen eines Leitbegriffs moderner Sozialtheorie*. Bielefeld 2007; *Der Raum des Politischen. Politische Theorie im Zeichen der Kontingenz*. München 2006.

Hans Joas, Prof. Dr., ist assoziiertes Mitglied des Max-Weber-Kollegs für kultur- und sozialwissenschaftliche Studien an der Universität Erfurt und Sprecher der DFG-Kolleg-Forschergruppe *Religiöse Individualisierung in historischer Perspektive*, zudem Professor für Soziologie an der University of Chicago und Permanent Fellow am Freiburg Institute for Advanced Studies. Seine Forschungsschwerpunkten sind Soziologische Theorie und Sozialphilosophie, Religionssoziologie, Werteforschung, Soziologie des Krieges. Ausgewählte Publikationen: *Glaube als Option. Zukunftsmöglichkeiten des Christentums*. Freiburg et al. 2012; *Die Sakralität der Person. Eine neue Genealogie der Menschenrechte*. Berlin 2011; *Sozialtheorie. Zwanzig einführende Vorlesungen*, 3. aktual. Aufl. Frankfurt a. M. 2011, zus. mit Wolfgang Knöbl; *Kriegsverdrängung. Ein Problem in der Geschichte der Sozialtheorie*. Frankfurt a. M. 2008, zus. mit Wolfgang Knöbl; *Braucht der Mensch Religion?* Freiburg 2004.

Hans J. Lietzmann, Prof. Dr., ist Professor für Politikwissenschaft an der Bergischen Universität Wuppertal und Jean-Monnet-Professor for Theory and Analysis of European Integration, außerdem Leiter der Forschungsstelle für Bürgerbeteiligung an der Bergischen Universität Wuppertal. Seine Arbeitsgebiete sind Politische Theorie, Bürgerbeteiligung, Verfassungspolitik und das Politische System der EU. Ausgewählte Publikationen: *Politik und Geschichte. „Gute Politik" und ihre Zeit*. Münster 2005, hrsg. zus. mit Andrea Gawrich; *Klassiker der Politikwissenschaft*. München 2005, hrsg. zus. mit Wilhelm Bleek; *Moderne Politik. Politikverständnisse im 20. Jahrhun-*

dert, Hrsg., Opladen 2001; *Politikwissenschaft im „Zeitalter der Diktaturen". Die Entwicklung der Totalitarismustheorie Carl J. Friedrichs*, Opladen 1999.

Wolfgang Knöbl, Prof. Dr., ist Professor für Soziologie an der Georg-August-Universität Göttingen und derzeit Senior Fellow am Freiburg Institute for Advanced Studies. Seine Forschungsschwerpunkte sind international vergleichende Makrosoziologie, Politische und Historische Soziologie sowie Sozialtheorie. Ausgewählte Publikationen: *Sozialtheorie. Zwanzig einführende Vorlesungen*, 3. aktual. Aufl. Frankfurt a. M. 2011, zus. mit Hans Joas; *Kriegsverdrängung. Ein Problem in der Geschichte der Sozialtheorie.* Frankfurt a. M. 2008, zus. mit Hans Joas; *Die Kontingenz der Moderne. Wege in Europa, Asien und Amerika.* Frankfurt a. M./New York 2007; *Spielräume der Modernisierung. Das Ende der Eindeutigkeit.* Weilerswist 2001.

Kari Palonen, Prof. Dr., ist Professor für Politikwissenschaft an der Universität Jyväskylä, gegenwärtig Akademieprofessor der Finnischen Akademie. Seine Forschungsschwerpunkte sind Politische Theorie, Politische Ideengeschichte und Begriffsgeschichte mit besonderem Fokus auf den Politikbegriff. Ausgewählte Publikationen: *‚Objektivität' als faires Spiel. Wissenschaft als Politik bei Max Weber.* Baden-Baden 2010; *The Politics of Limited Times: The Rhetoric of Temporal Judgment in Parliamentary Democracies.* Baden-Baden 2008; *The Struggle with Time. A Conceptual History of ‚Politics' as an Activity.* Münster 2006; *Das „Webersche Moment": Zur Kontingenz des Politischen.* Opladen 1998.

Friedbert W. Rüb, Prof. Dr., ist Professor für Politische Soziologie und Sozialpolitik an der Humboldt-Universität zu Berlin. Seine Forschungsschwerpunkte sind Regierungssysteme, Politikfeldanalyse und Sozialpolitik. Ausgewählte Publikationen: *Die Bilder des Leviathan. Eine Deutungsgeschichte.* Baden-Baden 2012, hrsg. zus. mit Philip Manow und Dagmar Simon; *Die Kunst des Reformierens. Konzeptionelle Überlegungen zu einer erfolgreichen Regierungsstrategie*, hrsg. von der Bertelsmann Stiftung. Gütersloh 2009, zus. mit Karen Alnor und Florian Spohr; *Transforming a Bismarckian Welfare State: Ideas, Interests and Voters in German Welfare State Reforms.* Special Issue of German Policy Studies 2008, hrsg. zus. mit Wolfram Lamping.

Katrin Toens, Prof. Dr., ist Professorin für Politikwissenschaft an der Evangelischen Hochschule Freiburg. Ihre Forschungsschwerpunkte sind Politikfeldanalyse, Theorie und Empirie des Wohlfahrtsstaates, Demokratietheorie und Hochschulreform. Ausgewählte Publikationen: *Demokratie und Gerechtigkeit in Verteilungskonflikten.* Baden-Baden 2012, hrsg. zus. mit Regina Kreide und Claudia Landwehr; *Governance als Machtpolitik – Eine Policyanalyse des (inter)nationalen Strukturwandels am Beispiel von Hochschulsteuerung und Sozialstaat.* 2010 (Habilitationsschrift, Universität Münster); *Die Zukunft der Policy-Forschung: Theorien, Methoden, Anwendungen.* Wiesbaden 2008, hrsg. zus. mit Frank Janning; *Recht, Leistung, Bedarf: Die Vertei-*

lungsprinzipien der sozialen Gerechtigkeit am Beispiel der erwerbszentrierten Sozial-hilfereform. Münster 2003.

Ulrich Willems, Prof. Dr., ist Professor für Politische Theorie mit dem Schwerpunkt Politik und Religion an der Westfälischen Wilhelms-Universität Münster, dort auch Mitglied des Exzellenzclusters „Religion und Politik in den Kulturen der Vormoderne und der Moderne" und der DFG-Kollegforschergruppe „Theoretische Grundfragen der Normenbegründung in Medizinethik und Biopolitik" sowie Sprecher des „Centrums für Religion und Moderne". Seine Forschungsschwerpunkte sind politische Theorie, Politische Soziologie, Religionspolitik und Biopolitik. Ausgewählte Publikationen: *Moderne und Religion.Kontroversen um Modernität und Säkularisierung.* Bielefeld 2012 (i. D.), hrsg. zus. mit Detlef Pollack, Helene Basu, Thomas Gutmann und Ulrike Spohn; *Interessenvermittlung in Politikfeldern. Vergleichende Befunde der Policy- und Verbändeforschung.* Wiesbaden 2009, hrsg. zus. mit Thomas von Winter und Britta Rehder; *Lobbying. Strukturen – Akteure – Strategien.* Wiesbaden 2007, hrsg. zus. mit Annette Zimmer und Ralf Kleinfeld; *Politik und Religion*, Sonderheft 33/2002 der Politischen Vierteljahresschrift, Wiesbaden 2003, hrsg. zus. mit Michael Minkenberg; *Interesse und Moral als Orientierungen politischen Handelns.* Baden-Baden 2003, Hrsg.

The manufacturer's authorised representative in the EU is Springer
Nature Customer Service Centre GmbH, Europaplatz 3, 69115 Heidelberg,
Germany. If you have any concerns regarding our products, please
contact ProductSafety@springernature.com

Printed and bound by CPI Group (UK) Ltd, Croydon, CR0 4YY
27/04/2026
02097651-0003